증도가 합주

禪典叢書 ⑥

증도가 합주

남명 법천 외 著
철우 譯註

운주사

역자의 서序

『증도가證道歌』는 영가현각永嘉玄覺 대사의 깨달음의 경계를 운문韻文으로 노래한 책이다. 현각 대사는 육조 혜능惠能 선사를 참알한 인연으로 '일숙각一宿覺'으로도 잘 알려져 있으며, 더욱이 혜능 선사로부터 깨달음을 인가받아 『증도가』를 찬술하였다고 한다. 특히 이 책은 서역으로 전해져 번역되어 유행하면서 이른바 『증도경證道經』, 『동토대승경東土大乘經』으로도 칭송되었다고 한다. 이러한 까닭으로 『증도가』는 조사선의 종전宗典으로 추앙받는 『육조단경』과 함께 선종의 '이부경전二部經典'으로 평가된다.

이렇게 중요성을 가진 『증도가』는 『단경』과 마찬가지로 시대를 거치면서 첨삭된 흔적이 나타나 있다. 예컨대 현각 대사 시절에는 아직 출현하지 않은 조통부법설祖統付法說과 전의설傳衣說 등이 보이는 것이다. 하지만 이는 오히려 『증도가』의 중요성을 엿볼 수 있는 측면이 아닐까 한다. 시대의 흐름 속에서 눈 밝은 선지식들이 현각 대사의 『증도가』에 대하여, 당대의 시대정신에 입각해 다시 증도證道의 경계를 더한 것이라고 생각되기 때문이다.

필자는 학부시절에 처음 『증도가』를 대하고부터, 지금은 전체를 암기하고 있을 정도로 반복하여 읽어 왔다. 특히 박사학위 논문을 쓰는 과정에 대만 중화전자불전협회(CBETA)의 대장경 프로그램에서 『증도가』에 대한 송대宋代 묘공지눌妙空知訥과 범천언기梵天彦琪의

『증도가주證道歌註』, 남명법천南明法泉의『증도가송證道歌頌』, 원대元代 축원영성竺原永盛의『증도가주송證道歌注頌』등 4종의 주석서를 발견하고, 그를 모두 모아『증도가』의 원문에 배대하여 편집하고 숙독하였다. 그러던 중 이를 번역하여 출판하는 것도 상당히 의미가 있는 일이라는 권유를 몇 차례 받고서, 박사학위를 받은 후부터 번역을 시작하여 지금에서야 출간을 하게 되었다.

　사실『증도가』에 대한 번역서는 지금까지 수십 종이 있으며, 주석서 가운데 남명법천의『증도가송』은 이미 조선시대에 언해되었고, 범천언기의『증도가주』는 제월통광(霽月通光) 스님이 번역하여『깨달음의 노래, 증도가 언기주』라는 제목으로 출간하였다. 그러나 묘공지눌의『증도가주』와 축원영성의『증도가주송』은 아직 번역이 되지 않았기에 부족하지만 용기를 내어 번역해 출판에 이르게 되었다.

　본『증도가 합주』는 가장 마지막에 이루어진 축원영성의『증도가주송』의 편제를 따랐다.『증도가주송』은 시기적으로 가장 늦게 작성된 것이기 때문에 앞에 나온 3본의 주·송을 참조한 흔적이 보이며, 또한 그 편제를 46단으로 하여 각 단의 문구마다 짧은 평(평창)을 붙이고, 그를 모아 주석을 단 후에 다시 송頌을 더하였다. 이러한 편제는 축원 선사가 노파심으로 증도의 경계를 더욱 분명하게 하고자 의도한 것으로 보이므로, 역자도 그 편제를 그대로 따른 것이다.

　번역에 있어서 특히 입적한 제월통광 큰스님께서 번역한『증도가 언기주』의 도움을 상당히 받았음에 이 서문을 빌려 감사의 예를 올린다. 또한 얼마 전의 지진으로 많은 피해를 받았던 포항시민과 임허사 신도님들, 지금도 건강과 사투를 벌이는 사제스님, 은사스님, 지도교

수 스님, 제11교구 회주큰스님, 주지스님, 자원봉사단 단장 종상 큰스님, 자원봉사단 임원단 스님들과 그동안 많은 도움을 주신 시주 단월님들께 이 지면을 빌려 감사를 올린다. 마지막으로 열악한 출판 상황에도 본 번역서를 흔쾌히 출간해준 운주사 김시열 사장님에게도 깊은 감사의 마음을 드리며, 본 서문을 마친다.

2018년 경칩일에 임허사에서
철우 합장

일러두기

이 책에 번역 수록한 『증도가證道歌』 주註는 모두 4가지로 다음과 같다.

1. 『남명법천증도가송南明法泉證道歌頌』 1권
   송대宋代 승려 남명법천南明法泉이 찬술하였다. 법천은 송대 신종神宗 희녕熙寧 8년(1075) 혹은 그 몇 년 전에 천경산千頃山에서 『증도가송證道歌頌』을 지었으며, 희녕 9년(1076) 7월에서 10년(1077) 10월에 조판雕板하여 유통하였다. 법천의 『증도가송』은 고려에 전래되어 판각하여 출판하였고, 조선시대에는 세조에 의하여 언해되었다. 『만속장卍續藏』 제65책에 수록되었다.

2. 『영암묘공화상주증도가靈巖妙空和尙註證道歌』 1권
   송대 승려 묘공지눌妙空知訥이 찬술하였고, 문인 덕최德最가 편집하였으며, 대략 고종高宗 소흥紹興 16년(1146)에 간행되었다. 『만속장』 제65책에 수록되었다. 지눌은 불법이 비록 문자와 언어를 통하여 얻을 수 있는 것은 아니지만, 우둔하고 학식이 천박한 사람이라도 언어와 문자의 설명을 빌어서 불법의 요지를 탐구해 깨닫게 된다고 생각했기 때문에 이 책을 찬술하였다.

3. 『범천언증도가송梵天彥琪證道歌頌』 1권
   송대 승려 범천언기梵天彥琪가 찬술하였고, 문인 혜광慧光이 편집하였으며, 영종寧宗 가정嘉定 12년(1219)에 간행되었다. 『만속장』 제63책에 수록되었다. 그는 『증도가』의 한 문구 한 문구를 자세히 설명함으로써 초학자들에게 참선하여 도를 깨우치는 문에 들어가는 방법을 가르쳐 준다.

4. 『축원선사주증도가竺原禪師註證道歌』 1권
원대 승려 축원영성竺原永盛이 찬술하였고, 덕홍德弘이 편집하였으며, 순제順帝 지정至正 원년(1341)에 간행되었다. 『만속장』 제65책에 수록되었다. 영성은 문구마다 아래에 짧은 평을 하고, 몇 개의 문구를 합해서 주석을 달아 논술하고서 그 뒤에 송頌을 덧붙였다.

본서 『증도가 합주』의 편집 순서는 아래와 같다.
『영가증도가永嘉證道歌』 원문
1) 『남명법천증도가송南明法泉證道歌頌』
2) 『영암묘공화상주증도가靈巖妙空和尙註證道歌』
3) 『범천언기증도가송梵天彦琪證道歌頌』
4) 『축원선사주증도가竺原禪師註證道歌』

역자의 서序 • 5

일러두기 • 9

서문 ①
남명법천 송 영가증도가 서문(南明法泉頌永嘉證道歌序) • 17

서문 ②
소주 영암사 묘공불해 화상 주 증도가 서문(蘇州靈巖妙空佛海和尙註證道歌序) • 20

영암묘공 화상 주 증도가(靈巖妙空和尙註證道歌) • 24

서문 ③
서주 범천언기 화상 주 증도가 서문(舒州梵天琪和尙註證道歌序) • 25

서문 ④
축원 선사 주 증도가 서문(竺原禪師註證道歌序) • 27

깨달음의 노래(證道歌)

깨달음의 노래(證道歌)   33

〈1〉 그대는 보지 못했는가?   37
    君不見?

〈2〉 실상을 증득함에   55
    證實相

〈3〉 단박에 깨달음이여!　　　62
　　　頓覺了!

〈4〉 죄와 복도 없고,　　　70
　　　無罪福,

〈5〉 사대를 놓아버려,　　　81
　　　放四大,

〈6〉 결정한 말로,　　　88
　　　決定說,

〈7〉 마니주를　　　94
　　　摩尼珠,

〈8〉 오안을 깨끗이 하고,　　　102
　　　淨五眼,

〈9〉 항상 홀로 행하고,　　　109
　　　常獨行,

〈10〉 빈궁한 석자여,　　　116
　　　窮釋子,

〈11〉 남들의 비방에 따르고,　　　139
　　　從他謗,

〈12〉 종지도 통하고,　　　149
　　　宗亦通,

⟨13⟩ 사자후,　　　　　　157
　　　師子吼,

⟨14⟩ 강과 바다로 떠돌아다니고,　164
　　　游江海,

⟨15⟩ 다님도 선이요,　　　　169
　　　行亦禪,

⟨16⟩ 몇 번이나 태어나고,　　180
　　　幾回生,

⟨17⟩ 깊은 산 들어가,　　　186
　　　入深山,

⟨18⟩ 깨달으면 곧 마치니,　　191
　　　覺卽了,

⟨19⟩ 다만 근본을 얻을지언정,　203
　　　但得本,

⟨20⟩ 강에 달 비치고,　　　210
　　　江月照,

⟨21⟩ 용을 항복 받은 발우와　216
　　　降龍鉢,

⟨22⟩ 참됨도 구하지 않고,　　223
　　　不求眞,

〈23〉 마음 거울 밝아　　　　228
　　　心鏡明,

〈24〉 텅 빈 공으로　　　　　233
　　　豁達空,

〈25〉 망심을 버리고　　　　　238
　　　捨妄心,

〈26〉 법의 재물을 잃어버리고,　244
　　　損法財,

〈27〉 대장부,　　　　　　　　250
　　　大丈夫,

〈28〉 법의 우레 진동하고,　　256
　　　震法雷,

〈29〉 비방할 수도 없고,　　　277
　　　不可毁,

〈30〉 침묵할 때에도 말하고,　285
　　　默時說,

〈31〉 법의 깃발을 세우고,　　298
　　　建法幢,

〈32〉 법이 동쪽으로 흘러,　　307
　　　法東流,

〈33〉 참됨도 설 수 없고, 320
　　　 眞不立,

〈34〉 마음은 뿌리요, 326
　　　 心是根,

〈35〉 말법을 슬퍼하고, 332
　　　 嗟末法,

〈36〉 전단향나무 숲에는, 345
　　　 栴檀林,

〈37〉 사자 새끼 351
　　　 師子兒,

〈38〉 원돈교는 358
　　　 圓頓敎,

〈39〉 나는 어린 나이에 학문을 쌓고, 370
　　　 吾早年來積學問.

〈40〉 종성이 삿되어, 379
　　　 種性邪,

〈41〉 욕계에 있으면서 선을 행하는 지견의 힘이여. 397
　　　 在欲行禪知見力.

〈42〉 사자후 404
　　　 師子吼

〈43〉 헤아릴 수 없는　　　　　　416
　　　　不思議,

〈44〉 법 가운데 왕,　　　　　　425
　　　　法中王,

〈45〉 분명하게 보면　　　　　　432
　　　　了了見,

〈46〉 해를 차갑게 할 수 있고,　441
　　　　日可冷,

남명법천증도가송 후서(南明法泉證道歌頌 後序) • 453

영암묘공화상주증도가 후서(靈巖妙空和尙註證道歌 後序) • 455

범천언기증도가송 후서(梵天彦琪證道歌頌 後序) • 459

축원선사주증도가 후서(竺原禪師註證道歌 後序) • 461

부록: 『증도가』의 선사상 고찰 • 465

　Ⅰ. 서언 • 465

　Ⅱ. 영가현각의 생애와 저술 • 467

　Ⅲ. 『증도가』의 선사상 • 475

　Ⅳ. 결어 • 491

서문 ①

남명법천 송 영가증도가 서문(南明法泉頌永嘉證道歌序)

　내가 들으니, 여래께서는 마음으로 여러 보살들을 잘 호념護念하시며, 법으로 여러 보살에게 잘 부촉하시었다. 마음으로 보이시는 바는 말이 능히 갖추지 못하는 바이며, 법으로 전하시는 바는 뜻이 능히 다하지 못하는 바이다. 말에 의거하고 뜻에 의거하는 것이 모두 망상妄想이며, 말과 뜻을 떠나도 또한 이와 같다.

　즉하지 않고 떠나지 않아야 종종種種이 평등하여 무無에 떨어지지 않으며 유有에 붙지도 않아, 말과 뜻을 둘 다 잊어야 심법心法을 얻을 것이다. 법은 본래 무위無爲한 것이다. 경계를 대하여 선다면, 마음에 상相이 있는 것이 아니라 사물을 좇아 나타난다. 그러므로 전제(前際: 과거)에 오지 않으며, 후제(後際: 미래)에 가지 않으며, 그것은 지금도 구르는 바퀴와 같고 흐르는 물과 같지만, 흐르지 않고 구르지 않으며 또한 머물지 않으니, 머물지 않으면 존재함이 없는 것이다. 존재함이 없으며 존재하지 아니함이 없으니, 이는 참으로 항상 머무는 것이다. 그렇지만 어리석은 사람은 알지 못하여 색色으로 여래如來를 뵙고 음성으로 여래를 구하니 어찌 잘못이 아니겠는가!

　영가永嘉 선사의 『증도가』는 그 도道에 깊도다. 그렇지만 도에는 증득하는 바의 일이 없는 것이다. 영가께서 바야흐로 참지 못하고 떠들어 속세와 더불어 논변한 것이 어찌 말과 뜻에 번거롭게 함이겠는가! 오직 여래께서 세간을 싫어하지 않으시나 열반에 드시며, 문자를 버리지 않으시고 해탈에 머무르시며, 번뇌를 끊지 않으시고 모든 진여보리를 유출하시니, 영가께서 이를 얻었을 뿐이다.

남명南明 선사 천공泉公은 옛날에 천경산千頃山에 머무실 때, 또 『증도가』를 송頌하여 3백2십 편을 이루었다. 오호라! 여래의 대지혜의 바다를 발하여 사람들로 하여금 기슭을 바라보아 그 흐름을 거슬러 오르게 하였구나. 모든 생각을 끊지 않고, 모든 상에 집착하지 않으며, 모든 인연을 벗어나지 않고, 나의 깨달음으로 널리 중생의 마음을 기쁘게 하니, 얼마나 극진한 것인가! 그 송을 보고, 내가 능히 미친 말을 아낄 수 없어 서문에 일렀다.

때는 희녕 10년(1077) 정사 7월, 괄창括蒼 오용吳庸[1] 천용天用 서.

我聞: 如來善護念諸菩薩以心, 善付囑諸菩薩以法. 心之所示, 言所不能該, 法之所傳, 意所不能盡. 卽言卽意, 皆諸妄想, 離言意者, 亦復如是. 不卽不離, 種種平等, 不墮於無, 不麗於有, 言意兩忘, 而心法得矣. 夫法本無爲. 對境而立, 心非有相, 隨物而現. 故前際不來, 後際不去, 其於今也, 如轉輪, 如流水, 不流不轉, 而亦不住, 不住則無在也. 無在而無不在, 是眞常住者也. 而昧者不知, 乃以色見如來, 以音聲求如來, 豈不謬哉!

---

[1] 吳庸(약 1046~1106), 字는 邦獻, 본래의 이름은 彦明으로, 浙江省 慶元 사람이다. 宋 神宗 熙寧 9年(1076)에 進士에 등과한 이후 中書舍人·知制誥·龍圖閣侍制學士 등의 관직을 역임했으며, 불교의 經論에 통달했다고 전한다. 저술이 아주 풍부하여 『明性集』, 『發微正論』 등의 작품집이 전해진다.

永嘉禪師證道歌, 其深於道矣. 然道無所事於證也. 而永嘉方且嘵嘵, 而與世俗辯者, 彼豈累於言意爲哉. 惟如來不厭世間, 而入涅槃, 不去文字, 而住解脫, 不斷煩惱, 而流出一切眞如菩提, 永嘉蓋得諸此而已.
南明禪師泉公, 昔居千頃, 復頌證道歌, 成三百二十篇. 嗚呼! 發如來大智慧海, 使人皆得望其涯涘, 而泝其流. 不絶諸念, 不著諸相, 不外諸因緣, 普以吾覺, 悅可衆心, 何其盛哉! 觀其頌, 而吾無能惜其狂言, 故爲之序云.
時熙寧十年丁巳七月 括蒼 吳庸天用 序

서문 ②

소주 영암사 묘공불해 화상 주 증도가 서문
(蘇州靈巖妙空佛海和尙註證道歌序)

    내가 일찍이 우리 가문을 살펴보니, 문자와 언어를 낚은 것이 매우 많으나, 예나 지금에 높이 빛나 사람들의 입에 회자되는 것은 또한 적다. 영가 대사가 『증도가』를 지음에 2천 자의 말로 줄이니, 젖먹이 아이와 부엌 아낙네도 이 도를 우러러 사모할 수 있게 되어 다투어 남긴 문장을 잘라 암송하니, 하물며 사대부와 납자들이겠는가! 개미가 단 것을 좇듯이 흠모하여 구름처럼 몰려드니, 나중에 깨우치라고 이르기를 기다리지 않았다. 이로 말미암아 보건대, 숙세에 덕의 뿌리를 심은 것이 아니라면 행함과 깨달음이 서로 응하지 못할 것이다. 비록 혀끝의 삼매를 빌려 인간세에 유희하며, 몸을 빼서 불조佛祖의 밖으로 행리行履하고, 학자들은 그 근원을 궁리하여 탐구하니, 소라 껍데기를 가져다 바닷물을 뜨고, 대쪽을 집어서 하늘을 보는 것과 크게 비슷하다.
    참으로 서토西土에서 『증도경證道經』이라고 하였으니, 명불허전이로다! 나는 이 한 단락의 불사를 생각할 때마다 양 볼과 어금니 사이에 걸려 있어 비록 지극히 짧은 동안이라도 잊을 수가 없었다. 여러 재사들의 무리와 고선枯禪 등으로부터 단편적으로 듣고 앎이 천박하여 옷을 걷어 올리고 따져 묻다가 드디어 여기까지 이끌게 되었으니,

어찌 시자 덕최德最를 탓하겠는가! 나를 따른 지 오래되어 학문이 날로 달로 발전하고 성장하여 문집을 엮어 완성하고, 하루는 내어 보이며 나에게 서문을 구하였다.

받으려고 여러 번 왔지만, 내가 놀라서 한참 있다가 꾸짖어 말하였다. "한 장과 반 장이 모두 절각切脚으로 되었으니, 글자를 8자로 하여 이름으로부터 멀리 떨어지게 해놓으니, 달마가 면벽하며 말을 하지 않고, 여래가 설할 법이 없도다. 옛날에 영가가 이미 긁어 부스럼을 만들었으니, 어찌 흉터 자국 위에 다시 침을 놓고 겨자씨를 얹은 것이 아니겠는가! 자무子無가 이에 갈등葛藤을 팔아 나를 괴롭히려는 것인가?"

대답해 말하였다. "불법을 걱정한다면 위험하기가 쌓아 놓은 계란과 같으니, 선배들은 시들어 물러가고 후배들은 들은 것이 없어, 부끄럽게도 정녕 귀를 끌어당겨 듣게 하는 수고로움이 있을 것입니다. 대사께서 말씀하신 것과 같이 모두 큰 근기의 상지上智가 하나를 듣고 천을 깨달으며, 채찍 그림자를 기다리지 않고 행하는 사람은 이해해 깨달을 수 있을 것입니다. 그러나 둔한 근기의 말학들은 반드시 통발과 올가미를 빌려야 합니다. 대사께서 이미 말씀이 없으신데 소자가 어찌 서술하겠습니까?"

이와 같이 여러 차례 미루어 보내니, 뱀에 발을 그리고, 호랑이에 날개를 그릴 어떤 생각도 없었다. 교만하게 제이기(第二機: 第二義門, 向下門)로 보여주니, 자리 사이에 마침 매지현梅知縣이 있었는데, 내전(內典: 불교 전적)에 깊이 안거(棲神)²하여 늘 떠올리며 잊지 않는 분으로, 이 글을 한 번 보고 감오感悟하여 눈물을 흘렸다. 돈을 내어 판본을 엮으니, 아마도 다른 날 손을 잡고 함께 화엄승회華嚴勝會에서 노닐 것을 바란 것이니, 또한 어찌 작은 도움이겠는가! 붓을 들었기 때문에 여기에 밝힌다.

　때는 소흥 병인년(1146)에 영암에 머물다 떠난 한 늙은이 지눌知訥이 서序하노라.

余嘗覽吾家, 漁獵文字語言極多, 而騰耀古今膾炙人口者亦少. 至於永嘉著歌以證道, 慳於二千言, 往往乳兒竈婦, 亦能鑽仰此道, 爭誦遺章斷槀, 況在士夫衲子. 蟻慕雲騈, 不待云後諭. 由是觀之, 莫非宿植德本, 行解相應. 雖借舌端三昧, 遊戱人間世, 而脫身向佛祖外行履, 學者窮討其源, 大似持螺酌海, 執管窺天.

信夫, 西土謂之證道經, 名不誣矣. 余每念此一段佛事, 挂之牙頰間, 雖至造次, 未能忘. 羣才輩, 枯禪外, 單聞淺識, 摳衣問難, 遂延及此, 豈意小師德最! 從余之久, 日就月將, 編以成集, 一日出示, 求序於余.

將授諸來者, 余爲之駭然, 良久, 詰曰: 一藏半藏, 皆爲切脚, 以字八字, 飜成名邈, 達磨面壁不言, 如來無法可說. 昔永嘉, 已是剜肉作瘡, 詎可於瘡瘢上, 更加針芥耶! 子無乃販賣葛藤, 累我乎?

答曰: 痛念佛法, 危如累卵, 前輩凋謝, 後生無聞, 有愧丁寧提耳之勤. 如師所言, 皆大根上智, 一聞千悟, 不待鞭影而行者, 所能領解. 然鈍根末學, 必假筌蹄, 師旣無言, 小子何述焉?

如是累番推卸, 無何擬蛇畫足爲虎揷翅. 謾以第二機示之, 坐間適有梅知縣者, 棲神內典, 念茲在茲, 一見斯文, 感悟流涕. 出金縷板, 庶幾[3]他

---

2 서신棲神: 응신전일凝神專一, 지식止息, 안거安居의 의미.

日, 攜手同遊華嚴勝會, 亦豈小補哉! 因點筆爲之引.
時紹興丙寅住靈巖去一叟知訥序.

---

3 서기庶幾: 근사近似, 희망希望, 단원但願, 혹허或許, 야허也許의 의미.

영암묘공 화상 주 증도가(靈巖妙空和尙註證道歌)

시자 덕최 집(侍者德最集)

옛날에 세존께서 영산에서 한 가지의 꽃을 드시자 가섭이 미소를 지으니, 이에 "나에게 정법안장이 있으니, 너에게 분부하노라."라고 하여 증험으로 삼았다. 또한 영가 대사는 본래 천태지관을 수습하여 사위의(행주좌와) 가운데 항상 그윽한 선관禪觀을 행하시다가 조계의 육조 선사를 찾아가 문답을 주고받고 바로 인증을 받았다. 육조 선사가 하룻밤을 머물게 하여 당시 '일숙각一宿覺'이라 일렀으며, 이 노래를 지어 그 증득한 바의 도를 글로 쓰니 『증도가證道歌』라고 하였다.

昔世尊, 於靈山, 拈一枝華, 迦葉微笑, 乃至, 吾有正法眼藏, 分付於汝, 謂之證也. 又永嘉大師, 本習天台止觀, 四威儀中, 常冥禪觀, 因詣曹溪六祖, 往復問答, 乃蒙印證. 祖留一宿, 時謂一宿覺, 遂作此謌, 以其所證之道, 述而書之, 故謂證道歌也.

서문 ③

서주 범천언기 화상 주 증도가 서문(舒州梵天琪和尙註證道歌序)

부량 참학 혜광 록(浮梁參學慧光錄)

영가 진각眞覺 대사는 조사 가운데 뛰어나신 분이다. 법휘는 현각玄覺이고, 어려서 출가(落彩)하시니, 총명하고 민첩함이 남들과 달랐다. 처음에는 천태지자의 교관敎觀을 익혔으니, 곧 좌계左溪[4]와 같은 시기였다. 이에 강원들을 두루 다니며 선지식들을 찾아 참방하다가, 하루는 『열반대경(大涅槃經)』을 보고 법의 뜻을 환히 깨달아 바로 조계로 가니, 육조가 인가하셨다. 육조 대사는 그가 깊이 증득한 것을 감탄하니, 대사가 곧바로 돌아가겠다고 말씀드리자, 육조께서 하룻밤이라도 잠시 머물라고 했기 때문에 법호를 '일숙각'이라고 부르게 되었다. 이에 (영가 대사께서) 깨달아 증득한 법문을 노래로 만들어 깨닫지 못한 이들을 경책하였다.

대사는 다시 은밀하게 감응함(冥感)을 예기豫期하여, 곧바로 선정 가운데 글자마다 금색으로 변해 온 허공에 가득한 것을 보았다. 그로부터 천하의 총림에서 모르는 사람이 없었다. 제방의 노인(老人: 尊宿)들

---

4 唐 현랑(玄朗, 674~754): 천태종의 제8조 좌계현랑左溪玄朗.

이 주註 혹은 송頌을 짓기도 하여, 범승梵僧이 인도로 전해 가서 번역하여 수지하는 데 이르게 되었으니, 만약 부처님 마음에 깊이 계합하지 않았다면 누가 이와 같이 할 수 있었겠는가? 언기彦琪가 산에 머물며 한가롭게 지내던 터에 학인이 물어왔기에 즐겁게 설명해 주면서, 그가 기록하겠다는 것을 허락하였다. 기록이 완성되어 그 대략을 그대로 서술하여 책머리에 적는다.

때는 소성 정축년(1097) 중하(仲夏: 음력 5월) 18일 열수헌列岫軒에서 쓰다.

永嘉眞覺大師者, 乃祖席之英人也. 法諱玄覺, 少而落彩, 聰敏頗異. 始者習天台智者教觀, 卽左溪同時也. 於是遍歷講肆參尋知識, 忽一日因覽涅槃大經洞明法旨, 卽往曹溪, 六祖印可. 祖歎其深證, 卽時遽然告歸, 祖少留一宿, 故號爲一宿覺焉. 則以所證法門發言爲謌, 以警未悟.
師復預期冥感, 卽時定中觀見字字化作金色滿虛空界. 自後天下叢林無不知也. 諸方老人或註或頌, 以至梵僧傳皈印土翻譯受持, 若非深契佛心, 其孰能與於此哉. 彦琪山居暇日因學者所問, 故樂爲其說, 許彼所錄, 錄成直敍大略, 題於卷首.
時紹聖丁丑仲夏十八日列岫軒書

서문 ④

축원 선사 주 증도가 서문(竺原禪師註證道歌序)

신광(神光: 혜가)은 달마 대사를 알현하고, 세 번 절하고 일어나 옷과 법으로써 부촉 받았다. 진각眞覺은 조계 대사를 참배하고, 침상을 돌고서 석장을 짚고 종지宗旨를 정하였다. 대개 심법心法의 정밀하고 미세함은 말로 할 수 있는 것이 아니었다. 나중에 여러 조사들이 방과 할을 행하고, 공을 굴리고 춤을 추고, 북을 치고 목탁을 두드려서 대기대용大機大用으로 나를 위하고 남을 위하는 신묘함을 드날리셨다. 그래서 동토에 대승의 근기가 있어 불심의 종지를 전한다고 말함은 바로 이것을 이르는 것이다.

오직 대승보살이라야 나도 위하고 남도 위할 수 있는 것이지, 독각과 성문은 그렇게 할 수 없다. 우리 종宗을 알고 주고받은 것이 어찌 대수롭지 않은 작은 일이겠는가! 요즘의 총림은 옛날 같지 않아서 어떤 이는 견해가 조금이라도 있으면 참된 이행과 실천이 없으니, 그 체體를 잃게 되는 것이다. 어떤 이는 고요함만을 공부함이 있어서 중생을 이롭게 하고 사물을 접인하는 중요한 강령을 제시하지 못하니, 그 용用을 잃게 되는 것이다.

체와 용을 겸하여 바탕이 되고 행行과 해解를 함께 갖춘 분은 장강과 회하 사이에 오직 축원 선사뿐이다. 선사는 일찍이 이름난 선사들을 두루 참배하고 불조佛祖의 교전敎典에 심오한 도리를 탐구하지 않은 것이 없었으며, 뛰어났으므로 자신이 몸소 큰일을 맡게 되었다. 말견(末見: 미래세에서 단견斷見을 일으키는 것)에게는 가르침에 모두 드러낼 수 없어서 근기에 적합한 말(機語)로 계합하여 드디어 그 법을 이으니, 파양鄱陽의 묘과사妙果寺에 두 번 머물렀으나 세상살이에 게을러서 떠나 남소(南巢: 지금의 安徽省 巢湖市)로 돌아가니, 해내(海內: 중국)의 학인들이 몰려들어 머물 방이 없을 정도였다.

진각(현각) 대사의 『증도가』를 주석해 달라는 요청이 있으니, 선사께서 요청에 따라 그것을 해석하고, 학인이 기록한 글이 책으로 만들어지니, 고숙姑熟 진선회陳善會가 판목에 새겨 후학들에게 주기를 원하면서 나에게 서문을 부탁하였다. 내가 "이치를 깨닫는 것은 하나이나 일을 닦는 것은 끝이 없다. 그러므로 화엄의 사법계四法界가 '사사무애事事無碍'로 끝나는 것이다."라고 하니, 그가 "하나의 법도 버리지 않아야 일물一物도 그 마땅함을 얻지 못하는 것이 없는 것입니다."라고 하였다.

진각 대사가 처음에 교관 수행을 말미암음은 마치 사람들이 전원을 가꾸어 집을 부유하게 하는 것과 같았으며, 또한 특히 계권(契券: 경전)에 분명하고 진실하지 못한 것이 있어서 육조 대사를 찾아가 알현하니, 오히려 문서를 갖고 관官에 들어가 한 도장으로 인(印: 관직)을 정하게 되었으니, 영원히 가업으로 보존하게 되었다. 마조馬祖, 백장百丈, 황벽黃檗, 임제臨濟, 남양南陽, 대주大珠가 계경契經을 설법한 것과 같은 것들은 이로 말미암지 않은 것이 없었다. 그러니 병아리같이 유치한 도인이 어찌 족히 이것을 말하겠는가! 나는 또

경교를 통달한 유가와 도가 등의 백가들도 다 드러내어 보탬이 될 수 없었다고 들었는데, 선사는 말 잘하고 해박함이 그를 넘었다. 그러므로 진각 대사의 온지蘊持를 발휘하여 다만 남은 일에 응하여 답할 뿐이다. 실중室中에서 따져 묻는 근기가 천둥 번개처럼 신속한 것과 같다면, 납승들에게 향상向上의 파비巴鼻를 들어 보일 것이니, 마땅히 작자를 만나면 따로 집어낼 것이다.

지원 6년(1269) 경신세 가을 8월 용상 비구龍翔比丘 대은大訢이 절하고 쓴다.

神光見達磨, 三拜起立付以衣法. 眞覺參曹谿, 繞牀振錫而定宗旨. 盍心法之精微非言所及. 後來諸祖行棒行喝, 輥毬作舞, 打鼓振鐸, 以大機大用發揚爲己爲人之玅. 而所謂東土有大桀根器傳佛心宗者, 正謂是也. 惟大桀菩薩能爲己爲人, 獨覺聲聞則不能之. 是知吾宗授受豈細事哉! 近時叢林不古, 或少有見解而無眞履實踐, 失其體也. 或有靜工而不能提唱綱要以利生接物, 失其用也.

若體用兼資行解俱備, 江淮之間惟竺源禪師而已. 師蚤徧參名宿, 佛祖教典無不探賾, 而卓然以己躬大事爲任. 末見無能教公, 機語契合遂嗣其法, 兩住都之玅果寺, 倦於涉世, 謝歸南巢. 海內學者大至, 室無所容. 有以眞覺證道歌請註, 師隨問析之, 學者筆錄成帙, 姑熟陳善會願刻諸梓以惠來學, 而徵序於予. 予謂理之悟則一, 事之修則無窮, 故華嚴四法界終之以事事無礙者. 謂其不捨一法而無一物不得其當也.

眞覺始由教觀修行, 如人之治田園居室旣富, 且有特契券未之明允, 及見六祖, 猶持券入官一印印定, 永保家業. 與馬祖、百丈、黃檗、臨濟、南陽、大珠如契經說法，莫不由斯．而雛道人烏足語此哉！吾又聞無能公益通經教儒老百家，而師則辯博過之．故其發揮眞覺之蘊特應酬餘事耳．若夫室中徵詰機迅雷電，揭示衲僧向上巴鼻，當逢作者別為拈出．
至元六年庚辰歲秋八月龍翔比丘(大訢)拜書．

證道歌

깨달음의 노래

깨달음의 노래(證道歌)

당唐 신수 사문慎水沙門 현각玄覺 찬술

【남명 송】 이 곡을 노래하니, 열반의 모임에서 일찍이 친히 부촉하고, 금색두타金色頭陀의 미소가 그치지 않으며, 몇 봉우리 청산은 초가집을 마주하네.

歌此曲, 涅槃會上曾親囑, 金色頭陀笑不休, 數朶靑山對茅屋.

【범천 주】 인연에 따라 깨달음을 얻어 들어간 것을 '증證'이라 하고, 수많은 성인들이 실천한 것을 '도道'라 하며, 그 도를 노래한 것을 '가歌'라고 한다. 그러므로 이것을 '증도가'라 하였다. 어떤 사람이 말하기를 "닦을 것도 없고 증득할 것도 없는 사람은 바로 산성散聖[5]이니, 부처님의 가르침을 펼치는 것을 도왔다. 옛날에 이미 증득하여 다시 더 증득할 것이 없는 이들이다. 비유하자면 광석에서 나온 황금은 다시 광석이 될 수 없는 것과 같으니, 바로 보공寶公, 만회萬回, 한산寒山, 습득拾得, 숭두타嵩頭陀, 부대사傅大士 등이 그러한 분들이다."라고

---

5 산성散聖: 선종에서는 법을 단전單傳하여 정통 법계法系로 인정한다. 그러나 비록 방계傍系로서 정통 법계는 아니지만 선리禪理에 뛰어나 스스로 일문一門을 개창한 선승禪僧을 산성散聖이라고 칭한다.

하였다.

　증득한 바가 있다면 모름지기 스승에게 인가를 받아야 비로소 증득했다고 할 수 있다. 위음왕불威音王佛 이전에는 인가를 받지 않아도 괜찮았지만, 위음왕불 이후에는 스승 없이 스스로 깨달은 것은 모두 천연외도天然外道에 속한다. 그러므로 25대사大士들은 증득한 원통圓通을 부처님께 인증印證 받았고, 선재善財는 53위의 선지식을 친견하여 선지식에게 인증 받았으며, 서천과 이 땅(중국)의 여러 조사들은 서로서로 인증하기에 이르렀으니, 이른바 부처와 부처가 서로 전하고 조사와 조사가 서로 전한 것이다.

　영가 대사께서 『열반경』을 보다가 깨달음을 얻어 조계의 육조를 찾아가 인가를 받으려고 하였다. 대사가 그곳에 도착하던 날, 마침 육조께서 앉아계시자 대사는 육조의 선상禪床을 세 바퀴 돌고 석장을 한 번 치고 우뚝 섰다. 육조가 말하기를 "승려란 삼천 가지 위의와 팔만 가지 세행細行을 갖추어야 모든 행동에 이지러짐이 없는 법인데, 대덕은 어디에서 왔기에 이처럼 대아만심大我慢心을 내는가?"라고 하니, 대사는 "생사의 일이 크고, 무상無常이 빠릅니다."라고 하였다. 육조가 "어찌하여 생사가 없음을 체득하지 못했으며, 신속함이 없음을 깨닫지 못했는가?"라고 물으니, 대사는 "체득하니 바로 생사가 없고, 깨달으니 본래 빠름이 없습니다."라고 하였다. 육조는 "그렇다, 그렇다."라고 하고 하였다.

　잠시 후에 작별의 예를 올리자, 육조는 "너무 빠르지 않은가?"라고 하자, 대사가 "본래 움직임과 고요함이 아닌데, 어찌 빠름이 있겠습니까?"라고 하였다. 육조는 "누가 움직이지 않음을 아는가?"라고 하자,

대사가 "스님께서 스스로 분별을 내십니다."라고 하니, 육조는 "그대는 무생無生의 뜻을 크게 얻었도다."라고 하였다. 대사가 "무생에 어찌 뜻이 있겠습니까?"라고 하니, 육조께서 "만약 뜻이 없다면 누가 분별을 내겠는가?"라고 하였다. 대사가 "분별도 역시 뜻이 아닙니다."라고 하니, 육조께서 감탄하여 "훌륭하고 훌륭하다."라고 하였다.

이렇게 인가를 받고서 비로소 증득하였다고 칭하게 되었으니, 실로 제위의 소승과 천마외도들이 아직 얻지 못하고서 얻었다 하고, 깨닫지 못하고서 깨달았다고 하는 것이 아니다. 고덕古德이 말하기를 "세간의 문자만을 아는 법사와 깨치지 못한 선인禪人은 불법에 큰 걱정거리가 된다."라고 하였으니, 진실로 슬픈 일이다. 지금 영가 대사께서 증득한 바는 이와는 다른 것이니, 바로 무생법인無生法忍이다. 이 대정大定은 여러 가지 법을 갖추고 있다. 첫째, 바른 종지(正宗)와 다르지 않은 증득이고, 둘째, 원만하게 계합하여 공空에 떨어지지 않은 증득이며, 셋째, 구경究竟과 다름이 없는 증득이고, 넷째, 이로움을 베풀어 아래로 중생을 제도하는 증득이며, 다섯째, 도道를 말미암아 법이 그러함을 얻은 증득이고, 여섯째, 요의了義로서 치우침이 없는 증득이다. 그러므로 증득이라고 칭하게 되었다. 그러나 비록 이와 같지만, 오히려 의로義路의 분별에 빠진 것이다. 비유하자면 어떤 사람이 허공을 꼬아 새끼를 만들려는 것과 같아서, 그것을 이루고자 하나 쓸데없이 정신만 황폐하게 하는 것과 같다. 만약 본분납승이라면 머리 뒤의 눈을 떠야 마땅히 스스로 알게 될 것이다.

從緣悟入之謂證, 千聖履踐之謂道, 吟咏其道之謂歌. 故曰: 證道歌也.

或人云：無修無證者，乃諸散聖，助佛揚化，已於往昔證道不復更證．譬如出礦黃金無復爲礦，卽寶公、萬回、寒山、拾得、嵩頭陀、傳大士等是也．卽有所證，須求師印可，方自得名爲證．自威音王佛已前卽可．自威音王佛已後，無師自悟盡屬天然外道．是故二十五大士所證圓通從佛印證，善財參五十三位知識從知識印證，乃至西天此土諸位祖師遞相印證，所謂佛佛授手祖祖相傳也．

大師因看涅槃大經悟入，往曹溪，六祖印可．師到日，值祖坐次，遶禪床三匝，振錫一下，卓然而立．祖曰：夫沙門者，具三千威儀，八萬細行，行行無虧，大德從何方來，生大我慢？師曰：生死事大，無常迅速．祖曰：何不體取無生，了無速乎？師曰：體卽無生，了本無速．祖曰：如是如是．須臾禮辭，祖曰：返太速乎？師曰：本非動靜，豈有速耶？祖曰：誰知非動．師曰：仁者自生分別．祖曰：汝甚得無生意也．師曰：無生豈有意？祖曰：若無意，誰生分別？師曰：分別亦非意．祖歎曰：善哉善哉．

旣蒙印可，方得名爲證也．實非諸位小乘天魔外道，未得謂得未證謂證．古德云：世間文字法師暗證禪人，爲佛法大患．誠可哀哉！今所證者則異於是，旣卽無生法忍也．此之大定，具足衆法：一正宗非異證，二圓契非空證，三究竟不異證，四設利下濟證，五道由法爾證，六了義非偏證．故得名爲證也．然雖如是，猶涉義路分別．譬如有人撚空爲線，欲其成就，徒廢精神．若是本分衲僧，腦後眼開，當自知矣．

⟨1⟩
그대는 보지 못했는가?
君不見?

【남명 송】 이는 어떤 얼굴인가? 헤아리고 사량하기를 어지러운 산을 떨어뜨려 놓으니, 이로부터 조계문 밖의 구절은 앞으로 흘러 인간에 떨어진다.
是何顔? 擬議思量隔亂山. 從此曹磎門外句, 依前流落向人間.

【영암 주】 그대(君): 일자一字의 법문이다. 개인적인 주석(私按): "『다라니경』에서 일체의 제법이 있지 않음을 일자법문이라고 한다."『종경록』권2, 23쪽을 보라.⁶

 보지 못했는가?: 소리를 좇아 색을 넘었으니, 보는 것을 떠나고 듣는 것이 끊어졌도다. 마치 "보는 것을 볼 때 보는 것은 보는 것이 아니요, 보는 것이 오히려 보는 것을 떠남에 보는 것은 미치지 못한다."⁷라고 하는데, 또한 '보지 못했다(不見)'라고 말하니, 결국 '보지 못함'은 무엇인가?
君: 一字法門. 私按: 陀羅尼經云: 無有一切諸法, 是名一字法門. 見宗鏡錄二, 二十三紙也. 不見: 趣聲越色, 離見絶聞也. 如云: 見見之時, 見非是見. 見猶離見, 見不能及. 且道不見, 畢竟不見, 箇什麼?

---

6 (宋)延壽,『宗鏡錄』卷2(大正藏 48, 427b)에서 인용한 것이다.
7 『楞嚴經』(大正藏 19, 113a)에 나오는 구절로서『宗鏡錄』등 수많은 禪典에서 인용하고 있다.

【법천 주】 '군(君: 그대)'이라는 한 글자는 '가리켜 결정짓는 말'이니, '이것'에서 깨달아 얻으면 총지문總持門이 열려 조사의 본래면목을 친견하며, 백천 가지 삼매와 무량한 오묘한 뜻이 모두 이로부터 들어간다. 그러므로 선재동자가 중예동자를 참견參見하여 말하기를 "나는 항상 이 자모字母를 외워서 반야바라밀문般若波羅蜜門에 들어갔다."라고 하였으니, 한 글자의 법문은 바다를 먹물로 삼아 써도 다 쓸 수 없는 것이다. 그러나 이것을 밝히지 못하면 설령 문장이 고기를 구워놓은 것처럼 맛있고, 논변이 강물이 흘러가는 것처럼 유창해도 도리어 문자와 언어의 물결에 휩쓸려 깨달을 기약이 없음을 알아야 한다. 날이 가고 달이 갈수록 문장이 구름처럼 일어나고, 세월이 흐를수록 책이 산더미처럼 쌓일지라도 허전한 마음에 늘 탄식하고 실의에 빠져 길이 슬퍼하니, 마음자리(心地)의 법문에서 멀어지고 또 멀어진다.

고덕古德이 말하기를 "도를 배울 적에는 반드시 먼저 깨닫게 된 연유가 있으니, 그것은 마치 빠름을 다투는 쾌룡주快龍舟와 같다. 비록 오래된 집과 묵혀둔 밭이라도 한번 손질을 하여야 바야흐로 쉴 수 있다."[8]라고 하였다. 이로 미루어 보면 반드시 발명하여 오입悟入하여야 비로소 그렇게 된다. 그러므로 최초일구는 도가 같아야 바야흐로 알게 되는 것이다.

君之一字, 指決之辭, 於斯薦得, 總持門開, 親見祖師本來面目, 百千三昧無量妙義皆從此入. 所以善財參見衆藝童子言: 我常唱此字母, 入般若波羅蜜門. 則知一字法門海墨書而不盡也. 於此不明, 設使辭同炙煤辯

---

8 (宋)道原纂, 『景德傳燈錄』 卷29, '龍牙和尚居遁頌一十八首'(大正藏 51, 453a) 가운에 一句로서 『法演禪師語錄』, 『碧巖錄』 등 여러 곳에서 인용되고 있다.

瀉懸河, 翻被文字語言流浪無有了時. 日來月往翰墨雲興, 歲久時長編卷山積, 究懷永歎憫怫長嗟, 心地法門遠之遠矣. 古德云: 學道先須有悟由, 還如曾鬪快龍舟, 雖然舊閣閑田地, 一度贏來方始休. 以此而推, 須有發明悟入始得. 故云: 最初一句, 同道方知.

【축원 평】최초의 분명한 얼굴을 서로 드리우니, 또한 어떤 곳으로 갈 것인가?
最初一著覿面相呈, 又云甚處去也?

배움을 끊고 함이 없는 한가로운 도인은
絶學無爲閒道人

【남명 송】구름과 같은 자취와 학과 같은 자태를 어디에 의탁하겠는가? 봄이 그윽하게 깊어도 새는 돌아오지 않건만, 바위 가의 꽃무리는 저절로 피고 지는구나.
雲蹤鶴態何依托? 春深幽鳥不歸來, 嵓畔羣花自開落.

【영암 주】배우지 못함이 없어 무학無學에 이름을 '배움을 끊음(絶學)'이라고 이르고, 하루 종일 함이 있지만 아직 한 적이 없으니 '무위無爲'라고 이르며, 행주좌와에 정식情識과 번뇌를 벗어났으니 '한가로운 도인(閒道人)'이라고 칭한다.
有無不學, 至於無學, 謂之絶學. 終日爲, 而未嘗爲, 謂之無爲. 行住坐臥, 透脫情塵, 名閒道人.

【범천 주】 '배움을 끊음'이란 세간의 학문을 끊고 함이 없는(無爲) 배움을 배우는 것이다. 세간의 학문은 벗어난 것(出離)이 아니기 때문이다. '함이 없는 배움'이란 소승의 유위가 아닌 대승의 무위에 들어가는 것이니, 소승의 유위는 구경이 아니기 때문이다. 반야를 배우는 보살은 법과 명합하여 일체 법에 응당 머무른 바 없고 마음에 걸린 것이 없어 대자재를 얻으니, 짓되 지음이 없고 하되 함이 없다. 그러므로 "배움을 끊고 함이 없음"이라고 하였다.

'한가로운 도인'이란 도와 상응하여 번뇌의 괴롭힘(塵勞)에 얽매이지 않으므로 '한가롭다'라고 칭하였다. 진실로 일체중생들은 무시이래로 오늘에 이르기까지 깨달음을 등지고 번뇌에 합하여, 앞의 온갖 경계에 생각 생각에 모든 번뇌를 따라감을 잠시도 쉼이 없으니, 어떻게 벗어날 수 있겠는가?

도를 배우는 사람은 능히 만물을 굴리지만, 만물에 굴려지지 않는다. 눈앞의 온갖 차별에 마음은 한 경계에 한가롭고, 물가와 숲 밑에서 성태聖胎를 기르며, 달빛을 바라보며 소요하고, 시냇물 소리를 들으면서 자재한다. 이런 까닭에 "배움을 끊고 함이 없는 한가로운 도인"이라고 하였다.

絶學者, 絶世間之學, 學無爲之學也. 世間之學非出離故也. 無爲學者, 非小乘有爲, 入大乘無爲也. 小乘有爲非究竟也. 學般若菩薩與法冥合, 於一切法應無所住, 心無罣礙, 得大自在, 作而無作, 爲而無爲. 故云: 絶學無爲也. 閑道人者, 與道相應, 不與塵勞拘繫, 故名爲閑. 良由一切衆生從無始來以至今日, 背覺合塵, 於諸前境念念之中, 隨逐諸塵無有暫捨, 何由出離? 學道之人能轉萬物, 不爲萬物所轉. 目前千差心閑一境,水邊林下長養聖胎, 看月色以逍遙, 听泉聲而自在. 故云: 絶學無爲閑道人也.

【축원 평】 원래 다만 여기에 있도다!
元來只在者裏!

망상도 없애지 않고 참됨도 구하지 않는다.
不除妄想不求眞.

【남명 송】 참됨과 망상이 모두 거울 속의 티끌과 같으니, 허공의 빛과 그림자를 타파해 끊어야만, 이때 비로소 본래의 사람을 보리라.
眞妄都如鏡裏塵, 打破虛空光影斷, 此時方見本來人.

【영암 주】 망상도 본래 도로서 제거한다고 말할 수 없으며, 진성은 본래 공한 것인데 어찌 다시 찾음을 허용하겠는가? 비록 이와 같으나 구하지 않고 제거하지 않는 곳에 이르러 다시 한 걸음 더 나아가야 비로소 얻을 것이다.
妄本是道, 不可言除, 眞性本空, 豈容更覓? 雖然如是, 到此不求不除處, 更進一步始得.

【범천 주】 '망상'이라고 함은 바로 허망한 생각이다. 참으로 일체중생은 하루 종일 반연의 마음이 한순간도 끊어짐이 없으니, 마음은 물을 생각하는 거북이와 같고, 의지는 달리는 말과 같아서 멈추고 쉰 적이

없다. 그러므로 '범부'라고 칭한다. '진眞'이란 곧 하나인 참된 불성이다. 지금 이 도인은 법과 상응하여 범부와 성인의 두 길에 떨어지지 않았으며, 또한 이승二乘과는 다르다는 것을 간략히 분별한 것이다. 소승의 사람들은 세간의 생사를 싫어하여 벗어나려 하고, 삼계 밖의 열반을 좋아하여 구하려 하지만, 반야를 배우는 보살은 만법을 모아 자기에게로 돌린다. 그러므로 "망상도 없애지 않고 참됨도 구하지 않는다."라고 한 것이다. 그러므로 수산주脩山主가 이르기를 "범부의 법을 구족하였으나 범부는 알지 못하고, 성인의 법을 구족하였으나 성인은 깨닫지 못한다. 성인이 만약 깨닫는다면 곧 범부요, 범부가 만약 안다면 곧 성인이다."[9]라고 하였다. 이 두 가지 칙어는 한 이치(理)에 두 가지 뜻(義)이 있다. 전傳에 이르기를 "만약 이를 변별하여 얻는다면 불법 가운데 들어가는 곳이 있음에 방해되지 않지만, 만약 변별해 내지 못하면 의심이 없다고 말하지 말라."라고 하였다.

所言妄想者, 卽虛妄想念也. 良由一切衆生十二時中攀緣之心無有間斷, 心如念水之龜, 意似迎風之馬, 未嘗停息. 故名凡夫也. 所言眞者卽一眞佛性也. 今此道人與法相應, 不落凡聖二途, 亦乃簡異二乘也. 小乘之人厭離世間生死, 樂求界外涅槃, 學般若菩薩會萬法皈於自己. 故云不除妄想不求眞也. 故脩山主云: 具足凡夫法, 凡夫不知, 具足聖人法, 聖人不會, 聖人若會卽是凡夫, 凡夫若知卽是聖人. 此兩則語是一理二義. 傳云: 若辨得, 不妨於佛法中有箇入處, 若辨不得, 莫道不疑.

---

9 (宋)道原 纂, 『景德傳燈錄』卷24, "撫州龍濟紹修禪師"(大正藏 51, p.400c)에서 인용함.

【축원 평】 또한 반만 믿어라!
且信一半!

무명의 실성이 바로 불성이요,
無明實性卽佛性,

【남명 송】 두 가지는 원래 억지로 이름붙인 것이요, 사해가 편안하여 맑고 때맞추어 내리는 비 풍족하니, 촌 늙은이 수고롭게 태평가 불러 축하하지 않네.
兩處由來强立名, 四海晏淸時雨足, 不勞野老賀升平.

【영암 주】 진실과 망상은 근원이 같으며, 이치(理)와 일(事)은 둘이 아니다. 무명의 본성이 바로 불성이다. 마땅히 망상을 버리지 못하거든 불성을 찾지 말라. 만약 망상을 여읜다면 바로 불성이 없어진다. 그러나 불성은 있는 것도 아니고 없는 것도 아니다. 있는 것도 없는 것도 아닌데, 만약 불성을 정함이 옳다고 말하는 하는 것은 또한 어찌 흙 위에 진흙을 더하는 것과 다르지 않겠는가?
眞妄同源, 理事不二. 無明之性, 卽是佛性. 不須捨妄, 別求佛性. 若離於妄, 卽無佛性. 然佛性, 非有非無. 不有無, 若言佛性定可卽者, 又何異土上加泥?

【범천 주】 '무명'이란 반야인 큰 지혜의 밝음이 없는 것이고, '불성'이란 궁극의 청정한 각성이다. 무시이래로 헛되이 태어났다가 헛되이 죽으

니, 생사에서 벗어나지 못하는 것은 모두 무명으로 인하여 유전하기 때문이다. 그러므로 무명이 곧 번뇌의 근본이니, 팔만사천의 번뇌에 괴롭힘(塵勞)의 뿌리가 되고, 12인연의 첫머리임을 알 것이다. 항하의 모래처럼 많은 번뇌가 이로 인하여 일어나고, 진겁의 윤회가 이로써 끊어지지 않는다. 따라서 비상정비상정(非想定) 후에도 살쾡이의 몸을 받고, 무명의 구덩이 속에서 병든 행위를 한다. 고덕이 말하기를 "빠르기는 번갯불이 치는 것 같고, 사납기는 미친 바람과 같으며, 잠시 번뇌에 끄달리는 것은 폭포수보다 빠르고, 갑자기 오욕을 이루는 것은 굴러가는 바퀴보다 더 급하다."라고 하였다. 그러므로 사마四魔에 얽히고 십사十使에 끌려가는 것은 모두 무명이 부리는 것이다. 깨닫지 못한 사람은 미혹하여 무명을 참다운 일로 삼지만, 지금 이 도인은 반야의 지혜로 무명이 바로 밝음(明)임을 조견하여 불성을 밝게 보기 때문에 "무명의 실성이 바로 불성이다."라고 하였다.

無明者無般若大智之明也, 佛性者卽究竟淸淨覺性也. 從無始已來虛生浪死, 不能出離, 皆因無明而流轉也. 故知無明卽煩惱根本也, 爲八萬四千塵勞之果, 作十二因緣之首. 河沙煩惱由此而生, 塵劫輪廻以之不絶, 非想定後還作狸身, 無明坑中猶爲病行. 古德云: 疾如掣電, 猛似狂風, 瞥起塵勞速於瀑流之水, 欻成五欲急過旋轉之輪. 是以結搆四魔駈馳十使, 皆無明之使然也. 未了之人迷爲實事, 今此道人以般若智照了無明卽明, 明見佛性, 故曰: 無明實性卽佛性也.

【축원 평】 월나라가 어렴풋하다.
依稀越國.

허깨비 같은 공한 몸이 곧 법신이로다.
幻化空身卽法身.

【남명 송】 만약 법신을 깨달으면 안과 밖이 없으며, 옴 붙은 개와 진흙 묻은 돼지가 모두 도리어 알았는데, 삼세의 여래가 깨닫지 못한다.
若了法身無內外, 疥狗泥豬却共知, 三世如來曾不會.

【영암 주】 앞에 나아가 깨닫게 되면 곧 불성이 된다. 육신이 지혜에 따라 바뀌어 또한 앞에 현전함을 깨닫게 된다. 환영이 변해 색신이 되어 곧 진공의 법신이 된다. 그러나 위에서 말하길 "망상도 없애지 않고 또한 참됨도 구하지 않는다."고 한 것은 참됨과 망상이 모두 성립하지 못하는 것이다. 또한 이르기를 "무명의 실성이 바로 불성이요, 허깨비 같은 공한 몸이 곧 법신이로다."라고 하였는데, 대개 진공의 담연함으로 말미암은 것이다. 그러나 비록 찾지 못할지라도 항상 원만하며, 비록 앞에 현전할지라도 찾지 못함을 깨닫게 될 것이다.
旣知明卽是佛性. 身隨智轉, 亦了現前. 幻化色身, 卽是眞空法身. 然上云: 不除妄, 亦不求眞. 眞妄皆不立. 又云: 無明實性卽佛性, 幻化空身卽法身. 蓋由眞空湛然. 然雖不可求, 而常圓, 雖現前, 而了不可覓.

【범천 주】 이미 무명이 바로 불성인 줄 깨달았으면 마땅히 허깨비와 같은 몸이 바로 법신임을 알 것이다. 법신이라는 것은, 교학에 오분법신五分法身이 있으니 첫째는 계戒법신이요, 둘째는 정정법신이요, 셋째는 혜慧법신이요, 넷째는 해탈解脫법신이요, 다섯째는 지견知見법

신이다. 전傳에 이르기를 "지혜가 참된 경계에 명합하여 모든 법을 몸으로 삼으니, 법신이다."라고 하였다. 법은 궤지軌持로써 뜻(義)을 삼고, 몸은 적취積聚로써 뜻을 삼으니, 이 법신이 궤가 되어 일체 법을 생하기 때문이며, 능히 일체 법을 두루 총섭하기 때문이다. 법을 통달한 사람은 부모의 인연으로 태어난 허환한 몸이 바로 금강같이 영원히 머물러 무너지지 않는 몸임을 깨닫는다. 그러므로 "허깨비 같은 공한 몸이 곧 법신이다."라고 하였다.

旣了無明卽是佛性, 當知幻身卽是法身也. 所言法身者, 敎有五分法身, 一戒二定三慧四解脫五智見也. 傳曰: 智冥眞境盡法爲身故曰法身. 法以軌持爲義, 身以積聚爲義, 此之法身能軌生一切法故, 能遍攝一切法故也. 達法之人, 了父母緣生虛幻之身卽是金剛常住不壞之身. 故曰: 幻化空身卽法身也.

【축원 평】 양주와 비슷하다.
彷彿揚州.

법신을 깨달으니 한 물건도 없음이여.
法身覺了無一物.

【남명 송】 맑기가 허공에 안개 한 점 없는 것과 같도다. 이에 영산회상의 그날 일을 떠올리며, 지팡이 짚고 봄날 오솔길에서 잔화殘花를 밟아 보네.
瑩若晴空絶點霞. 因憶靈山當日事, 攜筇春徑踏殘花.

【범천 주】 반야의 지혜로써 오온이 모두 공함을 비춰보니 한 물건도 없고, 변邊과 표表가 없으며, 이름(名)도 자字도 없지만, 억지로 법신이라 이름하였다. 옛날에 태원부 상좌가 좌주로 있을 때, 『유마경』을 강론하다가 법신의 뜻에 대해 말하였다. 그때 질문자(勘道者)가 그 자리에서 강론을 듣다가 좌주에게 "조금 전에 강론한 것은 제불의 법신인데, 어떤 것이 강주의 법신입니까?"라고 하니, 좌주가 "법신이 어찌 둘이 있겠습니까?"라고 하였다. 질문자가 "마치 어떤 사람이 음식 이야기를 한다고 해도 마침내 주린 배를 채울 수 없는 것과 같습니다. 마음의 근원을 요달하고자 한다면 깨달음으로 법칙을 삼아야 합니다."라고 하니, 대사(좌주)는 "내가 법신의 뜻을 말한 것은 다만 이와 같을 뿐입니다. 오히려 청컨대 질문자께서 나를 위해 설해주십시오."라고 하였다. 질문자는 "3~5일 동안 강론을 멈추고 빈 방안에서 고요히 앉아 법신을 체득하십시오."라고 하였다. 좌주는 선객이 말한 대로 모든 인연을 끊고서 고요한 방에 단정히 앉아 있었다. 어느 날 이른 아침에 홀연히 북과 뿔나팔 소리를 듣고서 홀연히 크게 깨닫고서 말하기를 "본래 한 물건도 없는 줄을 비로소 알았다. 하마터면 일생을 헛되이 보낼 뻔했도다."라고 하였다. 그러므로 『증도가』에서 "법신을 깨달으니, 한 물건도 없음이여."라고 한 것이다.

以般若智照五蘊皆空, 無有一物, 無有邊表, 無有名字, 强名法身也. 昔太原孚上座爲座主時, 因講維摩經至法身義時, 勘道者在座下聽, 乃問座主云: 適來講者是諸佛法身, 那箇是座主法身? 座主云: 法身豈有二耶? 道者云: 如人說食終不濟飢, 欲了心源以悟爲則. 師云: 某甲說法身義秖如此. 却請道者爲說. 道者云: 且輟講三五日, 於空室內靜坐體取法身.

師一依所言, 屛息諸緣端居靜室. 早晨忽聞鼓角聲瞥然大悟云: 始知本來無物. 洎合一生空過. 故云: 法身覺了無一物也.

【축원 평】 일물이라고 부르면 맞지 않는다.
喚作一物卽不中.

본원 자성이 천진불이라.
本源自性天眞佛.

【남명 송】 눈은 마치 푸른 연꽃과 같고 치아는 마치 흰 옥돌과 같다네. 자존(佛)을 알지 못하면 급히 가보라. 고개를 돌리면 새매가 신라를 지나리라.
目若靑蓮齒似珂, 未識慈尊須急去, 迴頭鷂子過新羅.

【영암 주】 선사는 사람들이 오히려 법신이라고 이해할 것을 걱정하였다. 그러므로 거듭 들어 말하기를 "법신을 깨달으매 한 물건도 없음이여."라고 하였다. 또 이르기를 "한 물건도 없다는 것은 물건을 없앤 것을 말하는 것이 아니다."라고 하였다. 대개 사물 사물마다 사물의 당체는 바로 비어 있기 때문이다. 곧 한 물건이 아니니 부딪치는 곳이 모두 참된 것이요, 옳은 도가 아님이 없는 것이다. 그러므로 이르기를 "본원 자성이 천진불이라."라고 한 것이다.
師恐人尙可了法身. 故重拈云: 法身覺了無一物也. 又云: 無一物者, 非謂去物. 蓋於物物, 當體卽空故. 卽無一物, 則觸處皆眞, 無非是道. 故云:

本源自性天眞佛.

【범천 주】 "본원 자성이 천진불"이라는 것은 이제 근원으로 돌아가면 수증을 빌리는 것이 필요치 않으니, 비로소 본래성불임을 알 수 있다는 것이다. 행주좌와에 눈에 보이는 것과 인연을 만나는 것 하나하나가 수시(베풀어 보임)요, 모든 법이 함께(齊) 드러나 불사 아닌 것이 없다. 그러므로 법등은 "누가 천진불을 믿는가? 기쁨과 슬픔이 몇 만 가지인가? 여뀌꽃(蓼花)이 옛 언덕에 피고, 백로는 물가 모래밭에 서 있네. 이슬방울에 뜰 잔디가 자라나고, 구름 걷히니 시냇가 달빛 차갑구나. 만물이 수시하는 곳에, 자세히 잘 관하게!"라고 말하였다.

本源自性天眞佛者, 今若返本皈源不假修證, 始知本來成佛. 行住坐臥觸目遇緣, 頭頭垂示法法齊彰, 無非佛事, 故法燈云: 誰信天眞佛? 興悲幾萬般? 蓼花開古岸, 白鷺立沙灘. 露滴庭莎長, 雲收溪月寒. 頭頭垂示處, 子細好生觀.

【축원 평】 '불'이란 한 글자를 나는 즐겨 듣지 않는다.
佛之一字吾不喜聞.

오음의 뜬구름, 부질없이 오가고,
五陰[10]浮雲空去來,

---

10 4본에는 오온五蘊으로 되어 있음.

【남명 송】 아주 빼어나게 있는 듯하지만 참다움이 아니네. 서풍이 한바탕 불어 종적을 쓸어 없애니, 만리산하 모두가 갠 날이로다.
英英似有還非實, 西風一陣埽無蹤, 萬里山河共晴日.

【축원 평】 평지에 흙더미가 일어난다.
平地起土堆.

삼독의 물거품, 헛되이 출몰하도다.
三毒水泡虛出沒.

【남명 송】 일어나고 사라짐에 종적이 없어 찾을 수가 없네. 물과 거품의 이름과 모습이 다르다고 하지 말라. 천 파도와 만 물결이 모두 조종朝宗이도다.
起滅無蹤不可窮, 勿謂水泡名相異, 千波萬浪盡朝宗.

【영암 주】 오음은 실제가 아니니, 마치 뜬구름과 같아 비록 커다란 허공에 오고 가나 커다란 허공의 본성은 본래 움직임도 고요함도 없다. 삼독은 고정되지 않아 근본은 마치 허공에 물거품 같아 비록 큰 바다에 일었다 꺼지지만, 큰 바다의 물은 결국 일었다 소멸함도 없는 것이다. 그러므로 환영의 망상인 색상色相은 스스로 생겼다 소멸하나 법성인 천진은 본래 변하고 달라짐이 없음을 알지어다.
五陰不實. 喩若浮雲, 雖於太虛去來, 而太虛之性, 本無動靜. 三毒非固, 端如虛泡, 雖於大海出沒, 而大海之水, 終無起滅. 故知幻妄色相, 自有生滅, 而法性天眞, 本無變異也.

【범천 주】법을 배우는 사람은 오음의 실답지 않음이 뜬구름과 같은 줄 깨닫고, 삼독의 허환함이 또한 물거품과 같은 줄 알아야 한다. '오음'이란 첫째는 색色, 둘째는 수受, 셋째는 상想, 넷째는 행行, 다섯째는 식識이다. 색은 막히고 걸림(窒礙)으로 뜻을 삼고, 수는 거두어들임(納領)으로 뜻을 삼고, 상은 상상하는 것으로 뜻을 삼고, 행은 천류하는 것으로 뜻을 삼고, 식은 식별하는 것으로 뜻을 삼는다. 오음을 요달하면 바로 인공人空이다. '삼독'이란 첫째는 탐냄, 둘째는 성냄, 셋째는 어리석음이다. 순경에는 곧 탐내는 마음을 일으키고, 역경에는 곧 화내는 마음을 일으키며, 지혜가 없기 때문에 이것을 허용하니, 어리석음(癡)이다. 이것을 요달하면 곧 법공法空이다. 오음은 마치 허공의 뜬구름과 같아서 부질없이 스스로 오가고, 삼독 또한 물 위의 거품과 같아서 쓸데없이 나타났다 사라졌다 한다. 낙포(樂普)가 다음과 같이 말하였다. "다만 물거품이 물에서 나온 줄만 알고, 물 또한 거품에서 나온 줄 어찌 알겠는가? 방편(權)으로 거품과 물을 가져 나의 몸에 견줌이니, 오온을 헛되이 쌓아 가명을 세웠도다. 오온이 공하고 물거품이 참되지 않음 알아야 바야흐로 본래의 참됨(本來眞)을 밝게 볼 것이다."[11] 만약 이것을 요달하지 못하면 생사의 바다에 부질없이 출몰할 것이다.

---

11 (宋)道原 纂,『景德傳燈錄』卷30,「樂普和尙浮漚歌」가운데 끝부분을 인용함. "只知漚向水中出, 豈知水亦從漚生, 權將漚水類余身, 五蘊虛攢假立人, 解達蘊空漚不實, 方能明見本來眞."(大正藏 51, p.462c)

學法之人, 了五陰不實猶如浮雲, 知三毒虛幻還同水泡. 所言五陰者, 一色、二受、三想、四行、五識也. 色以窒礙爲義, 受以納領爲義, 想以想像爲義, 行以遷流爲義, 識以別識爲義, 了五陰卽人空也. 所言三毒者, 一貪、二嗔、三癡也. 於順境卽起貪心, 於逆境卽起嗔心, 以無智故容受則是癡也. 了此則是法空也. 五陰旣如太虛浮雲空自去來, 三毒還如水上之泡虛然出沒. 洛浦云: 祇知泡向水中出, 豈知水亦從漚生? 權將漚水類余身, 五蘊虛攢假立名. 達解蘊空漚不實, 方能明見本來眞. 若未達此則生死海中虛出沒也.

【축원 평】빈 허공 속에 뼈를 품고 있다.
虛空裏揣骨.

【축원 주】배움을 끊은 자는 배울 것이 없음을 배운 것이니, 배울 것이 없음을 배우는 것이 배움을 끊는 것이다. 함이 없는 자는 할 것이 없음을 하는 것이니, 할 것이 없음을 하는 것이 함이 없는 것이다. 세간의 배움을 끊고 함이 없음이 아니고, 바로 세간과 출세간의 배움을 끊고 함이 없는 것이다. 스스로 깨닫고 남도 깨우치면 각행覺行이 원만해지고 삼신三身이 원만하게 현현하여 부처님의 열 가지 칭호가 갖추어져 빛나는 사람은 모든 부처님들의 배움을 끊고 함이 없는 것이다. 십성十聖과 삼현三賢이 열반에 이르기 위한 여섯 가지 수행(六度)과 온갖 수행(萬行)을 하여 중생들을 다 제도해 마침내 보리를 증득한 사람은 보살의 배움을 끊고 함이 없는 것이다. 삼계의 번뇌에 괴롭힘(塵勞)을 끊고 범부의 생사(分段生死)를 벗어나 모든 번뇌(諸漏)

가 이미 다하여 후세의 몸을 받지 않는 사람은 이승(二乘: 聲聞乘과 緣覺乘)의 배움을 끊고 함이 없는 것이다. 제불의 심종(心宗: 禪宗)을 통달해 깨달아 납승의 파비(巴鼻: 본분)를 투철히 하고, 수행과 깨달음이 상응하여 지혜의 눈(智眼)이 원만히 밝은 사람은 납승의 배움을 끊고 함이 없는 것이다. 과거·현재·미래(三際)가 평등하여 한 줄기 푸른 허공이 되면 시방세계가 모두 사문들의 전신全身이요, 삼라만상이 금강의 정체正體이니, 허물어짐도 없고 잡됨도 없으며 모자람도 없고 남음도 없으니, 위로는 제불이 될 것도 없으며, 아래로는 중생을 제도할 것도 없다. 평온하고 침착하게, 한가히 텅 비워 몸과 마음이 한결같아 몸 밖에 남음이 없으면 배움을 끊고 함이 없는, 일 없는 사람(閑道人)이라고 할 수 있다. 이런 경지에 이르면 더욱 제 이인第二人이 없으며, 또한 제 이념第二念도 없어져 성인과 범부의 정(情: 識情)이 없어지고, 참됨과 망상의 견해가 비게 되어 무명실성無明實性을 반관返觀하게 되면 바로 그것이 불성이요, 허깨비 같은 빈 몸이 바로 법신이다. 크게 감싸면 밖이 없으며, 세세히 거두어들이면 들어갈 틈이 없으며, 텅 비어 함이 없어도 뚜렷이 자화自化되니, 이름도 글자도 없고 가는 것도 오는 것도 없으며, 예나 지금이나 담담히 항상 머무는 것이다. 그러므로 이르기를 "법신을 깨달으니, 한 물건도 없음이여! 본원 자성이 천진불이다."라고 한 것이다. 오온五蘊, 삼독三毒이 뜬구름과 물거품처럼 허공에 출몰함을 깨달아 알게 될 뿐이다. 오음이란 색, 수, 상, 행, 식이요, 삼독이란 탐, 진, 치이니, 또 이르기를 아귀, 축생, 지옥이라고 하는 것이다. 비록 그렇지만 오히려 교승教乘의 변두리 일일지라도 임제 문하는 막 반 정도 가고 있는 중이니, 그 가문에 이르러서 이 한마디(一句)를 어떻게 말하겠느냐?

絶學者學無所學也, 學無所學, 學之絶矣. 無爲者爲無所爲也, 爲無所爲, 爲之無矣. 非世之絶學無爲, 乃世出世間之絶學無爲也. 自覺覺他覺行圓滿, 三身圓顯十號俱彰者, 諸佛之絶學無爲也. 十聖三賢六度萬行, 衆生度盡方證菩提者, 菩薩之絶學無爲也. 斷三界塵勞出分段生死, 諸漏已盡不受後有者, 二乘之絶學無爲也. 洞悟諸佛心宗, 透徹衲僧巴鼻, 行解相應智眼圓明者, 衲僧之絶學無爲也. 三際平等一道清虛, 盡十方世界是箇沙門全身, 萬象森羅是箇金剛正體, 無壞無雜無欠無餘, 上無諸佛之可成, 下無衆生之可度. 平帖帖地, 閒落落地, 身心一如身外無餘, 可謂絶學無爲閒道人也. 到這田地, 更無第二人, 亦無第二念, 聖凡情泯, 眞妄見空, 返觀無明實性卽是佛性, 幻化空身卽是法身. 大包無外, 細入無內, 蕩蕩無爲, 兀兀自化, 無名無字無去無來, 亘古亘今湛然常住, 故云: 法身覺了無一物, 本源自性天眞佛. 了知五蘊三毒如浮雲水泡虛出沒耳. 五陰者卽色受想行識, 三毒者卽貪瞋癡也. 又云: 餓鬼畜生地獄也. 雖然猶是敎乘邊事, 臨濟門下正在半途, 到家一句作麽生道?

【축원 송】 그대는 보지 못했는가? 도랑이 한줄기로 통하여 우물 밑에 붉은 먼지가 일어나고, 산마루에 흰 비단 길이 생기는 것을? 1장 2척의 눈썹이 턱 밑에 나고, 팔각의 맷돌(北斗七星)이 허공에 날아가는구나.

君不見? 爲渠通一線, 井底起紅塵, 山頭生白練? 丈二眉毛頷下生, 八角磨盤空裏轉.

⟨2⟩
실상을 증득함에
證實相

【남명 송】 미세함이 끊어지니, 동쪽에도 있지 않고 서쪽에도 있지 않다. 가장 좋은 강남의 봄날에, 꽃피고 바람 훈훈한데 자고새가 지저귄다.
絶離微, 不在東邊不在西, 最好江南三二月, 折花風暖鷓鴣啼.

【축원 평】 허공이 쇠몽둥이를 맞는다.
虛空喫鐵棒.

인과 법이 없음이여.
無人法.

【남명 송】 오직 이 사람일 뿐이니, 금년이 바로 가난하다고 말하라. 눈을 들어보니 이미 의지할 곳 없는데, 금강[12]이 밖에서 오히려 눈을 부릅뜨고 있구나.
只此人, 見說今年直是貧. 舉目已無依倚處, 金剛門外尙含瞋!

【축원 평】 왕궁에서 싯달타가 태어났다.

---

12 누지불樓至佛의 후신後身, 호법선신護法善神.

王宮生悉陀.

찰나에 아비지옥의 업을 없애버렸다.
剎那滅却阿鼻業.

【남명 송】 선과 악이 같은 길이 아니라 말하지 말라. 죄의 성품은 서리와 눈과 같아, 지혜의 태양이 떠오르자마자 한 점도 없어짐을 모름지기 알지어다.
休言善惡不同途, 須知罪性猶霜雪, 慧日才昇一點無.

【영암 주】 실제의 이사는 하나의 티끌 번뇌도 받지 않으며, 인과 법이 이미 없으니, 업을 장차 누가 받겠는가?
實際理事, 不受一塵, 人法旣無, 業將誰受?

【범천 주】 상이 없는 상(無相之相)이기 때문에 실상實相이라 칭하였다. 이 실상을 증득하면 인人과 법法이 없는 이공(二空: 我空·法空)이니, 찰나의 지극히 빠른 시간에 다겁의 무거운 죄를 없앨 수 있다. 여기서 말하는 '찰나'는 비유하자면 장사가 연뿌리의 잔털을 자르는 시간과 같다. 방편을 취하지 않고 오직 끊어지는 때를 취하여 찰나라 한다. 한 찰나의 가운데 900의 생멸이 갖춰져 있는 것이 바로 지극히 빠른 시간이다. 여기서 말한 '아비阿鼻'는 산스크리트어다. 번역하면 무간無間이니 지극히 엄중한 지옥이다. 칠금산七金山 아래에 있으니 호호파, 학학파(唬唬婆 嚯嚯婆: 일종의 소리) 등을 말하는데, 바로 팔한지옥과

팔열지옥이 바로 그것이다. 모든 지옥에 지극히 무겁고 지독한 고통이 있으며, 그 중에서 죄를 받음이 끊임이 없다. 이제 법과 상응하였으니 선악의 모든 상相이 자연히 적멸하였다. 고덕이 말하기를 "나도 오히려 얻을 수 없는데, 내가 아닌 것을 어떻게 얻을 수 있겠는가."[13]라고 하였다. 그러므로 "찰나에 아비지옥의 업을 없애버렸다."라고 하였다.

無相之相故名實相, 證此實相卽無人法二空也, 以刹那至速頃能滅多劫重罪也. 所言刹那者, 譬如力士斷藕絲頃. 不取方便唯取斷時, 謂之刹那也. 一刹那中具九百生滅, 乃至速之頃也. 所言阿鼻者卽梵語也. 此云無間, 卽極重地獄也. 在七金山下, 所謂唬唬嘮嚯嚯嘮等, 卽八寒八熱是也. 於諸地獄極重極苦, 其中受罪無有間斷也. 今與法相應, 善惡諸相自然寂滅. 古德云: 我尙不可得, 非我何可得? 故云: 刹那滅却阿鼻業也.

【축원 평】 어디에서 소식을 듣겠는가?
甚處得消息來?

만약 거짓말로 중생을 속인다면,
若將妄語誑衆生,

【남명 송】 내 몸인들 무슨 인연으로 벗어나게 할 수 있겠는가? 이 마음은 하루 종일 외로운 배와 같아서, 다만 함령含靈들이 빠져 떨어지

---

13 이 구절은 (姚秦)鳩摩羅什譯, 『維摩詰所說經』 卷中(大正藏 14, p.551a)의 "普守菩薩曰: 我、無我爲二. 我尙不可得, 非我何可得? 見我實性者, 不復起二, 是爲入不二法門."에서 인용한 구절이다.

는 것을 면케 하고자 할 뿐이다.
自己何緣能出離? 此心終日類孤舟, 只欲含靈免淪墜.

【축원 평】 무슨 숨넘어가는 위급한 것인가?
著甚死急?

진사겁 동안 발설지옥 스스로 부르리라.
自招拔舌塵沙劫.

【남명 송】 막대한 은혜를 어찌 쉬이 갚으리오! 이를 대하여 멀리 노니는 이가 세월이 다 가도 머리 돌이키지 않음을 불쌍히 여기노라.
莫大之恩豈易酬! 對此翻憐遠遊子, 光陰喪盡不迴頭.

【영암 주】 선사가 후생들이 믿기 어려워할 것을 염려하였기 때문에 큰 맹세를 하셨다.
師恐後生難信, 故發弘誓.

【법천 주】 이것은 영가 대사께서 대비원력으로 하신 말씀이다. 그러므로 선성先聖의 은혜가 지중하여 보답하기 어려운 것임을 알 수 있다. 말세의 중생이 신근信根이 얕고 엷어 이 문중에 도심道心을 잃을까 절실하게 걱정하였기 때문에 이처럼 중한 서원을 한 것이다. "만약 내가 거짓말로 너희들을 속인다면, 마땅히 스스로 이리지옥에 떨어져 혀를 뽑아 밭을 가는 극한 고통을 받는 것이 한 겁뿐 아니라 진사겁을

지내는 데 이를 것이다."라고 한 것이다. 여기서 말한 '겁'은 범어인데, 갖추어 말하면 '겁파劫波'라고 해야 하며, 번역하면 '시분時分'이다. 겁에는 여러 종류가 있으니, 이른바 개자겁芥子劫·진점겁塵點劫·불석겁佛石劫 등이다. 자세한 것은 경론에 실려 있는 것과 같다. 여기에서 이름을 말하지 않고 '진사塵沙'라고 말한 것은 다만 다겁多劫만 말한 것이다. 영가 대사께서 말한 친증법문親證法門은 일체중생으로 하여금 견성성불하도록 함이니, 어찌 거짓말이 있겠는가? 오히려 믿음이 미치지 못할까 두렵다.

此卽永嘉大悲願力發此言也. 故知先聖恩重難報則可知矣. 切恐末世衆生信根淺薄, 向此門中退失道心, 設此重誓也. 若我妄語欺誑汝等, 卽當自墮泥犁地獄, 拔舌犁耕受其極苦, 非但一劫乃至經塵沙劫也. 所言劫者, 梵語具足應言劫波, 此翻時分, 劫亦多種, 所謂芥子劫塵點劫拂石劫等. 具如經論所載. 今不言名号而言塵沙者, 但言其多劫也. 大師所說親證法門, 欲令一切衆生見性成佛, 豈有妄言? 猶恐信之不及爾.

【축원 평】 숲이 깊으면 사나운 호랑이가 숨고, 풀이 성기면 뭇 뱀들이 드러난다.
林深藏猛虎艸淺露羣蛇.

【축원 주】 하나의 상相도 형상이 없다는 것을 실상實相이라고 하니, 곧 모든 중생이 본래 신령스런 깨달음의 마음을 가지고 있다. 이 마음은 헤아릴 수 없는 무량한 겁으로부터 오늘날에 이르기까지 본래부터 스스로 깨끗하고, 본래부터 스스로 원만하며, 본래부터 스스로

빠짐없이 두루 갖추어 있고, 본래부터 스스로 신묘하다. 커다란 허공 같은 둘레 흰 달처럼 밝게 빛나네. 삼세의 여러 부처님들과 더불어 같은 몸 다름이 없다네. 진실로 이의二儀에서 애초에 나뉘어 삼재(三才: 天地人)가 비로소 섰으니, 최초에는 식識에 기탁해서 생을 부여받음을 깨닫지 못하고, 지혜의 눈을 어두운 네거리에서 멀게 하고, 구거(九居: 九流衆生)의 안에서 엎어져 기며, 참된 깨달음을 꿈꾸는 밤에 가두어 삼계의 가운데에 빠져 미혹되었다. 그래서 선사가 지적하여 가르쳐 이전의 잘못을 깨우치게 하고, 회광반조하여 참된 근원을 깊이 살펴 환하게 깨닫게 하였다. 그러므로 이런 경지를 증득하였다고 하는 것이다. 인人도 없고 법法도 없고, 부처도 중생도 없으며, 가고 오는 것도 없고, 태어남도 죽음도 없으니, 광겁에 지은 무명업식은 마땅히 한꺼번에 소멸됨을 생각하라. 그러므로 "찰나에 아비지옥의 업을 없애 버렸다."라는 것이다. 범어로 '아비'이니, 이것은 끊임이 없음(無間)을 이르는 것으로, 곧 극심한 고통이 있는 지옥이다. 영가 대사는 세상 사람들의 믿음이 미치지 못할 것을 두려워하였다. 그 때문에 서원하여 이르기를 "내가 만약 이 말로 사람들에게 속이고 미혹시키는 것이라면, 내 스스로 혀를 뽑히는 과보로 진사겁의 세월을 보내게 될 것이다."라고 하였다. 이는 깊은 자비와 아프도록 슬프기 때문에 가능한 것이다. 겁이란 것은 '시분時分'이다. 믿을 수 있지 않겠는가? 다시 게송 하나를 들어 보거라.

一相無相謂之實相, 卽一切衆生本有靈覺之心也. 此心自無量劫來至于今日, 本自淸淨, 本自圓滿, 本自具足, 本自靈妙. 廓若太虛明如皎月. 與他三世諸佛同體無異. 良由二儀初分, 三才始立, 最初不覺託識受生,瞽智眼於昏衢匍匐九居之內, 鎖眞覺於夢夜沈迷三界之中. 因師指教方覺前非, 回光返照洞徹眞源, 故謂之證到此田地. 無人無法, 無佛無衆生, 無去無來, 無生無死, 曠劫無明業識應念頓消. 故云: 刹那滅却阿鼻業. 梵語阿鼻, 此云無間, 乃極苦之地獄也. 永嘉恐世人信之不及, 故立誓云: 我若將此語誑惑於人, 自招拔舌塵沙劫數也. 此是深慈痛悲故能爾矣. 劫者, 時分也. 還信得及麼? 更聽一頌:

【축원 송】실상을 증득하면, 인과 법이 없도다. 무명의 거친 초목 연거푸 뿌리를 뽑으니, 삼천겁의 바다는 싸늘히 잠기고, 모든 성현들이 '아이고!' 하는구나.

證實相, 無人法, 無明荒艸連根拔, 三千刹海冷沈沈, 一切聖賢阿剌剌.

〈3〉

단박에 깨달음이여!
頓覺了!

【남명 송】바로 통발을 잊으리니, 여전히 눈썹은 눈가에 달려 있네. 향상의 기관을 어찌 족히 말하리오! 배고프면 밥 먹고, 피곤하면 조는 것을!
卽忘筌, 依舊眉毛在眼邊. 向上機關何足道? 飢來喫食困來眠!

【축원 평】오히려 둔한 놈이로다.
猶是鈍漢.

여래선

如來禪.

【남명 송】모름지기 세밀하게 깨달아야 할지니, 적정하고 무위하여 사구를 뛰어넘었구나. 둥근 부채를 가지고 둥근 달에 견주려 하지만, 뛰어난 매는 울타리 옆의 토끼를 치지 않는다네.
如來禪須密悟, 寂靜無爲超四句. 團扇雖將擬月輪, 俊鷹不打籬邊兎.

【영암 주】계위와 차제를 거치지 않고, 단번에 미혹의 세계를 뛰어넘어 곧바로 깨달음으로 들어가기 때문에 '돈각頓覺'이라고 한다. 원융하여

모두 다 갖추고, 모자람도 없고 남음도 없는 것을 여래선이라고 한다.
不歷位次, 一超直入, 故謂頓覺. 圓融具足, 無欠無餘, 謂如來禪.

【축원 평】 누가 이름을 지었는가?
誰爲安名?

육도와 만행이 본체 가운데 원만하다.
六度萬行體中圓.

【남명 송】 진체眞體에는 같고 다름을 구별하려 애쓸 일이 없네. 많은 물에 비치는 달빛은 가고 머무는 대로 맡길지니, 밝은 하늘 가운데엔 하나의 달뿐이라.
眞體無勞辨同別, 萬水蟾光任去留, 皎皎天心唯一月.

【영암 주】 보시·지계·인욕·정진·선정·지혜를 육도(六波羅蜜)라고 한다. 총체적으로는 '육도'라고 하고, 넓은 의미로는 만행이라고 하지만, 사실 한 마음(一心)인 것이다. 그러므로 "본체 가운데 원만하다."라고 한다.
布施、持戒、忍辱、精進、禪定、智慧, 名六度. 總爲六度, 廣爲萬行, 其實一心也. 故曰: 體中圓.

【법천 주】 점점 차제로 아는 것이 아니므로 "돈각"이라고 하였다. '여래선'이란 네 가지 선나禪那와는 다르다는 것을 간략히 말한 것이다.

네 가지 선나는 첫째 보살의 유식선唯識禪이요, 둘째 성문의 편공선偏空禪이요, 셋째 인천의 인과선因果禪이요, 넷째 외도의 이계선異計禪이다. 지금 이 정문定門은 바로 세존이 영산회상에서 청련목青蓮目을 깜박하여 가섭에게 보이셨고, 가섭이 미소를 짓자 세존께서 말씀하시기를 "나에게 정법안장이 있는데 마하대가섭에게 분부하노라."라고 하셨다. 가섭은 아난에게 분부하고, 아난은 상나화수에게 분부하여 28조(菩提達摩)에 이르렀다. 보리달마가 서역으로부터 동토(東土: 중국)로 와서 전하고 전하여 조계 육조에 이르게 되었다. 그 뒤로부터 법등과 법등은 등불을 이었고, 조사와 조사는 법향을 이어 이미 지금에 이르기까지 두 손으로 분부하였다. 또한 말해 보라. 분부함이 있었는가? 없었는가? 만약 본분납승이라면 스스로 낙처落處를 알 것이다. 총체적으로 말하면 육도라 하고, 나누어 말하면 만행이다. 이 행문行門은 모두 일념 가운데 있어 본래 원만하다. '육도'란 보시·지계·인욕·정진·선정·지혜이다. 이것을 모두 '도度'라고 말한 것은 무엇 때문인가? 각각 대치가 있기 때문에 '도度'라고 한다. 보시는 간탐을 제도하고, 지계는 훼범을 제도하고, 인욕은 성냄(瞋恚)을 제도하고, 정진은 게으름(懈怠)을 제도하고, 선정은 혼산昏散을 제도하고, 지혜는 어리석음을 제도한다. 그러므로 '육도'라고 한다. 이 육도의 문은 오늘날 모든 소승의 분수육도分修六度와 권위權位 보살들의 겸수육도兼修六度가 아니니, 곧 일념 중에 원만히 닦는 육도이다. 그러므로 "본체 가운데 원만하다."라고 하였다.

菩提達磨西來東土, 展轉至曹溪六祖. 自後燈燈續燄祖祖聯芳, 已至如今兩手分付. 且道有非漸次而知故云: 頓覺也. 如來禪者, 簡異四種禪那.

一菩薩唯識禪, 二聲聞偏空禪, 三人天因果禪, 四外道異計禪. 今此定門卽是世尊靈山會上以靑蓮目瞬視迦葉, 迦葉微笑, 吾有正法眼藏分付摩訶大迦葉, 迦葉付阿難, 阿難付商那和修, 乃至二十八祖. 分付無分付? 若是本分衲僧自知落處. 總謂之六度, 別謂之萬行. 此之行門皆在一念之中, 本來圓滿也. 所言六度者, 謂布施, 持戒, 忍辱, 精進, 禪定, 智慧也. 皆言度者何也? 爲各有對治故言度也. 布施度慳貪, 持戒度毀犯, 忍辱度瞋恚, 精進度懈怠, 禪定度昏散, 智慧度愚癡, 故云: 六度也. 此之度門今非諸小乘分修六度, 權位菩薩兼修六度, 乃於一念之中圓修六度. 故云: 體中圓也.

【축원 평】예를 알 수도 있을 것이다. 다시 말해서 뱀에 다리를 그린 것이 되었다.
可知禮也. 又云爲蛇畵足.

꿈속엔 밝고 밝게 육취가 있더니,
夢裏明明有六趣,

【남명 송】괴로움과 즐거움이 서로 섞여 잠시도 멈추지 않으니, 생사에 윤회하는 바다를 벗어나고자 한다면, 모름지기 북두를 좇아 남쪽별을 바라보라.
苦樂相交不暫停, 欲出輪迴生死海, 須從北斗望南星.

【축원 평】또한 이것이 있구나.

又有這箇在.

꿈에서 깬 뒤엔 비고 비어 대천세계도 없도다.
覺後空空無大千.

【남명 송】비로소 종전에 스스로 얽어맸음을 믿으니, 이제 본래 공함을 알고자 한다면, 문밖의 청산이 텅 비어 광활함(寥廓)을 기대고 있구나.
始信從前自拘縛, 如今要識本來空, 門外靑山倚寥廓.

【영암 주】꿈속에서 온갖 일들이 분분했는데, 꿈 깨고 나니 환히 툭 트여 하나도 없네. 육취(육도윤회)와 대천세계가 모두 망령된 마음의 변화이다. 망령된 마음은 허망한 것이니, 모든 세상에 진실한 뜻이 없는 것이다.
夢中萬事紛紜, 覺來豁然無一. 六趣大千, 皆是妄心變. 妄心是妄, 則諸世間無實義.

【법천 주】미혹할 때는 삼계가 있지만 깨달으면 시방이 공하다. 그래서 "꿈속엔 밝고 밝게 육취가 있더니, 꿈 깬 뒤엔 비고 비어 대천세계도 없도다."라고 하였다. '육취'는 첫째 인간, 둘째 천, 셋째 수라, 넷째 아귀, 다섯째 축생, 여섯째 지옥이다. 이것을 모두 '취趣'라 한 것은 무엇 때문인가? 일체중생이 일념의 미망으로 업식이 아득하여 그 업력에 따라 스스로 육도에 들어가는 것이요, 다른 사람이 그렇게 시키는 것이 아니기 때문이다. 고덕이 말하기를 "탐냄과 성냄과 애욕이

고통의 싹을 적시고 불려, 한결같이 번뇌(塵)를 따르고 본원으로 돌아갈 줄 모른다."라고 하였다. '비고 비었다'는 것은 실다운 뜻(實義)이 전혀 없기 때문이다. '대천세계도 없다'는 것은 장육금신(석가모니부처님)께서 교화시키는 경계인데, 이제 반야와 상응했거니, 어찌 능히 육취중생이 공한 데만 그치겠는가. 교화할 바 삼천대천세계까지도 실다움이 없는 것이다. 그러므로 "꿈 깬 뒤엔 비고 비어 대천세계도 없도다."라고 하였다.

迷時三界有, 悟則十方空. 故云: 夢裡明明有六趣, 覺後空空無大千也. 云六趣者, 一人二天三脩羅四餓鬼五畜生六地獄也. 皆言趣者其故何也? 爲一切衆生一念迷妄, 業識茫茫, 隨其業力自趣入於六道之中, 非他人使然也. 古德云: 貪嗔愛水滋潤苦芽, 一向徇塵不知返本也. 所言空空者謂都無實義故也. 無大千者卽丈六金身所化之境也, 今與般若相應, 豈止能空六趣衆生? 乃至三千大千世界所化之境亦無實義. 故云: 覺後空空無大千也.

【축원 평】 조금 비슷하다고 할 수 있다.
猶較些子.

【축원 주】 돈각頓覺이란 차제와 방편으로 증득한 것이 아니며, 상근이지上根利智는 하나를 듣고 천 가지를 깨닫고 하나를 깨우쳐 백 가지를 감당하는 사람이다. 마치 한 올의 실을 끊음과 같아서 한 번 끊으면 일체가 끊기고, 한 번 증득하면 일체를 증득하게 된다. 여래선이란 것은 바로 모든 법이 있는 그대로라는 뜻이니, 와도 오는 것이 없다.

4선8정의 선禪이 아니고, 달마 대사가 문자를 세우지 않고 곧바로 여래의 심인을 가리켜 제자에게 대대로 전하는 선이다. 이미 이 마음을 깨달아 모든 인연을 다 버리니 곧 단바라밀이다. 본래 청정하니 곧 계바라밀이다. 찬양을 해도 기뻐하지 않고 비방해도 성내지 않으니 곧 인바라밀이다. 생각 생각마다 망령됨이 없으니 곧 정진바라밀이다. 안이 고요하고 흔들림이 없으니 곧 선바라밀이다. 지혜가 해처럼 비추니 곧 반야바라밀이다. 이 경지에 이르면 삼천 가지 위의와 팔만 가지의 미세한 행실이 걸음걸음마다 모두 그러하여(如) 원만하지 않은 이치가 하나도 없으며, 갖추어지지 않은 일이 하나도 없다. 그러므로 육도만행의 몸이 원만함에 맞는다고 한 것이다. 미혹되었을 때의 모든 경지도 또한 그러하니, 깨달은 뒤에 모든 법이 쉬어진다. 그러므로 "꿈속엔 밝고 밝게 육취가 있더니, 꿈에서 깬 뒤엔 비고 비어 대천세계도 없도다."라고 한 것이다. 대천이란 것은 석가여래가 교화하는 경계이다. 교화의 경계가 오히려 비어 있으니, 하물며 육취겠는가? 다만 깨어난 뒤 한 구절은 어째서 말한 것일까?

頓覺者非次第方便而證也, 乃上根利智一聞千悟一了百當之人也. 如斷一縷絲, 一斷一切斷, 一證一切證. 如來禪者卽諸法如義, 來無所來也. 非四禪八定之禪, 乃達磨大師不立文字單傳直指如來心印之禪也. 旣悟此心諸緣悉捨, 卽檀波羅蜜也. 本來淸淨, 卽戒波羅蜜也. 不以讚而喜不以謗而瞋, 卽忍波羅蜜也. 念念無妄, 卽精進波羅蜜也. 內寂不搖, 卽禪波羅蜜也. 智照如日, 卽般若波羅蜜也. 到此田地, 三千威儀八萬細行步步皆如, 無一理而不圓, 無一事而不備. 故云: 六度萬行體中圓也. 迷時諸境亦然, 悟後萬法俱息. 故云: 夢裏明明有六趣, 覺後空空無大千. 大千者, 釋迦如來之化境也. 化境尚空, 況有六趣? 只如覺後一句作麼生道?

【축원 송】여래선을 돈각하니 허공을 타파하여 두 가장자리를 없애고, 한줄기 풍광도 숨길 수 없어, 분명하게 홀로 겁공劫空의 앞에 드러나네.
頓覺了, 如來禪, 打破虛空無兩邊, 一段風光藏不得, 分明獨露劫空前.

〈4〉
죄와 복도 없고,
無罪福,

【남명 송】 망妄과 진眞도 버리니, 밝은 달이 가을을 만나도 원만함을 비기지 못하네. 칼 짚은 문수도 오히려 보지 못하는데, 어찌 생사가 저 가에 도달함이 있겠는가?
妄眞捐, 皎月當秋莫喩圓, 仗劍文殊猶不見, 豈容生死到伊邊?

【축원 평】 바람이 불어 들어가지 못한다.
風吹不入.

손해와 이익도 없으니,
無損益,

【남명 송】 손해와 이익도 없으니, 다시 무엇을 의심하겠는가? 부처와 조사도 예로부터 스스로 알지 못하였도다. 남북과 동서에 끊어짐이 없거늘, 조과 선사가 쓸데없이 베옷에 묻은 털을 부는구나!
更何疑? 佛祖從來自不知, 南北東西無間斷, 鳥窠空把布毛吹.

【축원 평】 비가 쳐도 젖지 않는다.
雨打不溼.

적멸한 성품 가운데서 묻거나 찾지 말라.
寂滅性中莫問覓.

【남명 송】 일천 봉우리를 앉아 끊으니, 지나가는 이가 어렵구나. 빈집에 객이 이르지 않음을 의심치 말라. 예로부터 바깥사람이 들여다봄을 허하지 않도다.
坐斷千峯過者難, 莫訝空堂無客到, 從來不許外人看.

【영암 주】 죄와 복은 본래 비어 있기 때문에 없다고 하는 것이다. 이것은 대개 육신은 마치 헛된 꿈과 같으니, 죄와 복을 어떻게 더하겠는가? 마치 허공에서 무엇을 묻거나 찾는 것과 같다.
罪福本空, 故曰無. 此蓋身如幻夢, 罪福何加? 若虛空, 如何問覓.

【법천 주】 만약 일념이 상응하면 죄·복·손해·이익 등의 상相이 없다. 고덕이 말하기를 "만약 어떤 사람이 발심하여 근원에 돌아가면 시방세계가 다 사라져 없어진다."라고 하였는데, 하물며 그 죄와 복이겠는가! 이미 모든 법의 성품이 공함을 깨달아 적멸한 성품 가운데는 아상·인상·중생상·수자상이 없고, 반야의 무상법문과 상응하였으니, 말로 해설하고 따져 묻는 데 있지 않다. 그러므로 "죄와 복도 없고 손해와 이익도 없으니, 적멸한 성품 가운데서 묻거나 찾지 말라."고 하였다.
若一念相應則無罪福損益等相也. 古德云: 若人發心皈源, 十方世界悉消殞. 況其罪福者乎. 旣達諸法性空, 寂滅性中卽無我人衆生壽者等相, 與般若無相法門相應, 則不在語言詮辨問難. 故云: 無罪福, 無損益, 寂滅性中莫問覓也.

【축원 평】하늘이 맑게 개면 예전대로 해가 머리를 내민다.
天晴依舊日頭出

예전엔 때 낀 거울 갈지 못했기에,
比來塵鏡未曾磨,

【남명 송】마음의 때(心垢)가 연緣이 되어 점점 어두워 검도다. 신고(神膏: 신의 약 혹은 음식)로 찍어내어 한 당堂이 서늘하니, 신령스런 빛(靈光)을 밖에서 얻은 것이 아님을 비로소 믿노라.
心垢爲緣漸昏黑, 神膏點出一堂寒, 始信靈光非外傳.

【축원 평】평지에서 창과 방패가 일어난다.
平地起干戈.

오늘에야 분명히 닦아 밝히노라.
今日分明須剖析.

【남명 송】어찌 쩨쩨하게 세간의 인정을 따르겠는가? 뜬구름이 깨끗이 흩어져서 외로운 달이 떠오르니, 대천 항하사 세계가 일시에 밝구나.
爭肯區區徇世情, 決散浮雲孤月上, 大千沙界一時明.

【영암 주】 중생의 밝지 못한 마음자리는 마치 거울에 먼지가 낀 것과 같으니, 마땅히 밝은 스승을 찾아가 문질러 광택을 내고 티끌을 닦아내야 한다.
衆生不明心地, 如鏡上塵, 當求明師, 磨光刮垢.

【법천 주】 한 점의 신령스런 빛(靈光)은 본래 시방의 모든 부처님과 둘이 아니고 다르지 않지만, 일체중생이 무량겁으로부터 일찍이 선지식을 만나 지혜를 발해 견성하지 못했기 때문이다. 비유하자면 먼지와 흙으로 덮인 거울이 오랫동안 가리어 어두워져 물건을 비출 수 없는 것과 같다. 오늘날 이미 선지식을 만나 지혜를 발해 스스로 견성하고 티끌과 때를 털어버리니, 본래의 광채가 갑자기 드러나 하늘과 땅을 비추게 되었다. 그러므로 선덕先德이 "마음의 빛(心光)이 드러나 멀리 근진(六根의 번뇌)을 벗어났으니 진상眞常을 체득하여 문자에 얽매이지 않으며, 심성은 물들지 않아 본래 스스로 원만히 이루어졌으니 망연만 여의면 바로 여여한 부처로다."라고 하였다.
一點靈光本來與十方諸佛無二無別, 良由一切衆生從無量劫來, 未嘗遭遇知識發明見性. 譬若塵土之鏡久翳昏暗不能照物. 今日旣遇知識發明己見拂去塵垢, 本來光彩驀然透漏照天照地. 所以先德云: 心光騰輝逈脫根塵, 體露眞常不拘文字, 心性無染本自圓成, 但離妄緣卽如如佛.

【축원 평】 시험 삼아 들어보는 것 같도다.
試擧似看.

누가 생각이 없으며,
誰無念,

【남명 송】 일념마다 참됨(眞)이니, 만약 참됨을 참됨이라 한다면 티끌번뇌에서 벗어나지 못할지니, 피안에 이르면 배를 버리는 건 상식적인 일, 어찌 다시 나루터 사람에게 물을 필요 있겠는가?
念皆眞, 若了眞眞未出塵, 到岸捨舟常式事, 何須更問渡頭人?

【축원 평】 허공에 번개가 번쩍 친다.
空中掣閃電.

누가 태어남이 없는가?
誰無生?

【남명 송】 태어남이 바로 허망함(妄)이니, 허망함이 일어남은 뿌리가 없어 바로 실상이다. 하룻밤에 조계의 물이 역류하는데, 일반사람은 끝없는 물결을 쫓으리라.
生是妄, 妄起無根卽實相, 一夜曹溪水逆流, 平人無生限隨波浪.

【범천 주】 위 구절은 정情을 들어 말한 것이고, 아래 구절은 법法을 드러낸 것이다. "누가 생각이 없으며, 누가 태어남이 없는가?"라는 것은 바로 어떤 사람이 생각이 없으며, 어떤 사람이 태어남이 없겠는가

라는 것이다. 사람의 심념心念이 생멸하는 것은 간단이 없다. 그 생멸심은 악차취(惡叉聚: 도토리 모양의 나무 열매. 나무에서 떨어지면 서로 모여 무리를 이룸)와 같아 이루 다 셀 수 없다. 생각 생각의 사이에 멈추고 쉼이 없는 것이 마치 등불에 불꽃과 불꽃이 이어지고, 물이 방울방울 흐르는 것과 같다. 걸어가면서도 마음은 시방을 형량(稱)하고, 앉아 있으면서도 뜻은 삼세를 반연한다. 그러므로 "누가 생각이 없으며, 누가 태어남이 없는가?"라고 하였다.

上句拈情, 下句顯法. 誰無念誰無生者, 則是誰人無念誰人無生也. 人之心念生滅無有間斷. 其生滅心如惡叉聚不可勝數. 念念之間無有停息, 如燈焰焰似水涓涓. 行則心稱十方, 坐則意攀三世. 故云: 誰無念誰無生也.

【축원 평】 옛길에 철로 된 뱀이 가로지른다.
古路鐵蛇橫.

만약 참으로 태어남이 없으면(無生) 태어나지 않음(不生)도 없다.
若實是[14]無生無不生.

【남명 송】 생하고 생함이 어찌 무생無生과 다르리오. 불생不生도 없을 때에는 한 물건도 없으니, 무생을 알고자 한다면 만법이 바로 이것이라.
生生豈與無生異, 無不生時一物無, 欲識無生萬法是.

---

14 4본에는 "若是無生無不生"으로 되어 있음.

【범천 주】 "만약 진실로 태어남이 없으면 태어나지 않음도 없다."라는 것은 만약 진실로 무생의 이치를 깨달으면 일체 모든 법의 나는 형상(生相)에 물들지 않고, 만법이 남(生)을 방해하지 않는다는 것이다. 수산 주[15]가 "만법은 나는 형상(生相)이 없으나, 일 년에 한 번 봄이 오네."라고 하였다. 그러므로 "만약 진실로 태어남이 없으면 태어나지 않음도 없다."라고 하였다.
若實無生無不生者, 若實曉得無生之理, 卽不染一切諸法生相. 無妨萬法之生也. 脩山主云: 萬法無生相, 一年一度春. 故云: 若實無生無不生也.

【축원 평】 장차 징표(符信)를 쫓아간다.
將逐符行.

기관목인을 불러 물어보라.
喚取機關木人問.

【남명 송】 이 이치는 예로부터 앎(知)에 속해 있는 것이 아니니, 만약 무지를 진실한 도라고 한다면, 가을바람의 누대와 전각에 기장이 무성하리라.
此理從來不屬知, 若謂無知是眞道, 秋風臺殿黍離離.

---

15 龍濟紹修禪師: (宋)道原,『景德傳燈錄』卷24, "吉州靑原山行思禪師第八世七十四人", "撫州龍濟紹修禪師."

【축원 평】 주장자를 들어 바로 때린다.
拈主丈便打.

부처 구하고 공 베풂들 어느 때 이룰 수 있겠는가?
求佛施功早勉成?

【남명 송】 증득함도 없고 닦음도 없어야만 공이 스스로 오래갈 것이니, 허공이 눈앞에 가득함을 보라. 어찌 부여잡음에 사람의 손을 따르겠는가!
無證無修功自久, 看取虛空滿目前, 豈容捉搦隨人手!

【영암 주】 선사는 후생들이 깨닫지 못하고 단견에 떨어질까 걱정하셨다. 그러므로 베풀어 묻기를 "누가 태어남이 없는가?"라고 하였다. 만약 참으로 태어남이 없는 것은 곧 고목인故木人임을 증득한 것이지, 결코 말뜻을 안 것은 아니다. 태어남이 없음에 집착하는 사람은 반드시 단멸에 떨어져 성불하지 못할 것임은 분명하다.
師恐後生未覺, 落於斷見. 故設問云: 誰人無生? 若實證無生是故木人, 決不解語. 而執無生者, 必落斷滅, 而不成佛者, 明矣.

【범천 주】 거듭 비유를 들어 그 이치를 쉽게 깨닫게 한 것이다. 앞에서 "꿈에서 깬 뒤엔 비고 비어 대천세계도 없도다", "죄와 복도 없고 손해와 이익도 없으니, 적멸한 성품 가운데서 묻거나 찾지 말라."라고 말함으로 인하여, 영가 대사께서 후인들이 그 말에 따라 지해知解를

내어 단멸의 견해를 지을까 매우 염려하였기 때문에 특별히 여기에 글을 고쳐서(點竄) 그렇게 말한 것이다. 반야를 배우는 보살은 반드시 선지식을 만나서 자기의 견해를 밝게 일으켜 유념有念 가운데 무념을 요달하고, 생멸 가운데 무생멸을 깨달아야 한다. 만약 한결같이 무념무생으로 무생법인을 삼는다면, 비유하자면 기관목인(기관의 조종에 의해 움직이는 나무로 만든 인형)도 역시 마음과 생각이 없으므로 성불하고자 하지만 이룰 수 없는 것과 같다. 그러므로 "어느 때 이룰 수 있겠는가?"라고 하였다. "조만早晚"이란 강절(江浙: 江蘇, 折江의 두 省) 지방의 방언이니, '어느 때 이룰 수 있겠는가?'라는 말과 같다.

重爲譬出令其易曉也. 上來因說覺後空空無大千, 無罪福無損益, 寂滅性中莫問覓, 永嘉切恐後人隨語生解作斷滅之見, 故特此點竄也. 學般若菩薩須遇知識發明己見, 於有念中達其無念, 於生滅中悟無生滅也. 若謂一向無念無生爲無生法忍, 譬如機關木人亦無心念, 欲期成佛無有是處. 故云: 早晚成也. 早晚者卽江浙方言, 猶何時可成也.

【축원 평】두 번 범한 것은 용납하지 않는다.
再犯不容.

【축원 주】나의 마음은 본래 비어 있어 죄와 복은 주인이 없다. 죄와 복이 이미 주인이 없는데 어찌 손해와 이익이 있겠는가? 몸과 마음이 고요하여 평등함이 한결같아 문자文字의 상을 여의고, 사물을 보고 생각하는 상(緣慮相)을 여의며, 일체의 상을 여의고, 일체의 집착을 여의었기 때문에 묻거나 찾을 것이 없다고 한 것이다. 대사께서 저

사람이 와서 자신의 처지를 미루어 다른 사람의 형편을 헤아리는 것을 배웠으나 진실로 근심으로 말미암아 스스로의 믿음이 미치지 못하는 것이 생기게 되면, 깨달음을 등지고 티끌에 합해 근본을 버리고 말단을 좇고, 업을 따라 떠돌아다니다 방탕해져 돌아올 것을 잊어, 보고 듣고 깨달아 알고 은혜와 사랑이 나쁜 버릇에 뒤집어씌워져 자기가 앞에 나타날 수가 없으며, 신통한 광명을 드러내지 못하고 마치 옛 거울이 오래도록 먼지와 때가 묻어 사물을 비출 수 없는 것처럼 될 것을 걱정하셨다. 그래서 오늘 분명하게 그 사람을 위해 갈라 열어서 분석해보니, 그 속에 천생미륵과 자연석가가 있었다. 그러므로 "누가 생각이 없으며, 누가 태어남이 없는가?"라고 한 것이다. 믿음을 얻고 힘을 다해 갈라서 자기의 보물창고를 열어 본래면목을 철저히 보고 내심과 바깥 경계가 툭 트여 허공과 융화하니, 저 성인과 이 범부가 평등하게 뛰어넘는다. 그러므로 만약 태어남이 없으면 태어나지 않음도 없다고 한 것이다. 생활을 꾸려나가고 생산하는 일이 모두 실상과 서로 위배되지 않는다. 이 법이 법위法位에 머무르므로 세간상에 항상 머무르는 것이다. 또한 세상 사람들을 염려하여 무념과 무생으로써 견해를 단멸하고, 스스로 백 가지를 깨달아 천 가지를 감당하라고 한 것이다. 비유컨대 기관목인 또한 마음과 생각이 없으니, 성불을 구하고자 해도 그럴 수가 없는 것이다. 그러므로 "어느 때 이룰 수 있겠는가?"라고 한 것이니, 바로 "언제 이루어지겠는가?"라고 한 것이다.

我心本空, 罪福無主. 罪福旣無主, 安有損益乎? 身心寂滅平等一如, 離文字相, 離緣慮相, 離一切想, 離一切執著, 故云莫問覓也. 大師憫彼來學推己及人, 良由勞生自信不及, 背覺合塵棄本逐末, 隨業漂流蕩而忘返, 被見聞覺知恩愛習氣籠罩, 自己不得現前, 神通光明不得發露, 譬如古鏡久埋塵垢不能照物. 所以今日分明爲他剖開分析, 那裏有箇天生彌勒自然釋迦. 故云: 誰無念, 誰無生? 信得及致力切, 打開自己寶藏, 見徹本來面目, 內心外境廓爾虛融, 彼聖此凡平等超越. 故云: 若是無生無不生. 治生產業皆與實相不相違背. 是法住法位世間相常住. 又慮世人以無念無生成斷滅見解. 自謂百了千當. 譬如機關木人亦無心念, 欲求成佛無有是處. 故云: 早勉成? 卽何時成也.

【축원 송】죄와 복이 없고, 손해와 이익도 없도다. 이 한 구절을 깨달으면 백만 가지·억만 가지를 뛰어넘으니, 밤마다 달은 서쪽으로 지고, 날마다 해는 동쪽에서 떠오른다.
無罪福, 無損益. 一句了然超百億, 夜夜月向西邊沈, 日日日從東畔出.

⟨5⟩
사대를 놓아버려,
放四大,

【남명 송】 홀로 좌선하거나 홀로 수행함에 걸리는 장애가 없으니, 헌 돗자리에 한가롭게 해를 향해 졸고 있으니, 무슨 마음에 다시 삼계를 벗어나 찾겠는가?
獨坐獨行無罣礙, 破席閑拖向日眠, 何心更覓超三界?

【범천 주】 사대四大란 지·수·화·풍을 말한다. 무시이래로 몸을 버리고 몸을 받음에 항상 사대에 얽매여서 자재를 얻지 못했는데, 이제 사대의 성품이 공한 것을 깨달으니 법에 자재하다. 물에 있어서는 온전히 물이고, 불에 있어서는 온전히 불이고, 땅에 있어서는 온전히 땅이다. 그러므로 수산주가 "지대는 수대·화대·풍대를 허용하지 않는다. 하나의 대大가 이미 그러하니 사대 모두가 그렇다. 사대가 두루 하지 않음이 없으며, 두루 하기 때문에 어찌 뒤섞임이 있겠는가? 마치 천 개의 등불을 한 방안에 켠 것과 같은 모양이고, 또 만상이 하나의 거울 속에 비친 것과 같다. 사대는 이름이 다르고 네 가지 성품이 없으니, 계界·처근處根·진식塵識에 서로 통하지 않는다."[16]라고 하였다. 그는 이 뜻을 깨달았다. 그러므로 "사대를 놓아버려라."라고 하였다.

---

16 龍濟紹修禪師: (宋)道原, 『景德傳燈錄』卷24, "吉州靑原山行思禪師第八世七十四人", "撫州龍濟紹修禪師."

四大者謂地、水、火、風也. 從無始來捨身受身, 常爲四大拘繫不得自在, 今了四大性空, 於法自在. 在水全水, 在火全火, 在地全地. 故脩山主云: 地大不容水火風, 一大旣爾四大同. 四大未嘗不周遍, 周遍何曾有混融? 狀若千燈同一室, 又如萬像一鏡中, 四大異名無四性, 界處根塵識不通. 若曉此旨. 故云: 放四大也.

【축원 평】 기괴한 짓거리 그만두어라.
休揑怪.

불잡지 말고,
莫把捉,

【남명 송】 조그마한 얼음으로 나불대어 크게 잘못되도다. 마음과 뜻을 가지고 수행을 배우고자 하지만, 큰 허공에서 어찌 머리에 뿔이 나겠는가?
翦翦規規成大錯. 欲將心意學修行, 大虛豈解生頭角?

【범천 주】 "붙잡지 말라."고 한 것은 이미 사대의 성품이 공한 것을 깨달았는데, 또 어느 곳에서 붙잡을 수 있겠는가? 그래서 "붙잡지 말라."고 한 것이다.
所言莫把捉者, 旣了四大性空, 又向何處把捉? 故云: 莫把捉也.

【축원 평】 모든 것이 잘못되었다.

總是錯.

적멸한 성품 가운데 따라 마시고 먹어라.
寂滅性中隨飮啄.

【남명 송】 생각이나 분별이 없이 시류에 섞이니, 일찍이 집 밭의 쌀 한 톨을 먹었으니, 지금에 이르도록 배불러 꺼지지 않는구나!
無思無慮混時流, 曾餐一粒家田米, 直至如今飽未休.

【영암 주】 이미 무생에 집착하지 않으면 사대가 본래 빈 것을 알게 된다. 소요하여 자재하니, 적멸한 성품은 청정한 본연이로다. 법계를 두루 돌아다니며 하루 종일 옷 입고 밥 먹는 것이 모두 그 안에 들어 있으니, 다시 어떤 물건에 얽매이겠는가?
旣不執無生, 則知四大本空. 逍遙自在, 而寂滅性, 淸淨本然. 周徧法界, 終日著衣喫飯, 總在裏許, 復何物拘?

【범천 주】 "적멸한 성품 가운데 따라 마시고 먹어라."라는 것은 만약 사대가 본래 공하고 오음이 있지 않음을 깨달았다면, 오히려 마음대로 부침하고 인연 따라 마시고 먹으라는 것이다. 그러므로 배도(裵度, 765~839. 中唐의 재상, 시인)가 다음과 같이 말하였다. "거칠어도 밥, 부드러워도 밥, 범부의 상相에서 보지를 마라. 거침도 없고 부드러움도 없음이여, 천상의 향적세계에는 뿌리도 꼭지도 없도다."[17] 그러므로 "적멸한 성품 가운데 따라 마시고 먹어라."라고 하였다.

寂滅性中隨飮啄者, 若了四大本空, 五陰非有, 却好任意浮沉, 隨緣飮啄. 故盃渡云: 麤也飡, 細也飡, 莫向凡夫相上看. 也無麤, 也無細, 上方香積無根薺. 故云: 寂滅性中隨飮啄也.

【축원 평】 뿔 하나인 오색의 기린이다.
五色麒麟一隻角.

모든 행이 무상하여 일체가 공하니,
諸行無常一切空,

【남명 송】 인연이 일어나든 인연이 끝나든 성품은 본래 같으니, 인연의 일어남을 버리고 참다운 뜻을 찾고자 함은 북쪽을 묻고 도리어 동쪽으로 가는 것과 같도다.
緣起緣終性本同, 欲捨緣生求實義, 猶如問北却行東.

【범천 주】 사대의 형상이 본래 공할 뿐만 아니라, 또한 짓는바 모든 행(諸行)이 모두 공적한 것이다. '모든 행'이라 말한 것은 하나의 행에 그치는 것이 아니고 곧 갖가지 만행에 이르는 것이니, 모두 다 본래 공적한 것이다. 그러므로 경에서 이르기를 "나의 지금 이 몸은 사대가 화합한 것이다. 이른바 머리카락, 털, 손톱, 치아, 가죽, 살, 힘줄

---

17 (宋)子昇錄, 『禪門諸祖師偈頌』卷上之下, 「杯度禪師一鉢歌」(卍續藏 66, p.732c)의 "麤也飡, 細也飡, 莫學凡夫相上觀. 也無麤, 也無細, 上方香積無根帶."를 인용한 것으로, 몇 글자의 차이가 난다.

뼈, 골수, 뇌, 때 등은 모두 땅으로 돌아가고, 침, 콧물, 고름, 피, 진액, 침, 가래, 눈물, 정액, 대변, 소변은 모두 물로 돌아가고, 따뜻한 기운은 불로 돌아가고, 움직이는 것은 바람으로 돌아간다. 사대가 각각 떠나면 지금 이 허망한 몸은 어느 곳에 있을까?"[18]라고 하였다. 그러므로 "모든 행이 무상하여 일체가 공하다."라고 하였다.

非唯四大之相本空, 亦乃所作諸行盡皆空寂也. 言諸行者非止一行, 乃至種種萬行, 皆悉本來空寂. 故經云: 我今此身四大和合. 所謂髮毛、爪齒、皮肉、筋骨、髓生垢色皆皈於地, 唾涕、膿血、津液、涎沫、痰淚、精氣、大小便利皆皈於水, 暖氣皈火, 動轉皈風. 四大各離, 今者妄身當在何處? 故云: 諸行無常一切空也.

【축원 평】 아버지가 돌아가셔서 울었는가?

爺死哭麼?

바로 이것이 여래의 대원각이로다.

卽是如來大圓覺.

【남명 송】 다시 한 물건이 누렇게 져버림이 없나니, 처마에 기댄 산색은 구름에 이어져 푸르고, 감옥 밖으로 뻗은 꽃나무 가지 이슬 먹어

---

18 (唐)佛陀多羅譯, 『大方廣圓覺修多羅了義經』 卷1(大正藏 17, p.914b) "我今此身四大和合, 所謂髮毛、爪齒、皮肉、筋骨、髓腦、垢色皆歸於地, 唾涕、膿血、津液、涎沫、痰淚、精氣、大小便利皆歸於水, 暖氣歸火, 動轉歸風. 四大各離, 今者妄身當在何處?"를 인용한 것이다.

향기롭구나.
更無一物可雌黃, 倚簷山色連雲翠, 出檻花枝帶露香.

【영암 주】 사대가 있지 않은데, 만행은 어떻게 행해지는가? 베풀어 한 것은 있으나, 성품은 본래 텅 비어 고요하니, 이와 같이 실천하면 어찌 여래와 다르겠는가?
四大不有, 萬行何施? 設有所爲, 性本空寂, 如斯履踐, 何異如來?

【범천 주】 "바로 이것이 여래의 대원각이다."라는 것은 이미 모든 법이 본래 공적한 줄 깨달은 것이니, 바로 '대원각성大圓覺性'과 상응하는 것이다. 다만 일체중생들이 날로 쓰면서도 알지 못한다. 그러므로 배 승상(裵休)이 말하기를 "종일토록 원각(원만한 깨달음)에 있으면서도 잠깐도 원각하지 못하는 자는 범부요, 원각을 증득하고자 하나 원각을 지극히 하지 못한 자는 보살이요, 원각을 구족하여 원각에 머물러 가지는 이는 여래이다."[19]라고 하였다. 그러므로 "바로 이것이 여래의 대원각이다."라고 하였다.
卽是如來大圓覺者, 旣了諸法本來空寂, 卽與大圓覺性相應也. 但猶一切衆生日用而不知. 故裵相云: 終日圓覺而未嘗圓覺者, 凡夫也, 欲證圓覺而未極圓覺者, 菩薩也, 具足圓覺而住持圓覺者, 如來也. 故云: 卽是如來大圓覺也.

---

19 이는 (宋)延壽撰,『觀心玄樞』卷一과 (宋)如山,『圓覺經註序』등 다양한 典籍에서 인용되고 있는 유명한 구절이다.

【축원 평】태양이 떠 있는 푸른 하늘에 별이 떨어지는구나.
白日靑天星斗落.

【축원 주】집착하여 법도를 잃으면 반드시 삿된 길로 들어가고, 내려놓음이 자연스러우면 몸이 떠나 머무름이 없어진다. 깨달은 사람이 이미 사대가 본래 비고 오온이 있는 것이 아님을 알아 우뚝 높이 솟고 외롭고 멀며, 자유롭게 자기 뜻대로 되어 구애되거나 속박됨도 없게 된다. 내려놓으면 마치 커다란 허공과 같아 맑고 깨끗함이 희게 빛나는 달과 같다. 물가 숲 아래에서 마음 가는 대로 노닐며, 좁쌀밥과 거친 옷을 인연 따라 먹고 걸치고, 모든 행을 되돌아보니 모두 항상함이 없도다. 일체의 모든 법은 본래 텅 비어 고요하니, 이와 같이 알고, 이와 같이 보고, 이와 같이 믿고 이해하라. 법상法相을 내지 않는 것이 곧 여래의 크고 원만한 깨달음이다.
執之失度必入邪路, 放之自然體無去住. 得底人旣知四大本空五蘊非有, 卓卓巍巍孤孤逈逈, 自由自如無拘無束. 放曠喩如太虛, 淸淨同於皎月. 水邊林下任意逍遙, 糲食麤衣隨緣飮啄, 返觀諸行皆是無常. 一切諸法本來空寂, 如是知如是見如是信解, 不生法相卽是如來大圓覺也.

【축원 송】사대를 놓아버려 붙잡지 말라. 세찬 불구덩이 속에 파리와 모기 머물고, 지팡이 한 자루 두 사람이 붙잡으니, 만 리 허공에 매 한 마리 날아돈다.
放四大莫把捉, 烈焰那許蚊蚋泊, 一條主丈兩人扶, 萬里虛空飛一鶚.

⟨6⟩
결정한 말로,
決定說,

【남명 송】 조금도 의심하지 말라. 곧바로 알아도 이미 더디도다. 향엄[20]이 그날에 무슨 일을 했기에, 대죽 치는 소리에 하릴없이 상상기라고 하는가?
莫狐疑, 直下承當已是遲. 香嚴當日成何事, 擊竹徒言上上機?

【범천 주】 안으로 성태를 품어 말하는 것이 특별하고 과감하여 머뭇거리는 말이 없기 때문에 "결정한 말"이라 하였다.
內懷聖胎, 發言殊異, 果敢無猶豫之辭, 故云: 決定說也.

【축원 평】 불볕더위에 한 조각 눈이 날리네.
炎天飛片雪.

진승을 나타내니,
表眞僧,[21]

【남명 송】 허황된 거짓이 아니며, 티끌같이 헤아릴 수 없는 뜻(無量義)을

---

20 향엄의 조사선과 여래선의 고사.
21 3본에는 "表眞乘"으로 되어 있음.

다 포섭하니, 견고하고 치밀하기가 늘 백련금 같은데, 강한 망치와 맹렬한 불꽃은 부질없이 서로 시험하도다.
不虛僞, 攝盡塵沙無量義, 堅密長如百鍊金, 剛鎚猛燄徒相試.

【범천 주】 반야를 배우는 사람은 마음을 알고 근본을 요달하여 오만 걱정을 모두 잊고서, 드높고 당당하여 삼계에 독보하여 법문의 영수가 되고 인천의 도사가 된다. 그러므로 "진승을 나타낸다."라고 하였다.
學般若之人識心達本, 萬慮都忘, 巍巍堂堂三界獨步, 爲法門之領袖, 作人天之導師. 故云: 表眞僧也.

【축원 평】 코는 세로로, 눈은 가로로 나 있다.
鼻直眼橫.

어떤 사람이 인정하지 않는다면 마음껏 물을지어다.
有人不肯[22]任情徵.

【남명 송】 의구意句가 천만 개의 형상으로 끝없이 나타나는구나. 동산의 꽃나무가지 짧고 긴 대로 맡겨두니, 청제(동쪽과 봄을 맡은 신)의 봄바람이 도리어 한가지로다.
意句交馳千萬狀, 園裏花枝任短長, 靑帝春風還一樣.

---

22 4본에는 "有人不肯任情徵"으로 되어 있음.

【영암 주】 선사께서 얻은 바가 진실한 까닭에 설한 바가 모두 결정적인 말이다. "진승을 나타냄"이란 승려 가운데 모범이 됨을 감당해야 한다. 그러나 저 소근과 소승이 대승에 대해 말하는 것을 듣고서 믿고 받아들이려 하지 않고 제멋대로 힐난하니, 내가 어찌 탄식을 하지 않겠는가?
師之得處, 眞實故, 所說皆決定之說. 表眞僧者, 堪以爲僧中之標也. 而彼小根小乘, 聞說大乘, 不肯信受, 橫生難問, 則吾何歎哉?

【법천 주】 "어떤 사람이 인정하지 않는다면 마음껏 물을지어다."라는 것은, 설령 어떤 사람이 내가 간직한 무상의 묘법을 긍정하지 않고 여러 가지 세속의 지혜로써 나에게 따져 묻더라도 나는 바로 그 사람이 따져 묻는 데 맡겨둔다는 것이다. 고덕이 말하기를 "설사 그대가 모든 시방세계를 모두 하나의 질문거리로 삼아 나에게 묻더라도, 노승의 손가락 한 번 튕김을 이해하지 못하도다. 또한 이에 높고 낮은 데 널리 응하고 앞과 뒤에 어긋남이 없지만, 다만 혹 믿음이 미치지 못할까 염려스럽다."라고 하였다.
有人不肯任情徵者, 設或有人不肯我之所蘊無上妙法, 以種種世智難問於我, 我卽一任佗人徵難也. 古德云: 直饒汝盡十方世界都作一箇問訊頭問我, 不消老僧彈指一下, 並乃高低普應前後無差, 祇恐信之不及也.

【축원 평】 기꺼이 하겠는가?
用肯作麼?

근원을 바로 끊는 것은 부처님께서 인가하신 것이니,

直截根源佛所印,

【남명 송】 번개가 치고 바람이 지나는 순식간의 사이이니, 황급히 돌아와도 되돌아 돌아보지 못하고, 잠깐 사이에 겨울 해는 서산으로 지네.
電轉風行頃刻間, 火急歸來莫迴顧, 須臾寒日下西山.

【범천 주】 곧바로 불지견에 돈입하고, 점차로 교상을 섭렵하는 것을 따르지 않는다. 그러므로 '바로 끊는 것(直截)'이라 하였다. 옛 스님이 말하기를 "다만 이 일이 만약 언어에 있다면 삼승과 십이분교가 어찌 언설이 없음이 아니라고 하겠는가?"[23]라고 하였으니, 무엇 때문에 교외별전이라 말하는가? 오직 이 하나의 법으로써 곧바로 마음을 밝혀 다만 그 근본을 추구하고, 그 지말은 따르지 말아야 한다. 그러므로 "근원을 바로 끊는 것"이라 하였다. "부처님께서 인가하신 것"이라는 것은 모든 부처님의 법문을 서로 서로 인가하여 한 도장으로 인증하는 것이니, 처음과 끝이 동시이고, 다시 앞과 뒤가 없다는 것이다. 그러므로 "인印"이라 칭하였다.
直下頓入佛之知見, 不隨漸次教相涉歷. 故云: 直截也. 先德云: 祇此箇事, 若在語言上, 三乘十二分教豈不是無言說? 因什麼道教外別傳? 唯此一法直下明心, 但求其本不徇其末. 故云: 直截根源也. 佛所印者, 諸佛法門遞相印可, 一印印定, 起畢同時更無前後, 故名曰: 印也.

---

23 운문雲門 선사의 '상당법어上堂法語'([宋]師明集, 『續刊古尊宿語要』 卷2 [『卍續藏』 68, 368a]).

잎 따고 가지 찾는 일을 나는 하지 않는다.
摘葉尋枝我不能.

【남명 송】 헤아려 가며 도로 옴에 무엇을 얻었는가? 가련한 나그네 향기로운 꽃만 쫓으니, 홍진에 안색이 좀먹는 줄 깨닫지 못하네.
數去飜來何所得? 可憐遊子逐芳菲, 不覺紅塵蠹顔色.

【영암 주】 곧바로 마음이 밝아져 성품을 보고 성불한다. 이것이 바로 위의 모든 성현들을 따르니, 서로 번갈아 인가를 주었다. 만약 경전을 깊이 연구하고 토론하되, 잎을 따고 가지를 찾으면(지엽을 찾아 따진다면), 내가 능히 할 수가 없다.
直下明心, 見性成佛. 此乃從上諸聖, 遞相印授. 若窮經討論, 摘葉尋枝, 則吾不能爲也.

【범천 주】 "잎 따고 가지 찾는 일을 나는 하지 않는다."라는 것은 명상名相의 학學은 마치 잎을 따는 것과 같아서, 두수頭數의 법문이 끝이 없어 한갓 스스로 피곤할 뿐 마침내 이익이 되는 바 없다는 것이다. 그러므로 "나는 하지 않는다."라고 하였다.
摘葉尋枝我不能者, 名相之學猶如摘葉, 頭數法門無有窮盡, 徒自困疲終無所益. 故曰: 我不能也.

【축원 평】 바로 얻으니, 나누어 해석할 수 없도다.
直得分疎不下.

【축원 주】 지혜로 비추어 원만히 밝음(智鑑圓明)은 아름다움과 추함이 스스로 드러난다. 어떤 것은 옳고 어떤 것은 그르며, 어떤 것은 삿되고 어떤 것은 바르니, 한마디로 결정하여 결국 다름이 없는 설법이다. 안으로 보살행을 품고 밖으로 성문의 몸을 나타냈다. 인간과 천인의 우두머리가 되어 고해의 인자한 항해를 한다. 그러므로 이르기를 "진승을 나타낸다."라고 한 것이다. 간혹 삿된 이해와 다른 견해가 있는 사람은 믿어 받아들이지 않고 마음대로 따져 묻는다. 만약 초목과 숲, 벼와 삼, 대와 갈대처럼 서로 엉켜 수다를 떨며 모두 혓바닥을 위한다면, 하나하나 혓바닥으로 가장 어려운 질문을 할 것이다. 손가락을 한번 튕기는 짧은 시간에 아울러 곧 높고 낮음이 널리 응하고 앞뒤가 차이가 없어야 할 필요가 없다. 그러므로 "근원을 바로 끊는 것은 부처님께서 인가하신 것이니, 잎 따고 가지 찾는 일을 나는 하지 않는다."라고 말한 것이다.

智鑑圓明妍媸自現. 或是或非或邪或正, 一言決定終無異說. 內懷菩薩行, 外現聲聞身, 作人天之領袖, 爲苦海之慈航. 故云: 表眞僧也. 或有邪解異見之人, 心不信受任情徵問. 假饒盡艸木叢林稻麻竹葦悉爲舌頭, 一一舌頭發如上之問難. 不消一彈指竝乃高低普應前後無差, 所以道: 直截根源佛所印, 摘葉尋枝我不能也.

【축원 송】 결정한 말로 진승을 나타내니, 조계 육조가 영남에서 능하였는데, 마조 대사로부터 아주 어지럽힌 뒤부터 계속 불을 붙여 향내를 계승하여 조사의 등불을 이었다.

決定說表眞僧, 曹谿六祖嶺南能, 自從馬師胡亂後, 續燄聯芳繼祖燈.

〈7〉
마니주를
摩尼珠,

【남명 송】 본래 허물이 없어 정밀함과 거침을 끊도다. 달은 밝고 바람은 맑아 지난해의 밤에 한 돛단배로 동정호를 날 듯 지나네.
本無瑕纇絶精麤. 月白風淸去年夜, 一帆飛過洞庭湖.

【축원 평】 하나를 들어 49를 안다.
一擧四十九.

사람들이 알지 못함이여.
人不識.

【남명 송】 헤아릴 수 없는 겁으로부터 와서 오늘에 이르니, 가죽 주머니 (육신) 내려놓고 자세히 보아라! 모름지기 밖을 향해 헛되이 찾지 말지어다.
無量劫來至今日, 放下皮囊子細看! 不須向外空尋覓.

【범천 주】 범어의 '마니'는 번역하면 '여의주'이다. 체성이 가볍고 부드럽고 정결하고 청정하고 법다워 모든 공덕을 갖추었기에, 오직 이 보배만을 불성에 비유할 수 있다. 사람마다 모두 이 보배를 지니고

있으나 수용하지 못하는 것은 무엇 때문일까? 무명의 티끌과 때에 덮여 있어 스스로 나타날 수 없는 것이다. 그러므로 "사람들이 알지 못함이여."라고 하였다.

梵語摩尼, 此云如意珠也. 體性輕軟, 潔淨如法, 具諸功德, 唯此一寶可喩佛性. 人人皆有此寶而不得受用者何? 爲無明塵垢所覆不能自現. 故云: 人不識也.

【축원 평】 빗나가 지나쳐버렸다.

蹉過了也

여래장 속에서 친히 거두어 얻었다.

如來藏裏親收得.

【남명 송】 여래장을 알고 싶은가? 신 술과 냉차 석 잔 다섯 잔이라. 장강에 바람 세차니 꽃물결이 많도다!

要識如來藏也麼? 酸酒冷茶三五醆. 長江風急浪花多!

【영암 주】 범어로 마니주이니, 이것은 티 없이 빛남(無垢光)을 이르니, 곧 하나의 참된 성품을 비유한 것이다. 여래장성은 곧 제8식으로 함장식이니, 일체의 착하고 악한 종자를 낼 수 있다. 그것을 깨달으면 성인이요, 그것에 미혹되면 범부이나, 일체의 중생이 이 구슬을 가지고 있어 진실로 시작이 없는 겁으로부터 인연이 섞여 깊어졌다. 그러므로 나타내지 못한다. 그러나 여래는 성품이 공한 지혜로 몸에 시방세계를

품고 허공계를 두루 돌아다녔으니, 이 구슬이 영롱하여 맑은 구슬 속에 보배로운 달을 머금고 있는 것 같다. 비록 이와 같았으나 세상의 모든 사람들이 각기 구슬 하나를 갖고 있는데, 남에게 "지금 어디에 있는가?"라고 묻는구나.

梵語摩尼珠, 此云無垢光, 卽喩一眞之性也. 如來藏性, 卽第八識, 含藏識. 能生一切善惡種子. 悟之則聖, 迷之則凡, 而一切衆生具此一珠, 良由無始劫來, 因緣雜深. 故不能現. 而如來, 以性空智, 身含十方, 徧虛空界, 而此珠瑩然, 如淨瑠璃內含寶月. 雖然如此, 諸世間人, 各有一珠, 問諸人: 祇今在什麼處?

【범천 주】"여래장 속에서 친히 거두어 얻었다."라는 것은 이 마니주가 세간에 있는 것이 아니므로, 이에 여래의 비밀장 속에서 친히 이 보배를 얻는다는 것이다. '여래장'이라는 것은 재전여래장(在纏如來藏: 번뇌 속의 여래장)과 출전여래장(出纏如來藏: 번뇌를 벗어난 여래장)을 말한다. 중생이 항상 삼독과 오음(五蘊)의 번뇌에 덮여 있기 때문에, 비록 보배 창고를 지니고 있으나 수용하지 못하는 것을 '재전여래장'이라 하고, 모든 부처님은 삼덕三德이 정명精明하여 담연 원만하며, 법계의 갖가지 공덕을 포용하는 것을 '출전여래장'이라 한다. 장藏은 그만두고, 어떤 것이 구슬인가? 어찌 보지 못했는가? 어느 승려가 남전(南泉, 748~834) 선사에게 묻되 "마니주를 사람들이 알지 못함이여, 여래장 속에서 친히 거두어 얻는다고 하는데, 어떤 것이 장藏입니까?"라고 하니, 남전 선사가 대답하기를 "왕 노사(남전 선사)가 그대와 함께 오고 가는 것이 장藏이다."라고 하였다. 승려가 "어떠한 것이

마니주입니까?"라고 하니, 남전 선사가 곧바로 "사조師祖여! 사조여!"라고 불렀다. 승려가 답하자, 남전 선사는 "가거라. 그대가 나의 뜻을 알지 못한다. 이 승려가 알지 못한다고 말하지 말라. 설령 안다 하더라도 나는 또한 그대가 더듬어 찾으려 해도 찾을 수 없다는 것을 안다."라고 하였다.

如來藏裡親收得者, 此摩尼珠非世所有, 乃於如來秘密藏中親獲此寶. 所言如來藏者, 有在纏如來藏, 有出纏如來藏. 衆生常爲三毒五陰煩惱所覆, 雖有寶藏不得受用, 謂之在纏如來藏也. 若乃諸佛三德精明湛然圓滿, 包容法界種種功德, 謂之出纏如來藏也. 藏卽且置. 阿那箇是珠. 豈不見? 僧問南泉: 摩尼珠人不識, 如來藏裡親收得者, 如何是藏? 師云: 王老師與儞往來者是藏. 僧云: 如何是珠? 師乃召僧云: 師祖? 師祖? 僧應諾, 師云: 去. 你不會我意去. 莫道這僧不薦, 設使薦得, 我也知儞摸索未著在.

【축원 평】 원래 다만 이 속에 있었을 뿐이다.
元來只在者裏.

여섯 가지의 신비한 작용은 공하나 공하지 않고,
六般神用空不空,

【남명 송】 성현에 있든 범부에 있든 바탕은 다름이 없다. 둘 아닌 문을 열고 가고 오는 대로 맡겨두었더니, 어찌 문득 유마힐을 묻는가?
在聖在凡無異質. 不二門開任往還, 何須更問維摩詰.

【축원 평】 은산은 단지 은산일 뿐이로다.
銀山只是銀山.

한 덩이 둥근 광채는 색이나 색이 아니로다.
一顆圓光色非²⁴色.

【남명 송】 그 율법은 볼 수 있으나 쉽게 보지 못한다. 바른 몸(正體)을 이제껏 누가 보았는가? 바람 높은 천지에 서리와 눈 날리는 겨울이다.
那律能觀不易觀. 正體從來誰得見, 風高天地雪霜寒.

【영암 주】 본래 하나의 정밀하고 밝은 성품이 나뉘어 6화합이 된다. 눈에서는 본다 하고, 귀에서는 듣는다 하며, 손에서는 잡고, 발에서는 움직여 돌아다닌다. 그것을 깨달으면 신통하게 쓰게 되고, 미혹되면 육적이 된다. 그러므로 도를 깨달은 사람은 육근의 문머리(門頭)가 항상 텅 비어 고요하여 곳에 마땅하게 태어나며, 인연에 따라 멸진하여 본체가 원만하게 빛이 나며, 신령스럽게 밝아 뚜렷하나 드러나 보이지는 않는다. 대개 소리와 색으로써 구할 수가 없으며, 있음과 없음으로써 깨달을 수도 없다. 그러므로 "공은 공이 아니며, 색은 색이 아니다."라고 하였다.
本是一精明, 分爲六和合. 在眼曰見, 在耳曰聞, 在手執捉, 在足運奔. 悟之則爲神用, 迷之則爲六賊. 是以得道者, 六根門頭, 常了空寂, 當處出

---

24 1본에는 "一顆圓光色不色"으로 되어 있음.

生, 隨處滅盡, 而本體圓光, 靈明廓徹, 不可顯示. 蓋不可以聲色求, 不可以有無會. 故曰: 空不空, 色不色.

【법천 주】이 마니주는 구슬에 여섯 개의 구멍이 있으므로 육근에 비유하였다. 미혹하면 육적이 되어 스스로 자기 집의 보물을 빼앗나니, 간직하고 있는 한량없는 공덕의 법 재물이 모두 육적에게 도둑맞는 것이 된다. 만약 이것을 깨달으면 여섯 가지의 신비한 작용이라고 말하니, 눈에 있어서는 보고, 귀에 있어서는 듣고, 입에 있어서는 말하고, 발에 있어서는 걷는 것이다. 그러므로 그 작용이 끝이 없다. "공하나 공하지 않고"라는 것은 이 묘한 작용은 유와 무로써 볼 수 있는 것이 아니라는 것이다. 그러므로 "만약 그것을 있다고 말하면 모양도 없고 형체도 없으며, 만약 그것을 없다고 말하면 성인이 이로써 신령스럽다."[25]라고 하였다. 그러므로 "공하나 공하지 않다."라고 하였다. "한 덩이 둥근 광채는 색이나 색이 아니로다."라는 것은 이 보배 구슬은 시작이 없는 옛적부터 오늘에 이르기까지 밝게 빛나고 신령스럽고 밝아서 시방세계를 비춘다는 것이다. 그러므로 참다운 색은 형체가 없으나 삼라의 대천세계에 널려 있다는 것을 알 수 있다. 고덕은 다음과 같이 말하였다. "푸르고 푸른 대나무는 모두가 진여이며, 우거진 노란 꽃은 반야 아님이 없어라." 그러므로 "한 덩이의

---

25 (後秦)僧肇著, 『寶藏論』 卷1(大正藏 45, p.143b) "若言其生, 無狀無形, 若言其滅, 今古常靈"; (唐)澄觀述, 『大方廣佛華嚴經隨疏演義鈔』 卷30(大正藏 36, p.225a) "故云言語道斷以欲言其有無狀無形, 欲言其無聖以之靈"; (宋)延壽集, 『宗鏡錄』 卷37(大正藏 48, p.631b) "故寶藏論云: 若言其生, 無狀無形, 若言其滅, 今古常靈."

둥근 광채는 색이나 색이 아니로다."라고 하였다.

此摩尼珠, 珠有六竅, 喻六根也. 迷爲六賊自劫家寶, 所有無量功德法財盡爲六賊所盜也. 若乃悟之, 謂之六般神用也, 在眼曰見, 在耳曰聞, 在口談說, 在足運奔, 用無盡也. 空不空者, 此之妙用非其有無可見. 所以道: 若言其有, 無狀無形, 若言其無, 聖以之靈. 故云: 空不空也. 一顆圓光色非色者, 此之寶珠從無始來烜赫靈明, 照十方界. 故知眞色無形而森羅大千. 古德云: 靑靑翠竹盡是眞如, 鬱鬱黃花無非般若. 故云: 一顆圓光色不色也.

【축원 평】 철벽은 단지 철벽일 뿐이다.

鐵壁只是鐵壁.

【축원 주】 범어로 '마니'는 중국어로 '뜻대로(如意)'이며, 혹은 '금시조왕의 마음의 구슬'이라고 한다. 인간의 본분에 있어서는 자기가 본래 가지고 있는 신령스럽게 밝은 참된 깨달음(靈明眞覺)의 성품인 것이다. 일체의 신통함과 삼매가 본래 스스로 다 갖추고 있으나 단지 번뇌의 괴로움이 생겨 스스로 믿음이 미치지 못하여, 깨달음을 등지고 티끌과 합해 미혹되어 스스로 알지 못하는 것이다. 그러므로 "사람들이 알지 못함이여."라고 하였다. 제불여래의 오묘한 성품이 원만하며 밝고 담연하고 공적함을 홀로 갖추고 있어, 백 천 가지의 삼매가 뜻에 따라 앞에 나타난다. 그러므로 "여래장 속에서 친히 거두어 얻었다."라고 하였다. 이 마니주는 오색을 낼 수 있는데, 혹은 6개의 구멍이 있다고 한다. 비유컨대 사람이 원래 하나의 정밀하고 밝은 성품이

나뉘어 6화합이 된 것과 같다. 하나의 근根이 이미 근본으로 돌아가면 육근의 작용이 쉬게 된다. 따라서 "여섯 가지의 신비한 작용은 공하나 공하지 않고, 한 덩이 둥근 광채는 색이나 색이 아니로다."라고 말한 것이다.

梵語摩尼, 唐言如意, 或云: 金翅鳥王之心珠也. 在人分上卽是自己本有靈明眞覺之性. 一切神通三昧本自具足, 只爲勞生自信不及, 背覺合塵迷不自知. 故云: 人不識. 獨有諸佛如來妙性圓明湛然空寂, 百千三昧隨意現前. 故云: 如來藏裏親收得. 此摩尼珠能應五色, 或云: 有六骰. 喩人元爲一精明, 分爲六和合. 一根旣返源六用成休伏. 所以道: 六般神用空不空, 一顆圓光色非色也.

【축원 송】 마니주여! 밝기가 뚜렷한 곳에 검기가 칠흑 같고, 삼라만상이 모두 융화를 머금고 있으며, 사성과 육범이 이로부터 나온다는 것을 사람들은 모르도다.

摩尼珠! 人不識, 明歷歷地黑似漆, 森羅萬象悉含融, 四聖六凡從此出.

⟨8⟩
오안을 깨끗이 하고,
淨五眼,

【남명 송】 다름은 도리어 같아진다. 천차만별이 결국은 텅 빈 것이다. 누가 진겁에 무궁한 일들을 마치 암마라가 손바닥 안에서 보듯이 한다는 것을 알겠느냐.
異還同. 萬別千差畢竟空. 誰知塵劫無窮事, 如視菴摩在掌中?

【축원 평】 동쪽 집에서는 등불을 밝혔다.
東家點燈.

오력을 얻음이여!
得五力!

【남명 송】 참된 수행이다. 가고 가도 끝없이 성인이 되는 도의 흐름(聖道流)에 의지해 곧바로 보리심의 돗자리로 달려가니, 어찌 마구니와 외도가 감히 머리를 들어 올릴 수 있겠는가?
是眞修. 去去長依聖道流, 直趣菩提心匪席, 有何魔外敢擡頭?

【법천 주】 모든 경전에 다 "오근, 오력"이라고 하였는데, 지금 여기에서는 "오안, 오력"이라고 하였다. 모든 경론을 자세히 살펴보니 오직

『정명경』에서만 "오안, 오력"²⁶이라고 말하였다. 또한 글에 의지해 해석한다면, 이른바 '오안'이란 첫째는 천안, 둘째는 육안, 셋째는 혜안, 넷째는 법안, 다섯째는 불안이다. 오안을 구족하여 여래가 되면 곧 오력이 현전하게 되니, 첫째는 신력信力, 둘째는 진력進力, 셋째는 염력念力, 넷째는 정력定力, 다섯째는 혜력慧力이다. 그러므로 "오안을 깨끗이 하고 오력을 얻었다."라고 하였다.

諸經皆云: 五根五力. 今言五眼五力者, 今按諸經論唯淨名經所出. 且依文解之, 所謂五眼者, 一天眼、二肉眼、三慧眼、四法眼、五佛眼也. 具足五眼爲如來, 卽得五力現前, 一信力、二進力、三念力、四定力、五慧力. 故云: 淨五眼得五力也.

【축원 평】 서쪽 집에서는 어두운 데 앉아 있네.
西家暗坐.

오직 증득해야만 알고 헤아리기는 어렵다.
唯證乃知難可測.

【남명 송】 한 점 외로운 빛은 태양과 같으나, 눈먼 사람은 빛이 있는 것을 알지 못하여 고개를 숙이고 차가운 자리에 앉아 묵묵히 생각한다.
一點孤明若大陽, 盲者不知光所在, 低頭冷坐暗思量.

---

26 (姚秦)鳩摩羅什譯, 『維摩詰所說經』 卷上, 「弟子品第三」(大正藏 14, p.541c) "淨五眼, 得五力."

【영암 주】 육안·천안·혜안·불안·법안을 다섯 개의 눈이라고 하고, 믿음(信)·정진(進)·생각(念)·선정(定)·지혜(慧)를 다섯 가지 힘이라고 한다. 다섯 눈을 맑게 하면 다섯 힘을 얻는다. 이것이 곧 대□[27]의 경계이다. 그러므로 몸소 증득하고 몸소 깨달은 다음이라야 알게 된다. 어찌 중간에서 망령되이 법도를 헤아림을 보태겠는가?
肉天慧佛法, 謂之五眼, 信進念定慧, 謂之五力. 淨其五眼, 得其五力. 此乃大□境界. 故當親證親悟, 然後乃知. 豈可於中, 妄加測度哉?

【법천 주】 "오직 증득해야만 알고 헤아리기는 어렵다."라는 것은 이 심지법문은 반드시 친히 증득하여야 알 수 있다는 것이다. 마치 사람이 물을 마실 적에 차고 더운 것을 스스로 아는 것과 같으니, 정식情識과 사량思量으로는 헤아릴 수 없다는 것이다. 『원각경』에 이르기를 "만약 사유하는 마음으로 여래의 원각경계를 헤아린다면 마치 반딧불로 수미산을 불태우려는 것과 같으므로, 비록 오랜 겁(塵劫)을 지내더라도 끝내 태울 수 없다."[28]라고 하였다. 그러므로 "오직 증득해야만 알고 헤아리기는 어렵다."라고 하였다.

---

27 원문에는 누락자로 되어 있는데, 문맥상 "대승大乘"이 아닐까 한다.
28 (唐)佛陀多羅譯, 『大方廣圓覺修多羅了義經』(大正藏 17, p.915c) "선남자야, 다만 모든 성문聲聞들의 원각경계는 몸과 말과 마음이 모두 끊어졌어도 끝내 저들의 친증親證하여 드러내는 열반에도 이르지 못하는데, 하물며 어찌 사유심思惟心으로써 능히 여래의 원각경계를 헤아리겠는가? 반딧불을 가져 수미산을 사르려 하여도 끝내 불태우지 못하듯, 윤회하는 마음으로써 지견을 내어 여래의 대적멸 바다에 들려 하여도 마침내 이르지 못할 것이니라.(善男子! 但諸聲聞所圓境界身心語言皆悉斷滅, 終不能至彼之親證所現涅槃, 何況能以有思惟心測度如來圓覺境界? 如取螢火燒須彌山, 終不能著: 以輪迴心生輪迴見, 入於如來大寂滅海, 終不能至.)"

唯證乃知難可測者, 此之心地法門直須親證乃可得知也. 如人飮水冷煖自知, 則不可以情量測度. 經曰: 若以思惟心測度如來圓覺境界, 如取螢火燒須彌山, 縱經塵劫終不能著. 故云: 唯證乃知難可測也.

【축원 평】 사람은 평등하게 말하지 못하고, 물은 평평하게 흐르지 못한다.
人平不語, 水平不流.

거울 속의 형상은 보기 어렵지 않으나,
鏡裏看形見不難,

【남명 송】 용모가 비록 비슷하나 도리어 진실이 아니며, 당년의 옛 주인을 알고자 하여 눈썹을 치켜세우니, 오늘이더라.
顔容雖似還非實, 欲識當年舊主人, 剔起眉毛在今日.

【축원 평】 절대로 흔들리지 말라.
切忌動著.

물 속의 달을 잡음이니, 어찌 잡을 수 있으랴!
水中捉月爭拈得!

【남명 송】 참다운 달이 어찌 물 속에 있겠는가? 다만 어리석은 원숭이의 미친 견해(잘못된 견해)를 끊어야 하니, 장강·황하·회수(三乘의 수행을

의미)를 건너면 한 번에 통한다.
眞月何嘗在水中? 但得癡猱狂解息, 江河淮濟一時通.

【영암 주】 만약 소근과 소승으로 여래의 원각경계를 헤아린다면, 마치 거울 속에 그림자를 보되 끝내 본 것이 없는 것은 아니지만, 다만 참다운 진실은 아닌 것과 같다. 또한 뭇 원숭이들이 물 속에 달이 있는 것을 알고서 그것을 잡으려 하되 끝내 실제로 잡을 수 없는 것과 같다.
若以小根小乘, 測度如來圓覺境界, 則如鏡裏看影, 終非無見, 但非甚實. 又如衆猿, 水中認月, 而捉之, 終無實効也.

【범천 주】 비록 거울 속의 형상은 볼 수 있으나, 물 속의 달과 같이 잡을 수 없다. 참으로 세상 사람들이 이 각성覺性을 등지고 그림자와 같은 형상을 잘못 인식함으로 인하여 생사의 바다에 떠돌며 나고 죽고 하면서, 앞에 나타난 경계에 깊이 집착하여 능히 벗어나지 못한다. 그러므로『현우경』에 이르기를 "비유하자면 맑게 갠 밤에 여러 원숭이들이 있었는데, 숲가 우물에 비친 달을 보고 곧 달을 잡으려고 우물에 내려가 서로 잡으려고 하였으나 끝내 잡지 못한 것과 같다."라고 하였다. 참으로 일체중생이 밖의 인연을 따르면서 그 근본으로 돌아가고자 하는 것도 또한 이와 같다. 그러므로 "물 속의 달을 잡음이니, 어찌 잡을 수 있으랴!"라고 하였다.
雖鏡裡之形可見, 且水中之月不可取也. 良由世人背此覺性, 認其影像, 流浪生死頭出頭沒, 深著前境不能出離. 故賢愚經云: 譬如晴夜有衆獼猴, 於樹井傍忽見月影, 卽便遞相下井捉月, 欲其所得終不可也. 良由一切衆生隨逐外緣, 欲其返本亦復如是. 故云: 水中捉月爭拈得也.

【축원 평】 빛 그림자를 가지고 노는 놈이다.
弄光影漢.

【축원 주】 오안五眼이라는 것은 '천안天眼'은 일체를 철저히 보는 것이고, 육안肉眼은 사물에 유혹되지 않는 것이고, 법안法眼은 성품이 본래 빈 것을 보는 것이고, 혜안慧眼은 지혜를 밝혀 환히 비추는 것이고, 불안佛眼은 사물과 나를 동등하게 보는 것이다. 오안이 깨끗하면 신력信力·진력進力·염력念力·정력定力·혜력慧力이 저절로 앞에 나타나며, 심지법문을 증득하여 곧 알게 되니, 범부의 뜻으로 헤아릴 수 있는 것이 아니다. 만약 사람이 지난날을 돌이켜 반성해 살피면 본래의 모습을 철저히 보는 것은 어렵지 않다. 만약 이전의 티끌에 쌓인 그림자를 자기라고 망령되이 알고 있는 사람은 비유컨대 원숭이가 물 속의 달을 잡으려 하는 것과 같으니, 어찌 잡을 수 있겠는가. 그러므로 "거울 속의 형상은 보기 어렵지 않으나, 물 속의 달을 잡음이니, 어찌 잡을 수 있으랴!"라고 한 것이다.

五眼者, 天眼徹見一切, 肉眼不被物惑, 法眼見性本空, 慧眼智照洞明, 佛眼物我等觀. 五眼旣淨, 則信力·進力·念力·定力·慧力自得現前, 心地法門唯證乃知, 非凡情所能測度也. 若人回光返照, 見徹本來面目則不難矣. 若妄認前塵光影爲自己者, 譬如獼猴水中捉月, 爭拈得也. 故云: 鏡裏看形見不難, 水中捉月爭拈得.

【축원 송】 오안을 깨끗하게 하면 오력을 얻으니, 저울대 추 정수리 위에서 땀이 나며, 잡다한 세상도 훌륭한 해탈문이건만, 활짝 열렸는데도 끌고 들어가지 못하네.

淨五眼得五力, 秤鎚頭上捏出汁, 渾崙好箇解脫門, 八字打開扡不入.

⟨9⟩
항상 홀로 행하고,
常獨行.

【남명 송】동관[29]을 지나갔거든 길을 묻지 말라. 하나의 길이 삼삼한데 사람들이 이르지 못하고, 황금전 위에 푸른 이끼가 끼는구나.
過得潼關罷問程. 一徑森森人不到, 黃金殿上綠苔生.

【축원 평】눈 위에 두 개 눈썹이 가로로 있다.
眼上兩眉橫.

항상 홀로 걸음이여.
常獨步.

【남명 송】예로부터 다시 문호가 다르지 아니하다. 어찌 한산이 멀리 노님을 좋아하여, 이제 온 길을 잊으라 하는가?
從前更勿別門戶. 何言寒山愛遠遊, 如今忘却來時路?

【법천 주】법을 요달한 사람은 만법과 짝하지 않으므로 삼계를 높이 초월하여 홀로 대방大方을 걷는다. 그러므로 "항상 홀로 걸음이여."라

---

29 한대漢代에 설치된 관문. 지금의 섬서성陝西省 동관潼關 동남쪽에 있음. 섬서·산서山西·하남河南 등 3성省의 경계 지역에 해당하며, 관중關中으로 들어가는 관방도로의 중요한 관문. 낙양洛陽에서 장안長安으로 들어가는 요지.

고 하였다. 요달하지 못한 사람은 무량겁 이래로 항상 모든 번뇌(諸塵)와 상대하므로, 이미 각성에 미혹하여 번뇌의 반연에 깊이 부합하여 생각마다 버리고 떠날 수 없다. 그러므로 『금광명경』에 이르기를 "눈(眼根)으로는 물질을 받아들이고, 귀로는 소리를 분별하고, 코는 모든 냄새를 맡고, 혀는 오미를 맛보고, 몸(身根)은 모든 촉감을 탐하여 느끼고, 마음(意根)은 일체 모든 법을 분별한다."[30]라고 하였으니, 어떻게 과거와 미래(前後際)를 끊고 홀로 행하고 홀로 걸을 수 있겠는가?

達法之人不以萬法爲侶, 高超三界獨步大方, 故曰: 常獨步也. 未了之人無量劫來常與諸塵作對, 旣迷覺性深附塵緣, 念念之間不能捨離. 故經云: 眼根受色, 耳分別聲, 鼻嗅諸香, 舌舐於味, 所有身根, 貪受諸觸, 意根分別, 一切諸法. 豈能絶前後際而獨行獨步耶?

【축원 평】 다리 밑이 하늘 길로 통한다.
脚底通霄路.

요달한 이 열반의 길에 함께 노닌다.
達者同遊涅槃路.

【남명 송】 보기에 맑고 깨끗하여 장애에 가려 막히지 말라. 예나 지금의 실천을 어떤 이가 그만두겠는가? 나그네는 발 딛기 힘들다고 말하지

---

30 (北涼)曇無讖譯, 『金光明經』 卷1, 「空品第五」(大正藏 16, p.335b) "眼根受色, 耳分別聲, 鼻嗅諸香, 舌嗜於味, 所有身根, 貪受諸觸, 意根分別, 一切諸法."

말라!
看來皎皎勿遮攔. 古今履踐何曾息? 遊子休言下脚難!

【영암 주】 열반의 길은 태어남도 없고 소멸함도 없는 길이니, 이것을 하나의 길이라고 한 것이다. 나는 오늘 깨달아 홀로 가고 홀로 거닐며 높이 깨달음의 세계에 들었다. 오직 통달한 사람이라야 같이 길을 가지, 소근과 소승이 헤아리는 마음으로 능히 노닐 수 있겠는가?
涅槃路, 卽不生不滅之路也, 此云一路. 吾今得之, 獨行獨步, 高出世間. 唯達者同途, 而小根小乘, 以測度之心, 而能遊哉?

【범천 주】 "요달한 이"는 법을 요달한 사람이며, "열반"이란 나지도 않고 죽지도 않는 것이다. "열"은 나지 않는 것이고, '반'은 죽지 않는 것이니 무생의 길이다. 경전에 이르기를 "시방의 박가범(부처님)이 하나의 길인 열반문이다."[31]라고 하였다. 이 하나의 길은 오직 마음을 밝히고 근본을 요달하는 것일 뿐이니, 대승의 종성種性을 갖춘 자라야 바야흐로 한 걸음, 한 걸음 부처의 계제階梯를 밟아 올라가 함께 놀 수 있다. 삼계는 끝없이 넓고 육도는 아득한데, 모두가 길을 잃은 사람들이라는 것을 모름지기 알아야 한다. 그러므로 수많은 성인이 출현하여 일대사인연을 위해 그대들 모든 사람들에게 이 길을 같이 가기를 권하나, 스스로 모든 사람이 이를 수긍하지 않는다. 고덕은 "천당의 길 위에 가시덤불 돋아나고, 지옥의 문 앞에 이끼처럼 매끄럽

---

31 (唐)般剌蜜諦譯, 『大佛頂如來密因修證了義諸菩薩萬行首楞嚴經』 卷5(大正藏 19, p.124c) "十方薄伽梵, 一路涅槃門."

다."라고 하였으니, 열반의 길을 밟는 사람이 적다는 것을 말한 것이다.
達者達法之人也, 涅槃者卽不生不滅也. 涅而不生, 槃而不滅, 卽無生路也. 經云: 十方薄伽梵, 一路涅槃門. 此之一路, 唯明心達本具大乘種性者, 方能步步蹈佛階梯而全遊也. 須知三果浩浩, 六道茫茫, 盡是失路頭人. 是以千聖出興爲一大事因緣, 勸汝等諸人同行此路, 自是諸人不肯. 古德云: 天堂路上生荊棘, 地獄門前滑似苔. 可謂少人蹈著也.

【축원 평】길이 어디에 있다고 하는가?
且道路頭在什麼處?

격조가 예스러우며, 신기神氣가 해맑아 풍모 스스로 드높음이여!
調古神淸風自高!

【남명 송】만약 실 터럭만큼이나 붙으면 조금도 서로 허락하지 않으니, 묘봉妙峰 꼭대기에서 갑자기 만났을 때도, 흰 구름으로 벗을 삼지 않도다.
若涉絲毫未相許, 妙峯頂上忽逢時, 不與白雲爲伴侶.

【범천 주】깨닫지 못한 사람은 세속의 인연에 깊이 집착하여 취미에 들떠 현혹되고, 정신이 혼란하여 안으로 수칙을 잃어버리니, 이것은 도인의 동정動靜이 아니다. 도가 있는 사람은 세속의 인연에 물들지 않아, 격조는 예스럽고 담담하고, 정신은 맑고 상쾌하여 도풍이 고매하다. 그러므로 "격조가 예스러우며, 신기가 해맑아 풍모 스스로 드높음

이여."라고 하였다.
未了之人深著世緣, 趣味浮艷精神昏亂, 內失所守則非道人動靜也. 有道之士不染世緣, 調格古淡, 精神淸爽道風高貌. 故云調古神淸風自高也.

【축원 평】운거 존자여.
雲居尊者!

얼굴은 초췌하고 뼈는 앙상하니 사람들이 돌아보지 않는구나.
貌頓骨剛人不顧.

【남명 송】상에 집착한 범부가 어찌 쉽게 헤아리겠는가? 자공(공자의 제자)은 명아주 잎과 콩잎의 맛(변변치 못한 거친 음식 맛)을 모르고, 헛되이 사륜마차를 달려 문하에 들어왔다.
取相凡夫豈易猜, 子貢不知藜藿味, 空馳駟馬入門來.

【영암 주】다만 크고 높아, 사람이 우러러 돌아보기 어렵다.
祇爲大高, 人難顧仰.

【범천 주】"얼굴은 초췌하고 뼈는 앙상하니 사람들이 돌아보지 않는다."라는 것은 큰 수행인은 비록 형상이 마르고 초췌하나 마음에는 탐욕이 없고, 안으로 주재하는 바가 있어 강하기가 금석 같은데, 그를 아는 사람이 드물다는 것이다. 이 세상 사람들(閻浮提人)은 색상에 깊이 집착하여 생사에 유전하여 벗어날 기약이 없는데도 이를 살펴 깨치지

못한다. 이런 까닭으로 성인은 그 모습이 가난한 사람과 같아서 세간에 숨어 있으면 헤아릴 수 없다. 그러므로 본분을 아는 도인은 안으로 반야를 간직하고, 화려하게 꾸미는 것을 일삼지 아니하여 풍모가 맑고 예스러우니, 그를 아는 사람이 드물다. 그러므로 "얼굴은 초췌하고 뼈는 앙상하니 사람들이 돌아보지 않는구나."라고 하였다.

貌悴骨剛人不顧者, 大修行人雖形狀枯領, 且心無貪欲, 內有所主, 剛如金石人罕識之. 閻浮提人深著色相, 流轉生死無有出期而不省悟. 是以聖人狀同貧士隱在世間, 則不可測. 故知本分道人內蘊般若不事華飾, 風貌淸古人罕識之. 故云: 貌領骨剛人不顧也.

【축원 평】 바야흐로 분수에 상응함이 조금 있도다.

方有少分相應.

【축원 주】 방거사가 마조 선사에게 묻기를 "만법과 짝하지 못하는 사람은 어떤 사람입니까?"라고 하니, 마조가 대답하기를 "네가 서쪽 강물을 한입에 다 마시기를 기다렸다가 너에게 말할 테니, 그놈 속을 보고 사무치면 문득 제멋대로 바다 위를 다니다 홀로 푸른 하늘을 활보하리니, 그와 위로부터의 모든 조사가 손을 잡고 함께 행하되 분수 밖의 것은 하지 않을 것이다."라고 하였다. 다만 여승如僧이 건봉乾峯에게 묻기를 "시방세계 부처님들은 열반문이 유일한 길이라는데, 도대체 길은 어느 곳에 있습니까?" 하니, 건봉이 주장자로 그리면서 말하기를 "여기에 있다."라고 하였다. 또한 "어째서 그런가?"라고 하니, 말하는 가락이 예스럽고 정신이 맑아 스스로 높아 용모가 초췌하고

뼈가 앙상하니 사람들이 돌아보지 않았기 때문에, 30년 후에 어떤 사람이 깨닫고 갔는지 또한 모르겠다고 하였다.

龐居士問馬祖云: 不與萬法爲侶者是什麼人? 祖云: 待汝一口吸盡西江水卽向汝道, 者裏見得徹去, 便可橫行海上獨步丹霄, 與他從上諸祖把手共行不爲分外. 只如僧問乾峯云: 十方薄伽梵, 一路涅槃門, 必竟路頭在甚麼處? 峯以主丈畫一畫云: 在這裡. 又作麼生? 所以道調古神淸風自高, 貌領骨剛人不顧, 三十年後有人悟去也不定.

【축원 송】 항상 홀로 행하고, 항상 홀로 거닐었다. 다리 밑에 짚신이 사납기가 호랑이 같았고, 몸을 뒤집어 비비고 지난 곳 커다란 빈 허공일세. 걸음 멈추고 돌아올 때와 길을 깨닫지 못하네.

常獨行, 常獨步. 脚底艸鞋獰似虎, 飜身抹過太虛空, 不覺踏斷來時路.

⟨10⟩
빈궁한 석자여,
窮釋子,

【남명 송】진풍眞風을 이으니 삼세 여래의 격조와 같네. 온전한 몸이 가질 것 없음을 의아해하지 마라. 이 집의 활계活計는 본래 비었도다.
續眞風, 三世如來格調同. 莫訝通身無所有, 伊家活計本來空.

【범천 주】도가 있는 사람은 밖으로 꾸미지 않으므로 "가난하다."라고 하였다. 고덕이 말하기를 "도를 배우고 몸을 엄하게 하는 데 삼상三常을 부족하게 하라."고 하였으니, 이를 말한 것이다. "석자釋子"는 부처님께 받은 호칭이다. 갖추어 말하면 석가씨라고 말해야 하니, 다섯 성 중의 하나이다. 부처님께서 인행因行 중에 태자가 되었을 때 왕에게 네 명의 아들이 있었는데, 모두 왕에게 쫓겨났지만 이 네 명의 태자가 덕으로써 사람들을 귀화시켜 곧 강한 나라가 되었다. 부왕이 뉘우쳐 생각하여 사신을 보내어 네 아들을 부르니, 자신들의 허물을 말하며 돌아가지 않았다. 부왕이 탄식하며 말하기를 "내 아들이 석가다."라고 하였다. "석가"는 중국말로는 '능인能仁'이다. 여기서 "가迦"를 말하지 않고 "석釋"만을 말한 것은 간략함을 따른 것이고, "자子"는 남자의 통칭이다. 그러므로 "석자"라고 하였다.

有道人不假外飾故曰: 貧也. 古德云: 學道儼身三常不足. 則斯謂之歟. 釋子者, 從佛受稱. 具足應云釋迦氏, 卽五姓之一也. 我佛因中爲太子時, 王有四子俱爲王貶, 此四太子以德飯人, 卽爲强國. 父王悔憶遣使往詔,四子辭過不皈. 父王歎曰: 我子釋迦. 卽華言能仁也. 今不言迦而言釋者, 從其簡也, 子者男子之通稱. 故曰: 釋子也.

【축원 평】 주인옹이여!
主人翁!

입으로 가난하다고 말하나,
口稱貧,

【남명 송】 마음은 밝으니, 도시와 산림은 머무를 곳이 없다. 어미가 짠 헤진 베적삼을 입었으니, 몇 겁화를 거침이 이와 같이 오래구나.
心煥爾. 城市山林無所止. 著箇孃生破布衫, 幾經劫火長如此.

【범천 주】 "입으로 가난하다고 말하나"라는 것은 입으로는 비록 가난하다고 말하지만, 안으로는 성인의 법을 간직하고 있으니, 실은 가난한 것이 아니라는 것이다.
口稱貧者, 口雖稱貧, 內蘊聖法, 實非貧也.

【축원 평】 맑고 맑구나.
惺惺著.

실로 몸은 가난해도 도는 가난하지 않다.
實是身貧, 道不貧.

【남명 송】 주머니에 아무것도 없이 푸른 봄을 지내는구나. 세상 사람들에게 알리노니, 상을 취하지 말지어다. 한 번 집으면 한 번 새로운 것이 생긴다.
囊無一物度靑春. 報爾世人休取相. 一番拈起一番新.

【영암 주】 가난하다고 하겠는가?
喚作貧得麼?

【범천 주】 "실로(實是)"는 곧 "진실하다(諦實)"라는 말이다. "몸은 가난해도"라는 말은 세간의 재산인 칠보 등이 결여되었다는 것이다. "도는 가난하지 않다."라는 것은 만약 그 도를 논하자면 항하의 모래와 같이 많은 공덕과 한량없는 법의 재물을 써도 다함이 없다는 것이다. 비록 송곳 꽂을 땅도 없으나 실로 값어치는 사바세계와 같다. 그러므로 "실로 몸은 가난해도 도는 가난하지 않다."라고 하였다. 아래 글에서 이를 분명하게 드러냈다.
實是者乃諦實之言也. 身貧者, 爲闕世財七寶等也. 道不貧者, 若論其道則河沙功德無量法財用無窮盡, 雖無卓錐之地, 實是價直娑婆. 故曰: 實是身貧道不貧也. 下文明出也.

【축원 평】 다른 때 다른 날에도 남에게 속임을 당하지 말라.
他時異日莫被人瞞.

가난함은 몸에 항상 누더기 입음이요,

貧則身常披縷褐.

【남명 송】 서로 만나 누더기 옷 비웃지 말라. 이따금 떨어져 한가롭게 잡아 일으키니, 속절없이 비단 수놓은 적삼 입은 것보다 낫다.
相逢不用笑襤縿. 有時抖擻閑提起, 勝得空披錦綉衫.

【법천 주】 가난하면 몸을 잘 꾸밈이 부족하기 때문에 몸이 가난하다고 말하였지만, 그 도道는 존귀하니 실로 가난하지 않은 것이다. 고덕이 말하기를 "가사가 헤진 곳 겹겹으로 깁고, 양식 떨어지면 두루 돌아다니노라."[32]라고 하였다. 그런 까닭에 가섭이 분소의를 입고 있으나 부처님께서 뛰어난 행자의 옷이라고 찬탄하셨다. 음식을 절약하고 옷을 검소하게 입는 것은 만족함을 알기 때문이다.
貧則身乏嚴飾, 謂之身貧也, 其道可尊可貴, 實非貧也. 古德云: 袈裟破後重重補, 糧食無時旋旋營. 是以迦葉著糞掃衣, 佛贊爲上行之衣. 節食儉衣爲知足故也.

【축원 평】 왼쪽 눈이 반근이다.

---

32 (日本)慧印校, 『筠州洞山悟本禪師語錄』, "自誡"(大正藏 47, p.516a) "명예와 이익을 구하지 말고 영화도 구하지 말라. 단지 인연에 따라 이 생生을 지냄이다. 세 치 기운이 사라지면 누가 이 주인인가? 백년 수명 뒤에 부질없는 허명뿐이네. 가사가 헤진 곳 겹겹으로 깁고, 양식 떨어지면 두루 돌아다니노라. 한낱 그림자 같은 몸 능히 몇 날이나 되기에, 저 한가로운 일을 위하여 무명만 길렀구나.(不求名利不求榮, 只麼隨緣度此生, 三寸氣消誰是主, 百年身後謾虛名, 衣裳破後重重補, 糧食無時旋旋營, 一个幻軀能幾日, 爲他閒事長無明.)"

左眼半斤.

도는 항상 마음에 무가보를 간직했네.
道則心藏無價珍.

【남명 송】세간과 출세간은 비교하기 어려우니, 오온의 산 앞에서 눈으로 보라. 가리켜 찍어도 오지 않으면 천만리가 떨어지도다.
世出世間難可比, 五蘊山前著眼看. 點著不來千萬里.

【영암 주】외연이 비록 어그러졌어도 내도內道는 진실로 풍부하니, 누가 능히 값을 치르겠는가?
外緣雖缺, 內道實富, 誰能酬價?

【법천 주】"도는 항상 마음에 무가보를 간직했네."라는 것은, 세간의 일곱 가지 진귀한 금·은·유리·산호·거거·진주·마노 등 보배는 모두 값을 칠 수 있으나, 오직 마음의 보물을 간직한 까닭에 "무가보(無價寶: 값을 따질 수 없음)"라고 말한 것이다. 달마가 말하기를 "모든 법 가운데 마음 법이 으뜸이요, 모든 보배 가운데 마음의 보배가 으뜸이다."라고 하였으니, 이 보배는 형체가 없으므로 도안을 갖추지 않으면 마침내 보기 어렵다. 그러므로 "무가보를 간직했네."라고 하였다.
道則心藏無價珍者, 世間七珍金·銀·瑠璃·珊瑚·車渠·眞珠·碼磌等寶, 皆有價直, 唯有心寶故無價也. 達磨云: 於諸法中心法爲上, 於諸寶中心寶爲上. 此寶無形, 非具道眼卒難可見. 故曰: 藏無價珍也.

【축원 평】 오른쪽 눈은 8량이다.
右眼八兩.

무가보는
無價珍,

【남명 송】 보배 가운데 보배이니, 용궁을 두루 수색했으나 찾을 곳이 없으니, 설령 배의 주인(佛祖)이 근기에 따라 베풀었더라도, 입을 열어 논하고자 한다면 반드시 서로 힘드니라.
寶之寶, 搜徧龍宮無處討, 直饒舶主善機宜, 開口論量定相惱.

【범천 주】 "무가보"라고 두 번이나 말한 것은 이 보배가 실로 세간의 보배가 아님을 밝힌 것이다.
再言無價珍者, 明此寶實非世間之寶也.

【축원 평】 거듭되는 말을 무시하지 못한다.
重言不當吃.

써도 다함이 없으니,
用無盡,

【남명 송】 어찌 지나가겠는가? 예와 지금이 끊임없이 물결처럼 흘러간

다. 향기 품은 비원이 비로소 여기에 이르렀으니, 비야리의 향반香飯도 많지 않도다.

豈能過？今古源源若逝波. 悲願所薰方至此, 毗耶香飯未爲多.

【범천 주】 "써도 다함이 없으니"라는 것은 세간의 보배는 모두 한량이 있어 쓰면 모두 다함이 있기 때문이라는 것이다. 설령 수명이 팽조(800년을 살았던 사람)와 같고 부유하기가 석숭(부유하기가 비교할 수 없었던 귀인)과 같더라도 한 세상의 영화이지만, 오직 이 마음의 보배만은 써도 다함이 없는 것이다. 위로는 시방제불에 이르기까지 무량겁을 지내도록 써도 다 쓰지 못했고, 서천 28조도 다 쓰지 못했으며, 중국의 육조 역시 다 쓰지 못했고, 천하의 노화상 또한 다 쓰지 못했으며, 지금 산승도 다 쓰지 못한다.

用無盡者, 世間之寶皆有限量, 用皆有盡. 設使壽同彭祖保八百年人也, 富似石崇富無雙貴人也, 乃一世之榮也, 唯此心寶用無盡也. 上至十方諸佛, 經無量劫, 受用不盡, 西天二十八祖用不盡, 唐土六祖用不盡, 天下老和尙用不盡, 卽今山僧用不盡也.

【축원 평】 만약 다한다면 또 무엇을 감당하는가?

若有盡又堪作什麼？

사물을 이롭게 하고 인연을 따름에 마침내 아끼지 않는다.

利物應緣終不悋.[33]

---

[33] 「남명 송」, 「영암 주」본에는 "利物應緣終不悋"으로 되어 있음.

【남명 송】 용왕이 비를 내리게 할 처음과 같도다. 뜻을 가짐에 바람과 구름이 천하에 가득하니, 어떤 꽃과 나무가 젖지 않을 수 있겠는가?
還似龍王降雨初. 擧意風雲天下遍, 有何花木不沾濡?

【영암 주】 얼굴을 보면 상이 드러나니, 어찌 일찍이 덮어 가리겠는가. 사물에 응해 쓰임은 끝이 없으니, 무슨 법이 있겠느냐?
覿面相呈, 何曾蓋覆? 應用無盡, 何法之有?

【법천 주】 "사물을 이롭게 하고 인연을 따름에 마침내 아끼지 않는다."라는 것은 네거리 길에서 당당히 분부하니 어찌 아끼겠는가. 스스로 당시 사람들이 즐거이 받아들이지 않는다는 것이다. 고덕은 다음과 같이 말하였다. "여룡은 밝은 구슬을 아끼지 않는데, 지금 사람들은 스스로 구할 줄 모르네."[34]
利物應緣終不悋者, 十字街頭堂堂分付, 何曾悋惜? 自是時人不肯承當.
古德云: 驪珠不是驪龍惜, 自是時人不解求.

【축원 평】 아! 누가 좌구를 놓을 자리가 없는가?
阿! 誰無者一坐具地?

---

34 (宋)子昇錄, 『禪門諸祖師偈頌』卷上之上, '龍牙和尙偈頌'(『卍續藏』66, p.727a) "무슨 일로 아침저녁 시름하는가? 젊어서 배우지 않으면 나이 들어 부끄러움 뿐, 여룡驪龍은 밝은 구슬을 아끼지 않는데, 지금 사람들은 스스로 구할 줄 모르네. (何事朝愁與暮愁, 少年不學老還羞, 驪珠不是驪龍惜, 自是時人不解求.)"

삼신과 사지가 본체 가운데 원만하고,
三身四智體中圓,

【남명 송】이 체體는 예로부터 둘이 아니니, 만약 자성에서 구함을 끊는다면 만 가지 이름과 말들이 참된 뜻이 아닐 것이다.
此體從來無有二, 若於自性絶追求, 萬種名言非實義.

【축원 평】바름 가운데 치우침(正中偏)이다.
正中偏.

팔해탈과 육신통은 심지의 인이로다.
八解六通心地印.

【남명 송】진흙과 물과 허공의 세 가지 씀(用)이 가지런하지 않도다. 오직 쇠로 만든 소(鐵牛)에 일찍이 태운 곳 있지만, 죽림은 동쪽 둑이고 돌다리는 서쪽이로다.
泥水空三用莫齊. 獨有鐵牛曾搭處, 竹林東畔石橋西.

【영암 주】삼신과 사지는 체 가운데서 원만하고, 팔해와 육통은 마음자리에서 인가한다.
三身四智體中圓, 八解六通心地印.

【범천 주】 삼신三身・사지四智・팔해八解・육통六通이란 각성覺性의 공용으로 얻은 이름이다. 땅(地)은 생장시키는 것으로 뜻(義)을 삼고, 인印은 호령하는 것으로 뜻을 삼는다. 여기서 말한 "삼신"이란 법신・보신・화신이다. "사지"란 대원경지・평등성지・묘관찰지・성소작지이다. "팔해"는 첫째 내관색해탈, 둘째 외관색해탈, 셋째 정처해탈, 넷째 무변처해탈, 다섯째 식무변처해탈, 여섯째 무소유처해탈, 일곱째 비상비비상처해탈, 여덟째 구경멸처해탈이니, 이 여덟 곳의 해탈이 곧 팔식해탈이다. 팔식이란 눈(眼)・귀(耳)・코(鼻)・혀(舌)・몸(身)・뜻(意)의 육식과 제7 전송식과, 제8 아뢰야식 곧 함장식을 말한다. 팔식을 바꾸면 사지가 되고, 사지를 묶어 삼신을 삼는다. 여기에서 팔식을 바꾸면 사지가 된다는 것은 눈・귀・코・혀・몸의 5식을 바꾸면 성소작지가 되고, 제6 의식(意)을 바꾸면 묘관찰지가 되고, 제7 전송식인 말나함末那含을 바꾸면 평등성지가 되고, 제8 함장식인 아뢰야식을 바꾸면 대원경지가 된다는 것이다. "사지를 묶어 삼신을 삼는다."라는 것은 성소작지와 묘관찰지를 화신으로 삼고, 평등성지를 보신으로 삼고, 대원경지를 법신으로 삼는다는 것이다. 이 삼신은 다만 일신이다. 일신을 알고자 하는가? 머리가 둥근 것은 하늘을 상징한 것이고, 발이 모난(方) 것은 땅을 상징한 것이다. 예스러운 용모, 앙상하게 마름(稜層)이여, 대장부의 의기로다.

三身四智八解六通者, 乃覺性功用得名也. 地以能生爲義, 印以号令爲義也. 所言三身者, 法身、報身、化身也. 四智者大圓鏡智、平等性智、妙觀察智、成所作智也. 八解者, 一內觀色解脫, 二外觀色解脫, 三淨處解脫, 四空無邊處解脫, 五識無邊處解脫, 六無所有處解脫, 七非想處解脫,八究竟滅處解脫. 此八處解脫卽八識解脫. 所言八識者, 卽眼耳鼻舌身意爲六識, 七傳送識, 八阿賴耶卽含藏識也. 所以轉八識爲四智, 束四智爲三身也. 今言轉八識爲四智者, 轉眼耳鼻舌身五識爲成所作智, 轉第六意識爲妙觀察智, 轉七傳送識末那識爲平等性智, 轉八含藏識阿賴耶識爲大圓鏡智. 束四智爲三身者, 以成所作智妙觀察智爲化身, 平等性智爲報身, 大圓鏡智爲法身. 此之三身祇一身也. 要識一身麽? 頭圓象天, 足方似地. 古貌稜層, 丈夫意氣.

【축원 평】 치우침 가운데 바름이다.
偏中正.

상사(상근기)는 하나를 결택함에 일체를 깨치고,
上士一決一切了,

【남명 송】 기세는 마치 산이 무너져 조금도 머물지 않은 것 같네. 배에 칼로 새겨 칼을 찾는 사람이 배는 움직였으나 오히려 뱃머리를 지키는 것과 어찌 같겠는가?
勢若崩山不小留. 豈似刻舟求劍者, 舟移猶自守船頭?

【축원 평】 본래 털끝 하나도 더하지 않았다.
本不增一絲毫.

중·하근기는 많이 들을수록 더욱 믿지 않네.

中下多聞多不信.

【남명 송】 다만 집 떠난 세월이 오래되었도다. 그대에게 권하노니 지금부터 찾기를 그만두게. 스스로 보배 재물 가득한 고향에 있다네.
只爲離家歲月長, 勸爾從今息求索, 自有珍財滿故鄕.

【영암 주】 상사(상근기)는 도를 듣고 부지런히 행하고, 중사(중근기)는 도를 듣고 지니는 듯 잃어버리는 듯하고, 하사(하근기)는 도를 듣고 손뼉을 치며 크게 웃는다.
上士聞道, 勤而行之, 中士聞道, 若存若亡, 下士聞道, 抃掌大笑.

【법천 주】 무상無相한 묘법은 오직 상인(상근기인)이 들으면 바로 명료하게 깨닫는다. 그렇기 때문에 "상사는 하나를 결택함에 일체를 깨치고,"라고 하였다. 그러므로 상사는 서로 보아 눈이 마주침에 도가 있고, 중·하의 사람들은 많이 듣는 것만 더할 뿐이다. 그런 까닭에 "말이 많으면 도와는 더욱 멀어진다."라고 하였다. 그러므로 "중·하근 기는 많이 들을수록 더욱 믿지 않네."라고 하였다. 그렇기에 삼교三敎에 있는 모든 언전言詮들은 다 그런 것이다. 대승보살은 한 번 들음에 천 가지를 깨달아 대총지를 얻고, 소승인들은 이 법을 감당할 수 없다. 『노자』에 이르기를 "상사는 도를 들으면 부지런히 행하고, 중사는 도를 들으면 그런지 아닌지 망설이며, 하사는 도를 들으면 크게 웃는다. 웃지 않으면 도라 할 수 없다."[35]라고 하였다. 전전傳에 이르기를 "더불어 말할 만하면 말해 주고, 더불어 말해 주어서는 안 될 만하면

말해 주지 말라. 더불어 말할 만한데도 말하지 않으면 사람을 잃는 것이요, 더불어 말하지 않아야 하는데도 말하면 말을 잃는다."[36]라고 하였다. 그러므로 한산은 다음과 같은 시를 읊었다. "상근기인은 마음이 매우 예리하여 한 번 듣고 바로 오묘함 알고, 중근기인은 마음이 청정하여 살펴 생각하고 매우 중요하다 말하며, 하근기인은 암둔하고 어리석어 껍질이 하도 두꺼워 깨부수기 어려워라. 머리를 잘리고 피 흘릴 때 되어서야 비로소 자기가 부서진 걸 아는데, 눈을 크게 뜨고서 도적됨을 보아라. 시끄러운 저잣거리에서 형을 받으리라. 모여든 사람보고 제 잘못을 알아차리네. 죽은 시체 쓰레기처럼 버려지고 나서 뉘우치는 말들을 누구에게 해야 할까? 사내대장부라는 당당했던 이는 없고, 한칼에 두 동강 난 잘린 몸만 남았네. 사람 얼굴 하고서 짐승 같은 마음으로 악업이나 짓는 일 어느 때나 그만둘까?" 옛 성인들의 격려가 이와 같으니, 좋은 근기를 지닌 이들이 이 말을 들으면 반드시 느끼는 바가 있을 것이다.

無上妙法, 唯上人所聞卽能諦了. 故云: 上士一決一切了也. 是以上士相見目擊道存. 中下之人祇益多聞. 所以云: 言多則去道轉遠. 故曰: 中下多聞多不信也. 然則三教所有言詮則皆然也. 大乘菩薩一聞千悟得大總持, 諸小乘人不任此法也. 老子云: 上士聞道勤而行之, 中士聞道若存若亡, 下士聞道而大笑之, 不笑不足爲道也. 傳云: 可與言而與言, 不可與

---

35 『老子』 41章.
36 『論語』 衛靈公 7, "더불어 말할 만한데도 말하지 않으면 사람을 잃는 것이요, 더불어 말하지 않아야 하는데도 말하면 말을 잃는 것이니, 지혜로운 자는 사람을 잃지 않고 또한 말도 잃지 않는다.(可與言而不與之言, 失人, 不可與言而與之言, 失言, 知者, 不失人, 亦不失言.)"

言而不與言. 可與言而不與言謂之失人, 不可與言而與言謂之失言也. 故寒山詩云: 上人心猛利, 一聞便知妙, 中流心淸淨, 審思云甚要, 下士鈍暗癡, 頑皮最難裂. 直待血淋頭. 始知自摧滅, 看取開眼賊, 鬧市集人決. 死屍棄如塵, 此時向誰說? 男兒大丈夫, 一刀兩斷截. 人面禽獸心, 造作何時歇? 先聖激勵如此, 其有善根者聞之必有感焉.

【축원 평】 또한 털끝 하나도 덜어낼 것이 없다.
亦不減一絲毫.

다만 자기 마음속에 때 묻은 옷을 벗을지언정,
但自懷中解垢衣,

【남명 송】 이 옷은 예전부터 또한 값이 없다네. 지금처럼 솔기 터져 몸 전체가 드러나니, 애써 다시 찾아 꿰매지 말라.
此衣從來亦無價, 如今線綻體全彰, 更莫區區尋縫罅.

【축원 평】 수행과 증득은 없지 않다.
修證卽不無.

누가 밖으로 정진을 자랑할건가?
誰能向外誇精進?

【남명 송】취하고 버리는 마음이 생겨 사람을 더럽히네. 도원의 골짜기에 꽃 피는 곳, 동풍을 기다리지 않아도 스스로 봄이 있도다.
取捨心生染汙人. 桃源洞裏花開處, 不待東風自有春.

【영암 주】다만 스스로 안에서 정의 티끌을 없앨 뿐이니, 어찌 외물을 빌려 정진함을 자랑하겠느냐?
但自內滅情塵, 何假外誇精進?

【법천 주】"때 묻은 옷"이라는 것은 무명번뇌이다. 옷은 덮는 것으로 뜻을 삼고, 때는 바로 티끌의 때니, 티끌은 더럽히는 것(染汙)으로 뜻을 삼는다. 이 무명은 능히 청정한 법체를 덮고 미묘한 각성을 더럽힌다. 그러므로 "때 묻은 옷"에 비유하였다. "다만 자기 마음속에 때 묻은 옷을 벗을지언정"이라고 한 것은 자기의 일은 다른 사람이 할 수 있는 것이 아님을 비유한 것이다. 등각 이전은 모두 때 묻은 옷을 입은 대사(大士: 보살)들이다. 견성한 사람은 가만히 감추고 은밀히 써서 번뇌무명에 덮이지 않는다. 그러므로 "때 묻은 옷을 벗는다."라고 말하였다. 고덕이 말하기를 "기름때 묻은 모자를 벗고 악취 나는 베적삼을 벗어버리고 손을 털며 가시덤불에서 나와 대자재를 얻는다."라고 하였다. 소승인은 오로지 사상事相만 구하니, 비록 몸은 법좌에 둘러싸여 있으나 마음은 법진法塵에 둘러싸여 있으니, 이것이 밖으로 정진을 자랑하는 것이다. 보공이 말하기를 "인정(人定: 통행금지를 알리는 때) 해시(오후 9~11시)에 용맹하게 정진하는 것이 게으름 피우는 것이다."[37]라고 하였으니, 곧 이것을 말한 것이다.

垢衣者卽無明煩惱也. 衣者以盖覆爲義, 垢者卽塵垢也, 塵以染汚爲義. 此之無明能盖覆淸淨法體, 能染汚微妙覺性, 故喩垢衣也. 但自懷中解垢衣者, 況此己事非他人可爲故也. 從等覺已還皆是垢衣大士也. 見性之人潛藏密用, 不爲塵勞無明盖覆. 故云: 解垢衣也. 古德云: 卸却臙脂帽子, 脫却骨臭布衫, 擺手出荊棘林, 得大自在也. 小乘之人專求事相, 雖身圍法座, 心遠法塵, 是外誇精進也. 寶公云: 人定亥, 勇猛精進成懈怠. 卽其謂也.

【축원 평】 오염되면 곧 깨닫지 못한다.
染汙卽不得.

【축원 주】 옛날에 이르기를 "도를 배우고자 하면 먼저 가난함을 배우라. 가난함을 배운 후라야 비로소 도와 친하리."[38] 하였다. 이것은 탐욕 등을 경계하여 외부의 꾸밈을 섬기지 못하게 함이다. 출가한 아이는 부처님의 성씨를 따르기 때문에 '석자釋子'라고 하니, 자子는 남자의 통칭이다. 범어로 '석가'는 '능인能仁'을 말하니, 석가라 말하지 않은 것은 그 간략히 함을 따른 것이다. 몸 밖에 사물이 없으나 마음에는 성현의 도를 품고 있으니, 진실로 가난한 것이 아니다. 다시 말하면,

---

37 (宋)道原纂, 『景德傳燈錄』 卷29, '寶誌和尙十二時頌'(大正藏 51, p.450a)

38 (宋)子昇錄, 『禪門諸祖師偈頌』 卷上之上, '龍牙和尙偈頌'(『卍續藏』66, p.726c) "도를 배우고자 하면 먼저 가난함을 배우라. 가난함을 배운 후라야 비로소 도와 친하리. 하루아침에 가난한 도리를 몸소 깨달으면 도의 쓰임새가 도리어 가난한 사람과 같으리.(學道先須且學貧, 學貧貧後道方親, 一朝體得成貧道, 道用還如貧底人.)"

가난은 항상 누더기 베옷을 입으나 도는 마음에 값을 따질 수 없는 보배를 지닌 사람이니, 곧 백천 가지의 법문이 헤아릴 수 없이 현묘한 뜻과 항하사 같은 공덕과 삼매의 신통함이 다 갖추어진다. 출생하여 끝없이 써도 다하지 않으며, 사물을 접하고 중생을 이롭게 하여 병과 약에 응한다. 크게 기뻐하고 크게 버림에 아낌이 없고 아까움이 없다. 팔식이 바뀌어 사지가 되고, 사지를 묶어 삼신이 되니, 이에 팔해탈, 육신통이 삼라만상에 이르러 하나의 인印마다 털끝만큼의 차이도 없이 정해진다. 그러므로 체體 가운데 원만한 마음자리에 인가를 받은 것이 이것이라고 한 것이다.

　상근기의 예리한 지혜를 가진 사람은 한번 결택하면 일체를 해결하고, 한번 깨달으면 일체를 깨닫는다. 중과 하의 근기는 부딪치는 길이 막히게 된 까닭에 많이 들어도 대부분 믿지 못한다. 깨달은 사람은 단지 바른 깨달음의 경계로 신령스럽게 스스로 비추어 헤아릴 수 없는 겁 동안 내려온 미세한 습기의 때를 씻어 닦아내니, 찬 서리에 열매 익어 문득 머리를 내민다. 마치 급히 흐르는 여울물에 달이 빛나 수천 개의 물결에 닿아도 흩어지지 않는 것과 같다. 비로소 삶과 죽음의 음마陰魔에게 유혹을 당하지 않는다. 그러므로 "다만 자기 마음속에 때 묻은 옷을 벗을지언정, 누가 밖으로 정진을 자랑할건가?"라고 한 것이니, 대개 밖을 향해 치달려 구하는 사람과는 다르다.

古云: 學道先須且學貧, 學貧貧後道方親. 此戒貪等不事外飾也. 出家兒從佛氏姓故稱釋子, 子者男子之通稱也. 梵語釋迦, 此云能仁, 不言釋迦者從其簡也. 身外無物而心懷聖道, 實非貧也. 復言貧則常披縷褐道則心藏無價珍者, 則百千法門無量妙義恒沙功德三昧神通悉皆具足. 出生無窮用之無盡, 接物利生應病與藥. 大喜大捨無悋無惜. 轉八識爲四智, 束四智爲三身, 乃至八解六通森羅萬象, 一印印定毫髮無差. 故云: 體中圓心地印者, 是也. 上根利智之士, 一決一切決, 一了一切了. 中下之機, 觸途成滯故多聞多不信也. 得底人但以正悟之境靈靈自照, 洗磨無量劫來微細習垢, 霜露果熟輒出頭來. 如急水灘頭月華, 千波萬浪觸之不散. 始不被生死陰魔之所惑. 故云: 但自懷中解垢衣, 誰能向外誇精進. 蓋不同向外馳求者也.

【축원 송】 가난한 승려가 입으로 가난하다고 말한다. 믿음의 손으로 집어와 친히 쓰니, 물 밑의 금오는 천상의 해요, 눈 속의 동자는 눈앞에 있는 사람이다.

窮釋子, 口稱貧. 信手拈來用得親, 水底金烏天上日, 眼中童子面前人.

● 참조: 『보지 화상 십이시송(寶誌和尙十二時頌)』

1. 평단(平旦: 날이 밝을 무렵) 인시(寅時: 오전 3~5시): 미친 듯 날뛰는 마음속에 도인의 몸이 있다. 가난하고 고생스럽게 무수한 세월을 살아오면서 늘 여의주를 들고 있으면서도 믿지 않는다. 만약 사물을 붙잡고 교학(敎)에 빠져든다면 가는 털끝만큼만 있어도 바로 번뇌로다. 옛날의 모습 없음에 머물지 않고, 밖으로 선지식을 구하니 참됨이 아니다.
平旦寅: 狂機內有道人身. 窮苦已經無量劫, 不信常擎如意珍. 若捉物入迷津, 但有纖毫卽是塵. 不住舊時無相貌, 外求知識也非眞.

2. 일출(日出: 해가 뜸) 묘시(卯時: 오전 5~7시): 쓰는 곳에서 반드시 좋은 솜씨를 발휘할 필요는 없다. 설사 신령스런 빛이 있고 없음을 비추더라도, 뜻을 일으키면 바로 마구니와 만나 일이 틀어진다. 만약 공덕을 베풀어서 끝내 그만두지 않는다 하더라도, 밤낮으로 남이니 나니 하는 분별에 꺾인다. 분별할 필요 없이 이대로 따르면 어찌 마음자리에 번뇌가 생기겠는가?
日出卯: 用處不須生善巧. 縱使神光照有無, 起意便遭魔事撓. 若施功終不了, 日夜被他人我拗. 不用安排只應從, 何曾心地生煩惱.

3. 식시(食時: 밥 먹을 때) 진시(辰時: 오전 7~9시): 무명은 본래 석가의 몸이다. 앉고 눕는 것이 원래 도임을 알지 못하니, 다만 허둥지둥 매운 고통을 받는구나. 소리와 색깔 경계를 보고 가깝고 먼 것을

찾지만, 그런 것들은 사람을 더럽히는 바깥일일 뿐이다. 만약 마음을 가지고 불도를 찾으려 한다면 허공에게 물어 보아야 비로소 번뇌에서 벗어나리라.
食時辰: 無明本是釋迦身. 坐臥不知元是道, 只麼忙忙受苦辛. 認聲色覓疏親, 只是他家染汚人. 若擬將心求佛道, 問取虛空始出塵.

4. 우중(禺中: 오전 10시경) 사시(巳時: 오전 9~11시): 아직 깨닫지 못한 사람은 가르쳐도 알지 못한다. 비록 조사의 말을 두루 알아차렸다고 하여도 마음에 그 모든 뜻을 넣어두지 말라. 현묘함을 지킬 뿐 문자는 두지 말아야 하니, 이전과 같다고 알면 도리어 옳지 않다. 잠깐이라도 스스로 긍정하면 다시는 쫓아가 찾지 말지니, 영원토록 마구니의 삿된 경계를 만나지 않으리라.
禺中巳: 未了之人敎不至. 假饒通達祖師言, 莫向心頭安了義. 只守玄沒文字, 認著依前還不是. 暫時自肯不追尋, 曠劫不遭魔境使.

5. 일남(日南: 해가 남쪽하늘에 떠 있음) 오시(午時: 오전 11시~오후 1시): 사대색신 속에 값을 매길 수 없는 보물이 있다. 아지랑이 같은 헛꽃을 기꺼이 내버리지 않고, 뜻을 내어 수행하면 더욱 힘들고 괴롭다. 일찍이 어리석은 적 없으니 깨달음을 구하지 말고, 아침 해가 몇 번이나 저녁이 되건 내버려 두어라. 모습 있는 몸 가운데 모습 없는 몸 있고, 무명의 길 위에 무생의 길이 있다.
日南午: 四大身中無價寶. 陽焰空華不肯抛, 作意修行轉辛苦. 不曾迷莫求悟, 任爾朝陽幾迴暮. 有相身中無相身, 無明路上無生路.

6. 일질(日昳: 오후 2시경) 미시(未時: 오후 1~3시): 마음자리에 어찌 요의를 놓아두겠는가? 저 바깥의 문자는 멀지도 가깝지도 않으니, 적합한 의미를 찾느라고 공부하지 말라. 마음대로 왔다 갔다 하며 꺼릴 것이 없으니, 언제나 사람 사이에 있으면서도 세속에 머물지는 않는다. 부리고 씀에 소리와 색깔 속을 벗어나지 않으니, 영원토록 잠시라도 내버린 적이 있었던가?

日昳未: 心地何曾安了義. 他家文字沒親疏, 莫起工夫求的意. 任縱橫絶忌諱, 長在人間不居世. 運用不離聲色中, 歷劫何曾暫拋棄.

7. 포시(晡時: 오후 4시경) 신시(申時: 오후 3~5시): 도를 배우려면 먼저 가난을 싫어하지 말아야 한다. 모습 있는 것은 본래 잠시 모여 있는 것이니, 모습 없는 것을 어떻게 사용하여 진리를 세우랴? 깨끗하게 되려 하면 도리어 정신을 피로케 하니, 어리석음을 인정하여 이웃이라 하지 말라. 말끝에 문득 찾기를 버리고 머물 곳이 없으면 그 즉시 출가한 사람이라 부르리라.

晡時申: 學道先須不厭貧. 有相本來權積聚, 無形何用要安眞. 作淨潔卻勞神, 莫認愚癡作近鄰. 言下不求無處所, 暫時喚作出家人.

8. 일입(日入: 해가 질 때) 유시(酉時: 오후 5~7시): 허망한 말은 결국 오래 가지 못한다. 선열이라는 진귀한 음식도 오히려 탐하지 않는데, 누가 또 무명의 술을 마시겠는가? 버려야 할 것도 없고 지킬 물건도 없으니, 두루 막힘없이 거닐며 있다고 여긴 적이 없네. 비록 많이 보고 들어 고금에 통달한다 하여도, 역시 어리석게 날뛰며 밖으로

달려가는 사람이다.
日入酉: 虛幻聲音終不久. 禪悅珍羞尙不飱, 誰能更飮無明酒. 沒可抛無物守, 蕩蕩逍遙不曾有. 縱爾多聞達古今, 也是癡狂外邊走.

9. 황혼(黃昏: 해가 져 어두워질 때) 술시(戌時: 오후 7~9시): 미친놈이 공로자로 발탁되니 어두운 방으로 들어간다. 가령 마음으로 무량시를 통달하더라도, 영원토록 오늘과 다른 적이 있었던가? 분별로 헤아려 보려 하면 도리어 시끄러워서 더욱 마음을 깜깜하고 어둡게 만든다. 밤낮으로 빛을 내어 있고 없음을 비추어 보는 것을, 어리석은 사람은 도리어 바라밀이라 부르네.
黃昏戌: 狂子興功投暗室. 假使心通無量時, 歷劫何曾異今日. 擬商量卻啾唧, 轉使心頭黑如漆. 晝夜舒光照有無, 癡人喚作波羅蜜.

10. 인정(人定: 통행금지를 알리는 때) 해시(亥時: 오후 9~11시): 용맹하게 정진하는 것이 게으름 피우는 것이다. 털끝만큼이라도 배우고 닦는다는 마음을 내지 않아야 모습 없는 빛 속에서 늘 자재하다. 석가를 뛰어넘고 역대 조사를 벗어났으니, 마음에 작은 티끌이라도 있으면 도리어 막혀버린다. 텅 비고 일이 없으면 문득 맑고 한가로우니, 그것이 바로 통달한 사람이 본래 좋아하는 것이다.
人定亥: 勇猛精進成懈怠. 不起纖豪修學心, 無相光中常自在. 超釋迦越祖代, 心有微塵還窒閡. 廓然無事頓淸閑, 他家自有通人愛.

11. 야반(夜半: 깊은 밤) 자시(子時: 오후 11시~오전 1시): 마음이 무생

에 머물면 바로 생사에 떨어진다. 생사가 어찌 유무에 속한 적이 있는가? 쓸 때에는 바로 쓸 뿐 문자를 두지 않는다. 조사의 말도 바깥의 일이니, 알겠다고 하는 때에는 바로 옳지 않게 된다. 뜻을 세워서 찾으면 진실은 간곳이 없고, 생사의 마구니가 찾아와 마음대로 시험해 볼 것이다.

夜半子: 心住無生卽生死. 生死何曾屬有無, 用時便用沒文字. 祖師言外邊事, 識取起時還不是. 作意搜求實沒蹤, 生死魔來任相試.

12. 계명(鷄鳴: 새벽닭이 울 때) 축시(丑時: 오전 1~3시): 한 조각 둥근 구슬이 밝은 지 이미 오래되었다. 안팎으로 이리저리 찾아보아도 찾을 것이 도무지 없더니, 경계 위에서 움직이고 행함에 하나 되어 분명히 있구나. 머리도 보이지 않고 손도 없으나, 세계가 부서져도 그것은 없어지지 않는다. 아직 깨닫지 못한 사람이 한마디 말을 들을 때, 다만 이 순간 누가 입을 움직이는가?

鷄鳴丑: 一顆圓珠明已久. 內外接尋覓總無, 境上施爲渾大有. 不見頭又無手, 世界壞時渠不朽. 未了之人聽一言, 只遮如今誰動口.

⟨11⟩
남들의 비방에 따르고,
從他謗,

【남명 송】 뜻이 편안하니 모든 언어는 다만 바람 소리네. 목인, 꽃과 새가 일찍이 서로 만나도, 그가 만약 무정이라면 스스로 놀라지 않도다.
意安寧, 一切言語但風聲, 木人花鳥曾相遇, 彼若無情自不驚.

【축원 평】 진흙 인형이 철 몽둥이로 맞았다.
泥人喫鐵棒.

남들의 비난에 맡겨두라.
任他非.

【남명 송】 그른 것 또한 옳은 것이다. 그름과 옳음이 어찌 요의를 통달한 것이겠는가? 요의를 장차 무엇을 가지고 설명하겠는가? 봄이 깊었거늘 꽃이 이끼 낀 땅에 떨어지도다.
非亦是. 非是何曾達了義? 了義將何爲指陳? 春深花落莓苔地.

【축원 평】 물고기 눈에는 밝은 구슬이 흐리게 보인다.
魚目混明珠.

불을 가지고 하늘을 태우려 하니 스스로 피곤할 뿐이다.
把火燒天徒自疲.

【남명 송】 푸르고 울창한데 어찌 번뇌가 생기겠는가? 만약 자기를 허공에 합한다면, 그것이 바로 여래의 진실한 도이니라.
蒼蒼豈解生煩惱? 若將自己合虛空, 卽是如來眞實道.

【영암 주】 도의 불은 입을 태우지 못하고, 도의 물은 시내를 적심이 없는데, 남 헐뜯는 비방을 어째서 하는가?
道火不燒口, 道水無涓滴, 誹謗甚處著?

【범천 주】 말로 헐뜯고 욕하는 것을 '방謗'이라 하고, 옳은 것을 옳지 않다고 하는 것을 '비非'라고 한다. 견성한 사람은 십이시(하루 종일) 가운데 만나는 순·역의 경계에서 마음이 편안하여 모든 경계에 흔들리지 않는다. 나를 헐뜯고 비방하는 것에 맡겨두라. 내가 이미 받아들이지 않으니, 악독한 말과 더러운 비방이 도리어 그 자신에게로 돌아간다. 이른바 스스로 지어서 스스로 받는다는 것이다. 비유컨대 어떤 사람이 손에 횃불을 들고서 하늘을 불태우려고 하나 스스로 피곤할 뿐 마침내 태울 수 없는 것과 같다. 그러므로 "불을 가지고 하늘을 태우려 하니 스스로 피곤할 뿐이다."라고 하였다.
以言毀辱謂之謗, 以是爲不是謂之非也. 見性之人十二時中所遇順逆之境心則安然, 不爲萬境所轉也. 一任毀謗於我. 我旣不受, 惡言謗瀆返自飯己. 所謂自作自受也. 譬若有人手執火燧擬欲燒天, 徒自困疲終不可得. 故云: 把火燒天徒自疲也.

【축원 평】 남을 속인 죄는 죄로써 죄를 받는다.
誣人之罪以罪罪之.

내 듣기에는 흡사 감로수를 마시는 듯하여,
我聞恰似飮甘露,

【남명 송】 한 점의 물방울로 만병을 사라지게 하느니라. 산당山堂에 높이 누워 고요하고 일이 없어, 다른 이에게 맡기니 오늘이 또 내일 아침이 되는구나.
一滴能令萬病消. 高臥山堂寂無事, 任他今日又明朝.

【축원 평】 일찍이 스스로 그의 함정에 떨어졌구나.
早自落他圈圚了也.

녹아내려 전체적으로 부사의에 들어가도다.
銷融[39]頓入不思議.

【남명 송】 지금 구태여 다시 녹이지 말지어다. 바로 분명하니 용맹히 잡아서 취해라. 몇 개의 줄기와 긴 대나무와 일당一堂에 바람이로다.

---

39 4)본에는 "銷鎔頓入不思議"으로 되어 있음.

如今不必更消融. 直下分明猛提取, 數竿脩竹一堂風.

【영암 주】 거친 말과 자질구레한 말이 모두 제일의로 귀의한다.
麤言細語, 皆歸第一義.

【범천 주】 나는 헐뜯고 비방하는 말을 들을지라도 흡사 감로수를 마시는 것처럼 마음이 스스로 청량하여 뜨거운 번뇌가 나지 않지만, 요달하지 못한 사람은 헐뜯고 비방하며 시비의 말을 들으면 마음에 번뇌가 일어나니, 이른바 한 곳에서 갑자기 터져 나오면 세 곳에서 일시에 불이 일어나 그칠 수 없다는 것이다. 고덕은 "깨달음의 꽃 종자 있어도 사람이 심지 않고, 마음의 불 연기가 없지만 나날이 타는구나."라고 하였다. 오직 견성한 사람만이 듣기 싫은 말과 듣기 좋은 말에 마음이 자재하게 되나니, 부사의해탈의 묘문에 들어간다. 그러므로 "녹아내려 전체적으로 부사의에 들어가도다."라고 하였다.
我聞毀謗之言, 恰似飮甘露, 心自淸涼不生熱惱, 未了之人聞毀謗是非之言, 心生煩惱, 所謂驀然一處撥著, 三處一時火起, 不可止也. 古德云: 覺華有種無人種, 心火無烟日日燒. 唯見性之人所聞逆順之言, 心得自在, 卽入不思議解脫妙門. 故云: 銷融頓入不思議也.

【축원 평】 절반을 구할 수 있다.
救得一半.

나쁜 말을 관찰하는 것이,

觀惡言,

【남명 송】만약 말이 없음을 깨달으면 이치에 치우치지 않도다. 몇 번이고 강바람이 연일 일었지만, 고기잡이배가 가라앉았단 소리를 아직 듣지 못했네.
若了無言理不偏. 幾度江風連日起, 未聞沈却釣魚船.

【축원 평】금으로 금을 넓힐 수 없다.
金不博金.

공덕이니,
是功德,

【남명 송】지혜의 칼을 번뇌의 도적에게 친히 휘두른다. 냄새와 티끌을 다 쓸고 돌아오니, 하나의 색 하나의 향이 모두 맑은 국토이로다.
慧劍親揮煩惱賊. 煙塵埽盡却歸來, 一色一香皆淨國.

【축원 평】물로는 물을 씻지 못한다.
水不洗水.

이것이 나의 선지식이 된다.
此卽[40]成吾善知識.

【남명 송】 인내하는 마음은 환상과 같아서 흔적이 없다. 달다에게 친히 영산기를 전해 주니, 뼈에 새긴들 어떻게 이 은혜 보답하리오.
忍心如幻攪無痕. 達多親授靈山記, 銘骨如何報此恩.

【영암 주】 악함을 통달하면 선함이 되고, 거스름을 깨달으면 순함이 된다. 이 나쁜 말을 관찰하면 진정한 선지식이 된다.
達惡爲善, 了逆則順. 觀茲惡言, 眞善知識.

【법천 주】 귀로 나쁜 말을 들을지라도 성내는 마음을 일으키지 않으면 바로 정혜의 힘을 성취할 수 있다. 육적(六根)이 집안 보물을 도적질하지 않게 되면 공덕의 법재法財가 이로부터 더욱 늘어나니, 저 헐뜯고 비방하는 사람이 도리어 나의 선지식이 되는 줄 알겠다. 나쁜 말을 "듣는다." 하지 않고 "관찰한다."라고 한 것은 육근이 호용해서이다. 우리 부처님 세존께서 성도하시던 날, 수많은 마군들이 앞 다투어 일어났으나, 여래께서 이들을 불쌍히 여겨 곧 자심삼매에 드셨다. 이때 마군들이 마침내 해칠 수가 없었다. 이것이 만덕장엄과 정혜공덕을 성취한 것이다.
耳聞惡言不起嗔心, 卽能成就定慧之力也. 不爲六賊盜竊家寶, 功德法財從此增長, 則知彼毁謗之人返乃爲我善知識也. 不言聞惡言而言觀者, 卽六根互用也. 我佛世尊成道之日, 群魔競作, 如來哀愍此輩, 卽入慈心三昧. 是時魔衆終不能害. 此乃成就萬德莊嚴定慧功德也.

40　1, 2본과 4본에는 "此則成吾善知識"라고 되어 있음.

【축원 평】 뛰어난 대인은 구을기(공자)로다.
上大人丘乙己.

헐뜯음과 비방으로 인하여 원한과 친함 일으키지 않는다면,
不因訕謗起冤親,

【남명 송】 어찌 조계의 길에 가는 사람을 알리오. 일찍이 흐르는 모래를 건너왔으나 하늘은 아직 새벽이 오지 않았으니, 지금 얼굴에 가득 티끌 먼지로다.
爭識曹溪路上人. 曾渡流沙天未曉, 至今滿面是埃塵.

【축원 평】 겹겹이 쌓인 관애關隘와 산천의 길이다.
重疊關山路.

무엇으로 무생의 자인력을 나타낼 것인가?
何表無生慈忍力?

【남명 송】 무생을 스스로 증득하여 법인法忍을 도리어 잊어라. 나이 먹은 노인은 어디로 돌아갈까? 찰나마다 티끌마다 고향이로다.
無生自證忍還忘. 年來老大歸何處? 刹刹塵塵是故鄕.

【영암 주】 비방과 칭찬에 움직이지 말라. 이것이 여래행이다.

毀譽不動. 是如來行.

【범천 주】만약 위에서 말한 헐뜯음과 비방하는 말이 나에게 미치지 않는다면, 나는 곧 좋고 나쁜 소리를 모두 얻을 수 없음을 알 것이다. 비유하자면 바람이 나무 끝을 스쳐갈 적에 그 소리만 들릴 뿐 좋고 나쁜 소리를 분별하지 않는 것과 같다. 바로 원수와 친한 사람에게 평등한 마음을 일으키므로 자·비·희·사의 사무량심을 성취할 수 있다. 바로 어느 때나 만나는 듣기 싫은 말과 듣기 좋은 말에 평등한 마음으로 편안히 자재하여 걸림이 없을 것이다. 만약 이러하지 못하면 무엇으로 나의 무생자인無生慈忍의 도력을 나타낼 수 있겠는가?

若不因上來訕毒毀謗之言加及於我, 我卽了善惡之聲皆不可得. 譬若風過樹頭, 祇聞其聲不生分別善惡之音. 卽起怨親平等之心, 以能成就慈悲喜捨四無量心. 卽於時中所遇逆順之境, 以平等心坦然自在無有罣礙. 若不如此, 則何以表我無生慈忍道力耶?

【축원 평】화살 하나로 푸른 하늘을 맞춘다.
一箭中靑霄.

【축원 주】마음이 공과 서로 응하면, 칭찬을 하든 헐뜯는 비방을 하든 무엇을 근심하고 무엇을 기뻐하겠는가? 몸이 공과 서로 응하면, 칼로 자르든 향을 바르든 무엇을 고통스러워하고 무엇을 즐거워하겠는가? 생활을 꾸려나감이 공과 서로 응하면, 빼앗은 걸 베풀든 주었던 것을 가져가든 무엇을 얻고 무엇을 잃겠는가? 그러므로 도에 머무는 사람은

사물과 옳고 그름을 다투지 말며, 거스름이나 순리가 오기 전에 듣지도 않고 보지도 않은 것처럼 하라는 것이다. 그의 기량은 다함이 있고, 나의 분별없음은 끝이 없어 사람이 불을 집어 하늘을 불사르려는 것처럼 한갓 스스로 피곤하게 수고할 뿐이지, 하늘에 무엇이 있겠는가? 남의 비난을 들어도 마치 감로수를 마시면 마음이 저절로 시원하고 상쾌해지는 것처럼, 부사의의 해탈경계에 돈입頓入한다고 하였다. 이 나쁜 말을 돌이켜 살피는 것이 모두 공덕이니, 모두 언어의 성품이 빈 것에 인연한 것으로 본다면 원한과 친함이 평등해지니, 이는 내가 선지식이 된 것이다. 앞서의 부처가 과거의 겁 가운데 세세생생 제바달다로부터 번뇌의 고통을 당하였지만, 자비인욕의 힘으로 인하여 위없이 바르고 평등한 보리를 깨달았다. 그러므로 이르기를 "헐뜯음과 비방으로 인하여 원한과 친함 일으키지 않는다면 무엇으로 무생의 자인력을 나타낼 것인가?"라고 한 것이다.

心與空相應則毀譽讚謗何憂何喜? 身與空相應則刀割香塗何苦何樂? 資生與空相應則施奪取與何得何失? 故道中人不與物競是非, 逆順來前如不聞不見. 他之伎倆有盡, 我之不采無窮, 如人執火燒天, 徒自疲勞耳, 於天何有哉? 聞之如飮甘露心自淸涼, 頓入不思議解脫境界也. 返觀此惡言皆是功德, 蓋緣言語性空冤親平等, 此則成吾善知識也. 如先佛於過去劫中, 世世生生被提婆達多處處惱害. 因慈忍力得成無上正等菩提. 故云: 不因訕謗起冤親, 何表無生慈忍力.

【축원 송】 남의 비방에 따르고 남의 비난에 맡겨두라. 곧바로 그가 누구인가 돌아보아라. 빼어난 상과 열등한 모습이 모두 환영이니,

범부라 하고 성인이라 부르는 것이 모두 빈 것이 되리라.

從他謗, 任他非. 直下回觀他是誰. 殊相劣形皆是幻, 凡名聖號總成虛.

〈12〉
종지도 통하고,
宗亦通,

【남명 송】 참된 비결이니, 부처님께서 마갈타국에 머무시던 해에 설법을 하셨다. 문수가 늙은 유마를 쳐서 넘어뜨리니, 지금에 이르도록 이치를 분명하게 밝히지 못하는구나.
眞秘訣, 摩竭當年曾爲說. 文殊撞倒老維摩, 至今有理難分雪.

【축원 평】 ㊀

설법도 통함이여.
說亦通.

【남명 송】 뜻이 무량하니, 감응하여 근기에 따라 펴노라. 만약 언교로 인하여 본래의 근원을 안다면 울음 그친 황엽이 공허함을 알리라.
義無量, 應感隨機爲宣暢. 若得因言達本根, 止啼黃葉知虛妄.

【영암 주】 종지는 통하고 설법은 통하지 않음은 태양이 구름 속에 가려져 있는 것과 같으며, 설법이 통하고 종지가 통하자 않음은 마치 뱀이 대나무 통에 들어간 것과 같다.
宗通說不通, 如日在雲中, 說通宗不通, 如蛇入竹筒.

【범천 주】 '종지가 통함(宗通)'은 바로 '법이 통함(法通)'이다. 법은 언설이 아니고, 언설은 법이 아니다. 운문 선사가 말하기를 "동해의 잉어를 한 몽둥이 때리니, 비가 동이로 쏟아 붓듯이 내린다."[41]라고 하였고, 천의가 말하기를 "산승은 불전을 거꾸로 타고, 모든 사람들은 짚신을 거꾸로 신는다."[42]라고 하였으며, 청평은 흙을 날랐고, 귀종은 돌을 끌었고, 덕산은 문에 들면 바로 몽둥이로 때렸으며, 임제는 문에 들면 바로 할을 하였다. 위와 같이 자비를 드리운 것은 만약 마음을 깨달음이 없었다면 어찌 밝힐 수 있었겠는가? 모름지기 종지를 밝히고, 본원에 깊이 통달하여 곧바로 종지를 밝혔으니, 원교의 점오와는 같지 않다. 그러므로 "종지도 통하고"라고 한 것이다. '설법이 통함(說通)'이란 바로 '뜻이 통함(義通)'이다. 십이부경[43]을 잘 강설하여 법상法相의 수를 밝혀 하나하나 요지하여 의심과 오해가 없다. 그러므로 "설법이 통함이다."라고 한 것이다. 지금 말한 "종지도 통하고, 설법도 통함이여."라고 한 것은 바로 법과 의義를 둘 다 통한 것으로, 능히 이를 갖춘 자는 극히 어렵다. 그 사람의 법문을 후세 사람들이

---

41 (宋)守堅集, 『雲門匡眞禪師廣錄』卷中(大正藏 47, p.555a). 이 구절은 『人天眼目』, 『無門關』, 『從容錄』 등 수많은 禪書에서 인용하고 있다.

42 (宋)紹曇記, 『五家正宗贊』卷4 '天衣懷禪師'의 '上堂法語'(『卍續藏』 78, p.613b)

43 十二部經: '十二分敎'를 의미한다. (1)契經(梵 sūtra, 音譯 '修多羅'), (2)應頌(梵 geya, 音譯 '祇夜'), (3)記別(梵 vyākaraṇa, 音譯 '和伽羅那'), (4)諷頌(梵 gāthā, 音譯 '伽陀'), (5)自說(梵 udāna, 音譯 '優陀那'), (6)因緣 (梵 nidāna, 音譯 '尼陀那'), (7)譬喩(梵 avadāna, 音譯 '阿波陀那'), (8)本事(梵 itivṛttaka, 音譯 '伊帝曰多伽'), (9)本生(梵 jātaka, 音譯 '闍陀伽'), (10)方廣(梵 vaipulya, 音譯 '毘佛略'), (11) 希法 (梵 adbhuta-dharma, 音譯 '阿浮陀達磨'), (12)論議(梵 upadeśa, 音譯 '優波提舍')

그 종지를 알지 못하여 서로 옳고 그름을 논한다. 전傳에 이르기를 "서천에서는 강을 나누어 물을 마셨지만, 이 땅에서는 바로 선과 율이 서로 비난한다."[44]라고 하였는데, 모두 '법'과 '의'의 이문二門에 밝지 못한 까닭이다. 규봉이 말하기를 "경이란 승묵(먹줄로 규범, 법도를 의미)과 같으니, 정正과 사邪를 획정하는 것이다. '승묵'은 정교가 아니지만, 정교는 반드시 승묵을 전거로 삼아야 하는 것이고, 경론은 선禪이 아니지만, 참선자는 반드시 경론을 준칙으로 삼아야 한다."[45]라고 하였다. 고덕이 말하기를 "지금 사람이 옛 가르침을 보고 마음속의 시끄러움을 면하지 못했더라도, 마음속의 시끄러움을 면하고자 한다면 마땅히 옛 가르침을 보아야 한다."[46]라고 하였다. 전에 이르기를 "경은 부처님의 말씀(佛語)이요, 선은 부처님의 마음(佛心)이니, 모든 부처님의 마음과 말씀은 반드시 서로 어긋나지 않는다."[47]라고 하였다. 대사는 처음에 천태지자의 교관을 배워 익히다가 후에 지견을 밝히고 조계에 가니 육조가 인가하였다. 그러므로 이 종지를 깊게 밝혔기 때문에 "종지도 통하고, 설법도 통함이여."라고 한 것이다.

宗通者卽法通也. 法非言說, 言說非法. 雲門云: 東海鯉魚打一棒, 雨似盆傾. 天衣云: 山僧倒騎佛殿, 諸人返著草鞋. 乃至靑平般土, 飯宗拽石, 德山入門便棒, 臨濟入門便喝. 如上垂慈, 若無悟心如何明得耶? 須洞明

---

44 (宋)戒環解, 『妙法蓮華經解』 卷第二之一(『卍續藏』 30, p.305a) "性宗과 相宗이 서로 꺼리고, 禪과 律이 서로 비난한다.(性相相忌, 禪律相非.)"

45 (唐)宗密述, 『禪源諸詮集都序』 卷上之一(大正藏 48, p.399a).

46 (宋)道原纂, 『景德傳燈錄』 卷21, '杭州報慈院從瓌禪師'(大正藏 51, p.377a).

47 (唐)宗密述, 『禪源諸詮集都序』 卷上之一(大正藏 48, p.400b).

宗旨. 深達本源, 直下明宗, 不同圓漸. 故曰: 宗通也. 說通者卽義通也.
善能講說十二部經, 明法相數一一了知, 無有疑誤. 故曰: 說通也. 今言
宗亦通說亦通者, 則是法義雙通, 能具此者極難得. 其人法門後進不曉
其旨, 互相是非. 傳曰: 西天則分河飮水, 此土乃禪律相非. 皆不明法義
二門也. 圭峯云: 經如繩墨, 揩定邪正. 繩墨非巧, 巧者必以繩墨爲憑,
經論非禪, 參禪者必以經論爲準. 古德云: 今人看古敎, 未免心中鬧, 欲
免心中鬧, 應須看古敎. 傳云: 經是佛語, 禪是佛心, 諸佛心口必不相違
也. 大師始者聽習天台智者敎觀, 後有發明知見, 往曹溪六祖印可. 故深
明此旨, 故曰: 宗亦通說亦通也.

【축원 평】⊕

정과 혜가 원만하고 밝아 공에 빠지지 않으니,
定慧圓明不滯空,

【남명 송】위아래가 넉넉하여 찾을 곳이 없도다. 이따금 스스로 흰
구름과 함께 오더니, 어젯밤에는 또한 밝은 달을 쫓아가도다.
上下悠悠無覓處. 有時自與白雲來, 昨夜還隨明月去.

【영암 주】정과 혜가 원만하게 갖추어지니, 사리가 원융하여 단공에
떨어지지 않음을 빠지지 않음이라고 한다.
定慧圓備, 事理圓融, 不落斷空, 名爲不滯.

【범천 주】인중因中에서는 지관이라고 하고, 과상果上에서는 정혜라고 한다. 정혜가 불이不二라는 것은 원만하고 밝음(圓明)을 이르는 것이다. 이 '원명'한 성품은 소승의 단공이 아니기 때문에 "공에 빠지지 않으니,"라고 하였다. 참으로 일체중생이 무량겁으로부터 무명번뇌에 취하여 생사를 벗어나지 못하는 것은 오직 무명과 혼산(혼미하고 산란함)에 병들었기 때문이다. 그러므로 성인이 지와 관의 두 법으로 다스렸으니, 바로 '지'로써 산란함을 멈추게 하고 산란함에 나아가 고요하게 하였고, '관'으로써 혼미함을 관하여 혼미함에 나아가 밝아지게 하였으니, 바로 정과 혜의 두 법으로 전轉하여 이루었다. '정혜불이定慧不二'를 '원명圓明'이라고 하니, '원명'은 하나의 법이다. 이 하나의 법은 제불의 공덕이요, 무량한 법재法財이며, 묘용이 다함이 없어, 모두 원명한 화장해 가운데 수용되는 것이다.

因中謂之止觀, 果上謂之定慧. 定慧不二謂之圓明. 此圓明之性非小乘斷定, 故曰: 不滯空也. 良由一切衆生從無量劫來爲無明煩惱所醉, 不能出離生死者, 唯無明昏散所病也. 是以聖人立止觀二法治之, 卽以止止散, 卽散而寂, 以觀觀昏, 卽昏而朗, 則轉成定慧二法. 定慧不二謂之圓明, 圓明一法也. 此之一法, 諸佛功德無量法財妙用無盡, 皆在圓明華藏海中受用也.

【축원 평】卍

나만 이제 홀로 깨달았을 뿐만 아니라
非但我今獨達了,

【남명 송】 지금의 나는 어찌 잠시인들 견지見知에 떨어지겠는가? 내가 있다(有我)고 한다면 바로 여전히 깨닫지 못한 것이요, 만약 내가 없다(無我)고 말해도 더욱 어리석은 것이라.
是我何嘗落見知? 有我直應還未達, 若言無我更愚癡.

【축원 평】 人

항하의 모래 같은 모든 부처님의 체와 모두 같도다.
恒沙諸佛體皆同.

【남명 송】 이 체는 예로부터 간단이 없노라. 이 '체'를 알고자 한다면 그대를 위하여 설명하리라. 고기 잡는 사람이 갈대꽃 핀 물가에서 서서 웃노라.
此體從來無間斷. 欲知此體爲君宣. 漁人笑立蘆花岸.

【영암 주】 항하의 모래 같은 모든 부처님과 역대 조사들은 지금과 같이 증득한 바는 일찍이 간단이 없이 그러하였다.
河沙諸佛, 歷代祖師, 與今所證, 曾無間然.

【범천 주】 진각(영가) 대사가 스스로 말하기를 "나만 이제 홀로 위와 같이 원명한 법성을 깨달았을 뿐만 아니라, 항하의 모래 같은 모든 부처님의 체와 모두 같도다."라고 하였다. 그러므로 경에 "오직 나만이

이 모양(相)을 아는 것이 아니라 시방의 부처님도 또한 그렇다."라고 하였다. "항하의 모래"라고 한 것은 비유로부터 온 말이다. 서축(인도)에 강의 이름이 '항하(갠지스)'이다. 이 강의 너비는 40리이며, 그 가운데 모래가 있고, 그 모래는 밀가루처럼 미세하다. 세존의 설법에서 자주 이 항하의 모래로 수량을 비유하였는데, 지금 영가 대사도 경전에 따라 말씀하였다.

眞覺自云: 非獨我今達了如上圓明法性, 乃至恒沙諸佛圓明覺體盡皆同也. 故經云: 不唯我知是相, 十方佛亦然. 所言恒沙者, 從喩得名也. 西竺有河名曰恒河. 此河方四十里, 其中有沙, 沙細如麵. 世尊說法多以此河中沙比其數量, 今永嘉依經而言也.

【축원 주】佛

'종통宗通'이란 바로 제불의 심종心宗을 깨닫는 것이다. 이에 달마 대사는 직지直指의 도를 홀로 전하니, 지혜로써 알 수 없으며 식식으로 인식할 수 없는 것이다. 오직 사람마다 자증자오自證自悟함에 있어서 무증무오無證無悟에 이르는 것이다. 따라서 모든 종장(諸老)들로부터 서로 전하여 홍성한 것이며, 천성千聖의 정수리로부터 일착자─著者를 끌어 지니게 하여 배우는 이들로 하여금 홀로 전한 직지의 묘방을 모두 얻도록 함이니, 이를 '종통'이라 한다. 연후에 손바닥에 열쇠를 감추도록 명하여, 일대성교를 열람하여 돈·점·비밀·부정의 방식과 장藏·통通·별別·원圓의 맛을 알게끔 마련하는 것을 '설통說通'이라 한다. 종설宗說에 이미 '통'하니, 정혜가 균등하여 바야흐로 "원만하고 밝아 공에 빠지지 않는다."라고 한 것이다. 영가가 스스로 말하기를

"나만 이제 홀로 깨달았을 뿐만 아니다."라고 한 것은 정혜원명의 종지이며, 항하의 모래와 같은 제불과 함께 이 체를 증득한 것을 가리킨다. 고인이 설하기를 "천하에 두 가지 도는 없으며, 성인은 두 가지 마음이 없다."[48]라고 한 것이 이것이다. "항하의 모래"라는 것은 서천에 항하의 모래가 있어 넓이가 40리이며, '하河' 가운데 모래가 있어 그 미세함이 밀가루와 같다. 세존의 설법에 자주 이 모래를 비유로 삼으니, 지금 영가도 경전을 의거하여 말한 것이다.

宗通者, 卽悟諸佛之心宗也. 乃達磨大師單傳直指之道, 不可以智知不可以識識. 惟在當人自證自悟到無證無悟之地. 所以從上諸老遞相出興, 向千聖頂顙上提持者一著子, 俾學者盡得單傳直指之妙方, 謂宗通也. 然後命掌藏鑰, 披閱一代聖敎, 備知頓漸祕密不定之方, 藏通別圓之味, 方謂說通也. 宗說旣通, 定慧均等, 方謂圓明不滯空也. 永嘉自云: 非但我今獨達了此定慧圓明之旨, 與恒沙諸佛同證此體. 古云: 天下無二道, 聖人無二心者是也. 恒沙者, 西天有恒沙, 方四十里, 河中有沙, 其細如麵. 世尊說法多指此沙爲喩, 今永嘉依經而言.

【축원 송】 종지도 통하고, 설법도 통함이니, 둥글고 둥근 태양이 맑은 하늘에 높으니, 백천삼매의 무량한 뜻을 다만 매일 쓰는 가운데 찾겠노라.

宗亦通說亦通, 團團杲日麗晴空, 百千三昧無量義, 只在尋常日用中.

---

48 (宋)張商英述,『護法論·序』(大正藏 52, p.637c) "天下無二道, 聖人無兩心."; (宋)宗鑑集,『釋門正統』卷8(『卍續藏』75, p.356b) "天下無二道, 佛祖無二心." 참조.

⟨13⟩
사자후,
師子吼,

【남명 송】 소리가 뚜렷하니, 깊으며 적은 곳까지 움직여 통하여 힘이 스스로 온전하다. 어둡고 몽매한 중생들 깨우쳐 열리니, 길이 봄날의 우레 공중에 울리듯 하도다.
響而圓. 振徹幽微力自全. 有情昏暗蒙開曉, 長似春雷發半天.

【축원 평】 빈 허공에 입을 크게 벌린다.
虛空開大口.

두려움 없는 말씀이여.
無畏說.

【남명 송】 굽거나 비뚤지 않으니, 범부와 성인이 모두 병난 것처럼 눈이 침침하여도, 가시나무 숲속에서 길을 앞장서 인도하여. 서로 다 함께 법왕가에 이르네.
不迂斜. 凡聖都如病眼花, 荊棘林中啓行路, 相將共到法王家.

【축원 평】 만 개의 구멍이 혀 하나로 뒤집힌다.
萬竅翻一舌.

온갖 짐승들이 들으면 모두 뇌가 찢어지고,
百獸聞之皆腦裂.

【남명 송】 도리어 마치 마구니 무리가 참된 설법을 들은 것 같도다. 근심과 두려움이 돌아와 옛 모습을 잃으니, 본래 스스로 생멸이 없음을 알지 못하노라.
還如魔衆聞眞說. 愁怖歸來失舊容, 不知本自無生滅.

【영암 주】 종통과 설법이 모두 통하고, 선정과 지혜가 아울러 가지런해지면 마치 사자왕이 출입에 두려움이 없는 것과 같다. 깨달음과 수행이 치우쳐 마르면 견해가 밝지 못해, 마치 여러 작은 짐승들이 사자의 울음소리를 듣고 다만 엎드려 멀리 도망갈 뿐만 아니라 또한 머리가 찢어지고 마음이 꺾이는 것과 같다.
宗說皆通, 定慧兼濟, 如師子王, 出入無畏. 解行偏枯, 見處不明, 如諸小獸, 聞師子吼, 非以但伏遠避, 亦乃腦裂心摧.

【법천 주】 사자는 짐승 가운데 왕이다. 만약 한번 포효하면 여우들이 발자취를 감추고 온갖 짐승들이 모두 뇌가 찢어지는 듯 두려워하여 달아난다. 이로써 대승보살이 말씀하는 원돈법음이 마궁을 진동함에 비유한 것이다. 모든 소승들의 근기가 큰 법을 감당하지 못하고, 제각기 의혹을 내어 깨달아 알지 못한다. 그런 까닭에 그들은 화엄회상에서 귀머거리와 벙어리 같아서 불법을 믿지도 받아들일 수도 없었다. 다만 덕산은 문에 들어오는 이를 별안간 몽둥이로 때렸고, 임제는

문에 들어오는 이에게 갑자기 할을 하였으니, 몇 사람이나 그것을 알았을까?
師子爲獸中之王. 若哮吼一聲, 群狐屛跡, 百獸悉皆腦裂恐怖而走. 以喩大乘菩薩所說圓頓法音, 魔宮振動. 諸小乘器不任大法, 各生疑惑而不悟解. 所以華嚴會上如聾如瘂, 不能信受. 祗如德山入門便棒, 臨濟入門便喝, 能有幾箇承當?

【축원 평】벌겋게 달아오른 화롯불 위에 눈 조각 날린다.
紅爐焰上飛片雪.

코끼리(香象)는 바삐 달려 위의를 잃고,
香象奔波失却威,

【남명 송】이승(성문승과 연각승)이 성품을 증득함이 이와 같다. 번뇌가 보리임을 알지 못하고, 스스로 니원(열반)을 취하여 생사를 싫어하도다.
二乘證性還如此. 不知煩惱卽菩提, 自取泥洹厭生死.

【범천 주】'코끼리'는 소승의 성문·연각의 정성인定性人이 마음을 돌이켜 대승으로 나아가지 않으며, 원圓·돈頓의 대승을 듣고 참답게 믿지 않는 데 비유한 것이다. 그러므로 법화회상에서 오천의 비구가 자리에서 물러나 부처님께 예배하고 떠나갔으니, 그것을 저 큰 코끼리가 비록 위엄과 덕이 있으나 만약 사자가 포효하는 소리를 들을 때에는

곧 위엄을 잃고 바삐 달리는 것에 비유하였다. 그러므로 "코끼리는 바삐 달려 위의를 잃는다."라고 하였다.
香象喩小乘聲聞緣覺定性之人不能回心向大, 所聞圓頓大乘不能諦信. 是以法華五千退席禮佛而去, 譬若象王雖有威德, 若聞師子吼時卽失威奔走. 故曰香象奔波失却威也.

【축원 평】 그 경계가 아니다.
非其境界.

하늘 사람과 용왕은 조용히 듣고 기쁨을 내도다.
天龍寂聽生欣悅.

【남명 송】 생명이 있는 모든 중생이 이로부터 다 귀의하도다. 깊은 암자 쓸쓸해도 머리를 돌리지 않으니, 도리어 인간 세상에서 낡고 해진 옷을 입네.
含生從此盡依歸. 幽嵓寂寂不迴首, 却向人間著弊衣.

【영암 주】 코끼리는 소승의 알음알이로 깨달은 사람이 이 대승에 아직 증득해 들어오지 못한 것을 비유한 것이다. 잠깐 참된 설법을 듣고 두려움에 떨며 당황해하는 것이, 마치 코끼리가 비록 위엄스런 힘이 있으나 사자의 울음소리를 한번 들으면 돌아보고 도망가며, 조치할 것을 모르는 것과 같다. 천룡(하늘 사람과 용왕)은 대승의 보살인 사람이 이 참된 설법을 들으면 고요히 기뻐하며 듣고 몸과 마음이 편안해지는

것을 비유한 것이다.

香象喩小乘知解之人, 於此大乘, 未能證入. 乍聞眞說, 怕怖悼惶, 猶如香象, 雖有威力, 一聞師子之音, 則回顧奔走, 莫知所措. 天龍乃喩大乘菩薩之人, 聞茲眞說, 則寂然欣聽, 身心安樂也.

【범천 주】 "하늘 사람과 용왕은 조용히 듣고 기쁨을 낸다."라는 것은 모든 하늘과 용왕이 사자의 울부짖음을 들었을 때 마음이 흔연하여 기뻐한다는 것이니, 대승보살이 부처님께서 말씀하신 큰 법을 듣고 마음에 환희심을 내어 뛸 듯이 기뻐함이 한량없음에 비유한 것이다. 마치 수보리 존자가 반야회에서 부처님께서 말씀하시는 반야의 지혜를 듣고 기쁨이 지극하여 슬퍼한 것과 같다. 그러므로 『금강경』에 이르기를 "그때 수보리가 눈물을 흘리며 슬피 울면서 부처님께 아뢰어 말씀하되, 희유하십니다. 세존이시여! 제가 옛날에 얻은 혜안으로는 일찍이 이와 같은 경은 듣지 못하였습니다."라고 하였으니, 바로 이 뜻이다.

天龍寂聽生欣悅者, 諸天龍王聞師子吼時心則欣然而悅也, 以喩大乘菩薩之人聞佛所說大法, 心生歡喜踊躍無量也. 如須菩提在般若會中聞佛所說般若喜極成悲. 故金剛經云: 爾時須菩提涕淚悲泣而白佛言, 希有世尊! 我從昔來所得慧眼, 未曾得聞如是之經. 卽其義也.

【축원 평】 아직도 의식이 남아 있다.
猶帶識在.

【축원 주】 사자는 짐승 가운데 왕이다. 만약 한번 울부짖으면 모든 짐승들이 듣고서 모두 다 머리가 찢어지는 것으로 대승보살이 설법한 원만히 깨달은 법의 소리가 마구니의 궁궐에 진동하는 것을 비유하였다. 소승과 외도가 각각 의혹이 생겨 깨닫지 못하니, 마치 화엄회상에서 눈이 있으나 비로사나를 보지 못하고, 귀가 있으나 원만히 깨닫는 가르침을 듣지 못하는 것과 같다. 또한 법화회상에서 자리를 뜨는 것과 같은 것이 이것이다. 때문에 향상일로는 천 명의 성인도 전하지 못하였다고 하는 것이다. 배우는 사람이 형상에 끄달리는 것은 마치 원숭이가 그림자를 잡으려는 것과 같다. 그러므로 "코끼리는 바삐 달려 위의를 잃는다."라고 한 것이다. 코끼리는 권위를 가르치는 보살 및 성문승·연각승을 비유한 것이다. 비록 법이 빈(法空) 이치를 깨달았으나 원만히 깨닫는 근기가 밝지 못하니, 코끼리가 비록 위엄 있는 덕이 있으나 사자의 울음소리를 들으면 위엄을 잃고 도망가는 것에 비유한 것이다. 오직 여러 천인과 용왕은 과거에 훈습한 인연이 있는 큰 종족이니, 원만한 소리를 한번 듣고 모두 다 기뻐한다. 그러므로 "조용히 듣고 기쁨을 내도다."라고 한 것이다.

師子乃獸中之王. 若哮吼一聲則百獸聞之悉皆腦裂, 以喩大乘菩薩所說圓頓法音則魔宮振動. 小乘外道各生疑惑而不領解, 如華嚴會上有眼不見舍那身, 有耳不聞圓頓教. 又如法華會上退席者是也. 所以道向上一路千聖不傳. 學者勞形如猨捉影. 故云: 香象奔波失却威. 香象喩權教菩薩及諸二乘. 雖悟法空之理, 不明圓頓之機, 譬如香象雖有威德, 聞師子吼則失威奔走. 唯諸天龍王宿熏大種. 一聞圓音悉皆歡悅. 故云寂聽生欣悅也.

【축원 송】 사자가 울어도 두려움 없이 설법한다. 교만하게 범梵의 물결 끌어다 혀로 떠들어대니, 바다 신이 노여워 산호 채찍 잡았네. 수미산의 왕 고통이 그치지 않도다.

師子吼, 無畏說. 憍梵波提咬著舌. 海神怒把珊瑚鞭. 須彌山王痛不徹.

〈14〉
강과 바다로 떠돌아다니고,
游江海,

【남명 송】궁극의 근원에 다다를 흥은 아직 있도다. 자신이 지닌 금두레박(술잔)이 보배 구슬보다 나으니, 용왕은 공연히 괴이하게 여길 필요 없다네.
窮極淵源興猶在. 自有金餠勝寶珠, 龍王不用空憂怪.

【축원 평】어지럽게 도망가서 무엇 하나?
亂走作麼?

산과 개울을 건너,
涉山川,

【남명 송】막대기로 들길에 있는 연기를 일찍이 나누어라. 오늘 누가 그날의 일을 알겠는가? 때때로 한가로이 초당 앞에 기대노라.
柳楪曾分野路煙. 今日誰知當日事? 有時閑倚草堂前.

【축원 평】내 짚신을 돈으로 바꿔 왔다.
還我艸鞋錢來.

스승 찾아 도를 묻고 참선하였네.
尋師訪道爲參禪.

【남명 송】 무슨 일로 현사[49]가 고개를 넘지 않는가? 슬프다! 너희 지금의 사람은 스스로 속아서 이마와 머리 찧어 깨져도 아직 깨닫지 못하네.
何事玄沙不出嶺? 嗟! 爾今人若自欺, 撞破額頭猶未省.

【영암 주】 대사께서 스스로 찾아가 방문한다는 뜻을 진술하셨다.
師自述尋訪之意也.

【법천 주】 강과 바다로 떠돌아다니고 산을 넘고 물을 건너며 도로에서 피로하고, 남북으로 달려가는 것은 다른 일을 위함이 아니라 선지식을 참례하여 생사를 해결(決擇)하기 위함이다. 이른바 "무상이 빠르고 생사의 일이 크다."는 것이다. 옛날에 투자投子가 말하기를 "모든 세상 사람들이 긴급해야 할 곳에서 도리어 한가하게 느긋하고, 한가하고 느긋해야 할 곳에서 도리어 긴급해 한다."라고 하였다. 만약 생사에서 벗어나고자 한다면 반드시 선지식을 만나 증상연을 삼아 자기의 일을 밝혀야 하나니, 실로 작은 인연이 아니다. 이른바 청산은 늘 있으나 선지식은 만나기 어렵다는 것이다. 그러므로 "스승 찾아 도를 두고 참선하노라."라고 하였다.

---

49 玄沙師備(835~908): 설봉 의존의 법사.

所遊江海涉歷山川, 途路疲勞奔馳南北, 非爲別事, 乃爲參尋知識決擇死生. 所謂無常迅速生死事大. 古投子云: 一切世人向緊急處却閑慢, 閑慢處却緊急. 若欲出離生死, 須遇善知識爲增上緣, 發明己事, 實非小緣也. 所謂靑山長在知識難逢. 故曰: 尋師訪道爲參禪也.

【축원 평】 누가 모자란 것인가?
阿誰欠少?

조계의 길 알고부터,
自從認得曹溪路,

【남명 송】 바리때 자루와 침통을 날마다 열도다. 만약 그해에 급히 쫓아간 놈을 보거든, 노로(盧老: 혜능을 말함)는 그대가 오기를 기다렸다고 전하라.
鉢袋針筒日日開. 若見當年奔逐者, 爲傳盧老待君來.

【축원 평】 시험 삼아 장래를 집어서 보아라.
試拈將來看.

생사와 상관없음 분명히 알았노라.
了知生死不相干關.[50]

---

50 2본에는 "了知生死不相關"으로 되어 있음.

【남명 송】만약 생사를 알면 떠나고 머무름이 없도다. 발제의 그날에 전해 내려오는 풍습 있으니, 황금 발 둘을 들어 학수로 향하리.[51]
若了死生無去住. 跋提當日有遺風, 雙擧金趺向鶴樹.

【영암 주】대사께서 조계의 인가를 받고, 삶과 죽음의 길머리에서 깨달음에 막힘이 없네.
師蒙曹溪印可, 生死路頭, 了無滯.

【범천 주】조계 육조를 찾아가 심지법문을 인증 받음으로부터 일체의 모든 법이 생멸이 없고 거래가 없음을 알았다. 만약 이러한 법문을 깨달으면 본래 생사가 서로 간섭하지 않음을 알게 된다. 그러므로 "생사와 상관없음 분명히 알았다."라고 하였다. 만약 이와 같이 되었다면 묘용이 무궁하고, 온몸이 사물에 응하여 가고(行) 머무르고(住) 앉고(坐) 눕고(臥) 말하고(語) 침묵하고(默) 짓고(作做) 움직이고(擧動) 어떤 일을 하고(施爲) 좌우로 움직이고(折旋) 구부리고(俯) 우러러 보는(仰) 것이 모두 크게 고요한 선정(大寂定) 중에서 분명하게 수용하는 것 아님이 없다. 이것은 아래 글에서 볼 수 있다.
自從往曹溪六祖印證心地法門, 了知一切諸法無生無滅無去無來. 若悟此箇法門, 則了悟本來生死不相干涉. 故云: 了知生死不相關也. 若得如

---

51 '발제跋提'는 발제하跋提河(Ajitavati)의 물가에 있는 사라쌍수娑羅雙樹를 뜻한다. 이곳에서 세존께서 입멸하시어 사라쌍수가 하얗게 변하여 '학수鶴樹'라고 칭하며, 가섭迦葉 존자가 늦게 도착하자 곽에서 두 발을 보였던 '곽시쌍부槨示雙趺'를 말하고 있는 것이다.

此也. 妙用無窮通身應物. 行住坐臥語默作做. 舉動施爲折旋俯仰. 無非皆在大寂定中明明受用. 下文可見也.

【축원 평】 밤에 돌아다니는 것이 허용하지 않는다고 해도 날이 밝으면 반드시 목적지에 도착해야 한다.
不許夜行投明須到.

【축원 주】 옛날의 큰스님들(尊宿)은 한 총림을 나와 한 보사保社에 들어가 선지식을 참구하였으니, 모두 끝까지 자기 자신을 궁구함을 큰일로 삼았다. 훌륭한 재능을 지닌 53명의 선지식을 참구한 것처럼, 설봉에 세 번 올라 9번째 이르렀다. 이에 천하에 늙은 화상들이 선지식의 문하를 두루 참방하기에 이르니, 바야흐로 의심하지 않는 경지에 이르게 되었다. 진각 선사(영가 현각)가 스스로 이르기를, 조계 육조에게 가서 심지법문을 인가받고 증득하여 삶과 죽음이 서로 간섭하지 않음을 깨달아 알게 되었다고 하였다.
古之尊宿出一叢林入一保社參尋知識, 皆爲究竟己躬大事. 如善財五十三參, 雪峯三登九到. 乃至天下老和尙徧參知識之門, 方到不疑之地. 眞覺自謂往曹谿六祖印證心地法門, 了知生死不相干涉也.

【축원 송】 강과 바다를 노닐고, 산천을 건너 섭렵했네. 만난 사람이 나에게 돈 한 냥을 찾으니, 개주(開州: 지금의 四川省 開縣)에서 삼베 자루 아예 망쳐놓고, 십자로에서 멋대로 머리채 끌어당기네.
游江海, 涉山川. 逢人覓我一文錢, 開州好箇憨布袋, 十字街頭恣掣顚.

〈15〉
다님도 선이요,
行亦禪,

【남명 송】중간과 두 치우침에 떨어지지 않도다. 웅이산[52] 노사가 일찍이 누설하시어, 홀로 한 짝 신을 들고 서천으로 간다네.
不落中間與二邊. 熊耳老師曾漏洩, 獨携隻履到西天.

【축원 평】○

앉음도 선이니,
坐亦禪,

【남명 송】드는 것도 아니요 잠기는 것도 아닌데 어찌 올연한가? 나그네 봄이 이미 지난 줄 알지 못하고, 노란 꾀꼬리 소리 두견 소리로 잘못 듣네.
非擧非沈豈兀然. 遊子不知春已去, 誤聽黃鸝作杜鵑.

【축원 평】○

---

52 웅이산熊耳山: 중국 하남성 삼문협시三門峽市에 있는 산으로, 그 산의 정림사(定林寺: 현 空相寺)에 달마 대사의 유해가 묻혀 있다고 한다.

말하고 침묵하고 움직이고 고요함에 체성이 편안하니,
語默動靜體安然,

【남명 송】만 가지 경계 침범해 와도 섞여 움직이지 않네. 그해에 헤진 짚신 신으니, 몸 보호하는 부적 전혀 쓸모가 없구나.
萬境來侵渾不動. 著却當年破草鞋, 護身符子全無用.

【영암 주】이미 태어남도 죽음도 없으면 움직임과 고요함이 한결같다. 오른쪽과 왼쪽이 근원에서 만나니, 가운데 아닌 것이 없다.
旣無生死, 動靜一如. 左右逢源, 無不中的.

【법천 주】조종祖宗의 문하에서는 하나하나가 드러나고 분명하게 드러낸다. 전傳에 이르기를 "생각마다 석가가 세상에 출현하고, 걸음마다 미륵이 하생한다. 분별은 문수의 마음을 나타내고, 동용動用은 보현의 행을 운전함이니, 문마다 모두 감로를 유출하고, 맛마다 모두 제호이다. 보리의 숲에서 나가지 않고, 늘 화장華藏의 바다에 처하니, 빛나고 빛나 티끌마다 투명하지 않음이 없고, 밝고 밝아서 눈에 넘쳐 빛을 발한다. 어찌 수고로이 묘한 논변으로 선양할 것이며, 어찌 신통력을 빌어 환하게 드러내 보일 것이 있겠는가?"라고 하였다. 만약 이러하다면 다니거나 머무르거나 앉거나 눕거나 보이는 것이나 인연을 만나는 것이 비록 응용함이 천차만별이나, 진여의 성품은 고요하고 맑아 움직임이 없다. 그러므로 "다님도 선이요 앉음도 선이니, 말하고 침묵하고 움직이고 고요함에 체성이 편안하다."라고 하였다.

祖宗門下頭頭垂示拍拍齊彰. 傳曰: 念念釋迦出世, 步步彌勒下生. 分別現文殊之心, 動用運普賢之行, 門門而皆出甘露, 味味而盡是醍醐. 不出菩提之林, 長處華藏之海, 晃晃而無塵不透, 朝朝而溢目騰輝. 豈勞妙辨以宣揚, 何假神通而顯示? 若如此也, 行住坐臥觸目遇緣, 雖應用千差且眞如之性湛然不動. 故云: 行亦禪, 坐亦禪, 語默動靜體安然也.

【축원 평】 ○

비록 칼날을 만나도 언제나 태연하고,
縱遇鋒刀常坦坦,

【남명 송】 오온이 빈 것을 이미 증득하면 몸을 잊네. 위험에 직면해서 놀라지 않고 근심과 두려움 없네. 할아버지와 아버지가 같은 집에 있으니 이 사람이로다.
蘊空已證卽亡身. 臨危莫訝無憂怖, 祖父同家是此人.

【축원 평】 역시 서 씨네 여섯째는 널빤지를 지고[53] 있구나.
也是徐六擔板.

---

[53] 담판한擔板漢: 자신의 몸보다 커다란 판때기를 짊어진 사람이란 뜻으로, 진짜 자기가 누군지 모르는 어리석은 사람을 일컫는 말. 널빤지를 등에 짊어지고 옆과 주위를 둘러보지 못하고 오로지 앞만 보고 가는 것을 일컫는다. 즉 한쪽만 보고 다른 한쪽은 보지 못하는 편견에 사로잡힌 사람을 말한다.

설령 독약을 먹게 되어도 또한 한가롭도다.
假饒毒藥也閑閑閑閑.⁵⁴

【남명 송】 일찍이 금인의 호생결을 얻었노라. 다만 얼음물이 봄바람을 겁낸다고 들었으나, 탁한 진흙물이 밝은 달을 더럽힌 것을 보지 못했노라.
曾得金人護生訣. 只聞凍水怯春風, 未見濁泥汙明月.

【영암 주】 사대는 본래 비었으며, 오음은 내가 아니다. 독약 묻은 칼날이 어찌 원한을 두려워하겠는가.
四大本空, 五陰非我. 毒藥鋒刀, 何所畏恨?

【법천 주】 온 종일(十二時) 움직이고 고요함이 모두 불사이다. 설령 어떤 사람이 예리한 칼과 독약으로 나에게 해를 끼치더라도 나는 태연하고 한가로워서 두려운 것이 없다. 그러므로 영산회상에서 오백비구가 사선정을 얻고 오신통을 갖추어 숙명지로써 제각기 과거에 부모를 죽인 것과 모든 중죄를 범한 것을 보고서 자신의 마음속에 각기 의심과 두려운 마음을 품었다. 이때 문수보살이 칼을 가지고 여래에게 가까이 다가서자, 세존께서 문수에게 말씀하시기를 "멈추어라! 멈추어라! 오역죄를 짓지 말고 나를 해치지 말라. 내 반드시 해침를 입을 것이니, 해를 잘 입기 때문이다. 문수사리여! 본래부터

---

54 1본과 3, 4본은 "假饒毒藥也閑閑"으로 되어 있음.

나와 남이 없는 것인데, 다만 마음으로 나와 남이 있는 것으로 본다. 마음이 일어날 때 내 반드시 해를 입으니, 이것을 해라고 칭한다."라고 하셨다. 오백 비구가 스스로 본래 마음이란 꿈과 같고 허깨비와 같아, 꿈과 허깨비에는 나와 남, 그리고 태어나는 나(能生)와 태어나게 하는 (所生) 부모도 없음을 알았다. 이에 오백 비구가 같은 소리로 찬탄하여 말하기를 "대지 문수사리보살이시여! 법의 근원을 깊이 깨달으셨도다. 스스로 손에 예리한 칼을 쥐고 여래의 몸 가까이 다가서셨네. 칼과 같이 부처님 또한 그러하시어 하나의 모양이어서 둘이 없도다. 모양도 없고 태어남도 없는데, 이에 어떻게 죽이겠습니까."라고 하였다. 천의 선사가 따져 묻기를 "어떤 것을 칼과 같이 부처님 또한 그러하다고 말하는 것인가?" 하였으니, 이 인연을 밝힌 듯하다. 그러므로 "비록 칼날을 만나도 언제나 태연하고, 설령 독약을 먹게 되어도 역시 한가롭다."라고 하였다.

十二時中旣動靜皆爲佛事. 假饒有人以利刀毒藥加及我, 我則坦然閑暇無所畏也. 故靈山會上有五百比丘得四禪定具五神通, 以宿命智各觀過去殺父殺母及諸重罪, 於自心中各懷疑怖. 於是文殊仗劒持逼如來. 世尊謂文殊曰: 住住! 不應作逆, 勿得害我. 我必被害, 爲善被害. 文殊師利! 從本已來無有我人, 但以內心見有我人. 內心起時我必被害則名爲害. 五百比丘自悟本心如夢如幻, 於夢幻中無有我人, 乃至能生所生父母. 於是五百比丘同聲贊言: 文殊師利大智士! 深達法源底. 自手握利劒, 持逼如來身. 如劒佛亦爾, 一相無有二. 無相無所生, 是中云何殺? 天衣徵云: 作麽生說箇如劒佛亦爾? 若明此箇因緣. 故能縱遇鋒刀常坦坦, 假饒毒藥也閑閑也.

【축원 평】 또 하나의 무거운 관문이 막혀 있다.
又隔一重關.

우리 본사께서 연등불 뵈옵고,
我師得見然燈佛,

【남명 송】 진흙길에 머리카락 펼친 뜻[55]을 옮기지 아니하시다. 오늘 여래가 다시 나타나시니, 그때와 같지 않다고 말하지 말라.
布髮泥塗志不移. 今日如來還出現, 休言無復似當時.

【축원 평】 문둥이가 짝을 끌고 간다.[56]
癩兒牽伴.

여러 겁에 인욕선인 되셨도다.
多劫曾爲忍辱仙.

【남명 송】 성품은 허공과 같아 성내는 뜻을 여의었네. 칼날 없는 보배칼 부질없이 가져왔네. 얼마나 가왕(가리왕)을 위한 슬픔이 그치지

---

55 (後漢)竺大力共康孟詳譯, 『修行本起經』 卷上, '現變品'(大正藏 3, p.462b)에 실려 있는, 곧 석존이 과거세에 연등불燃燈佛을 친견할 때, 진흙길에 자신의 머리를 풀어 밝게 하였다는 전생담.

56 나병에 걸린 사람이 나병환자를 이끌어 간다는 뜻으로, 같이 어려운 처지에 있는 사람이 서로 위로하고 도와준다는 말.

않았을까?

性等虛空離瞋意. 寶刀無刃謾持來. 幾爲歌王悲不已?

【영암 주】 이것은 석가를 이끌어 옛날에 인욕선인이 된 것이다. 가리왕에게 피해를 당해도 일찍이 원망하는 기색이 없었으니, 대개 이미 남도 없고 나도 없었다. 그러므로 연등불이 나에게 수기를 주셨다. 이것은 대사가 증득한 것을 밝히고 싶어한 것이니, 또한 이와 같다.
此乃引釋迦, 昔爲忍辱仙. 被歌利王所害, 曾無怨色, 蓋已無人無我. 故然燈佛, 與我授記. 此欲明師之所證, 亦如是.

【범천 주】 나만 이제 이 인욕을 닦을 뿐만 아니라, 시방제불과 석가여래에 이르기까지 모두 다 이 인욕의 고행을 닦으셨다. '연등불'이라 말한 것은, 세존께서 인지因地에서 설산 동자였을 때, 연등여래가 세상에 출현함을 만나 오백 금의 돈을 가지고서 몸소 연꽃을 사서 그곳에 가 연등불에게 올리고 "나는 등정각을 이루기를 원합니다."라고 하니, 연등여래가 그를 위해 수기하기를 "너는 내세에 부처가 될 것이니, 호는 석가모니요, 설법하여 사람을 제도함이 나와 더불어 다름이 없다."라고 하셨다. 그래서 "우리 본사께서 연등불을 뵈었다."라고 한 것이다. '인욕선인'이란, 세존께서 인지에서 인욕선인이 되어 산중에 머무시며 모든 고행을 닦았는데, 가리왕이 여러 궁인들과 함께 산에 들어와 사냥을 하는 것을 만났다. 왕이 낮잠을 잘 때에 여러 궁인들이 제각기 흩어져 산에서 놀다가 문득 암자에 한 선인이 의젓하게 혼자 앉아 있는 것을 보고서, 여러 궁인들이 함께 몰려가

우러러 보았다. 왕이 잠에서 깨어나 가까이 있던 신하에게 "궁인들이 어디에 있느냐?" 하니, 좌우 신하가 아뢰기를 "저 신선이 머무는 암자에 갔습니다."라고 하였다. 가리왕은 성이 나서 몸소 칼을 빼들고 그 선인을 죽이되, 선인의 손과 발 마디마디를 자를 때, 그 선인은 정신과 얼굴색이 변하지 않았다. 왕이 이상하게 여겨 "내가 지금 그대를 죽이는데, 그대는 화가 나지 않는가?" 하니, "화가 나지 않습니다."라고 대답하였다. 왕이 "그대는 비록 화가 나지 않는다고 말하지만, 반드시 화냄을 품고 있을 것이다."라고 하니, 대답하기를 "내 마음이 만약 화를 냈다면 나의 몸이 다시 회복되지 않을 것이오, 내 마음이 화내지 않았다면 나의 이 몸이 예전처럼 회복하게 될 것입니다."라고 하였다. 그 말을 마치자 곧바로 선인의 몸이 예전처럼 회복되었다. 왕이 그것을 보고 매우 이상하게 여겨 놀라고 두려워 달아나다가 도중에 하늘에서 바람, 비, 뇌성, 벽력, 구름, 안개가 내리니, 혼미하여 길을 잃어 마침내 갈 수 없었다. 산중으로 다시 돌아와 선인이 있는 곳에 이르러 참회하기를 구하였다. 몸을 버려 굶주린 범에게 먹이고, 살을 베어 매를 구제하는 등 갖가지의 고행이 한 겁에 그치지 않았다. 그러므로 "여러 겁에 인욕선인이 되셨다."라고 하였다.

非獨我今修此忍辱, 乃至十方諸佛釋迦如來盡皆修此忍辱苦行也. 所言然灯佛者, 世尊因地爲雪山童子時, 値然灯如來出世, 將五百金錢親買蓮華往彼獻佛, 願我成等正覺, 然灯如來爲其授記: 汝於來世當得作佛, 號釋迦牟尼, 說法度人與我無異. 故云: 我師得見然灯佛也. 忍辱仙者, 世尊因地爲忍辱仙人, 在於山中修諸苦行, 値歌利王與諸宮人入山遊獵. 王晝寢時諸宮人各去遊山, 忽見菴中有一仙人儼然獨坐, 是諸宮人俱來瞻仰. 王起問諸近臣: 宮人何在? 左右奏曰: 往彼仙人菴所也. 王怒躬自拔劒殺彼仙人, 於其手足節節支解, 時彼仙人神色不動. 王怪而問曰: 我今殺汝汝還嗔否. 答曰: 否. 王曰: 汝雖不言嗔, 必懷嗔怒. 答曰: 我心若嗔不得平復, 我心不嗔, 使我此身平復如故. 言訖, 即時仙人平復如故. 王見甚異驚怖而走, 至於中路天降風雨霹靂雲霧, 迷失道徑終不能去. 迴入山中至仙人所求乞懺悔也. 乃至捨身飼餓虎, 割肉濟鷹飢, 已至種種苦行非止一劫. 故云: 多劫曾爲忍辱仙也.

【축원 평】단원團圓을 깨뜨려 없애고, 또 이르기를, 칼이 없어진 지 오래되었다고 한다.
擘破卻團圓, 又云劒去久矣.

【축원 주】집에 도착하면 사람의 몸과 마음이 고요하고 잠잠해져 움직임과 고요함이 한결같다. 오욕과 팔풍이 요동쳐도 움직이지 않으며, 사생四生의 아홉 종류 다양한 중생들(九有)이 무문無門을 덮어씌운다. 삶과 죽음, 가고 옴이 담담하게 비고 고요하다. 그러므로 "체성이 편안하다."라고 한 것이다. 도착한 놈의 처지는 비록 칼을 만나도 평탄하게 두려움 없고, 만약 독약을 먹어도 또한 한가하다. 사자 존자가 칼날을 받고, 달마 대사가 독을 마신 것처럼 이미 무생법인을 증득하여 그러한 것이다. 나를 이끌어 부처가 인연한 땅 가운데서 머리카락을 펼쳐 진흙을 덮으니, 연등불로부터 "너는 내세에 부처가 될 것이니, 호는 석가모니이다."라는 수기를 받았다. 다시 이끌어 많은 겁 가운데에서 인욕선인忍辱仙人이 되어 산속에서 수도하다가

가리왕이 여러 궁인들을 데리고 산에 들어와 사냥하는 것을 만났다. 낮잠을 잘 때 여러 궁인들이 산을 돌아다니다 위엄스럽게 홀로 앉아 있는 한 사람을 보았는데, 여러 궁인들은 다만 와서 우러러 보았다. 왕이 잠에서 깨어나 가까이 있던 신하에게 "궁인들이 어디에 있느냐?" 하니, 좌우 신하가 아뢰기를 "저 신선이 머무는 암자에 갔습니다."라고 하였다. 왕이 노여워하며 자신이 지닌 긴 칼을 들고 묻기를 "너는 어떤 사람이냐?"라고 하니, 대답하기를 "인욕선인이요."라고 하였다. 왕이 드디어 칼로 그의 손과 발을 자르니, 마디마다 잘랐으나 성내며 한을 품는 마음을 내지 않았다. 이에 갖가지 고행이 한 겁에 그친 것이 아니었다. 그러므로 "여러 겁에 인욕선인 되셨도다."라고 한 것이다.

到家人身心寂滅動靜一如. 五欲八風撼搖不動, 四生九有籠罩無門. 生死去來湛然空寂. 故云: 體安然. 到者田地, 縱遇鋒刀坦然無怖, 假饒毒藥亦洒開聞. 如師子尊者受刃, 達磨大師服毒, 已證無生法忍而然也. 就引我佛因地中布髮掩泥, 然燈受記汝於來世作佛號釋迦牟尼. 復引於多劫中爲忍辱仙人山中修道, 值歌利王與諸宮人入山遊獵. 晝寢時諸宮人遊山見一人儼然獨坐, 是諸宮人但來瞻仰. 王起問: 諸近臣宮人何在? 左右奏曰: 往彼仙人菴所也. 王怒躬自仗劍問云: 汝是何人? 對云: 忍辱仙人. 王遂以劍斷其手足, 節節支解不生瞋恨. 乃至種種苦行非止一劫, 故云: 多劫曾爲忍辱仙也.

【축원 송】 다니는 것 또한 선이요, 앉아 있는 것 또한 선이다. 이것은 곧 인간 세상에서 도를 깨우친 선인이라. 어떤 이가 조사께 서쪽에서

온 까닭을 물으니, 가슴을 열어젖히고 거친 주먹 한 방 날렸다.
行亦禪, 坐亦禪. 此卽人間得道仙. 有問祖師西來意, 劈胸便奮一麤拳.

⟨16⟩
몇 번이나 태어나고,
幾回生,

【남명 송】깜깜한 긴 밤에 다리에 맡겨 다니네. 머리와 얼굴이 바뀌도록 끝없는 세월 보냈으니, 그해의 옛 성명을 잊었노라.
長夜冥冥信脚行. 改頭換面無窮日, 忘却當年舊姓名.

【축원 평】하나는 짝을 이루지 못한다.
一不成隻.

몇 번이나 죽었던가.
幾回死.

【남명 송】뼈가 산처럼 쌓였으나 오히려 아직 그치지 않노라. 산 앞에 사는 시골 노인네 만약 서로 만나거든, 반걸음도 옮기지 않아 옛 마을로 돌아가리라.
積骨如山猶未已. 山前野老若相逢, 蛙步不移歸故里.

【범천 주】이는 아래 구절과 함께 해석한다.
此並下句.

【축원 평】 둘이 쌍이 되지 못한다.
二不成雙.

생사가 아득하여 그침이 없도다.
生死悠悠無定止.

【남명 송】 탐욕과 어리석음은 술에 취한 것처럼 깨어나기 어렵다. 까마득히 집에 돌아오는 길 기억하지 못하니, 바람에 떠돌아다니다 잠기어 옴은 부평초와 같다네.
貪癡如酒醉難醒. 冥然不記還家路, 飄去沈來似水萍.

【영암 주】 이것은 대사께서 느끼어 깨닫고 스스로 감탄한 말이다. 여태껏 열반을 깨닫지 못했던 이전에는 헛되이 살고 방탕하게 죽었으니, 그 겁의 수가 얼마인지 알지 못한다. 삶과 죽음이 아득하여 그침이 없다.
此乃師感悟, 而自嘆之辭. 從來不悟涅槃已前, 虛生浪死, 莫知其劫數幾何. 生死悠悠, 無定止.

【법천 주】 이것은 영가(眞覺) 대사가 슬퍼하고 탄식한 말이다. 보리심을 내기 이전에 무량겁을 지내도록 한량없는 몸을 받아 생사의 바다에서 부질없이 스스로 나고 죽어 마칠 때가 없었다. 변천하지 않는 경계에서 부질없이 윤회를 받고, 벗어날 것이 없는 진리 속에서 허망하게 얽히고 묶이니 마치 봄누에가 고치를 짓는 것과 같고, 가을나방이 등불로

달려드는 것과 같다. 두 견해(二見)의 실로써 무명의 바탕을 얽어매고, 무명과 탐애의 날개로써 생사의 화륜火輪을 쳐서 태어나서 죽을 때까지 쉼이 없나니, 마치 줄에 묶인 나는 새가 놓아주어도 다시 돌아오는 것과 같다. 그러므로 "몇 번이나 태어나고 몇 번이나 죽었던가, 생사가 아득하여 그침이 없도다."라고 하였다.

此乃眞覺傷歎之辭也. 未發菩提心已前, 經無量劫受無量身, 生死海中浪自出沒無有了時. 於不遷境上空受輪迴, 向無脫法中妄生纏縛, 如春蠶之作繭, 似秋蛾之赴灯. 以二見之絲, 纏無明之質, 以無明貪愛之翅, 撲生死之火輪, 從生至死無有休息, 如繩繫飛鳥, 放去又還來. 故云: 幾回生, 幾回死, 生死悠悠無定止也.

【축원 평】둘은 하나로 말미암아 있는 것이나, 하나도 또한 지키지 못한다.
二由一有, 一亦莫守.

돈오로부터 무생을 요달하면,
自從頓悟了無生,

【남명 송】성품의 씨앗을 훈습하여 미움과 사랑을 끊네. 명名이고 상相을 가는 털끝만큼도 없이 끊으니, 바다는 트이고 산은 높음을 사람들이 알지 못하네.
性種熏成斷憎愛. 是名是相絶纖毫, 海闊山高人不會.

【축원 평】 태어남이 없는데, 또 어떻게 태어나는가.
既是無生又作麼生了.

모든 영화로움과 욕됨에 어찌 근심과 기쁨이 있겠는가?
於諸榮辱何憂喜?

【남명 송】 돌이 봄을 만나도 봄이 변하지 않는 것 같네. 시험 삼아 뜰 앞에 복숭아나무·자두나무에 물어보노라. 꽃 피고 꽃 지는 것은 누구를 위한 것인가?
如石逢春不變春. 試問庭前桃李樹, 花開花落爲誰人?

【영암 주】 안에 주인이 있으면, 사물에 휘둘림을 당하지 않는다.
內所主有, 不被物轉.

【범천 주】 돈오로부터 일체 법이 모두 무생임을 요달하면 모든 영화로움과 욕됨의 경계에 어찌 근심과 기쁨이 있겠는가? 참다운 도인(至人)은 생사의 경계에 자재함을 얻기 때문에 한산 시에서 다음과 같이 말하였다. "장자가 장례 지내며 말하되, 하늘과 땅으로 관을 삼는다 하였네. 나도 돌아갈 때가 있으니, 오직 한 번 쉬리라. 죽으면 굶주린 쉬파리 생기리니, 조문으로 백학 수고롭게 하지 않으리. 수양산에서 굶주림이여, 살아서 청렴하고 죽어서도 즐거우리라." 만약 그 종지를 터득하면 단박에 무생을 깨칠 것이다. "모든 영화로움과 욕됨에 어찌 근심 기쁨이 있으랴."라는 것은 이미 무생을 돈오하여 생사에 오히려 자재함을

얻었다는 것이니, 바로 영화로움과 욕됨의 경계를 안다면 이를 벗어날 수 있다는 것이다. 영화로움과 욕됨을 잊어버리면 근심과 기쁨의 마음이 어디에 있겠는가?

自從頓悟了一切法皆悉無生, 則於諸榮辱之境有何憂喜? 良由至人於生死界內得其自在, 故寒山詩云: 莊生說送終, 天地爲棺槨. 吾飯此有時, 唯須一番泊. 死作餧靑蠅, 吊不勞白鶴, 餓著首陽山, 生廉死亦樂. 若得其旨卽頓悟了無生也. 於諸榮辱何憂喜者, 旣能頓悟無生, 生死尙得自在, 卽知榮辱之境則可外矣. 榮辱旣忘, 憂喜之心從何而有也?

【축원 평】 지혜 있음과 지혜 없음 30리나 다르다.
有智無智較三十里.

【축원 주】 진각(영가 현각)이 스스로 감탄해 이르기를, 이미 먼저 셀 수 없는 겁 가운데서 헤아릴 수 없는 삶과 죽음을 받아, 윤회하고 굴러 오고 감이 잠시도 멈추지 않았음을 미처 깨닫지 못하였다. 옮기지 않는 경계에서 헛되이 윤회를 받고 무탈법無脫法 속에서 망령되이 스스로 옭아매었구나. 봄누에가 고치를 만드는 것 같고, 가을 나방이 등잔불에 날아드는 것과 같다. 그러므로 이르기를 "생사가 아득하여 그침이 없도다."라고 한 것이다. 무생법인을 돈오함으로부터 곧 영광과 치욕 둘 다 잊고 걱정과 근심 함께 사라지니, 삶과 죽음이 나에게 어찌 있으리오?

眞覺自嘆云: 未悟已先於無量劫中受無量生死, 輪轉往來無暫停止. 於不遷境上空受輪回. 向無脫法中妄自纏縛. 如春蠶之作繭, 似秋蛾之赴燈. 故云: 生死悠悠無定止. 自從頓悟無生法忍, 卽榮辱兩忘憂喜俱滅, 生死於我何有哉?

【축원 송】 몇 번 살았고, 몇 번 죽었나? 예나 지금이나 다만 이와 같은데, 신의 머리에 귀신 얼굴 많은 무리 있으나, 근본을 돌이키고 근원을 돌아봐도 조금도 없구나.

幾回生, 幾回死? 亘古亘今只如此, 神頭鬼面有多般, 返本還源沒些子.

〈17〉
깊은 산 들어가,
入深山,

【남명 송】 스스로 아침저녁 즐기며 병든 얼굴 기르네. 당시 사람들이 바위 속의 뜻을 알고 싶어 하지만, 깊숙이 있는 산새들이 때 되어 끊긴 구름과 함께 돌아오더라.
自樂朝昏養病顏. 時人欲識嵓中意, 幽禽時與斷雲還.

【범천 주】 "깊은 산으로 들어간다"는 것은 시끄럽지 않은 곳으로 들어간다는 것이다.
入深山者, 則非闤闠之處也.

【축원 평】 물고기 돌아다니며 물을 흐린다.
魚行水濁.

난야(사원)에 머무르니,
住生[57]蘭若,

【남명 송】 티끌과 소음을 멀리 떠난 참으로 고요한 사람이로다. 종일토록 제멋대로인 원숭이 마음 지켜보라 청하니, 어찌 깊은 곳에 살며

---

57 4본에는 "生蘭若"라고 되어 있음.

의마意馬를 조복함과 같겠는가?
遠離塵囂眞靜者. 請看終日縱心猿, 何似深居調意馬?

【영암 주】범어로 난야이니, 이것은 송사와 다툼이 없는 곳을 말한다.
梵語蘭若, 此云無諍訟處.

【범천 주】"난야에 머문다(住蘭若)"는 것은, 구체적으로 말하면 '아란야'이니, 곧 승려의 처소이다.
住蘭若者, 具足應云: 阿蘭若, 卽僧舍也.

【축원 평】새가 날아가니 털이 떨어진다.
鳥飛毛落.

높은 산 그윽한 곳 낙락장송 아래더라.
岑崟幽邃長松下.

【남명 송】한 생각이 엉켜서 만 가지 근심이 재가 되도다. 티끌 가운데 지름길 하나 봉우리 꼭대기에 닿았건만, 누가 깨닫고 짬을 내어 여기로 오겠는가?
一念凝然萬慮灰. 塵中一徑連峯頂, 誰解偸開向此來?

【범천 주】"높은 산(岑崟)"이란 산이 높은 모양이다. "낙락장송 아래(長松下)"란 세속 밖에서 노니는(優遊) 곳이다. 견성한 사람은 인연 따라

세월을 보내고 성품에 맡겨 노니나니, 때로는 깊은 산으로 들어가고, 때로는 바위 골짜기에 살면서 곳에 따라 세우고 사물에 응하여 맞지 않는 데가 없다. 흰 구름과 푸른 봉우리, 소나무 아래와 물가가 모두 도인의 경계이다.

岑崟者, 山之高貌也. 長松下者, 卽物外優遊之地也. 見性之人隨緣度日任性逍遙, 或入深山或居岩谷, 隨處建立應物無方, 無不可也. 白雲靑嶂, 松下水邊, 皆道人之境界也.

【축원 평】 천지는 한 손가락이요, 만물은 한 마리 말이다.

天地一指, 萬物一馬.

산야와 승가에서 노닐며 정좌하니,

優遊靜坐野僧家,

【남명 송】 피곤하면 한가로이 자고 목마르면 차를 마시네. 더위가 가면 추위가 오는데 무엇이 있겠는가! 한 줄기 운수납자가 생애라네.

困卽閒眠渴卽茶. 暑往寒來何所有! 一條雲衲是生涯.

【축원 평】 온갖 새들이 꽃을 머금지 않는다.

百鳥不銜花.

고요한 안거 참으로 맑고 깨끗하도다.

閒寂安居實瀟洒.

【남명 송】 은밀한 행장에 발자취 드러내지 않네. 천 개의 눈이 활짝 뜨여도 찾을 곳이 없으니, 소홀히 여긴 문하에서 도리어 서로 만난다네.
密密行藏不露蹤. 千眼頓開無覓處, 等閑門下却相逢.

【영암 주】 흰 구름이 덮개가 되고, 흐르는 물이 거문고가 되네. 삼가 물로 씻고 티끌에서 벗어나, 처마를 높이 들어 속됨을 뽑아낸다.
白雲爲蓋, 流水作琴. 蕭洒出塵, 軒昂拔俗.

【범천 주】 '노닌다(優遊)'는 것은 얽매이지 않은 모양이다. 출가한 승려가 마음을 알고 근본을 요달하여 삼계에 노닐고, 사생四生을 벗어나 세속의 일에 얽매이지 않고 소요자재하여 고요히 앉아 안거하는 것이다. 그러므로 설두 선사가 말하기를 "출가한 승려가 그렇게도 존귀하고 그렇게도 고상할까? 만승(천자)의 지위가 높아도 허리를 굽히지 않고, 다섯 제후의 문이 고준하여도 달려가지 않는다. 눈으로 수많은 산을 대하여도 마음은 한 경계에 한가롭다. 겹겹의 바위와 나무는 선길(善吉: 수보리)의 문에 그늘을 드리우고, 첩첩한 시내의 구름은 유마의 집에 채색을 펼쳤다. 이곳에서 서로 보니 어찌 쾌활하지 않으랴."라고 하였다.
優遊者, 不拘繫之皃也. 出家之士識心達本, 優遊三界脫洒四生, 不爲塵勞縈絆, 逍遙自在, 靜坐安居. 故雪竇云: 出家兒得與麽尊貴, 得與麽高上? 萬乘位高而不挹, 五侯門峻而不趍. 目對千山心閑一境. 重重嵓樹垂陰善吉之門, 疊疊溪雲布彩維摩之室. 此中相見, 豈不快哉也.

【축원 평】 잡을 수가 없다. 또 이르기를, 지금과 옛날이 뚜렷하다고 하였다.
沒可把. 又云: 今古歷然.

【축원 주】 옛날 노인네가 뜻을 깨달은 뒤에 몰래 깊은 산속 험한 골짜기로 들어갔다. 초가집과 석실은 몸과 그림자가 서로 불쌍히 여기며(의지할 곳이 없이 몹시 외로움을 이르는 말) 세상과 접하지 않는다. 적막하고 고요한 경계로 신령스럽게 스스로 비추니, 세월이 오래되고 깊어 큰 무외無畏을 갖추었으니, 인연을 따라 대범하여 마음대로 소요하니 삼계에 구애되지 않는다. 육진이 어찌 어지럽힐 수 있겠는가? 편안하고 한가로이 마음껏 노니다가 시골 승가에 조용히 앉아있다고 하나, 한적하고 편안하여 진실로 마음이 맑고 깨끗하다.
古老得旨後隱入深山窮谷. 茅廬石室形影相弔不與世接. 以寂靜之境靈靈自照, 歲久月深具大無畏, 隨緣放曠任意逍遙, 三界不能拘. 六塵豈能擾? 可謂優遊靜坐野僧家, 閴寂安居實瀟洒.

【축원 송】 깊은 산에 들어가 아란야에 머문다. 세간과 출세간을 함께 내려놓고, 깨끗하게 다 벗어버리고 받아들여 감당함을 끊어버려서, 분명하게 다 씻어버리니 잡을 수가 없도다.
入深山, 住蘭若. 世出世間俱放下, 淨躶躶地絶承當, 赤灑灑兮沒可把.

⟨18⟩
깨달으면 곧 마치니,
覺卽了,

【남명 송】 낮이 삼경이고 한밤중이 새벽이도다. 복숭아꽃이 지니 살구꽃이 피며, 예부터 옴이 적다는 것을 비로소 믿노라.
日午三更半夜曉. 桃花才謝杏花開, 始信從來無欠少.

【축원 평】 구름이 걷히니 달이 밝다.
雲開月皎.

공을 베풀지 않나니,
不施功,

【남명 송】 공이 없음을 알고자 한다면 마치 바람과 같으리라. 성냄도 기쁨도 없으며 마음의 뜻도 없으니, 모래를 불어 안개를 쳐 맑은 하늘에 가득하게 하라.
欲識無功恰似風. 無瞋無喜無心意, 吹沙鼓霧滿晴空.

【축원 평】 호랑이가 울부짖으니 바람이 인다.
虎嘯生風.

일체 유위법과 같지 않으니,
一切有爲法不同,

【남명 송】 마음의 근원을 잘 씻어서 벗어남을 구할지어다. 이슬이 떨어지며 물방울에 잠김이 순식간이니, 부생 만물이 모두 이와 같도다.
好滌心源求出離. 露滴漚沈瞬息間, 浮生萬物皆如是.

【범천 주】 일체의 모든 법을 깨닫고 나면 유위의 공행을 베풀지 않는다. 유위의 공행은 구경법(究竟)이 아니다. 그러므로 한산이 다음과 같이 말하였다. "내 전륜왕을 보니 천 명의 아들에게 항상 에워싸여 있네. 십선十善으로 사천四天을 교화하니 수많은 칠보로 장엄했네. 칠보가 늘 몸에 따르니 장엄함이 매우 묘하고 아름답네. 하루아침에 복의 과보가 다하면, 마치 갈대에 서식하는 새와 같이 다시 소 목덜미의 벌레가 되어 육취의 업도業道를 받게 되네. 더구나 저 모든 범부들 무상한 세상을 어찌 길이 보존하랴."[58] 이로부터 공력을 들인 공功은 그 공이 모두 무상하고, 공력을 들임이 없는 공은 그 공이 헛되이 버려지지 않음을 알 수 있다. 그러므로 "일체의 유위법과 같지 않다."라고 하였다.
覺了一切諸法卽不施有爲功行也. 有爲功行非究竟也. 故寒山云: 我見

---

[58] 『한산자시집寒山子詩集』(嘉興藏 20, p.665b)에서 인용함. 그러나 이 시의 뒷부분에 "생사는 타오르는 불꽃과 같고, 윤회는 마麻나 벼처럼 지나가는데, 서둘러 깨달음 이뤄내지 못하면 태어나 사람됨도 헛되게 늙어가리.(生死如旋火, 輪迴似麻稻, 不解早覺悟, 爲人枉虛老.)"라는 구절이 생략되어 있다.

轉輪王, 千子常圍遶. 十善化四天, 莊嚴多七寶. 七寶鎭隨身, 莊嚴甚妙好. 一朝福報盡, 猶若栖蘆鳥, 還作牛領蟲, 六趣受業道. 況復諸凡夫, 無常豈長保. 以此而知, 有功之功功皆無常, 無功之功功不虛棄. 故云: 一切有爲法不同也.

【축원 평】양나라 보배는 원래 지공이다.
梁寶元來是誌公.

상에 머문 보시는 천상에 나는 복이나,
住相布施生天福,

【남명 송】옥전화대에 뜻대로 가는구나. 불석[59]이 능히 오래간다고 말하지 말지니, 만약 무생과 비교한다면 찰나이니라.
玉殿花臺任意過. 休言拂石能堅久, 若比無生是刹那.

【축원 평】기내畿內 안에서는 천자의 조칙詔勅이로다.
寰中天子敕.

마치 하늘을 향하여 허공에 화살을 쏘는 것과 같으니,

---

[59] 불석겁拂石劫의 '불석'으로, 불석겁은 (唐)栖復集, 『法華經玄贊要集』卷14(『卍續藏』 34, p.491c)에는 "커다란 돌이 있어, 사방 40리이며, 장수천인이 백 년에 한 번 가느다란 옷을 입고서 그 바위를 털어 다함을 1겁이라고 한다.(有大石, 方四十里, 有長壽天人, 百年一度, 持細㲲衣, 拂之令盡, 方名一劫.)"라고 설명하고 있다.

猶如仰箭射虛空,

【남명 송】 이 화살이 허공에 멈출 리가 없도다. 모름지기 실상을 구하여 보리에 나아가 삼도를 향하여 머리와 얼굴 바꿈을 면할지어다.
是箭無由空裏冥. 須求實相趣菩提, 免向三途換頭面.

【범천 주】 "상에 머문 보시"라는 것은 반야와 상응하지 않아 상에 집착하기 때문에 유위의 공행을 이루어 구경법이 아님을 말한 것이다. 그러므로 옛 스님이 말하기를 "만약 반야를 닦지 않고 만행을 헛되이 베풀면 닦는 공행이 성性에 맞지 않는다."라고 하였다. "보시"라고 한 것은, 마음을 넓고 크게 쓰는 것을 '보布'라 하고, 자기를 미루어 남에게 은혜롭게 하는 것을 '시施'라 한다. 그러므로 '보시'라고 하였으니, 육도(六度: 六波羅蜜)의 하나이다. "하늘에 태어나는 복"이라는 것은 얻은 과보가 천상에 태어나는 복뿐이고, 결코 구경법은 아니라는 것이다. 비유하자면 허공을 우러러 화살을 쏘나 끝내 하늘에 이르지 못하는 것과 같다.
住相布施者, 不與般若相應, 爲著相故成有爲功行, 非究竟. 故古德云: 若般若不修, 萬行虛設, 所修功行不能稱性也. 所言布施者, 運心廣大謂之布, 推己惠人謂之施, 故曰布施也. 卽六度之一度也. 生天福者, 所感果報祇生天之福也, 終非究竟. 譬如仰箭射空, 終不至天也.

【축원 평】 변방에서는 장군의 명령이다.
塞外將軍令.

세력이 다하면,
勢力盡,

【남명 송】 점차 기우니, 천인이 오쇠五衰를 보는 것과 같도다. 초췌해져야 감옥에 갇히는 괴로움을 비로소 걱정하니, 환원(歡園: 帝釋宮의 歡喜園)에서 반드시 즐거운 시절과 같다고는 못하리라.
漸傾欹, 猶若天人見五衰. 憔悴始憂囹圄苦, 不似歡園正樂時.

【축원 평】 사람은 가난하면 지혜가 부족해진다.
人貧智短.

화살이 떨어지나니,
箭還墜,

【남명 송】 극에 이르면 반드시 그치니, 식識의 물결이 표표히 흩어지는 것과 같도다. 익힌 업의 다시 끌고 감에 따르니, 이에 이르러 어찌 자유로움을 얻겠는가?
極方休, 識浪飄飄若散漚. 還隨習業重牽去, 到此何嘗得自由?

【범천 주】 하늘을 향하여 허공에 화살을 쏘면, 그 세력이 다하고 나면 결국 땅에 떨어진다. 인천의 복이 사라짐도 또한 이와 같다. 이른바 인간의 사상四相과 천상의 오쇠五衰는 모두 복이 사라지는 모습이다.

'사상'이라는 것은 첫째 태어나는 모습(生相), 둘째 늙는 모습(老相), 셋째 병드는 모습(病相), 넷째 죽는 모습(死相)이다. '오쇠'란 첫째 화관花冠이 땅에 떨어지는 것(花冠墮地), 둘째 눈꺼풀이 떨리는 것(目睫瞤動), 셋째 권속이 떠나 흩어지는 것(眷屬離散), 넷째 몸의 빛이 저절로 없어지는 것(身光自滅), 다섯째 높은 지위를 즐거워하지 않는 것(不樂本座)이다.

仰箭射空, 勢力旣盡終墜於地. 人天福謝亦復如是. 所謂人間四相天上五衰, 皆福謝之相也. 所言四相者, 一生相, 二老相, 三病相, 四死相也. 五衰者, 一花冠墮地, 二目睫瞤動, 三眷屬離散, 四身光自滅, 五不樂本座也.

【축원 평】 말은 여위면 털이 길어진다.
馬瘦毛長.

내생에 뜻과 같지 않은 과보를 부르도다.
招得來生不如意.

【남명 송】 인因이 바르지 아니하여 과보가 또한 기울도다. 단(보시)을 행하여 모름지기 삼륜을 청정하게 하며, 죄와 복이 비록 신령한들 너에게 어떠하리오.
爲因不正果還頗. 行檀須使三輪淨, 罪福雖靈奈爾何.

【법천 주】 "내생에 뜻과 같지 않은 과보를 부른다."라는 것은 옛 스님이

말하기를 "인천의 복보는 삼생의 원수가 된다."라고 하였는데, 이것을 아는 사람이 적다. 세상 사람이 복력으로 인하여 그 근본을 밝히지 못하기 때문에 그 위에 나아가서 더한다. 그러므로 세상의 복을 마음껏 즐기다가 목숨이 다할 때에 복은 다 없어지고, 업만 남아 악도에 도로 떨어져 갖가지의 괴로움을 받는다는 것이다. 그러므로 "내생에 뜻과 같지 않은 과보를 부른다."라고 하였다.

招得來生不如意者, 古德云: 人天福報爲三生冤. 人罕知之. 良由世人因其福力不明其本就上增添. 以此世福恣情娛樂, 臨命終時福盡業在, 返墮惡道受種種苦. 故云: 招得來生不如意也.

【축원 평】 밤길에 흰 것을 밟지 마라. 물이 아니면 돌이다.

夜行莫踏白, 不是水便是石.

어찌 무위의 실상문에,

爭似無爲實相門,

【남명 송】 실상을 알고자 한다면 실로 무상無相이로다. 봄이 이르니 그윽한 새가 종일 울고, 달이 떠오르니 고기잡이배가 밤에 연이어 놓였구나.

欲知實相實無相. 春至幽禽盡日啼, 月出漁舟連夜放.

【축원 평】 손가락을 튕기며 이르길, 이 속으로 들어오라 하였다.

彈指云從這裏入.

한 번 뛰어 여래지에 바로 들어가는 것만 같으랴.
一超直入如來地.

【남명 송】돈증頓證에 어찌 달이 가득 참이 필요하겠는가? 마치 용문에 물고기가 뛰어들듯이 우렛소리 한 번에 종적을 찾을 수 없도다.
頓證何須滿月容? 還似龍門魚化日, 一聲雷後覓無蹤.

【법천 주】그러므로 모든 지위의 소승과 인천의 복보는 유위법이요, 모두 구경법이 아님을 알라. "어찌 무위의 실상문에 한 번 뛰어 여래청정각지에 바로 들어가는 것만 같으랴."라는 이 한 길은 예전부터 많은 성인들이 일찍이 밟지 못하고, 대략 제2문에서 언설에 의지하였다. 그런 까닭에 서천축의 초조(가섭 존자)는 다음과 같이 말하였다. "법은 본래 법이므로 법이 없나니, 법이 없다는 법도 역시 법이다. 이제 법마저 없음을 전할 때에, 법을 법이라 하지만 어찌 일찍이 법인 적이 있겠는가?"[60] 바로 법과 법은 상대가 끊어져 모두 비추는 체가 독립한 것이다. 마치 손가락이 스스로를 접촉하지 못하는 것과 같고, 칼이 스스로를 베지 못하는 것과 같고, 땅이 스스로를 견고하게 하지 못하는 것과 같고, 물이 스스로를 적시지 못하는 것과 같고, 불이 스스로를 뜨겁게 하지 못하는 것과 같고, 바람이 스스로를 움직이지 못하는 것과 같고, 귀가 스스로를 듣지 못하는 것과 같고, 코가 스스로를 냄새 맡지 못하는 것과 같고, 혀가 스스로를 맛보지 못하는 것과

---

60 이 게송은 『경덕전등록景德傳燈錄』(大正藏 51, p.205c), 『인천안목人天眼目』(大正藏 48, p.308b) 등에서 석존께서 가섭 존자에게 부촉한 게송으로 되어 있다.

같고, 몸이 스스로를 느끼지 못하는 것과 같고, 뜻이 스스로를 알지 못하는 것과 같고, 눈이 스스로를 보지 못하는 것과 같다. 그런 까닭에 "만약 눈이 눈이라는 견해를 지으면 눈의 전도를 낳고, 만약 눈이 없다는 견해를 지으면 곧 눈이 없다는 전도를 낳고, 만약 눈이 있다고 집착하면 곧 눈이 없음을 미혹하나니, 눈이 있기 때문에 묘하게 봄을 통하지 못한다."라고 하였다. 그러므로 경전에 이르기를 "눈도 없고 물질(色)도 없다."라고 하였다. 또 눈을 미혹하여 눈이 없다고 생각하는 자는 곧 그 참 눈을 잃어버리는 것이니, 마치 선천적인 맹인이 색을 분별할 수 없는 것과 같다. 그러므로 경전에 이르기를 "비유하자면 눈을 잃은 사람이 오색에 대하여 다시는 잘 볼 수 없는 것처럼, 모든 성문인도 역시 그러하다. 오직 여래만이 참다운 천안을 얻어 항상 어둡지 아니하시어 모든 부처님 국토를 다 볼 적에 두 견해를 쓰지 않기 때문에 범부의 보는 바와는 같지 않고, 모두 다 볼 수 있기 때문에 성문의 보는 바와도 같지 않다."라고 하였다. 범부의 견해와 같지 않은 것을 '범부를 초월함(超凡)'이라고 하고, 성문의 보는 바와 같지 않은 것을 '성인을 초월함(超聖)'이라고 한다. 이미 범부도 초월하고 성인도 초월했으니 곧 불지견을 요달한 것이다. 그러므로 "한 번 뛰어 여래지에 바로 들어가는 것"이라고 하였다.

故知諸位小乘人天福報有爲之法皆非究竟也. 爭似無爲實相門, 一超直入如來淸淨覺地, 此之一路, 從來千聖不曾踏著, 向第二門中略憑言說. 所以西竺初祖云: 法本法無法, 無法法亦法. 今付無法時, 法法何曾法? 則法法絶待, 盡皆照體獨立. 如指不自觸, 如刀不自割, 如地不自堅, 如水不自濕, 如火不自熱, 如風不自動, 如耳不自聞, 如鼻不自嗅, 如舌不自了, 如身不自覺, 如意不自知, 如眼不自見. 所以云: 若眼作眼解則生眼倒, 若眼作無眼解則生無眼倒, 若執有眼卽迷其無眼, 由有眼故則妙見不通. 故經云: 無眼無色. 復有迷眼作無眼者卽失其眞眼, 如生盲人不能辨色. 故經云: 譬如眼敗之士, 其於五色不能復利, 諸聲聞人亦復如是. 唯其如來得眞天眼, 常在不昧, 悉見諸佛國土, 以不二見故, 卽不仝凡夫, 所見悉能見故, 不仝聲聞, 所見不同凡夫所見. 謂之超凡, 不同聲聞所見, 謂之越聖. 旣能超凡越聖, 卽達佛之知見. 故云: 一超直入如來地也.

【축원 평】또한 기뻐하며 집에 이르렀다.
且喜到家.

【축원 주】깨달아 철저한 사람은 공력을 쓰지 않는 지혜를 얻으니, 공력을 들여 행하는 것과는 다르다. 옛날에 양무제가 달마에게 물었다. "짐이 즉위한 이래로부터 사원을 세우고, 불경을 번역하고 베껴 쓰게 했으며, 승려들에게 도첩을 내린 것이 셀 수가 없으니, 어떤 공덕이 있습니까?" 달마가 대답하였다. "이것은 인천의 작은 과보를 받는 유루의 원인일 뿐이지, 큰 공덕이 아닙니다." 양무제가 말하였다. "어떤 것이 큰 공덕인가?" 달마가 말하였다. "청정한 지혜는 오묘하고 원만하여 본체가 원래 텅 비고 고요하니, 이와 같은 공덕은 세상 법으로 구하지 못합니다." 양무제는 함이 있는(有爲) 공에 막힌 것이다. 따라서 "상에 머문 보시는 천상에 나는 복이나, 마치 하늘을 향하여 허공에 화살을 쏘는 것과 같으니, 세력이 다하면 화살이 떨어진다."라고 하며, 그러므로 "내생에 뜻과 같지 않은 과보를 부르도다."라고

한 것이다. 한산이 다음과 같이 말하였다. "내 전륜왕을 보니 천 명의 아들에게 항상 에워싸여 있네. 십선으로 사천四天을 교화하니 수많은 칠보로 장엄했네. 칠보가 늘 몸에 따르니 장엄함이 매우 묘하고 아름답네. 하루아침에 복의 과보가 다하면, 마치 갈대에 서식하는 새와 같이 다시 소 목덜미의 벌레가 되어 육취의 업도業道를 받게 되네. 더구나 저 모든 범부들 무상한 세상을 어찌 길이 보존하랴."[61] "어찌 무위의 실상문에 한 번 뛰어 여래지에 바로 들어가는 것만 같으랴." '무위의 실상'이란 것은 곧 열반의 현묘한 마음의 실상은 무상법문無相法門이다. '여래지'라는 것은 곧 전후의 사이에 일진법계一眞法界가 끊긴 것이다. 여기에 종지가 함축되어 있다. 마치 왕자가 등극하여, 백의(서민)를 재상의 직위에 임명한 것 같다. 그러므로 이르기를 "여래지에 바로 들어간다."라고 하였다.

覺悟了徹底人, 獲無功用智, 與有爲功行不同也. 昔梁武帝問達磨: 朕自卽位以來, 造寺寫經, 度僧無數, 有何功德? 磨云: 此是人天小果有漏之因, 非大功德. 帝曰: 如何是大功德? 磨云: 淨智妙圓體自空寂, 如是功德不以世求. 武帝滯於有爲之功也. 所以道住相布施生天福, 猶如仰箭射虛空, 到勢力盡時箭還墜落. 故云: 招得來生不如意. 寒山云: 我見轉輪王, 千子常圍遶. 十善化四天, 莊嚴多七寶. 七寶鎭隨身, 莊嚴甚妙好. 一朝福報盡, 猶若栖蘆鳥, 還作牛領蟲, 六趣受業道. 況復諸凡夫, 無常豈

---

61 『한산자시집寒山子詩集』(嘉興藏 20, p.665b)에서 인용함. 그러나 이 시의 뒷부분에 "생사는 타오르는 불꽃과 같고, 윤회는 마麻나 벼처럼 지나가는데, 서둘러 깨달음 이뤄내지 못하면 태어나 사람됨도 헛되게 늙어가리.(生死如旋火, 輪迴似麻稻, 不解早覺悟, 爲人枉虛老.)"라는 구절이 생략되어 있다. 이 한산의 시는 앞의 18장에서도 동일하게 인용되어 있다.

長保. 爭似無爲實相門, 一超直入如來地. 無爲實相者, 卽涅拌妙心實相無相法門也. 如來地者, 卽前後際斷一眞法界也. 於此領旨. 如王子登極, 白衣拜相. 故云: 直入如來地.

【축원 송】깨달으면 그만두고, 공덕을 베풀지 말라. 사물과 내가 함께 잊으니 마음의 경계가 텅 빈다. 연꽃 봉오리마다 가지가지마다 흰 달이 가득하고, 향나무 잎마다 향기로운 바람 부채질하도다.
覺卽了, 不施功. 物我俱忘心境空. 菡萏枝枝撐素月, 栴檀葉葉扇香風.

〈19〉
다만 근본을 얻을지언정,
但得本,

【남명 송】아침이 끝나도록 다시 입술을 수고롭게 하지 말라. 한 번 배불러 만사를 그만두니, 사람들이 생각 없음을 비웃어도 내버려 두어라.
終朝更不勞脣吻. 一飽膨脝萬事休, 任他人笑無思忖.

【축원 평】수레는 멋대로 가지 않는다.
車不橫行.

지엽을 근심하지 말라.
莫不[62]愁末.

【남명 송】세계가 무궁하니 모두 한 묶음이다. 다리 부러진 노구솥은 남에게 빌려주지 못하니, 죽 쑤고 차 끓이며 스스로 들어 올리고 집어내야 하네.
世界無窮都一撮. 折脚鐺兒不借人, 煮粥煎茶自提掇.

【범천 주】만약 그 근본을 얻으면 지엽적인 것은 알 수 있다. 옛 스님이

---

62 4본에는 "不愁末"이라고 되어 있다.

말하기를 "오늘날 강학을 하는 자는 오로지 점수만을 나타내고, 참선을 하는 자는 오직 돈종頓宗만을 전파하니, 선과 교가 서로 어긋남이 호나라와 월나라가 서로 멀리 떨어진 것과 같다."[63]라고 하였다. 그러므로 사람과 법이 어긋나고, 법과 사람이 병들어 부처님 뜻의 본말은 보기 어렵고, 흩어진 뜻(散義)은 넓고 많아서 찾기 어렵다. 그리하여 평범하게 배우는 사람은 많지만 뜻을 잡은 이는 지극히 적다. 근본을 가지고 지엽을 접하면 알 수 있는 것이다. 그러므로 "근본을 얻을지언정, 지엽은 근심하지 말라."라고 하였다.

若得其本, 末可知也. 古德云: 今之講者偏彰漸義, 禪者唯播頓宗, 禪講相違, 胡越之隔. 由是人與法差, 法與人病, 佛意本末難見, 散義浩博難尋. 然而泛學雖多, 秉志極少. 以本接末則可知矣. 故云: 但得本莫愁末也.

【축원 평】 이치는 굽고 끊김이 없다.
理無曲斷.

깨끗한 유리가 보배 달을 머금은 것과 같네.
如淨瑠璃含寶月.

【남명 송】 체와 용이 서로 섞여 찬란하게 밝도다. 눈이 있어도 비스듬히

---

63 이 내용은 (唐)裵休述, 『禪源諸詮集都序』(大正藏 48, p.398b)와 (宋)道原纂, 『景德傳燈錄』 卷13, '圭峯宗密禪師傳'(大正藏 51, p.306b)에 다음과 같이 실려 있다. "今講者偏彰漸義, 禪者偏播頓宗, 禪講相逢胡越之隔."

엿봄도 능히 할 수 없건만, 무심하여야 바야흐로 본래의 원성圓成을 볼 것이다.
體用相交璨爾明. 有眼不能窺髣髴, 無心方見本圓成.

【영암 주】근본이 서야 도가 생긴다. 근본이란 마음이다. 마음이 나면 갖가지 법이 생겨나고, 마음이 사라지면 갖가지 법이 사라진다. 맑은 유리가 보배로운 달을 머금은 것처럼 안과 밖이 밝고 투명하여 시방세계를 밝게 비추니, 사물에 어찌 막히겠는가?
本立而道生. 本者心也. 心生則種種法生, 心滅則種種法滅. 如淨瑠璃含寶月, 內外瑩徹, 洞照十方, 則於物何凝滯哉?

【범천 주】"깨끗한 유리가 보배 달을 머금은 것과 같다."라는 것은 유리로 법신의 오묘한 경계를 비유한 것이요, 보월寶月은 해탈의 참 지혜를 비유한 것이다. 경계와 지혜가 명합하여 시방에 밝게 사무치고, 밝게 빛나는 신령한 광명이 고금에 비등飛騰함이 마치 유리 소반에 다시 밝은 달을 담은 것과 같다.
如淨琉璃含寶月者, 琉璃喻法身妙境, 寶月喻解脫眞智. 境智冥合瑩徹十方, 爍爍靈光騰今騰古, 猶如琉璃盤內更盛明月也.

【축원 평】눈으로 동쪽과 남쪽을 보나 뜻은 서쪽과 북쪽에 있다.
眼觀東南意在西北.

내 이제 여의주를 아나니,

旣能⁶⁴解此如意珠,

【남명 송】솟아 나온 한광寒光이 천만 길이라. 4생 6류가 자못 모름지기 구하니, 세계는 끝이 있으나 이것은 다함이 없네.
迸出寒光千萬仞. 四生六類恣須求, 世界有窮此無盡.

【영암 주】자신은 아직 도를 깨닫지 못했으나 먼저 남을 제도한다는 것은 보살이 마음을 낸 것이다. 자신의 깨달음이 이미 원만해야 남을 깨닫게 할 수 있는 것은 여래가 세상에 응하는 것이다. 이 여의주가 곧 마니주이다. 오직 여래가 품속에 간직한 것을 거두어야 하는데, 내가 지금 이미 얻어서 여래와 같다. 이러한 까닭에 스스로를 이롭게 하며 남도 이롭게 함이 끝까지 다 없어질 수 없다. 오늘 이 구슬 하나를 풀어서 대중들에게 보시하였으니, 보았는가?
自未得度, 先度人者, 菩薩發心. 自覺已圓, 能覺他者, 如來應世. 此如意珠, 卽摩尼珠是也. 唯如來藏中收得, 吾今旣得, 同如來. 是故自利利他, 終不能盡. 今日解此一珠, 布施大衆, 還見麽?

【축원 평】서로 만나도 집어 내지 못하나, 온 뜻으로 문득 있음을 안다.
相逢不拈出, 擧意便知有.

---

64 1, 3본에는 "我今解如意珠"라고 되어 있어 그에 따라 번역함.

나와 남을 이롭게 하여 마침내 다함이 없다.
自利利他終不竭.

【남명 송】 자비의 물에 마음의 꽃이 한밤중에 피었네. 금전옥당에 머물러 있지 않고, 털을 쓰고 뿔을 이고 또 다시 왔다네.
悲水心花半夜開. 金殿玉堂留不住, 披毛戴角又重來.

【법천 주】 '여의주'란 마니보주다. 오직 이 하나의 구슬에 모든 공덕이 갖추어져 있어 여러 보배 가운데 이 보배가 으뜸이 된다. 이용함이 뜻과 같이 되므로(如意) 마음 보배에 비유한 것이다. 경전에 이르기를 "유독 왕의 정수리 위에 이 한 구슬만 있으니, 망령되이 사람에게 주지 않는다."[65]라고 하였으니, 이 하나의 보배는 밖에서 얻는 것이 아니지만, 다만 일체중생은 망념에 뒤덮여 밝게 나타나지 못할 뿐이다. 옛 스님이 말하기를 "비유하자면 옷 속의 밝은 구슬은 비록 밝으나 비추지 못하는 것이, 집안의 감추어진 보물처럼 있어도 없는 것과 같다."라고 하였다. 이제 영가 대사께서 이 하나의 구슬을 깨달아 알아서 중생들을 제도하기를, 아무리 써도 다함이 없으므로 "마침내 다함이 없다."라고 하였다.

如意珠者, 摩尼寶珠也. 唯此一珠具諸功德, 於諸寶中此寶爲上. 利用如意, 可喩心寶也. 經云: 獨王頂上有此一珠, 不妄與人. 此之一寶非從外得, 但猶一切衆生妄念蓋覆不能明現. 古德云: 譬如衣下明珠, 雖明不照,

---

65 (後秦)鳩摩羅什譯, 『妙法蓮華經』 卷5, "安樂行品"(大正藏 9, pp.38c-39a) "獨王頂上有此一珠, …… 不妄與人."

似宅中寶藏, 似有如無. 今日永嘉解此一珠賑濟有情, 用無窮盡, 故云: 終不竭也.

【축원 평】 우리 집에 있는 사람이니, 바야흐로 우리 집 말을 한다.
是我家裏人, 方說家裏話.

【축원 주】 근본이 이미 밝아 가지와 잎이 저절로 무성해진다. 근본이란 곧 본래 신령스런 깨달음의 성품(靈覺之性)이 있는 것이요, 말단이란 곧 백 천 가지 삼매와 신통하고 오묘한 쓰임이다. 맑은 유리란 것은 안과 밖이 밝고 투명한 것을 비유한 것이요, 보배로운 달이란 것은 오묘한 성품이 원만히 밝은 것을 비유한 것이다. 비유컨대 텅 비어 뭇 모습들을 머금고 있어 여러 경계에 분별할 것이 없는 것이다. 그러므로 이르기를 "내 이제 여의주를 아나니, 나와 남을 이롭게 하여 마침내 다함이 없다."라고 한 것이다. 수승함을 구하지 않아도 수승함에 저절로 이르고, 자신이 깨달아 남을 깨닫게 하며 오묘한 쓰임이 무궁한 것이다.
根本旣明, 枝葉自茂. 本者卽本有靈覺之性也, 末者卽百千三昧神通妙用也. 淨瑠璃者喩內外瑩徹也, 寶月者喩妙性圓明也. 譬如虛空具含衆象, 於諸境界無所分別. 故云: 旣能解此如意珠. 自利利他終不竭. 不求殊勝而殊勝自至, 自覺覺他妙用無窮也.

【축원 송】 다만 근본을 깨달으면 말단은 걱정하지 않아도 된다. 오묘한 쓰임이 팔팔하게 종횡하며, 믿음의 손이 불이문을 열어젖히니, 대천사

계가 활짝 트이는 것 같도다.

但得本, 不愁末. 妙用縱橫活鱍鱍, 信手拓開不二門, 大千沙界如許闊.

〈20〉
강에 달 비치고,
江月照.

【남명 송】납자의 가풍이 가장 중요하네. 밤 고요한데 누구와 함께 이 마음을 말하리오. 험난한 산에 있을 때 외로운 원숭이 울부짖네.
衲子家風最爲要. 夜靜同誰話此心, 亂山時有孤猨叫.

【축원 평】우물 밑에 개구리가 뛰는구나.
井底蝦蟆跳.

소나무에 바람 붊이여.
松風吹.

【남명 송】얼굴에 불어 서늘함이 다할 때가 없도다. 뿌리 아래 복령茯苓은 신통함에 오묘함 깃들였는데, 오가는 나무꾼 몇 사람이나 알 것인가?
拂面蕭蕭無盡時. 根下茯苓神入妙, 往來樵子幾人知?

【축원 평】비둘기가 나무 위에서 운다.
鵓鳩樹上啼.

긴긴 밤 맑은 하늘 무슨 할 일이 있으랴.
永夜淸宵何所爲.

【남명 송】갈 때 가고 또 앉을 때 앉아라. 말이 뿔 두 개가 나고 항아리에 뿌리가 나도, 마침내 그대를 위해 가벼이 말하지 않으리.
行時行又坐時坐. 馬生雙角瓮生根, 終不爲君輕說破.

【영암 주】승해(勝解: 信解라고도 하며, 淨心으로 교법을 수순함을 말함)를 짓지 말라. 이것이 참된 경계이다.
莫作勝解. 是眞境界.

【법천 주】밤이 되니 달빛 창 아래 밝고, 때로는 솔바람 소리 베개 밑에 맑도다. 이러한 소식은 설사 천성이 나와서 걸림 없는 변재를 갖추었을지라도 말로는 미칠 수 없다. 한 줄기 길을 틔어, 우선 건화문에서 간략히 말에 의지해 억지로 말하자면, 이것은 문수, 보현의 대인 경계이다. 일체중생은 비록 그 가운데 살고 있으나 스스로 알지 못하고, 모든 소승인은 나아갈 수 없는 경계이다. 이 경계는 범부의 경계도 아니고 성인의 경계도 아니다. 비록 보기 어려우나 다만 목전에 있을 뿐이니, 산은 높고 바다는 넓으며 잣나무는 짧고 소나무는 길다. 버들은 푸르고 꽃은 붉으며 앵무새는 읊조리고 학은 운다. 강엔 달 비치고 소나무엔 바람 붉이여, 긴긴밤 맑은 밤에 무슨 할 일이 있겠는가? 만약 본분도인이라면 한 번 깨달음에 곧바로 하늘이 밝음에 도달하리라.

入夜月華牕底白, 有時松韻枕根淸. 此箇消息, 設使千聖出興, 具無碍辨才, 也說不及. 放一線道, 且向建化門中略憑話會, 强而言之, 此是文殊普賢大人境界. 一切衆生雖生其中而不自知, 諸小乘人不能趣向也. 此之境界不凡不聖, 雖難可見, 祇在目前, 山高海濶栢短松長. 柳綠花紅鶯吟鶴唳. 江月照, 松風吹, 永夜淸霄何所爲? 若是本分道人, 一覺直到天曉也.

【축원 평】 도둑질한 사람은 마음이 비어 있다.
作賊人心虛.

불성 계주는 심지의 도장이요,
佛性戒珠心地印,

【남명 송】 넓은 하늘과 두른 땅에 남기지 말지어다. 아득함도 움직임도 모두 함께 두었으나, 누가 오직 푸른 눈의 오랑캐(달마 대사)가 전하였다 말하리오?
普天帀地勿遺餘. 茫茫蠢蠢皆同有, 誰道唯傳碧眼胡?

【축원 평】 옛 거울을 매달려고 힘쓰지 않는다.
不勞懸古鏡.

안개·이슬·구름·노을은 몸 위의 옷이다.
霧露雲霞體上衣.

【남명 송】 옷과 몸은 예로부터 옴으로 다른 호칭이 없네. 한 물건도 가지고 오지 않았다 말하지 말라. 대지와 산하는 모두 내가 지은 것이다.

衣體從來無別號. 休言一物不持來, 大地山河皆我造.

【영암 주】 혹은 불성이라 하고, 혹은 계주라고도 하나, 사실은 모두 하나의 마음이다. 그러므로 "심지의 도장(印)"이라고 하는 것이다. 이 심인은 막힘이 없어 몸이 시방세계를 두루하며, 그러므로 안개, 이슬, 구름, 노을이 모두 체 위의 옷임을 아는 것이다.

或謂佛性, 或謂戒珠, 其實皆一心也. 故謂之心地印. 而此心印無凝, 則身徧十方, 故知霧露雲霞, 皆體上之衣也.

【범천 주】 반야는 하나의 법인데, 부처님께서 여러 가지 이름으로 설하셨다. 혹은 불성이라 하고, 혹은 계주라 하고, 혹은 심지라 하고, 혹은 심인이라 말씀하셨으나 모두 하나의 법이니, 그 공용에 따라서 각각 다른 이름을 얻은 것이다. 능히 깨달아 알기 때문에 불성이라 하였고, 밝고 맑아 때가 없기 때문에 계주라 하였고, 모든 법을 생하기 때문에 심지라 하였고, 중생(群品)들을 호령하기 때문에 인印이라 하였다. 비록 세 가지 이름이 있으나 세 가지 법은 없다. 이로 미루어 보건대, 삼라만상과 보이는 것(觸目)과 만나는 것(遇緣)과 기계(器界: 器世間)의 산하가 모두 동일한 체이다. 안개, 이슬, 구름, 노을도 모두 다른 물건이 아니므로 "안개, 이슬, 구름, 노을은 몸 위의 옷이다."라고 하였다.

般若是一法, 佛說種種名. 或謂之佛性, 或謂之戒珠, 或謂之心地, 或謂之心印, 皆一法也. 隨其功用各得異名. 能覺知故名曰佛性, 瑩淨無垢名曰戒珠, 能生諸法名曰心地, 號令群品名之曰印也. 雖有三名而無三法. 以此而推, 森羅萬象觸目遇緣, 器界山河皆同一體. 霧露雲霞盡非他物, 故曰: 霧露雲霞體上衣也.

【축원 평】하늘에 새벽이 오니 저절로 분명해진다.
天曉自分明.

【축원 주】이것은 문수와 보현의 대인의 경계이다. 헤아리고 분별해서 미칠 수 있는 것이 아니다. 옛날에 이르기를 "30년이 되어 다만 경계 이루었으니, 영원한 밤 푸른 하늘에 무엇을 하겠는가?"라고 하였다. 일찍이 뱀에 다리를 덧붙여 그리고, 자신의 마음에 불성이라 칭했음을 깨달았다. 안과 밖이 밝고 투명하여 계주라고 하며, 능히 모든 법을 내니 심지라고 이른다. 뭇 중생들을 호령하기 때문에 인印이라고 칭하였다. 비록 많은 이름이 있으나 이치는 곧 하나이다. 천지와 내가 같은 뿌리이며, 만물과 내가 같은 몸이다. 그러므로 이르기를 "안개, 이슬, 구름, 노을은 몸 위의 옷이다."라고 한 것이다.
此是文殊普賢大人境界. 非思量分別之所能及. 古云: 成三十年只作境會, 永夜淸宵何所爲? 早是畫蛇添足, 以覺自心名佛性. 表裏瑩徹曰戒珠, 能生諸法云心地, 號令羣品故名印. 雖有多名, 理卽一也. 天地與我同根, 萬物與我同體. 故云: 霧露雲霞體上衣.

【축원 송】 강에 달이 비치고, 소나무에 바람이 부니, 다시 어디에서 문수를 찾겠는가? 시방세계 예나 지금이 번갯불 치는 것과 같고, 삼천세계 순간의 바다는 하나의 여관일 뿐이다.

江月照, 松風吹, 更於何處覓文殊? 十世古今如電拂, 三千刹海一蘧廬.

〈21〉
용을 항복 받은 발우와
降龍鉢,

【남명 송】몸이 견고하니, 다 펼쳐도 허공에 통하여 도망갈 수 없다네. 대천의 사계를 일찍이 담아가니, 구름을 잡아 만 장 높이를 두려워하지 않도다.
體堅牢, 展盡空通莫可逃. 大千沙界曾盛去, 不怕拏雲萬丈高.

【축원 평】어둡기가 칠흑과 같다.
黑似漆.

범 싸움 말린 석장이여.
解虎錫.

【남명 송】소리가 허공에 아득하니, 싸움을 말리려고 일찍이 어지러운 봉우리에 날아드네. 원한과 친함이 같은 한 몸임을 알지 못하고, 왕옥산王屋山에 남긴 자취 있다고 자랑하더라.
響遙空, 分鬥曾飛入亂峯. 不識怨親同一體, 謾誇王屋有遺蹤.

【범천 주】발우와 석장은 다 도구의 명칭이다. 발우는 응량기이며, 석장은 주석 고리가 달린 지팡이로 떨쳐서 소리를 내는 것이다. "용을 항복 받은 발우와 범 싸움 말린 석장"이란 각각 인연을 따라 일어난

일에서 얻은 이름이다. "용을 항복 받은 발우"란 세존께서 화룡외도를 항복 받은 데서 기인한 것이다. 옛날에 세 가섭이 있었는데, 부처님께 귀의하여 출가하였다가 도심을 잃고서 화룡을 섬기는 외도가 되었다. 부처님께서 그들의 근성이 이미 성숙된 것을 보시고, 곧 그들을 찾아가 제도하려 하셨다. 그때 그들이 있는 곳에 가서 유숙할 곳을 구하자 당시 가섭이 말하기를 "여기에는 주무실 만한 빈 방이 없고, 화룡석굴뿐입니다. 그래도 주무시겠습니까?"라고 하니, 부처님께서 그곳에서 유숙하셨다. 한밤중에 화룡이 신통을 나타내어, 콧구멍에서는 연기가 나오고 비늘에서는 불이 나와 치열한 불덩어리가 되어 주변을 돌면서 부처님을 해치려고 하였다. 그때 세존께서 곧바로 자비의 마음을 일으켜 삼매화三昧火를 나타내어 점점 밝게 비추시자, 화룡의 독한 불이 도리어 제 몸을 불태워 도망칠 곳이 없었다. 오직 세존의 발우 속이 맑고 시원하며 넓고 큰 것을 보고서 스스로 몸을 던져 발우 속으로 들어갔다. 그러므로 "용을 항복 받은 발우"라고 하였다. "범 싸움 말린 석장"이란 고승 혜조 선사(慧稠禪師, 480~560)가 회주 왕옥산에서 선정을 익히다가 범 두 마리가 싸우는 것을 보고서 석장을 가지고 그 가운데에 넣어 떼어놓아 각각 스스로 떨어져 되돌아가도록 하였던 인연으로 하여 마침내 이렇게 칭하게 되었다. 그러므로 "용을 항복 받은 발우와 범 싸움 말린 석장이여."라고 하였다.

鉢盂錫杖皆道具之名也. 鉢盂卽應量器也, 錫杖者, 振作錫聲也. 所言降龍鉢解虎錫者, 各隨緣起而得名. 降龍鉢者, 因世尊降火龍外道也. 昔者有三迦葉投佛出家, 退失道心, 侍火龍外道. 佛觀其根性旣熟, 卽往度之. 爾時往彼求宿, 時迦葉言: 此無空室可宿, 唯有火龍石窟. 還可宿否? 佛往彼宿. 是時中夜火龍現通, 鼻中出烟鱗甲生火, 逡巡熾然欲害於佛. 爾時世尊卽起慈心, 現三昧火, 漸漸明瑩, 火龍毒火返自燒身無處逃避. 唯見世尊寶鉢之中淸涼廣大, 乃自投身入於鉢內. 故名降龍鉢也. 解虎錫者, 始因高僧稠禪師在懷州王屋山習定, 見二虎鬪, 卽以錫杖以中解之, 二虎各自分去, 遂此名焉. 故云: 降龍鉢解虎錫也.

【축원 평】 밝기가 해와 같다.
明如日.

두 큰 고리(鈷)에 달린 여섯 개의 쇠고리(金環) 또렷이 울림은
兩鈷金環鳴歷歷.

【남명 송】 다만 이 원만히 통함을 지남으로 삼을 뿐이네. 만약 관음이 참으로 머무는 곳을 보거든, 바야흐로 보타암이 있지 않음을 알 것이다.
只此圓通爲指南. 若見觀音眞住處, 方知不在寶陀嵓.

【범천 주】 "두 큰 고리(鈷)"는 진·속 이제二諦를 나타낸 것이고, "여섯 개의 쇠고리(六環)"는 육바라밀을 나타낸 것이며, 중심中心은 중도를 나타낸 것이다. "또렷이 울림"이란 석장을 떨칠 때 나는 소리니, 상근대지(上士)가 그 소리를 들으면 바로 도에 들어갈 수 있다. 소승의 석장은 네 큰 고리(四鈷)와 열두 개의 쇠고리(十二鐶)로 되어 있으니, 네 큰 고리는 사제四諦를 나타낸 것이고, 열두 개의 쇠고리는 십이인연을 나타낸 것이며, 중심의 부도(浮圖: 탑 모양)는 주지삼보住持三寶를

나타낸 것이다. 만약 납승의 수중에 들어가 있다면 어떻게 나타내
보일까? 다만 저 영가 대사께서 당시에 석장을 가지고 조계에 가서
육조를 친견할 때에 선상을 세 바퀴 돌고 크게 떨쳐 한 번 내려쳤으니,
말해 보아라. 어느 쪽 일을 이루어냈는가? 눈 밝은 납승은 시험 삼아
정당하게 보아라.

兩鈷者, 表眞俗二諦也, 六鐶者, 表六波羅蜜也, 中心表中道也. 鳴歷歷
者, 振錫之聲, 上士聞之卽可入道. 小乘錫杖卽四鈷十二鐶也, 四鈷表四
諦, 十二鐶表十二因緣, 中心浮圖表住持三寶也. 忽若在衲僧手中何如
表示? 祇如大師當時持往曹溪親見六祖, 遶禪床三匝, 大振一下, 且道.
成得什麼邊事? 明眼衲僧試定當看.

【축원 평】위아래 사방에 같은 짝이 없다.
上下四維無等匹.

이것은 모양을 내려고 헛되이 가지고 다니는 것이 아니라,
不是標形虛事持,

【남명 송】들은 것으로 인하여 스스로 회향하게끔 하고자 하였네.
홀연히 들은 곳에서 찾아 자취가 없으면, 다시 가섭의 옛 시절의
모습을 보라.
欲使因聞自迴向. 忽於聽處覓無蹤, 更看迦葉古時樣.

여래께서 보배 지팡이를 가지고 다니시던 그 자취를 친히 따른

것이로다.
如來寶杖親踪跡.

【남명 송】 능히 생령의 그물을 끊느니라. 양고兩鈷와 여섯 고리가 비록 좋은 표시이나, 전제全提를 알지 못한다면 족히 많지 않도다.
能與生靈斷網羅. 兩鈷六鐶雖善表, 不識全提未足多.

【영암 주】 곧 발우와 석장이다. 예전에 여래가 쇠 석장으로 화룡외도를 항복시켰다. 조 선사[66]가 석장으로 호랑이의 싸움을 말린 것이나 모두 일로 인해 이름을 세운 것이다. 이 두 물건은 모두 여래가 교화를 행하는 도구이니, 입멸하실 때 나무 위에 걸어 남겨놓고 대개 후세 자손들에게 머무르게 했으니, 어찌 헛된 표시의 형상으로 일을 속이며 버티겠는가?
則鉢盂錫杖也. 昔如來, 以金錫, 降火龍外道. 稠禪師, 以錫解虎鬥, 皆因事立名. 此二物, 皆如來行化之具, 於入滅時, 遺掛樹上, 蓋留與後世子孫, 豈虛標形狀, 而謾事持?

【범천 주】 이것은 밖으로 위의를 나타내거나 그 모습을 드러내려고 지녀야 할 것임을 공연히 스스로 말한 것은 아니다. 그러므로 보공이 말하기를 "대장부가 석장을 지니고 다니면 당당하여 어느 곳에서나 자유롭게 노닐며, 온갖 것들이 그를 해칠 수 없고 견고함이 금강과

---

66 북제北齊 때 승조(僧稠, 480~560) 선사를 말한다.

같다."라고 하였으니, 어찌 공연히 석장을 가지고 다니겠는가. "부처님 께서 보배 지팡이를 가지고 다니시던 그 자취를 친히 따른 것"이란, 경전에 이르기를 "부처님께서 비구에게 이르시기를, 너희는 석장을 받아 지니도록 하라. 왜냐하면 과거 여래와 현재 모든 부처님께서 모두 가지고 다녔기 때문이다."라고 하였으니, 성인을 나타내는 기치 로 삼은 것이다. 그러므로 "부처님께서 보배 지팡이를 가지고 다니시던 그 자취를 친히 따른 것이다."라고 하였다. 만약 알지 못하면 덕산 노인에게 물어보라.

不是外現威儀標其形體虛然自謂任持也. 故寶公云: 丈夫運用堂堂, 逍遙自在無方, 一切不能爲害, 堅固猶若金剛. 豈虛事持耶? 如來寶杖親蹤跡者, 經云: 佛告比丘, 汝等應受持錫杖. 所以者何? 過去如來現在諸佛皆執持故. 爲聖人標幟也. 故曰: 如來寶杖親蹤跡也. 如或不薦, 問取德山老人.

【축원 평】 달마가 십만 리 먼 서쪽에서 와서, 도리어 양나라 왕을 대하면서 모른다고 말하였다.

達磨十萬里西來, 卻對梁王道不識.

【축원 주】 발우는 공양을 받고, 석장은 마를 물리친다. 이 두 가지는 승가에서 몸에 지니고 다니는 도구이다. "용을 항복시킨 발우와 호랑이의 싸움을 말린 석장"이라고 하였으니, 각기 연기에 따라서 그 이름을 얻은 것이다. 옛날에 세존이 화룡을 발우 속에서 항복시키고, 고승이 호랑이 두 마리를 석장으로 화해시켰다. 꾸미기 번거로워 서술하지

않으나, 이 두 가지 일은 진제와 속제를 나타내는 것이다. 여섯 개의 고리라는 것은 육바라밀을 나타내는 것이다. 중심이란 것은 중도를 나타내는 것이다. 진각(현각 선사)이 조계에 가서 평상을 세 번 돌고 석장 지팡이를 한 번 치니, 대개 스스로 한 것이 있었지, 위의를 밖으로 드러내고자 허투루 지닌 것이 아니었다. 경전에 이르기를 "부처님께서 비구에게 이르시기를, 너희는 석장을 받아 지니도록 하라. 왜냐하면 과거 여래와 현재 모든 부처님께서 모두 가지고 다녔기 때문이다."라고 하였다. 경전에 이르기를, 부처님이 비구에게 고하기를 너희들이 마땅히 지팡이를 받은 까닭이 무엇이냐. 과거의 여래와 현재의 제불들이 모두 지니고 있는 까닭에 성인의 표식이 된 것이다. 그러므로 이르기를 "여래께서 보배 지팡이를 가지고 다니시던 그 자취를 친히 따른 것이로다."라고 한 것이다.

鉢盂應供, 錫杖降魔. 此二者是僧家隨身道具也. 所謂降龍鉢解虎錫, 各隨緣起而得其名. 昔世尊降火龍於鉢中, 高僧解二虎於錫下. 文繁茲不具述, 兩股者表眞俗二諦也. 六環者表六波羅蜜也, 中心者表中道也. 眞覺往曹谿遶牀三币振錫一下, 蓋有所自, 不是外現威儀虛虛事持耳. 經云: 佛告比丘, 汝等應受持錫杖. 所以者何? 過去如來現在諸佛皆執持故. 爲聖人標幟也. 故云: 如來寶杖親踪跡.

【축원 송】 용을 항복시킨 발우와 호랑이의 싸움을 말린 지팡이다. 얼굴을 보고 근기에 맞게 친히 밀어내어, 삼천 년의 말을 다시 좇지 않네. 하루에 나는 두 번이나 젖었도다.

降龍鉢, 解虎錫. 覷面當機親托出, 三千年話不復追. 一日還我兩度湮.

⟨22⟩
참됨도 구하지 않고,
不求眞,

【남명 송】참됨을 구함에 바로 멀리해야 할 것과 가까이해야 할 것이 있다. 시험 삼아 금가루를 뿌리면 두 눈이 편안할까? 비록 귀하더라도 어떻게 사람에게 장애가 되지 않겠는가!
求眞便是有疎親. 試將金屑安雙眼? 雖貴如何不礙人!

【축원 평】상주의 남쪽이다.
湘之南.

망상도 끊지 않음이여.
不斷妄.

【남명 송】망령됨과 참됨의 근원은 같은 하나의 상相이다. 일찍이 강 위에서 파도타기 즐기는 사람을 보았는가? 물을 좋아하며 파도를 싫어한다는 것을 듣지 못했네.
妄與眞源同一相. 曾看江上弄潮人? 未聞愛水嫌波浪.

【축원 평】담주의 북쪽이다.
潭之北.

두 법이 공하여 모양 없는 줄 앎이로다.
了知二法空無相.

【남명 송】 참됨과 망령됨을 잊었더니, 망령됨이 참이라. 만약 참된 것이라고 한다면 다시 망령된 것이며, 만약 참됨과 망령됨을 모두 잊어도 또한 사람을 걱정하네.
眞妄忘來妄是眞. 若謂是眞還是妄, 若忘眞妄更愁人.

【범천 주】 참됨을 구하지 않기 때문에 범부의 법을 초월하고, 망상을 끊지 않는 까닭에 이승의 법을 초월한다. 이승의 사람은 망상을 버리고 참됨을 구하고, 번뇌를 끊고 보리를 구하여 유위의 열반을 증득한다. 그러므로 구경, 출리의 도가 아니다. 대승의 사람은 다시 참됨을 구하지 않고 망상도 끊지 않으니, 바로 진과 망의 두 법이 본래 무상함을 알기 때문이다. 그러므로 보공이 말하기를 "머리도 없고 손도 없다. 세계가 무너질 때도 그것은 썩어 없어지지 않는다."라고 하였으니, 그러므로 "두 법이 공하여 모양 없는 줄 안다."라고 하였다.
不求眞, 故越凡夫法也, 不斷妄, 故越二乘法也. 二乘之人弃妄求眞, 斷煩惱求菩提, 證有爲涅桦. 故非究竟出離之道也. 大乘之人更不求眞亦不斷妄, 則知眞妄二法本無相狀. 故寶公云: 也無頭, 也無手. 世界壞時渠不朽. 故云: 了知二法空無相也.

【축원 평】 그 가운데 황금이 있어 온 나라를 채운다.
中有黃金充一國.

모양도 없고 공함도 없고 공하지 않음도 없음이
無相無空無不空,

【남명 송】 가고 옴도 없으니 그칠 것도 없다. 소나무 아래 맑은 바람이 이끼를 다 쓸어버렸네. 초가집 암자가 의구하게 흰 구름 속에 있네.
無去無來無所止. 松下淸風埽盡苔, 茅菴依舊白雲裏.

곧 여래의 진실한 모양이로다.
卽是如來眞實相.

【남명 송】 밝은 달 갈대꽃은 빛이 가지런하지 않도다. 넓은 눈으로 그때를 찾을 곳 없네. 밤에 비가 내려 찬 시냇가에서 묵었네.
明月蘆花色莫齊. 普眼當時無覓處. 夜來和雨宿寒溪.

【영암 주】 참됨과 망령됨을 세우지 못하니, 무상함이 분명하다. 무상함은 비어 있는 것이다. 그러므로 또한 모름지기 공이 없어야 한다. 만약 공이 없으면 불공도 없다. 이것이 곧 여래이며, 진실한 상이다. 예컨대 『금강경』에 이르기를 "여래는 일체의 모든 상은 상이 아니라고 설하셨다."라고 하니, 이것을 진상이라고 한다.
眞妄不立, 了然無相. 無相則空存. 故亦須無空. 若無空, 則無所不空. 此卽如來, 眞實之相矣. 如金剛經云: 如來說一切諸相非相. 是名眞相.

【범천 주】위의 구절은 거듭 자취를 떨쳤고, 아래 구절은 바로 진제를 밝혔다. 위에서 말한 "참됨도 구하지 않고 망상도 끊지 아니하여 두 법이 공하여 모양이 없는 줄 안다."라고 말한 것으로 인하여 영가 대사께서는 후세 사람들이 공하여 모양이 없는 데 떨어질까 걱정한 것이다. 그러므로 이런 구절을 두어 일일이 지시한 것이다. "모양이 없다"는 것은 곧 모든 사법事法이 없음이요, "공함이 없다"는 것은 곧 모든 이법理法이 없음이요, "공하지 않음도 없다"는 것은 능히 버리는 법도 또한 공하다는 것이다. "곧 여래의 진실한 모양"이라는 것은 곧 여래의 모양 없는 미묘한 법문에 들어가는 것이다.

上句展轉拂迹, 下句直明眞諦也. 因上所言不求眞不斷妄了知二法空無相, 永嘉切恐後人落在空無相中. 故有此點示也. 言無相者, 卽無諸事法也, 無空者, 卽無諸理法也. 無不空者, 則能遣之法亦空也. 卽是如來眞實相者, 卽入如來無相微妙法門也.

【축원 평】그늘 없는 나무 아래서 같은 배를 만났는데, 유리로 된 전각 위에는 아는 이가 아무도 없도다.

無影樹下合同船, 琉璃殿上無知識.

【축원 주】참됨과 망령됨 두 법은 본래 가명이다. 두 견해를 끊기를 구하는 것도 허망함이다. 저 범부가 작은 결과를 위하여 망령됨을 끊고 참됨을 구하면 함이 있는 열반을 증득한 것이니, 구경이 아니다. 『법화경』에 이르기를 "다만 헛된 망령됨을 여읜 것을 해탈이라고 칭하는데, 실제로 일체의 해탈을 얻은 것은 아니다."[67] 하였다. 만약

원돈의 근기라면 두 법이 본래 빈 것이며, 상도 없고 이름도 없음을 깨달아 알 것이다. 영가는 후인들이 비어서 상이 없는 가운데서 막힐 것을 걱정하여 다시 상도 없고 공함도 없으며 공하지 않음도 없다고 말씀하셨으니, 곧 여래의 진실상이다. 대개 수행해 증득하는 공력이 다르니, 언사言思의 길을 다한 것이다.

眞妄二法本是假名. 求斷二見亦是虛妄. 爲彼凡夫小果斷妄求眞證有爲涅槃, 非究竟也. 法華經云: 但離虛妄名爲解脫, 其實未得一切解脫. 若是圓頓之機, 了知二法本空, 無相無名. 永嘉恐後人滯在空無相中, 復言無相無空無不空, 卽是如來眞實相. 蓋修證之功不齊, 言思之路盡矣.

【축원 송】 참됨을 구하지도 않고, 망령됨을 끊지도 않는다. 끊기를 구하려고 하늘과 땅의 거리를 두니, 만약 사람들이 다시 어떻게 하냐고 물으려 하면, 등짝을 연달아 몽둥이 30번을 내려치겠노라.

不求眞. 不斷妄. 擬欲斷求隔天壤, 若人更欲問如何, 劈脊連聲三十棒.

---

67 (後秦)鳩摩羅什譯, 『妙法蓮華經』, "譬喩品"(大正藏 9, p.10b)

〈23〉
마음 거울 밝아
心鏡明,

【남명 송】멀고 가까운 곳을 비추니, 맑은 해가 허공에 떠올라 비교하기 어렵도다. 한 조각 차가운 빛이 맑아 흐르지 않으니, 대천사계가 이로부터 일어났도다.
耀邇遐, 杲日昇空難可比. 一片寒光湛不流, 大千沙界從玆起.

【축원 평】신령스런 빛이 환하게 빛난다.
靈光洞耀.

비침에 걸림 없음이여,
鑒無礙,

【남명 송】털끝도 끊으니, 만 가지 상태와 천 가지 형상을 함께 알지 못하도다. 고요한 빛 속에 사람이 떠난 후에, 코에 눈썹 털처럼 난 이 누구였던가?
絶毫釐, 萬狀千形共不知. 寂寂光中人去後, 鼻似眉毛是阿誰?

【축원 평】육근·육진을 멀리 벗어났네.
迥脫根塵.

확연히 밝게 사무쳐 모래알처럼 많은 세계에 두루하도다.
廓然瑩徹周沙界.

【남명 송】서로 본다면 완전히 옛날 얼굴이 아니네. 여태껏 찾은 곳 없다고 말하지 말게. 꼬리 흔들며 남산에 오를 때 있으리.
相見全非舊日顔. 莫謂從來無覓處. 有時擺尾上南山.

【법천 주】마음의 거울이 이미 밝아 사물을 비추어 봄에 걸림이 없다. 전傳에 이르기를 "모든 지혜로운 자는 비유로써 이해할 수 있다."라고 하였다. 마음을 밝히는 선비는 그 마음이 마치 밝은 거울과 같아서 능히 온갖 형상을 맞이하여 모두 그 가운데 들어가되 막히거나 걸림이 없어서 청정하고 함용함이 끝이 없다. 옛 스님이 말하기를 "거울을 깨뜨리고 그대와 서로 본다."[68]라고 하였으니, 온 시방세계가 하나의 거울이라는 것이다. 어느 곳을 향하여 손을 댈까? 만약 여기에서 깨달으면 신령스러운 광명이 뚫고 새어나와 그것을 덮을 곳이 없을 것이다. 그러므로 "확연히 밝게 사무쳐 모래알처럼 많은 세계에 두루한다."라고 하였다.

心鏡旣明, 鑒物無碍. 傳曰: 諸智慧者以譬喩得解. 明心之士其心猶如明鏡, 能接衆象盡入其中, 無有窒碍, 淸淨含容無有邊際. 古德云: 打破鏡來與汝相見. 盡十方世界是一面鏡. 且向什麽處下手? 若向這裡薦得, 靈光透漏無蓋覆處. 故云: 廓然瑩徹周沙界也.

---

68 (宋)紹隆等編,『圓悟佛果禪師語錄』卷7(大正藏 47, p.745b) "打破鏡來與汝相見."

【축원 평】 체에 진상이 드러나니, 문자에 얽매이지 않는다.
體露眞常不拘文字.

삼라만상의 그림자 그 가운데 나타나니,
萬象森羅影現中,

【남명 송】 법마다 빈 것도 아니고 또 진실한 것도 아니다. 명名이니 상相이니 본래 태어남 없으니, 털 많은 사자가 한 털에 마침이로다.
法法非虛亦非實. 是名是相本無生, 衆毛師子一毛畢.

【법천 주】 하늘에 있어 찬란히 빛남이라 우러러 관찰하는 것을 만상이라 하고, 땅에 있으매 우뚝 드높음이라 굽어 살피는 것을 삼라라 한다. 전傳에 이르기를 "삼라와 만상은 한 법의 도장을 찍은 것이다."[69]라고 하였으니, 어찌 밖으로부터 얻은 것이겠는가? 다만 일체중생의 일념심 가운데 광영光影으로 나타나는 데 있다. 그러므로 "삼라만상의 그림자 그 가운데 나타난다."라고 하였다.
在天燦然, 仰而觀之謂之萬象, 在地卓爾, 俯而察之謂之森羅. 傳曰: 森羅及萬象, 一法之所印. 豈從外得耶? 祇在一切衆生一念心光影現之中. 故云: 萬象森羅影現中也.

---

[69] 이 구절은 失譯의 『佛說法句經』(大正藏 47, p.745b)에 보이고, 僧肇의 저술로 알려진 『寶藏論』(大正藏 45, p.148c)과 宋代 延壽의 『宗鏡錄』 등에 여러 차례 인용되고 있다.

【축원 평】 마음의 성품은 오염되지 않아 본래 스스로 원만함을 이룬다.
心性無染本自圓成.

한 덩이 둥근 광명, 안과 밖이 없도다.
一顆圓光非內外.

【남명 송】 가까워 형상이 없으며 멀어 끝이 없도다. 아이는 알지 못하고 헛되이 이름을 지어 말하기를, 도리어 둥근 것을 월륜 같다고 하네.
近無形狀遠無垠. 兒童不識空名邈, 却道團團似月輪.

【영암 주】 마음의 거울이 밝고 깨끗하여 시방세계를 환히 꿰뚫으니, 삼라만상이 어찌 그림자를 피하겠는가!
心鏡明淨, 洞徹十方, 萬象森羅豈逃影.

【법천 주】 "한 덩이 둥근 광명, 안과 밖이 없다."라는 것은 한 점의 광명은 겉도 없고 속도 없으니, 신령스럽고 찬란하게 빛나 시방에 밝게 사무쳐 안팎이 없다는 것이다. 그러므로 승조 법사가 말하기를 "만법을 모아 자기에게로 귀결하는 자는 성인이 될 것이다."라고 하였다.
一顆圓光非內外者, 一点光明無表無裏, 靈明烜赫瑩徹十方, 無有內外.
故肇法師云: 會萬法皈於自己者, 其爲聖人乎.

【축원 평】 다만 망령된 인연을 여의면 곧 그대로 여여불이로다.

但離妄緣卽如如佛.

【축원 주】 마음의 빛이 환히 꿰뚫어 사물에 융화되지 않음이 없다. 고요히 강모래 비추니 조금도 걸림이 없더라. 마치 거울을 경대에 걸어놓으면 호인胡人이 오면 호인을 나타내고, 한인漢人이 오면 한인을 나타내는 것과 같다. 빛마다 서로 나열하고 그림자마다 서로 비추어 서로 번갈아 융통하고 서로 교대로 거두어들이니, 끝없는 세계에서 나와 남이 털끝만큼도 간격이 없다고 하였다. 시방세계의 예와 지금에 시작과 끝이 한 생각에서 떠나지 않고 있다. 사성, 육범과 삼라만상이 모두 나의 오묘한 밝음으로부터 흘러나와, 이에 이쪽에서 다른 경계에 던져지게 되어 수미산이 겨자씨 속에 들게 되었으니, 또한 이 마음의 상분常分이며, 다른 수단을 빌리는 것이 아니다.

心光洞徹無物不融. 寂照河沙了無罣礙. 如鏡當臺胡來胡現漢來漢現. 光光相羅影影相照, 遞相融通交相涉入, 可謂無邊刹境自佗不隔於毫端. 十世古今始終不離於當念. 四聖六凡森羅萬象皆從吾妙明中流出, 乃至擲此方於他界, 納須彌於芥中, 亦此心之常分, 非假於佗術也.

【축원 송】 마음의 거울은 밝아 보는 데 걸림이 없다. 큰 속에서 작은 것이 나타나고, 작은 것 속에서 큰 것이 나타나니 법마다 한결같고, 티끌 하나하나가 삼매이다. 면전에다 던져도 새까만 칠통 같아 알지 못하도다.

心鏡明, 鑒無礙. 大中現小, 小中現大, 法法一如, 塵塵三昧. 抛向面前, 漆桶不會.

〈24〉
텅 빈 공으로
豁達空,

【남명 송】마구니가 유혹하는 바이니, 오직 만물이 모두 있음이 없다고 말하네. 갈 길이 오히려 멀거늘 해가 이미 서쪽으로 기우니, 홀로 상갓집에 있는 개처럼 가엽구나.
魔所誘, 只言萬物都無有. 去路猶賖日已西, 可憐獨似喪家狗.

【축원 평】지나쳐버리면 안 된다.
不可放過.

인과를 쓸어버렸는데,
撥因果,

【남명 송】다시 슬퍼하는 듯하니, 미혹되어 평탄한 길 잃으니 어둡고 미치겠노라. 다른 때의 고초를 친히 받은 곳에서야 비로소 선업과 악업을 잊음이 어려운 줄 알았다네.
更堪傷, 迷失夷途暗且狂. 苦楚他時親受處, 始知善惡業難忘.

【축원 평】지나쳐버리면 안 된다.
放過不可.

아득하고 끝없이 앙화를 부르니,
莽莽蕩蕩招殃禍,

【남명 송】 악한 것은 뉘우쳐 고치지 못하고 착함은 닦지 못하네. 깨달음 없고 미혹됨 없으니, 입만 열면 이것이니, 진흙 소가 아직 이르지 않았으니 끝내 그만두기 어려우리라.
惡不加悛善不修. 無悟無迷開口是, 泥犁未到卒難休.

【범천 주】 "텅 빈 공(豁達空)"이란 서천의 외도들이 닦았던 단멸의 공이며, "인과를 쓸어버렸다"는 것은 언제나 공에 집착하여 인과를 부정하여 없다고 하는 것이다. 그러므로 세간과 출세간, 인간과 천상의 모든 인과와 선악 등의 업은 털끝만큼도 어긋나지 않음을 알 수 있다. 경전에 이르기를 "가령 백천 겁이 지난 뒤라도 지은 업은 잊히지 않아서 인연을 만날 때 스스로 과보를 받는다."라고 하였다. 외도들은 이러한 법을 알지 못하므로 인과에 어두우니, 이미 단멸의 견해에 떨어져 불러들인 앙화는 이루 다 말할 수 없다. 비유하자면 큰 바다가 끝없이 넓고 아득하여 끝이 없는 것과 같다. 그러므로 "아득하고 끝없이 앙화를 부른다."라고 하였다.
豁達空者, 乃西天外道所修斷滅空也, 撥因果者, 一向著空撥無因果也. 故知世出世間人天一切因果善惡等業毫髮不差. 經云: 假使百千劫, 所作業不忘, 因緣會遇時, 果報還自受. 且外道不知此法故迷因果也, 旣落斷滅之見, 所招殃過不可言說. 譬若大海漭漭蕩蕩無有邊表. 故云: 漭漭蕩蕩招殃過也.

【축원 평】 때려죽인들 무슨 죄가 있겠는가?
打殺有甚麼罪過?

'유'를 버리고 '공'에 집착하는 병이 또 그러하니,
棄有著空病亦然,

【남명 송】 '공'을 버리고 '유'를 취함도 또한 이와 같도다. 바리때 자루 가져 왔지만 밤이 아직 밝지 않을 때, 노로(육조)도 다만 송곳 머리의 날카로움만 보았네.
背空取有還如是. 鉢袋持來夜未央, 老盧只見錐頭利.

【축원 평】 남쪽을 때리니 북쪽으로 움직인다.
打著南邊動北邊.

마치 물은 피했으나 불에 뛰어듦과 같도다.
還猶[70]如避溺而投火.

【남명 송】 물과 불이 비록 다르지만 해를 주는 데 어찌 차이가 있겠는가. 만약 황폐한 밭에 들어가 손 가는 대로 얻는다면, 발걸음을 옮기는 수고로움 없이 바로 집에 돌아간다.
水火雖殊害豈差. 若入荒田隨手得, 不勞移步便還家.

---

70 【남명 송】 번본에는 "猶如避溺而投火"라고 되어 있다.

【범천 주】 만약 '있음'의 견해를 버렸으나 '없음'의 견해에 집착하면 그 병 또한 같은 것이다. 그러므로 옛 스님이 말하기를 "마음을 한 곳에 집중하여 생각을 거두어들이고, 일을 거두어 공空으로 돌리고, 눈을 깜박이지도 않고 움직이지도 않고, 눈을 감아 눈동자를 감추어 생각이 일어나면 문득 깨뜨려 제거하고, 미세한 생각이 막 일어나자 곧 막아 억누른다면, 이와 같은 견해는 바로 공에 떨어진 외도이며, 혼이 흩어지지 아니한 죽은 사람이다."라고 하였다. 그러므로 "있음은 버렸으나 공함에 집착하는 것도 병이기는 같다."[71]라고 하였다. 비유하자면 어떤 사람이 큰물에 빠지는 것은 피했으나 불 속에 뛰어드는 것과 같다. 그러므로 "물은 피했으나 불에 뛰어듦과 같다."라고 하였다.

若弃其有見而著無見, 則其病亦然也. 故古德云: 便擬凝心斂念, 攝事皈空, 不瞬不動, 閉目藏睛, 隨有念起卽便破除, 細想纔生卽便遏捺, 如斯見解正是落空外道, 魂不散底死人. 故云: 弃有著空病亦然也. 譬如有人避大水之溺而投火燧之中. 故云: 還如避溺而投火也.

【축원 평】 발아래를 보아라.

看脚下.

【축원 주】 영가는 이미 바른 견해를 깨달아, 저 삿된 배움이 줄곧 헛되이 발무인과(撥無因果: 허무에 빠져 모든 律儀를 부정함)에 집착할

---

71 이 구절은 (宋)宗杲, 『正法眼藏』卷三之上(『卍續藏』67, p.615a) "便擬凝心斂念, 攝事歸空, 閉目藏睛, 纔有念起旋旋破除, 細想纔生卽便遏捺, 如此見解卽是落空亡底外道, 魂不散底死人"을 인용한 것으로 보인다.

것을 걱정하였다. 따라서 "아득하고 끝없이 수많은 것들을 금하는 것도 없고 제제함도 없이 망령되이 앙화를 부른다."라고 말한 것이다. 비유컨대 비겁한 사람이 스스로 제왕이라고 하면서 망령되이 죄인을 잡아 죽이는 것과 같다. 만약 '있음'의 견해를 버리고서 '없음'의 견해에 집착하면 그 병도 또한 그러하다. 그러므로 이르기를 "마치 물은 피했으나 불에 뛰어듦과 같도다."라고 한 것이다.

永嘉旣悟正見, 愍彼邪學一向著空撥無因果. 所以道莽莽蕩蕩無禁無制妄招殃禍. 譬如懦夫自號帝王妄取誅戮. 若棄有見而著無見, 其病亦然. 故云: 還如避溺而投火.

【축원 송】 텅 빈 공(豁達空)으로 인과를 쓸어버렸네. 가져온 하나하나마다 허물에 따라 생겨나니, 만약 몸을 잊음과 마음을 죽인다면, 이는 의사라도 고치기 어려워 병을 크게 만들 것이로다.

豁達空, 撥因果. 拈來一一生按過, 若更忘身與死心, 這个難醫病轉大.

〈25〉
망심을 버리고
捨妄心,

【남명 송】 마음을 가지고 망령됨을 없애니 망령됨이 도리어 깊어지리라. 망령됨이 바로 진실임을 깨달아 진실을 두지 않는다면, 한 가닥 삼베 실에 두 개의 바늘이네.
將心除妄妄還深. 了妄卽眞眞不有, 一條麻線兩條針.

【축원 평】 바다 밑에서 바늘을 찾는다.
海底摸鍼.

진리를 취함이여,
取眞理,

【남명 송】 작은 조개와 작은 고기는 아름답지 않도다. 목녀가 구름을 뚫고 웃음 그치지 못하니, 큰 바다 밑에 붉은 티끌이 일어나네.
片甲纖鱗未爲美. 木女穿雲笑不休, 大洋海底紅塵起.

【축원 평】 허공에서 솔기를 찾는다.
空中索縫.

취하고 버리는 마음이 교묘한 거짓을 이루도다.
取捨⁷²之心成巧僞.

【남명 송】 참됨과 허망함은 모름지기 성품이 다르지 않음을 알리라. 반은 소멸하고 반은 태어나 지극한 도(至道)를 닦으면, 도리어 나무에 올라 부용과 연꽃 바라보는 것과 같네.
眞妄須知性不殊. 半滅半生修至道, 還如登木望芙蕖.

【영암 주】 참됨과 허망함이 평등하고, 취함과 버림이 하나와 같은데, 의심을 드러냄에 교묘한 거짓을 이룬다. 이런 까닭에 고덕은 "두 가지 길을 절단하고서, 집에 돌아가 편안하게 앉아라."라고 하였다.
眞妄平等, 取捨一如, 如纔生疑心, 卽成巧僞. 是以古德云: 截斷兩頭路, 歸家穩坐.

【범천 주】 만약 허망한 마음을 버리고 진여의 이치를 취하고자 하면, 취하고 버리는 마음이 교묘한 거짓의 행위를 이룬다. 전傳에 이르기를 "한쪽을 취하고 한쪽을 버리면 쓸데없이 허망한 생각을 더하고, 자성을 집착하거나 자성을 피하면 더욱 본원을 잃는다."라고 하였다. 그것은 '공함'과 '있음' 둘 다 잊어버림으로 말미암아 일미가 쌍으로 환하게 드러나, 뚝 끊어진 자리에 있으면 바로 번뇌의 근본이 참으로 허망하지 않은 것이다.

---

72 4)번본에서는 '숨'로 표기함.

그러므로 나산(道閑) 선사가 말하기를 "거칠게 먹으면 배부르기 쉽고, 미세하게 꼭꼭 씹으면 배고프기 어렵다."73라고 하였으니, 근본이 어긋나 달라진 것은 진실로 스스로 그르침으로 말미암은 것이다. 반야를 배우는 사람은 여기에 이르러 간절히 자세하게 체득하여 구하여야 할 것이다.

若捨虛妄之心, 欲取眞如之理, 則取捨之心成巧僞之行也. 傳云: 取一邊, 捨一邊, 徒增妄慮, 執自性, 逃自性, 轉失眞源. 其由空有兩忘一味雙顯, 居斷絕地, 卽煩惱根, 信不誣矣. 故羅山云: 麤飡易飽, 細嚼難飢. 根本差殊, 良由自錯. 學般若之人到此切須子細體究.

【축원 평】 털끝만큼의 차이로 천리를 잃는다.
差之毫釐失之千里.

배우는 사람이 깨닫지 못하고 수행하니,
學人不了用修行,

【남명 송】 깨달아 수행함이 어찌 허망하겠는가? 만약 옹기를 울려 종소리를 낸다면, 다만 진실도 없고 아울러 스스로 속이는 것이네.
了得修行豈虛妄? 若將瓮響作鐘聲, 不獨無實兼自誑.

【축원 평】 병든 눈에 허공이 어릿거리게 보인다.

---

73 (宋)宗杲,『正法眼藏』卷一之上(『卍續藏』67, p.560c)에서는 이 구절이 保寧仁勇和尙의 "示衆"에서 인용한 것으로 되어 있다.

病眼見空花.

진실로 도적을 오인하여 아들로 삼으려는 꼴이 되었다.
深成認賊將爲子.

【남명 송】 망령됨을 사랑함이 마음에 얽혀 스스로 알지 못하도다. 해가 다하기를 기다렸다 그대가 스스로 보라. 가업을 황량하게 함은 또한 누구로 말미암았겠는가?
愛妄纒心不自知. 待到年窮君自看. 荒源家業更由誰?

【영암 주】 초심을 늦게 배워 유무법을 깨닫지 못하고, 열심히 고통스럽게 수행하여 삼계에서 벗어남을 구하는 것은 바로 도적을 오인하여 아들로 삼는 것과 같으니, 스스로 가보를 버려 끝내 이루지 못할 것이다.
晩學初心, 不了有無法, 勤苦修行, 求出三界, 正如認賊爲子, 自劫家寶, 終不能成就.

【법천 주】 반야를 배우는 사람이 심지법문을 요달하지 못하고, 유위의 공행을 닦는 것은 모두 구경법이 아니며 모두 유위법에 속하는 것으로, 바로 생사의 언덕에 있는 것이 마치 『능엄경』의 열 가지 신선도를 닦는 이와 모든 불요의의 권위(權位: 방편을 닦는 단계)에 있는 수행인이 모두 아직 벗어나지 못한 것과 같다. 참으로 취함과 버림의 헛되고 거짓된 마음으로 위없는 최상의 보리도를 닦아 증득하였다고 말하는

것은, 마치 세상 사람들이 도적을 오인하여 아들로 삼고서 그와 친하고자 하나 될 수 없는 것과 같다. 그러므로 "참으로 도적을 오인하여 아들로 삼으려는 꼴이 되었다."라고 하였다.

學般若之人不了心地法門而修有爲功行, 皆非究竟, 盡屬有爲, 正在生死岸頭, 如楞嚴十種修仙與諸不了義權位行人, 皆未能出離也. 良由以取捨虛僞之心而謂修證無上菩提, 猶如世人認賊爲子欲其親的無有是處. 故云: 眞成認賊將爲子也.

【축원 평】헛된 꽃은 헛된 열매를 맺는다.

空花結空菓.

【축원 주】만약 텅 비고 망령된 마음을 버리고 진여의 이치를 얻고자 한다면 취하고 버리는 마음을 잊지 못하고, 드디어 교묘하게 속여 진실하지 않은 행동을 하게 된다. 배움에 인연하는 사람들은 이 종지를 깨닫지 못하고, 다만 문하의 문 밑에서 보고 듣고 깨달아 앎이 한없이 밝고 신령스러움이 자기라고 인식하는 것은 도둑을 자식으로 깊이 알게 된다. 옛날에 이르기를 "도를 배운 사람이 진리를 알지 못하고, 다만 눈앞에 현전하는 식신識神을 알게 된다. 무량겁으로부터 내려온 생사의 근본을 어리석은 사람들은 본래인이라고 부른다."[74]라고 했다.

---

[74] (宋)道原纂, 『景德傳燈錄』 卷10, "長沙景岑傳"(大正藏 51, p.274b)의 "學道之人不識眞, 只爲從來認識神, 無始劫來生死本, 癡人喚作本來身"에서 인용된 것으로, 이 게송은 『無門關』, 『禪門拈頌』, 『正法眼藏』, 『指月錄』 등의 수많은 禪籍에서 인용하고 있으며, 『西方合論』, 『淨土十要』, 『西方直指』 등의 정토와 관련된 전적에도 인용되고 있다.

若舍虛妄之心, 欲取眞如之理, 則取舍之心未忘, 遂成巧僞不實之行也. 緣學人不了此旨, 只認箇門頭戶底見聞覺知昭昭靈靈爲自己者, 深成認賊爲子也. 古云: 學道之人不識眞, 只爲從前認識神, 無量劫來生死本, 癡人喚作本來人.

【축원 송】 망령된 마음을 버리고 진리를 취한다. 큰 바다를 버리면 빠진 몸을 깨닫게 되는 것과 같이, 다만 빠진 것을 보고 물에서 올라와 살게 될 뿐이고, 빠진 것이 사라지면 다시 물로 돌아감을 알지 못한다. 舍妄心, 取眞理. 如棄大海認漚體, 只見漚從水上生, 不知漚滅還歸水.

〈26〉
법의 재물을 잃어버리고,
損法財,

【남명 송】 공을 스스로 버리고, 삼도에 오고 가니 어느 곳을 믿겠는가? 살펴 깨달은 유래가 찰나에 있으니, 굳이 애써 고생하지 않고 앉아서 이익을 얻을 것이네.
功自棄, 往返三途何所恃? 省覺由來在刹那, 不必辛勤坐獲利.

【축원 평】 집 귀신이 들어왔다.
家鬼入來.

공덕을 없앰이
滅功德,

【남명 송】 다시 무엇을 의심하겠는가? 다섯이 문호가 되면 하나가 중매가 된다. 예로부터 보소에는 자물쇠와 관계가 없는데, 스스로 이 시대의 사람들이 즐겨 오지 않는구나.
更何猜? 五爲門戶一爲媒. 從前寶所無關鑰, 自是時人不肯來.

【범천 주】 이미 도적을 오인하여 아들로 삼았으니, 법의 재물과 공덕을 어떻게 보존해 가질 수 있겠는가? 모두 다 잃어버린 까닭에 "법의 재물 잃어버리고, 공덕을 없앰"이라고 하였다.

旣認賊爲子, 法財功德如何保任? 盡皆失去, 故云: 損法財滅功德也.

【축원 평】 도둑에 집착하는구나.
著賊了也.

심·의·식을 말미암지 않은 것이 없다.
莫不由斯心意識.

【남명 송】 예로부터 함께 머물렀는데 원수와 같으니라. 이제 이미 가업이 더불어 같으니, 한없는 진귀한 재물 다시 훔치지 못하리.
從來共住若冤讐. 如今已與同家業, 無限珍財更不偸.

【영암 주】 도가 없는 사람은 모름지기 한 마음을 내지 못한다. 마음은 마치 벽과 같아 바야흐로 도가 들어갈 수 있으나, 진실로 마음으로부터 생기면 갖가지 법들이 생기고, 마음이 사라지면 갖가지 법들도 사라진다.
無道之人, 須一心不生. 心如墻壁, 方可入道, 良由心生, 則種種法生, 心滅, 則種種法滅.

【법천 주】 "심·의·식을 말미암지 않은 것이 없다."라는 것은, 경계를 대하여 느끼고 아는 것이 목석과 다른 것을 심心이라 하고, 마음으로 헤아리는 것을 의意라 하고, 또렷하게 분별하여 아는 것을 식識이라 한다. 이 세 가지의 법으로써 갖가지 모든 현상이 천류遷流하고, 갖가지

업을 짓는 것도 모두 이를 말미암은 것이다. 전傳에 이르기를 "마음이 달라지면 천 가지 차별이 다투어 일어나고, 마음이 평안해지면 만 가지 법이 평탄하다."[75]라고 하였다. 마음이 물들면 육도와 사생이 일어나고, 마음이 공하면 하나의 도가 청정하다. 그러므로 "심·의·식을 말미암지 않은 것이 없다."라고 하였다.

莫不由斯心意識者, 對境覺知異乎木石名之曰心, 以心籌量名之曰意, 了了別知名之曰識也. 以此三法遷流種種諸行, 造作種種之業, 皆由此也. 傳曰: 心異則千差競起, 心平則萬法坦然. 心染則六道四生, 心空則一道淸淨. 故云: 莫不由斯心意識也.

【축원 평】 봄바람이 온 천지를 어지럽히고 낭자하게 만든다.
春風滿地成狼藉.

그러므로 선문에서 마음을 깨달으면,
是以禪門了却心,

【남명 송】 당당하고 우뚝하게 아침저녁을 지낼 것이다. 부처와 조사가 서로 보는 바른 길은 같으니, 큰 더위에는 서늘함이 맞이하고 추위에는 태양을 향하느니라.
兀兀騰騰度朝夕. 佛祖相看驀路同, 大暑迎凉寒向日.

---

75 (宋)延壽集, 『宗鏡錄』 卷75(大正藏 48, p.835a)에서 인용함.

【축원 평】 분명하고 분명하게 알았다고 할 때는 안 것이 아니다.
了了了時無可了.

무생의 지견력에 돈입한다.
頓入無生知見力.

【남명 송】 '무생지견'을 어찌 논하겠는가? 이따금 달을 보다가 깊은 밤을 지새우며, 얼마만큼 재齋를 구하여 먼 마을에 이르렀는가?
無生知見若爲論? 有時望月過深夜, 幾爲求齋到遠村?

【영암 주】 직하에 마음을 밝게 하면 본성을 보아 성불한다.
直下明心, 見性成佛.

【범천 주】 위에서 수행한 것은 모두 이익이 없는 것이니, 고행이 진실로 참되고 실다운 것이 아니다. 오직 반야 한 법만이 바야흐로 구경법이 된다. 『대반야경』에 이르기를 "깊고 깊은 반야바라밀다가 모든 부처님의 어머니이며, 능히 세간 모든 법의 실상을 보인 것이다."라고 하였는데, 출가한 사람들이 여기에 마음을 다하지 않는다. 그러므로 운문 대사가 사형제들에게 경책하여 말하기를 "일등은 짚신이 다 닳도록 행각하고, 부모와 스승을 버렸다면 바로 눈동자(깨달음을 의미)를 비로소 얻기 시작하였다고 할 것이다. 만약 본색(本色: 본래면목을 갖춘 선지식)을 만나면 돼지와 개를 물어뜯듯이(다른 것에는 신경을 쓰지 않는다는 의미) 목숨을 아끼지 않고 진흙에 뛰어들고 물 속에

뛰어 들어가듯 노력해야 음미할 만한 깨달음이 있을 것이다. 눈썹을 치켜세우고 발우와 걸망을 높이 걸어놓고 10년, 20년 동안 깨침을 취하려 한다면 성취하지 못할까 걱정할 것이 없다."라고 하였다. 예로부터 모든 성인들이 격발시켜 이 문중에서 마음 쓰기를 권하지 않은 적이 없다. 그러므로 "이런 까닭에 선문에서 마음을 깨달으면 무생의 지견력에 돈입한다."라고 하였다.

上來所修皆是無益, 苦行固非眞實也. 唯般若一法方爲究竟. 大般若經云: 甚深般若波羅蜜多, 是諸佛母, 能示世間諸法實相. 出家之士得不盡心於此. 是以雲門大師警策兄弟曰: 一等是踏破草鞋行脚, 抛却父母師長, 直須著些子眼睛始得. 若遇本色咬猪狗手脚, 不惜性命入泥入水相爲, 有可咬嚼. 眨上眉毛, 高掛鉢囊一十年二十年, 打取徹去. 莫愁不成辦. 從上諸聖無不擊發勸於此箇門中用心. 故云: 是以禪門了却心, 頓入無生知見力也.

【축원 평】깊고 깊고 깊은 곳도 또한 웃음거리일 뿐이다.
玄玄玄處亦須呵.

【축원 주】백 천 가지 법문이 방촌(마음)으로 함께 돌아오니, 항하 모래같이 많은 오묘한 덕이 모두 심원心源에 있다. 참으로 번뇌에 끄달림으로 말미암아 자신을 믿지 못함이 생겨 밖으로 달려 구하게 되고, 심의식心意識에서 억지로 주재하게 된다. 그러므로 법재와 공덕이 모두 줄어들어 없어지는 것이다. 한산자가 이르기를 "아! 세상 사람들을 보라. 영겁토록 어리석은 나루에 떨어졌구나. 이 뜻도 깨닫지

못하고, 도 닦는다고 헛되이 고생하네."[76] 하였다. 그러므로 선문에서 마음을 깨달으면 무생의 지견력에 돈입한다고 하니, 이른바 환단還丹이 9번 변해 무쇠를 황금으로 만들고, 지극한 진리의 말 한마디는 범인을 변화시켜 성인으로 만든다고 한 것이다.

百千法門同歸方寸, 河沙妙德總在心源. 良由勞生自信不及向外馳求, 於心意識上強作主宰. 故法財功德皆損減也. 寒山子云: 嗟! 見世間人, 永劫墮迷津. 不省這箇意, 修行徒苦辛. 是以禪門了却心, 頓入無生知見力, 所謂還丹九轉點鐵成金, 至理一言轉凡成聖.

【축원 송】 만약 심식으로 우리 종을 헤아린다면, 마치 서쪽으로 가다가 도리어 동쪽으로 가버린 것과 같다. 얼굴 가죽을 비틀어 돌리고 친히 똑똑히 보아라! 둥글고 둥근 붉은 해가 외로운 봉우리에 떠오를 것이다.

若將心識度吾宗, 恰似西行却作東. 捩轉面皮親見徹! 團團紅日上孤峯.

---

[76] 『寒山子詩集』(『嘉興藏』 20, p.668a)에서 인용함.

〈27〉
대장부,
大丈夫,

【남명 송】 위엄이 있고 또 사랑하니, 풀이 눕는 것은 바람의 움직임이라 막힘이 없도다. 현명함과 어리석음의 우의(羽儀: 儀表, 표준)가 될 뿐만 아니라 험악한 길에 사람들이 의지하는 바이다.
威且愛, 草偃風行無窒礙. 不止賢愚作羽儀, 險惡途中人所賴.

【축원 평】 드러난다.
露.

지혜 칼을 잡음이여,
秉慧劒,

【남명 송】 눈과 서리가 서늘하니, 환해環海의 어떤 사람이 감히 바로 보겠는가? 눈썹을 곤추세우고 바로 돌아가도, 촉루봉 뒤에 풀이 무성하리오.
雪霜寒, 寰海何人敢正看? 剔起眉毛便歸去, 髑髏峯後草漫漫.

【축원 평】 험하다.
險.

반야의 칼날이요 금강의 불꽃이니,
般若鋒兮金剛焰,[77]

【남명 송】견고하고 용맹함은 어지러운 상相의 숲을 능히 불사르는구나. 한번 휩쓸고 나면 다시 털끝만큼도 허락하지 않는데, 곁에 있는 사람은 다만 노파심으로 웃는구나.
堅猛能燒亂相林. 一埽更無毫髮許, 傍人獨笑老婆心.

【영암 주】대장부는 용맹스런 사나이다. 지혜의 칼 잡고서 번뇌의 그물 찢어버리네. 반야의 봉우리가 날카롭다 말하니, 금강의 불꽃이 그 견고함을 빼앗네.
大丈夫乃勇猛之士也. 當秉智慧劍, 裂煩惱網. 般若鋒, 言其利也, 金剛燄, 取其堅也.

【범천 주】세간의 선비들이 강개한 뜻을 가지고 막야의 칼을 쥐고서 충효의 마음으로 명군名君을 도와 천하에 위엄을 떨치는 것을 대장부라 한다. 여기에서 말한 대장부는 출세간의 큰 지혜를 갖추고 지혜의 칼을 쥐고서 반야로써 칼날을 삼고, 금강으로써 맹렬한 불꽃을 삼아 번뇌의 그물을 찢고 생사의 경계를 벗어나는 것을 말한 것이다. 그러므로 대장부라 하였다. 전傳에 이르기를 "비록 여인과 어린아이일지라도 이러한 뜻을 가진 자는 또한 대장부라 칭할 것이요, 비록 팔 척의

---

77 3)번본에는 "般若鋒兮金剛燄"이라고 되어 있음.

의젓한 장사라도 이러한 뜻이 없는 자는 대장부라 칭할 수 없다."라고 하였다. '금강'이라는 것은, 금속(金) 가운데 가장 강하기 때문에 금강이라 하니, 지극히 견고하고 지극히 예리하므로 반야에 비유한 것이다. 견고한 까닭에 만물이 꺾을 수 없고, 예리한 까닭에 만물을 꺾을 수 있다. 오직 제석천왕만이 이것을 가졌고, 박복한 자는 보기 어렵고 그것을 쓰기 어렵다. 모두 공한 것으로 하고자 하여, 산을 공으로 하고자 하면 산이 무너지고, 바다를 공으로 하고자 하면 바다가 마르나니, 그 공력은 마음으로 생각할 수 없고 말로 논의할 수 없기 때문에 반야에 비유한 것이다.

世間之士, 有慷慨之志, 乘鏌鋣之刃, 以忠孝之心, 佐贊明君, 威武天下, 謂之丈夫. 今言大丈夫者, 具出世之大智, 秉智慧之劍, 以般若爲鋒鋩, 中金剛爲猛燄, 破煩惱網, 出生死境界. 故云: 大丈夫也. 傳曰: 雖女人孺子, 有此志者亦名大丈夫. 雖八尺巍巍之士, 無此志者不名大丈夫也. 所言金剛者, 金中最剛故曰金剛, 極堅極利, 喩般若焉. 堅故萬物不能摧, 利故能摧萬物. 唯帝釋有之, 福薄者難見, 其爲用也. 欲擬皆空, 擬山卽山崩, 擬海卽海竭, 其功力不可思議, 故喩般若也.

【축원 평】섞인다.

交.

이다만 외도의 마음을 꺾을 뿐 아니라,
非但空摧外道心,

【남명 송】 동이를 이고 쇳조각 두른 배[78]를 어찌 다 헤아리겠는가? 영산에 버티고 앉아 대충 채찍 흔드니, 훌륭한 말이 바람 따라 스스로 돌아가네.
戴盆鍱腹何窮數? 靈山據坐略搖鞭, 良馬追風自迴去.

【축원 평】 깨졌도다. 깨졌도다.
破也破也.

일찍이 천마의 간담을 떨어뜨렸도다.
早曾落却天魔膽.

【남명 송】 삿됨과 바름이 서로 섞여 있으나 기세를 알 수 있도다. 이로부터 너희 무리들이 미움과 사랑에 걸려 있어, 불자가 자비를 행하지 않는 것과는 다르다네.
邪正相交勢可知. 自是汝曹憎愛重, 非于佛子不慈悲.

【영암 주】 외도와 천마는 총명하지만 지혜가 없다. 이 원만한 종지를 듣고서 마음이 꺾이고 쓸개가 떨어졌다.

---

78 龍樹造, (後秦)鳩摩羅什譯, 『大智度論』 卷11, 「釋初品中舍利弗因緣」(大正藏 25, p.137b) "머리 위에 불을 이고 구리로 배를 둘렀는데, 사람들이 그 까닭을 물으니, 바로 '내가 배운 경서들이 매우 많아 배가 파열할까 두려운 까닭에 쇠를 둘렀다.'라고 말하였다.(頭上戴火, 以銅鍱腹. 人問其故, 便言: 我所學經書甚多, 恐腹破裂, 是故鍱之.)"라는 구절과 같이 외도들의 소행을 의미한다.

外道天魔, 聰明無慧. 聞此圓宗, 以心摧膽落.

【법천 주】'다만(但)'은 '홀로(獨: 오로지)'라는 말과 같다. 서축 육사외도의 마음을 꺾을 뿐만 아니라, 일찍이 천마의 간담을 떨어뜨렸다. 『보성경』에 이르기를 "한 마왕이 있었는데, 많은 마구니 가운데 으뜸이었다. 평소에 손으로 땅을 누르니 삼천대천세계가 모두 다 흔들렸다. 부처님께서 성도하실 때, 모든 마구니들을 거느리고 부처님 앞에서 손으로 땅을 치고 수미산을 가져다가 세존을 해치려 하였다. 세존께서 바로 자비삼매에 드시니, 이때 마왕이 막상 손을 들었으나 오히려 땅도 보이지 않는데 어찌 하물며 부딪치게 할 수 있었겠는가. 이때 마왕이 놀라고 두려워서 달아났다."라고 하였다. 그러므로 "일찍이 천마의 간담을 떨어뜨렸다."라고 하였다.

但猶獨也. 非獨摧伏西竺六師外道之心, 早曾落却天魔膽也. 寶星經云: 有一魔王於衆魔中而爲上首, 卽於平日以手案地, 三千大千世界悉皆搖動. 佛成道時, 領諸魔衆欲於佛前以手拍地, 率須彌山惱害世尊. 世尊卽入慈心三昧, 是時魔王方乃擧手, 尙不見地. 何況摩觸, 是時魔王心膽驚懼而走. 故云: 早曾落却天魔膽也.

【축원 평】떨어졌도다. 떨어졌도다.
墮也墮也.

【축원 주】세상의 대장부는 충효의 마음으로 굳센 의지를 잡고, 조정에 출세하여 임금을 요순보다 더 위에 이르게 하여 천하의 모든 백성들로

하여금 모두 평화스런 다스림을 즐기게 하는 것이 이것이다. 출세간의 대장부는 곧 큰마음을 가진 중생이다. 지혜의 칼을 잡아 오음마五陰魔를 꺾고, 위음나반 공겁 이전의 한 조각 음양이 없는 땅으로 회복한다. 비조가 일어나 땅에 떨어진 무너진 기강을 일으켜 천하의 가세를 크게 구제한 것이 이것이다. "반야의 칼날"이란 일체의 모든 있음을 비게 한 것이고, "금강의 불꽃"이란 모든 삶과 죽음, 마구니를 죽이는 것이다. 그러므로 "다만 외도의 마음을 꺾을 뿐 아니라, 일찍이 천마의 간담을 떨어뜨렸도다."라고 한 것이다. 모든 사람은 보았는가? 한참 있다가 이르기를 "칼을 놓친 지 오래되었는데, 너는 바야흐로 배에 새기는구나. 오조법연 화상이 말하는 것을 보지 못했는가?"라고 하였다.

世間大丈夫者, 以忠孝之心秉剛烈之志, 立身於廊廟之間, 致君於堯舜之上, 俾天下蒼生皆樂和平之治者是也. 出世間大丈夫卽大心衆生也. 秉智慧劒摧五陰魔, 恢復威音那畔空劫已前一片無陰陽地. 起鼻祖墜地之頹綱, 大濟北潑天之家世者是也. 般若鋒者空一切諸有也. 金剛燄者勦諸生死魔軍也. 故云: 非但空摧外道心, 早曾落却天魔膽. 諸人還見麼? 良久云: 劒去久矣汝方刻舟, 不見五祖演和尙道?

【축원 송】 조주趙州가 칼날을 드러내니, 차가운 서릿발이 불꽃 튀는구나. 어째서인지 물으려고 생각한다면, 몸뚱이가 두 동강이 나리라.
趙州露刀劒, 寒霜光焰焰. 更擬問如何, 分身作兩段.

〈28〉
법의 우레 진동하고,
震法雷,

【남명 송】 한 번 천둥소리 요란하게 치니 구천 하늘에 두루 퍼지네. 이제껏 그림자와 형상이 없다고 말하지 말라. 함령(중생)들이 일찍이 눈을 가지런히 뜨게 되었네.
一擊轟然徧九垓. 莫謂從來無影象. 含靈曾爲眼齊開.

법고를 두드림이여.
擊法鼓.

【남명 송】 서천과 이 땅을 친한 규구이다. 어리석은 사람은 깊이 잠들어 스스로 듣지 못하나, 관음의 마음이 널리 미치지 않은 것은 아니네.
西天此土親規矩. 癡人睡重自無聞, 不是觀音心未普.

자비의 구름 펴고 감로수 뿌리도다.
布慈雲兮洒甘露.

【남명 송】 인간 세상과 천상에 미세한 티끌도 끊겼구나. 아득한 일미에 차별이 없으나, 싹을 씻어내니 만 가지가 새롭도다.
人間天上絶纖塵. 濛濛一味無差別, 洗出萌芽萬種新.

【영암 주】 원만한 종지를 한 번 들어 널리 일체를 이롭게 하네. 우레는 겨울잠에서 일어나라고 북 치듯 하고, 어리석음을 불쌍히 여겨 구름처럼 두루 덮으며 비 내리듯 널리 적시니, 그 이로움 넓기도 하구나.
圓宗一擧. 普利一切. 雷起蟄如鼓. 憐迷如雲普覆. 如雨普滋. 其利溥哉.

【범천 주】 반야는 하나의 법이나 부처님께서 갖가지 이름으로 말했으니, 혹은 지혜 칼, 혹은 법의 우레, 혹은 법고, 혹은 자비의 구름, 혹은 감로수라 하였으나, 곧 동일한 법이다. 그 기능(功用)에 따라서 각기 달리 붙여진 이름이니, 의심의 그물을 자를 수 있는 지극히 견고하고 예리한 까닭에 지혜 칼이라 하고, 중생들의 근기를 놀라게 하여 선업을 키워주는 까닭에 법의 우레라 하고, 인천을 모아 호령을 잘한 까닭에 법고라 하고, 중생을 그늘로 덮어주어 모두 청량함을 얻게 하는 까닭에 자비의 구름이라 하고, 뜨거운 번뇌를 제도하여 불타는 목마름을 적셔주는 까닭에 감로수라 하니, 모두 반야의 동일한 법이다.
般若是一法. 佛說種種名. 或謂之慧劍. 或謂之法雷. 或謂之法鼓. 或謂之慈雲. 或謂之甘露. 卽是一法隨其功用而得名也. 能破疑網. 極堅利故. 謂之慧劍也. 駭動物機. 增長善業. 故謂之法雷也. 聚集人天. 善能號令. 故謂之法鼓也. 能陰覆群生. 皆得清涼. 故謂之慈雲也. 能濟熱惱. 沃焦渴故. 謂之甘露也. 皆般若一法爾也.

용과 코끼리가 차고 밟음에 윤택함 끝이 없으니,
龍象蹴踏潤無邊,

【남명 송】 종횡에 자재하여 얽매이지 아니하도다. 중생들이 아직 다 보리를 증득하지 못하고, 끝내 번뇌의 언덕을 가벼이 떠나지 못하네.
自在從橫勿羈絆. 衆生未盡證菩提, 終不輕離煩惱岸.

삼승과 오성이 모두 깨우치니,
三乘五性皆醒悟,

【남명 송】 펼치면 차이가 나고 말아 두르면 동등하네. 제비와 참새, 난새와 봉황은 나는 게 각기 다르나, 처음부터 끝까지 허공을 떠나지 아니하구나.
舒卽參差卷卽同. 鷰雀鸞凰飛各異, 到頭終不離虛空.

【영암 주】 용과 코끼리는 최상승의 사람이다. 이 법의 우레를 듣고 이 비를 맞으면 널리 윤택이 나 끝이 없다. 삼승과 오성이 비록 완전히 빼어난 이로움을 얻지 못했으나 또한 깨달을 줄은 안다.
龍象乃最上乘之人. 聞此法雷, 沾此雨, 則廣潤無邊. 而三乘五性, 雖未能全獲勝利, 而亦知惺悟耳.

【범천 주】 용과 코끼리가 밟아 가는 곳은 나귀와 노새가 밟아 갈 땅이 아니다. 삼승이란 첫째 보살, 둘째 성문, 셋째 연각승이다. 오성이란 첫째 선성善性, 둘째 악성惡性, 셋째 정성定性, 넷째 부정성不定性, 다섯째 천제성闡提性이다. 삼승과 오성의 깨달음은 그만두고, 갑자기 세 종류의 병든 사람이 오는 것을 만나면 또한 그들을 접인할 수

있겠는가? 장님은 방망이를 들고 불자를 세워도 보지 못할 것이요, 귀머거리는 말을 잘하더라도 들을 수 없을 것이요, 벙어리는 말하게 하더라도 말할 수 없을 것이다. 이들을 어떻게 접인할 것인가? 만약 이러한 사람을 접인하지 못한다면 불법이 영험이 없을 것이다. 옛사람이 비록 이런 말을 하였으나, 그 시대의 사람들이 알아듣지 못하는 것을 어찌할 것인가? 일찍이 한 승려가 운문 선사에게 가르침을 청하자, 운문 선사가 말하기를 "그대는 절을 하여라."고 하였다. 객승이 절하고 일어나자, 운문 스님이 주장자로 찌르니 객승이 뒤로 물러났고, 운문 선사가 "그대는 장님이 아니구나."라고 하며 또 객승을 가까이 오라고 부르자, 객승이 가까이 다가왔다. "그대는 귀머거리가 아니구나." 하고 이어서 "알겠는가?"라고 하니, 객승이 "모르겠습니다."라고 하였다. "그대는 벙어리가 아니구나."라고 하니, 그 말에 객승은 문득 깨달음을 얻었다. 만약 이러한 이야기를 안다면 어찌 삼승과 오성에만 그치겠는가. 봉사, 귀머거리, 벙어리도 모두 깨달을 것이니, 바로 온 누리의 사람으로 하여금 부처가 되도록 널리 청해야 할 것이다. 또한 알겠는가? 비록 그렇기는 하나 만약 눈 밝은 납승이라면 또한 자세히 분별해야 할 것이다.

龍象蹴踏之所, 固非驢騾所踐之地也. 三乘者, 一菩薩, 二聲聞, 三緣覺乘也. 五性者, 一善性, 二惡性, 三定性, 四不定性, 五闡提性也. 三乘五性惺悟且致, 忽遇三種病人來還接得否? 患盲者拈槌竪拂他又不見, 患聾者語言三昧他又不聞, 患瘂者教伊說又說不得. 且作麽生接? 若接此人不得, 佛法無靈驗. 昔人雖有此語, 爭奈時機不薦? 曾有僧請益雲門, 師曰: 汝禮拜著. 僧禮拜起, 師以拄杖挃涉票反, 撞也. 僧退後, 云: 汝不是患盲.

復喚僧近前來, 僧近前. 云: 汝不是患聾. 乃云: 會麼? 僧云: 不會. 云: 汝不是患癡. 其僧忽於言下有省. 若薦得這箇說話, 何止三乘五性? 盲聾瘖癡悉皆惺悟, 直是須教盡大地人普請作佛去. 還委悉麼? 雖然如此, 若是明眼衲僧, 也須子細詳辨.

설산의 비니초 다시 섞임이 없어,
雪山肥膩更無雜,

【남명 송】때맞춰 비오고 때맞춰 바람이 부나 뿌리 드러내지 않네. 면면이 이어지는 하나의 일도 없이 끝없다 말하지 말지니, 일찍이 왕손에게 소식이 전해졌다네.
時雨時風不露根. 莫謂綿綿無一事, 曾傳消息到王孫.

순수한 제호를 내니 내 항상 받도다.
純出醍醐我常納.

【남명 송】만약 보배 그릇이 아니면 저장하기가 어렵네. 온 세상에 어떤 사람이 이 맛을 알겠는가? 한산은 손뼉 치며 풍간 선사를 비웃네.
若非寶器貯應難. 擧世何人知此味? 寒山撫掌笑豐干.

【영암 주】설산에 풀 있으니, 이름이 인욕초라고도 하고, 비니라고도 한다. 소가 만약 그것을 먹으면 순수한 제호가 나온다. 이는 원만한

종지에 잡됨이 없음을 비유한 것이다.
雪山有草, 名曰忍辱草, 曰肥膩. 牛若食之, 純出醍醐. 此喩圓宗無雜.

【법천 주】 서천축 설산에 풀이 있으니, 그 이름을 비니라고 한다. 정결하고 향기롭고 아름다운데, 흰 소가 그것을 먹고 만들어 내는 것이 모두 가장 맛있는 제호가 된다. 이것은 이 세상의 비린내 나고 누린내 나는 피가 섞인 젖처럼 불결한 것이 아니다. "설산"은 일진一眞의 오묘한 경지를 비유한 것이고, "향초(비니초)"는 원만하게 닦는 팔정도에 비유한 것이고, "소"는 이치를 비춰보는 참 지혜에 비유한 것이고, "제호"는 일승의 묘법에 비유한 것이니, 보살이 지위 점차를 거쳐서 닦는 것이 아님을 밝힌 것이다. 대승근성은 초발심으로부터 문득 정각을 이룬다. "내 항상 받는다."는 것은 반야를 배우는 사람이 염념에 반야와 상응하는 것을 말한다. 그러므로 아래 글에 온 법이 모두 거듭거듭 다함이 없고, 일마다 걸림 없는 경계에 들어간다고 하였다.
西竺雪山有草名曰肥膩. 潔淨香美, 白牛食之所出皆成醍醐上味. 非此間腥羶雜血之乳其不潔也. 雪山喩一眞妙境, 香草喩圓修八正道, 牛喩照理眞智, 醍醐喩一乘妙法, 以明菩薩不從漸次而修也. 大乘根性從初發心便成正覺. 所言我常納者, 卽學般若之士念念與般若相應也. 故下文擧法皆入重重無盡事事無碍境界也.

한 성품이 뚜렷이 일체 성품에 통하고,
一性圓通一切性,

【남명 송】 이 성품 유구하여 하나(一)가 바로 많음(多)이다. 만약 하나와 많음을 안다면 하나도 다름도 아니니, 하나와 다름이 온 적이 없었으므로, 알겠는가?
是性悠悠一卽多. 若了一多非一異, 一異無來會得麼?

한 법이 두루 일체 법을 머금으니,
一法徧含一切法,

【남명 송】 한 법이 주가 되고 여럿은 객이 되네. 주가 없으며 객이 없는 것이 바로 객과 주이니, 겨자씨 안에 수미산을 들여도 사람을 막지 않도다.
一法爲主衆爲賓. 無主無賓卽賓主, 芥納須彌不礙人.

【영암 주】 한 성품을 들면 일체의 성품을 섭렵하고, 하나의 법을 들면 하나의 □□를 거느린다. □□□ 일찍이 적지 않다. 일체에 있으나 일찍이 많지 않으니, 남김 없는 법으로 말미암은 까닭이다.
擧一性, 卽攝一切性, 擧一法, 卽統一□□. □□□. 而未嘗少. 在一切, 而未嘗多, 以由無剩法故.

【범천 주】 "한 성품(一性)"은 곧 하나의 참된 성품이고, "한 법(一法)"은 곧 한 마음의 법이다. "한 성품이 뚜렷이 일체 성품에 통한다."라는 것은 곧 하나의 성품이 두루 법계의 성품에 뚜렷이 통한다는 것이요, "한 법이 두루 일체 법을 머금는다."라는 것은 한 마음의 법이 다함이

없는 법을 두루 머금는다는 것이다. 수선사가 말하기를 "근본은 지말을 내고, 지말은 근본을 나타내어 체體와 용用이 서로 일어나며, 진제는 속제를 이루고, 속제는 진제를 세워서 범부와 성인이 서로 비춘다. 이것은 저것을 나타내고 저것은 이것을 나타내어 주主와 객(伴)이 나란히 참여한다. 중생이 부처를 이루고 부처가 중생을 제도하여 인因과 과果가 서로 통한다. 경계는 자성이 없으니 남(他)은 나(自)를 이루고, 마음은 자성이 없으니 나는 남을 이룬다. 이치(理)는 이루어지는 것이 아니나 '하나(一)'가 곧 '많음(多)'에 나아가고, 일(事)은 이루어지는 것이 아니나 '많음'은 곧 '하나'에 나아가고, 형상(相)은 비록 공허하나 항상 하나의 체體에 명합하고, 성性은 비록 진실하나 항상 온갖 반연에 있다. 비록 드러나 있으나 정식(情)으로 구하기 어렵고, 초절超絶에 맡기나 방해가 없는 대용大用이 허환한 경계(幻境)에 종횡하여, 한 성품(一性)에 있으나 진제(眞)에 융합한다."라고 하였다. 그러므로 80권 『화엄경』에서 말한 바와 같이 옛날에는 있었고 지금에는 없는 것이 아니다. 전傳에 이르기를 "39품의 수승한 경전이 처음과 끝이 서로 얽혔고, 10만 송의 오묘한 말들이 앞뒤가 참여하여 상응한다. 십처十處 십회十會는 제석천의 그물과 같이 중중무진이 되고, 십찰十刹과 십진十塵은 거울에 비친 형상이 서로 섭입涉入함과 같다. 한 문에 들면 모든 문이 단박에 나타나고, 한 품을 말하면 모든 품이 일제히 드러나고, 보리수 아래에서 정각을 비로소 이룸에 구천이 함께 모이고, 보광전 한 모임에 십처에서 다 같이 올랐다. 새것과 옛것이 차별이 없고, 앞과 뒤가 한 생각이다."라고 하였다. 그러므로 말산末山 비구니가 먼저 『화엄경(大經)』을 듣고 후에 참선으로 인하여 깨달음을 얻어, 바야흐로 지금 현재가 화엄법계 중에 있는 것임을 믿는 까닭에 다음과 같이 송頌하였다. "오온 산마루 옛 불당에 비로자나 불 밤낮으로 백호광 놓네. 만약 이곳에서 같음도 다름도 아님을 능能 관觀하면 바로 화엄이 시방에 두루하리라." 그러므로 "한 성품이 뚜렷이 일체 성품에 통하고, 한 법이 두루 일체 법을 머금는구나."라고 하였다.

一性卽一眞之性也, 一法卽一心之法也. 一性圓通一切性者, 卽一性圓通法界性也, 一法遍含一切法者, 卽一心之法遍含無盡法也. 壽禪師云: 本生末而末表本, 體用互興, 眞成俗而俗立眞, 凡聖交映. 此顯彼而彼顯此, 主伴齊參. 生成佛而佛度生, 因果交徹. 境無自性而他成自, 心無自性而自成他. 理不成就而一卽多, 事不成就而多卽一, 相雖虛而恒冥一體, 性雖實而常在萬緣. 雖顯露難以情求, 任超絶而無妨大用, 縱橫幻境, 在一性而融眞. 是以八十卷華嚴大經所說, 非昔有而今無也. 傳曰: 三十九品之勝典, 終始交羅, 一十萬頌之妙言, 前後參應. 十處十會如帝網之重重, 十刹十塵如鏡象之涉入. 擧一門則諸門頓顯, 談一品則諸品齊彰, 道樹始成九天全會, 普光一集十處齊登. 新舊無差, 前後一念. 故末山尼先聽大經, 後因參有悟入, 方信卽今現在華嚴法界之中, 有頌云: 五蘊山頭古佛堂, 毗盧晝夜放毫光. 若能於此非同異, 卽是華嚴遍十方. 故云: 一性圓通一切性, 一法徧含一切法也.

하나의 달이 모든 물에 널리 나타남이여,
一月普現一切水,

【남명 송】 가깝지도 않고 멀지도 않으니 본체가 스스로 항상하도다.

동서남북 사방으로 그림자 나뉘어 가나, 우뚝한 하늘 밖에도 남은 빛이 있노라.
非邇非遐體自常. 南北東西分影去, 亭亭天外有餘光.

【범천 주】 "하나의 달이 모든 물에 널리 나타난다."라는 것은 푸른 하늘에 하나의 달이 강과 하수와 못과 바다와 시내 등에 널리 나타남과 같으니, 무릇 물이 있는 곳에는 모두 달이 나타난다는 것이다.
一月普現一切水者, 如靑霄一月普現江河池沼滄海溪潭等, 凡有水處悉皆現月也.

모든 물의 달이 하나의 달에 포섭되도다.
一切水月一月攝.

【남명 송】 달이 모습을 나누지 않아도 물은 외롭지 않네. 이 시대의 사람이 맑은 파도가 길 지나지 못하고, 다만 차가운 빛이 태허에 가득하다고 말하네.
月不分形水不孤. 時人未透淸波路, 只道寒光滿太虛.

【영암 주】 "하나의 달"은 한 마음에 비유한 것이고, "모든 물"은 모든 세상을 비유한 것이다. 오직 마음이 모든 곳에 나타날 수 있어야 끝까지 한 마음에 섭렵할 수 있는 것이다.
一月, 喩於一心, 一切水, 喩諸世間也. 唯心能現於一切處, 而終攝於一心也.

【범천 주】 "모든 물의 달이 하나의 달에 포섭된다."라는 것은 모든 물에 나타난 것은 오직 하늘에 있는 하나의 달일 뿐이니, 『화엄경』의 "하나의 달에 세 척의 배"라는 것이다. 『비유경』에 이르기를 "비유컨대 멈춰 있는 배에서 달빛이 나누어지는 것과 같으니, 배가 동쪽으로 가면 한 달은 동쪽으로 가고, 배가 서쪽으로 가면 한 달은 서쪽으로 가고, 배가 남쪽으로 가면 한 달은 남쪽으로 가고, 배가 북쪽으로 가면 한 달은 북쪽으로 가지만, 항상 머물러 있는 배에서는 달이 움직이지 않음을 본다."라고 하였다. 이와 같이 사유(四維: 북동, 남동, 북서, 남서) 시방에서 모두 달을 볼 수 있다. 그러므로 "천 개의 그릇을 나란히 두면 천 개의 달 또한 똑같고, 하나의 맑은 강에는 하나의 달이 외로이 비치는 것이다. 이에 깨끗한 물, 더러운 물, 맑은 물, 흐린 물, 달고 쓰고 짜고 담담한 물에까지도 이와 같이 한 가운데 일시에 널리 나타난다."라고 하였다. 경전에 이르기를 "내가 성도할 때에 일체중생이 모두 다 성도함을 본다."라고 하였다. 전에 다음과 같이 말하였다. "모든 부처님의 맑고 서늘한 달은 항상 필경의 허공에 노니네. 중생 마음의 물 맑으면 지혜의 달그림자 그 가운데 나타나네." 진실하다 이 말씀이여!

一切水月一月攝者, 衆水所現唯天上一月爾, 華嚴一月三舟譬喩. 經云: 譬如停舟分月彩, 舟從東去, 一月往東, 舟從西去, 一月往西, 舟從南去, 一月往南, 舟從北去, 一月往北, 常住之舟見月不動. 如是四維十方盡皆見月. 所以云: 竝安千器, 千月不同, 一道澄江, 一月孤影. 乃至淨水穢水淸水濁水, 甘甛苦澁鹹淡等水, 如是於中一時普現. 經云: 我成道時, 見一切衆生盡皆成道. 傳曰: 諸佛淸涼月, 常遊畢竟空. 衆生心水淨, 菩提影現中. 信斯言也.

모든 부처님의 법신이 나의 성품에 들어오니,
諸佛法身入我性,

【남명 송】 나도 없고 남도 없는데 부질없이 성인과 범부라고 하네. 그윽한 길에 꽃 떨어져 불처럼 붉으며, 문 둘레에 흐르는 물이 쪽처럼 푸르구나.
無我無人謾聖凡. 幽徑落花紅似火, 繞門流水碧如藍.

나의 성품이 또한 여래와 함께 합하도다.
我性還共如來合.

【남명 송】 합한 곳은 남도 아니고 자기도 아니네. 수미산 꼭대기에 쇠로 된 배가 가라앉거든, 귀 뚫은 호승이 몰래 손가락 튕기는구나.
合處非他非自己. 須彌頂上鐵船沈, 穿耳胡僧暗彈指.

【영암 주】 범부와 성인은 둘이 아니고, 중생과 부처가 다른 것이 아니다. 단지 나의 참된 성품으로 말미암아 여래와 함께하는 것이다. 그러므로 법신이 내 성품 안에 들어갔음을 깨달아 한 지위에 모든 지위가 구족하니, 색도 아니요 마음도 아니요 행업도 아니며, 원만한 종지가 한 지위에 모든 지위 구족하니, 범부의 이승도 아니고, 색·마음·행업이

다 할 수 있는 것이다.

凡聖不二, 生佛靡殊. 只由我之眞性, 與如來同. 故得法身入我性內, 一地具足一切地. 非色非心非行業圓宗, 一地具足諸地, 非是凡夫二乘, 色心行業之所能致.

【범천 주】 중생 마음속의 모든 부처님이 생각마다 진리를 증득하고, 모든 부처님 마음속의 중생들이 마음마다 부처를 이룬다. 그러므로 "모든 부처님 법신이 나의 성품에 들어오고, 나의 성품이 여래와 함께 합한다."라고 하였으니, 참으로 모든 부처님이 친히 법신을 증득한 것은 중생들이 본래 법신을 갖추고 있음에 말미암은 것이다. 형계(荊溪, 711~783)가 말하기를 "중생은 이치를 갖추었으나 모든 부처님은 이루었나니, 이룬 것과 갖춘 것은 그 성품이 평등하지 않은 것이 없다."라고 하였으니, 그러므로 "나의 성품이 여래와 함께 합한다."라고 하였다. 그러므로 한산이 "일찍이 듣자니 석가모니불이 친히 연등 부처님께 수기 받았다 하네. 연등과 석가는 다만 전후의 지혜를 논했을 뿐 전후의 체성은 다르지 않으니, 다름 가운데 다름이 없네. 하나의 부처가 일체의 부처님이니, 마음이 여래의 경지로다."라고 하였으니, 곧 이것을 말하는 것이다.

衆生心內, 諸佛念念證眞, 諸佛心內, 衆生心心作佛. 故云: 諸佛法身入我性, 我性仝共如來合也. 良由諸佛親證法身也, 衆生本具法身也. 荊溪云: 衆生理具諸佛成, 成之與具, 莫不性等. 故云: 我性同共如來合也. 故寒山云: 嘗聞釋迦佛, 親授然灯記. 然灯與釋迦, 祇論前後智, 前後體非殊, 異中無有異. 一佛一切佛, 心是如來地. 卽其謂也.

한 지위(地)가 일체 지위를 구족함이여,
一地具足一切地,

【남명 송】 행위行位의 차별은 다만 이 몸뿐이니라. 승지 삼대겁을 다 지났건만, 올해도 다시 작년처럼 가난하더라.
行位差別只此身. 歷盡僧祇三大劫, 今年還似去年貧.

【범천 주】 위의 글에서 말한 "한 성품이 뚜렷이 일체에 통한다."라는 것은 걸림이 없는 성품을 말한 것이요, "한 법이 두루 일체 법을 머금는다."라는 것은 걸림이 없는 법을 말한 것이다. "하나의 달이 모든 물에 널리 나타난다."라는 것은 걸림이 없는 비유를 말한 것인데, 여기에서 "한 지위가 일체 지위를 구족함이여."라고 한 것은 걸림이 없는 공덕을 말한 것이다. '지위'라고 말한 '지地'는 능히 나게(生) 하는 것으로써 뜻을 삼는 것이다. 곧 초지가 십지의 공덕을 구족한 까닭에 "한 지위가 일체 지위를 구족함이여."라고 하였다.
上文曰一性圓通一切性, 言無碍之性也, 一法遍含一切法, 言無碍之法也, 一月普現一切水, 言無碍之喩也, 今言一地具足一切地, 言無碍之功德也. 所言地者, 地以能生爲義. 卽初地具足十地功德, 故云: 一地具足一切地也.

물질도 아니요, 마음도 아니요, 행업도 아니로다.
非色非心非行業.

【남명 송】 희론의 말들이 모두 같지 않네. 오직 화산반 처사[79]가 있어, 길 가운데에서 바라보고 읊조리며 나귀를 거꾸로 탔네.
戲論言詞總不如. 唯有華山潘處士, 途中吟望倒騎驢.

【범천 주】 "물질도 아니요, 마음도 아니요, 행업도 아니다."라고 한 것은, 이미 한 지위가 열 가지 지위의 공덕을 구족했기 때문에 그 공덕이 불가사의한 것이니, 곧 물질(色)과 마음과 행업을 헤아릴 수 없다는 것이다. "물질이 아니다."라는 것은 막히고 걸리는 물질이 아니요, "마음이 아니다."라는 것은 느끼고 아는 마음이 아니요, "행업이 아니다."라는 것은 천류하고 조작하는 행이 아니요, "업이 아니다."라는 것은 짓는 바의 업이 아니다. 여기에서는 그 법성을 나타내기 위한 까닭에 '정情'을 들어 말하였다. 그러므로 아래 글에서는 묘용을 밝혔다.
言非色非心非行業者, 旣一地具足十地功德, 其功不可思議, 則色心行業不可測度也. 非色者, 非窒礙之色也, 非心者, 非覺知之心也, 非行者, 非遷流造作之行也, 非業者, 非所作之業也. 今爲顯其法性, 所以拈情. 故下文以明妙用也.

---

79 반랑(潘閬, ?~1009): 송宋 대명大名 사람. 자호는 소요자逍遙子다. 태종 지도至道 초에 시를 잘 지어 부름을 받아 황제를 만나고 진사 급제가 하사되어 국자박사國子博士에 임명되었다. 저서로 『소요집逍遙集』이 있다. 섬서陝西에 와서 화산華山의 경치를 몹시 사랑해서 "화산의 세 봉우리 공중에 솟은 것을 사랑해, 머리 쳐들고 보느라 나귀를 거꾸로 탔네.(高愛三峯揷太虛 昂頭吟望倒騎驢)"라고 읊은 시가 유명하다.

손가락 튕기는 사이에 팔만 법문 원만히 이루고,
彈指圓成八萬門.

【남명 송】 팔만 법문이 오직 한 곳이로다. 만약 한 곳에 미혹되면 부질없이 내달려 구하며, 한 곳이 만약 밝으면 본래 기댈 것이 없다네.
八萬法門唯一處. 若迷一處謾馳求, 一處若明無本據.

찰나에 삼아승지 겁을 없애도다.
刹那滅却三祇劫.

【남명 송】 한 생각이 나지 않으면 하나 또한 아니네. 대지가 모두 은색계와 같으니, 어떤 갈림길에 함께 돌아오지 못함이 있는가?
一念無生一亦非. 大地盡同銀色界, 有何岐路不同歸?

【영암 주】 팔만 법문은 손가락 튕기는 사이에 이룰 수 있고, 삼대지 겁은 찰나에 사라질 수 있다.
八萬法門, 彈指可成, 三大祇劫, 刹那可滅.

【법천 주】 한 번 손가락을 튕기는 사이에 팔만 법문을 이루고, 한 찰나의 사이에 삼아승지 겁의 죄를 없앤다. 한 생각 화내는 마음이 일어나면 팔만 가지 장애의 문이 열리지만, 지금 이미 무생의 이치를 깨달았으니 팔만사천 번뇌가 팔만사천 청정해탈 법문으로 변한 것이

다. 바로 삼 대아승지 겁을 초월하였으니, 이것은 수행의 공력이다. 그러므로 『능엄경』에 이르기를 "내가 억겁의 전도망상을 초월하여 아승지 겁을 지나지 않고 법신을 얻었다."라고 하였으니, 참으로 깊이 믿을 만하다. "삼지 겁"이라 말한 것은 바로 '삼아승지 겁'이다. 옛날 석가불로부터 시기여래까지가 한 겁이요, 시기여래로부터 연등여래 까지가 한 겁이요, 연등여래로부터 비바시여래까지가 한 겁이다. 그러므로 '삼아승지 겁'이라고 하였다. 이 일은 그만두고, 다만 선월이 말하기를 "선객이 서로 만나면 손가락만 튕길 뿐이다. 이 마음을 능히 아는 이 몇 사람이나 있을까."라고 하였으니, 만약 낙처를 알지 못한다 면 누가 감히 선객이라 칭하리오.

一彈指頃成就八萬法門, 一刹那間能滅三祇劫罪也. 一念嗔心起, 八萬障門開, 今旣悟入無生之理, 八萬四千煩惱轉成八萬四千淸淨解脫法門. 卽超三大阿僧祇劫, 此修行功力也. 楞嚴經云: 消我億劫顚倒想, 不歷僧祇獲法身. 深可信矣. 所言三祇劫, 卽三阿僧祇劫也. 自古釋迦至尸棄如來爲一劫, 尸棄至然灯如來爲一劫, 然灯至毗婆尸如來爲一劫. 故云: 三祇劫也. 此事且置, 祇如禪月云: 禪客相逢祇彈指. 此心能有幾人知? 如或未知落處, 阿誰敢稱禪客?

일체 수·구와 수·구가 아닌 것이여,
一切數句非數句.

【남명 송】 성품과 상이 나뉘어 온갖 이름 붙였네. 문을 닫고서 단지 날이 아직 밝지 않았다고 말할 뿐, 문밖에 해 머리 떠오른 줄 모른다네.

性相分挐萬種名. 閉戶只言天未曉, 不知門外日頭生.

나의 영각과 무슨 상관이 있으랴?
與吾靈覺何交涉?

【남명 송】 천성의 진기는 쉽게 친해지지 못하네. 명주의 포대 화상은 미치광이에 괴이함이 많아, 시끄러운 가운데 항상 지나는 행인에게 보여주었네.
千聖眞機不易親. 明州布袋多狂怪, 鬧中常把示行人.

【영암 주】 '수'는 곧 법수이고, '구'는 곧 말로 가르침이다. 이 영각의 성품은 법상과 말의 가르침으로 헤아릴 수 있는 것이 아니며, 또한 법상과 말의 가르침이 아닌 것으로 깨달을 수 있는 것도 아니다.
數乃法數, 句卽言敎. 此靈覺之性, 非法相言敎可測, 亦非非法相言敎可得.

【법천 주】 일체의 명언, 법상, 보리, 열반, 진여, 해탈은 유도 아니고 무도 아니며, 범부도 아니고 성인도 아니다. 두수법문頭數法門은 궁구하여 다할 수 없는 것이고, 실로 구경법이 아니다. 그러므로 "일체 수·구와 수·구가 아닌 것"이라고 하였다. 약산 유엄이 처음 석두 희천 선사를 참방하여 바로 묻기를 "삼승과 12분교는 저도 조금 연구하였으나, 남방에서는 '사람의 마음을 바로 가리켜 성품을 보아 부처를 이루게 한다'는 말을 듣고 특별히 찾아와 예배드리오니, 엎드려 바라옵

건대 스님께서는 자비한 마음으로 법을 열어 보여 주십시오."라고 하니, 석두 스님이 "이렇게 해서도 안 되고, 이렇게 하지 않아도 안 되며, 이렇게 해서도 하지 않아도 안 된다. 만약 이 법문(因緣)을 깨닫는다면 그대가 번뇌(荊棘)에서 벗어나 납승의 안목을 갖출 것이다."라고 하였다. 그러므로 "나의 영각과 무슨 상관이 있으랴."라고 하였다.

一切名言法相菩提涅槃眞如解脫, 非有非無非凡非聖. 頭數法門無有窮盡實非究竟. 故云: 一切數句非數句也. 藥山初參石頭便問: 三乘十二分教, 某甲粗亦研窮, 嘗聞南方直指人心見性成佛, 特來禮拜, 伏望和尙慈悲開示. 師云: 恁麼也不得, 不恁麼也不得, 恁麼不恁麼總不得. 若薦得這箇因緣, 許你出荊棘林, 具衲僧眼. 故云: 與吾靈覺何交涉也.

【축원 평】위에서 말한 것은 모두 진실과 부합된다.

上來所供並皆詣實.

【축원 주】제불 보살과 역대 조사들과 천하의 선지식들은 중생을 이롭게 설법한 모범들이다. 먼저 '법뢰法雷'로써 타일러 깨우치게 하시고, 다음으로 '법고法鼓'로써 널리 모이게 하셨다. 그런 다음에 '자비의 구름'으로 두루 덮어 한 번 비로 적시니, 삼초이목이 각기 자랄 수 있었다. 그러므로 이르기를 "용과 코끼리가 차고 밟음에 윤택함 끝이 없어, 삼승과 오성五性이 모두 깨우치며, 설산의 비니초 다시 섞임이 없어, 흰 소가 그것을 먹고 순수한 제호를 낸다."라고 한 것이다. '설산'은 하나의 참된 경계를 비유한 것이고, '향기 나는 풀'은 원만히

닦은 바른 도를 비유한 것이다. '흰 소'는 지혜가 진리를 비추는 것을 비유한 것이고, '제호'는 일승의 최고의 맛을 비유한 것이다. 상승보살이 최초로 마음 내신 것을 밝힘으로써 바로 바른 깨달음(正覺)을 이루시어, 원만하고 신속히 깨닫는 근기가 생각마다 서로 응한다. 그러므로 "항상 받는다."라고 말한 것이다. 다만 예컨대 위산이 이르기를 "분수에 따라 조금씩 바치는 것이 같지 않다."라고 한 것은 또 어째서인가? "한 성품이 뚜렷이 일체 성품에 통하고, 한 법이 두루 일체 법을 머금게 된다." 비로소 중생들이 본래 성불한 것을 알게 되어 항상 변하지 않는 광명의 세계에 함께 살면서 모두 비로자나라고 부른다. 비유컨대 하나의 달이 널리 모든 물에 나타내면 모든 물의 달은 하나의 달을 섭렵하는 것과 같다. 서로 번갈아 융통하고 서로 교대로 건너 들어가서 거듭거듭 다함이 없으며, 다함이 없이 거듭 거듭한다. 이것은 법을 표하는 것이 아니고 오직 증득해서 아는 것이다. 그러므로 이르기를 "한 지위가 일체 지위를 구족함이여, 물질도 아니요 마음도 아니요 행업도 아니로다."라고 한 것이다. 지위라는 것은 스스로 증득한 지위이니, 이해해 알아서 미칠 수 있는 것이 아니다. 색이 아니라는 것은 장애로 막히는 색이 아니다. 마음이 아니라는 것은 깨달아 아는 마음이 아니다. 행함이 아니라는 것은 조작한 행함이 아니라는 것이다. 업이 아니라는 것은 지은 업이 아니라는 것이다. 곧 상근의 날카로운 지혜(上根利智)가 한번 깨달으면 일체를 깨닫게 되고, 한번 밝아지면 일체가 밝아진다. 바로 아난이 아승지 겁을 밟지 않고 법신을 얻게 하였다고 한 것이니, 도달한 사람들의 경우에 모든 성품과 상, 백 천 가지 법문의 헤아릴 수 없이 오묘한 뜻은 모두 임시방편적인 근기이지 구경법이 아니다. 그러므로 이르기를 "일체 수·구와 수·구가 아닌 것이여, 나의 영각과 무슨 상관이 있으랴?"라고 한 것이다.

諸佛菩薩歷代祖師天下善知識, 說法利生之模範也. 先以法雷而警悟之, 次以法鼓而溥集之. 然後以慈雲普覆一雨所潤, 三艸二木各得滋長. 故云: 龍象蹴踏潤無邊, 三乘五性皆醒悟, 雪山有艸名曰肥膩, 更無雜異, 白牛食之純出醍醐. 雪山喩一眞境界, 香艸喩圓修正道, 白牛喩智照眞理. 醍醐喩一乘上味. 以明上乘菩薩最初發心便成正覺, 圓頓之機念念相應. 故言常納也. 只如潙山云: 不如隨分納些些, 又作麽生? 一性通時則圓通一切性也, 一法徹時則徧含一切法也. 始知衆生本來成佛, 同居常寂光土, 俱號毗盧遮那. 譬如一月普現一切水, 一切水月一月攝. 遞相融通交相涉入, 重重無盡無盡重重. 此非表法, 唯證乃知. 故云: 一地具足一切地, 非色非心非行業. 地者, 自證之地, 非解會之所能及也. 非色者, 非窒礙之色也. 非心者, 非覺知之心也. 非行者, 非造作之行也. 非業者, 非所作之業也. 乃上根利智, 一了一切了, 一明一切明. 卽阿難所謂不歷僧祇, 獲法身, 到者田地, 一切性相百千法門無量玅義, 皆是權機非究竟法. 故云: 一切數句非數句, 與吾靈覺何交涉?

【축원 송】법의 우레가 천둥치고 법의 북을 치니, 바닷물이 튀어 오르고 수미산이 춤을 춘다. 한 터럭 끝에 하늘과 땅이 정해지니, 대천사계가 티끌 없는 땅이로세.

震法雷, 擊法鼓, 海水奔騰須彌舞. 一毫頭上定乾坤, 大千沙界無塵土.

〈29〉
비방할 수도 없고,
不可毁,

【남명 송】 천병과 마후가 부질없이 아름다움을 뽐내네. 자비로운 빛이 비춘 곳은 각기 몸 던져 귀의하고, 맑은 거울 자신의 부끄러움 보아 왔다네.
天兵魔后徒威美. 慈光照處各歸投, 淸鏡觀來自慚恥.

칭찬할 수도 없음이여.
不可讚.

【남명 송】 허공은 흩어지고 끊어짐을 알지 못하네. 선길(수보리)의 바위에는 풀이 나지 않으며, 교시(교시가)는 부질없이 하늘 꽃을 잡아 뿌리네.
虛空未省曾離間. 善吉嵓中草不生, 憍尸謾把天花散.

【축원 평】 양쪽 머리를 한꺼번에 자르는데, 하나의 칼이 하늘을 의지해서 싸늘하다.
兩頭俱坐斷, 一劍倚天寒.

체가 허공 같아 끝이 없도다.

體若虛空勿涯岸.

【남명 송】 깊이 감춘 은밀한 말은 설명하지 말라. 십성과 삼현이 알지 못하는 곳이니, 이따금 절문 앞에 걸어놓으리라.
秘藏微言莫可詮. 十聖三賢不知處, 有時閑掛寺門前.

【영암 주】 텅 빈 허공은 상이 없으니, 비방과 칭찬을 어찌 베풀랴!
虛空無相, 毀讚何施!

【법천 주】 비방하거나 칭찬함에 동요하지 않는 것, 그것은 오직 견성한 사람만이 벗어날 수 있다. 깨닫지 못한 사람은 온갖 순경에 칭찬하고 기리는 말을 들으면 곧 마음에 환희심을 내고, 일체의 역경에 헐뜯고 욕하는 말을 들으면 곧 마음에 분노심을 내니, 모두 언어의 성품이 공함을 깨닫지 못해서이다. 법을 통달한 사람은 헐뜯거나 칭찬하는 말이 법체와 상응할 수 없는 것이, 마치 허공이 끝이 없는 것과 같다는 것을 깨달은 까닭에 "훼방할 수도 없고 칭찬할 수도 없음이여. 체성이 허공과 같아 끝이 없도다."라고 하였다.
毀譽不動者, 唯見性之人方能解脫也. 未了人於一切順境, 聞讚譽之言卽心生歡喜, 於一切逆境聞毀辱之言, 卽心生忿怒, 皆不了語言性空也. 達法之士了毀譽之言不可得, 與法體相應, 猶如虛空勿有涯岸, 故云: 不可毀, 不可讚, 體若虛空勿涯岸也.

【축원 평】 마음에 남을 저버리지 않으면 얼굴에 부끄러운 기색이 없다.

心不負人面無慚色.

당처를 여의지 않고 항상 담연하나,
不離當處常湛然,

【남명 송】중생도 아니며 부처도 아니다. 갑자기 수미산을 쳐 거꾸로 뒤집으니, 비로소 이제껏 하나의 사물도 없음을 믿겠네.
非是衆生非是佛. 驀然撞倒須彌山, 始信從來無一物.

【축원 평】호리병 속의 다른 하늘이다.
壺中別有天.

찾으려 하면 그대가 볼 수 없는 줄 알리라.
覓卽知君不可見(覩).⁸⁰

【남명 송】보지 않고 모름지기 이 길을 따라 돌아오네. 병든 새 다만 갈대 잎 아래에 깃들고, 뛰어난 매 이제 막 넓은 하늘 날아오르네.
不見須從此路歸. 病鳥只栖蘆葉下, 俊鷹才擧博天飛.

【영암 주】밝고 밝게 마음과 눈 사이에 있으나 서로 보지 못하고, 색진 안에서 반짝거리나 이치를 분별하지 못하네. "또한 말해보라.

---

80 1본에는 "覓卽知君不可覩"라고 되어 있음.

지금 어디에 있는가?" 대사께서 한참 있다가 이르기를 "원래 다만 여기에 있었을 뿐이다."라고 한다.
昭昭在心目之間, 而相不可覩, 晃晃於色塵之內, 而理不可分. 且道? 祇今在什麼處? 師良久云: 元來祇在這裏.

【범천 주】 부처의 몸이 우주 법계에 충만하여 일체중생의 앞에 두루 나타나니, 바로 이것이 당처를 여의지 않고 항상 담연한 것이다. 이를테면 이 영각의 성품은 하루 24시간 견문각지를 떠나지 않으니, 만약 견문각지를 떠난 밖에 따로 각성을 구한다면, 그럴 리가 없다. 조사가 말하기를 "마음을 가지고 마음을 찾으면 어찌 크게 그르친 것이 아니겠는가?"라고 하였으니, 감히 여러 사람에게 묻노니, 어떤 것이 당처인가? 만약 여기에서 간파한다면 시방제불과 함께 수용함이 평등하여 다름이 없겠지만, 만약 그렇지 못하다면 모두 가보를 매몰하여 자기의 신령스러움을 저버리고 문구에 따르고 글자를 세면서 부질없이 스스로 추구하게 될 것이다. 옛 스님이 말하기를 "비유컨대 소를 타고서 소를 찾는 것과 같아서 옳지 못하다."라고 하였다. 그러므로 "찾으려 하면 그대가 볼 수 없는 줄 알리라."라고 하였다.
佛身充滿於法界, 普現一切群生前, 卽是不離當處常湛然也. 謂此靈覺之性不離十二時中見聞覺知, 若離見聞覺知之外別求覺性, 無有是處. 祖師云: 將心覓心, 豈非大錯? 敢問諸人: 阿那箇是當處? 若向這裡覷得破, 與十方諸佛同共受用等無有異, 如或不然, 盡是埋沒家寶, 辜負己靈, 隨行數墨, 謾自推求. 古德云: 譬如騎牛討牛無有是處. 故云: 覓卽知君不可見.

【축원 평】칼 떠난 지 오래되었는데, 너는 바야흐로 배에 새기는구나.
劒去久矣汝方刻舟.

취할 수도 없고,
取不得,

【남명 송】구름 일고 번개 치니 천지가 어두워지네. 임제는 도중에 빈손으로 돌아오니, 사람들에게 굳이 백념적(흔적을 남기지 않는 도둑)으로 불리게 되었다네.
雲生電轉寰區黑. 臨濟途中空手迴, 被人剛喚白拈賊.

【축원 평】낮에 해를 본다.
晝見日.

버릴 수도 없음이여.
捨不得.

【남명 송】위와 아래 사방이 모두 가득차서 막히네. 추자(사리불)가 어찌 알겠는가? 버리고자 하니, 공연히 천화가 옷자락에 가득히 들러붙는구나.
四方上下皆充塞. 鶖子何知? 欲棄捐, 空惹天花徧衣裓.

【범천 주】 신령한 광명이 막힘없이 훤하게 통하여 두루하지 않는 데가 없다. 모든 부처님께서 깨달았으나 일찍이 얻음이 없고, 중생이 미혹하였으나 일찍이 잃음이 없다. 전傳에 이르기를 "비유하자면 어떤 사람이 허공이 두려워서 달아났으나, 달아나도 걸음걸음이 허공을 여의지 않았고, 저 허공을 구하여도 마침내 얻을 수 없는 것과 같다."라고 하였다. 그러므로 "취할 수도 없고 버릴 수도 없다."라고 말하였다.
靈光洞達無所不遍. 諸佛悟之而不曾得, 衆生迷之而未曾失. 傳曰: 譬如有人怖空而走, 雖則而走且步步不離於空, 於彼求空了不可得. 故云: 取不得, 捨不得也.

【축원 평】 밤에 별을 본다.
夜見星.

얻을 수 없는 가운데 이렇게 얻을 뿐이로다.
不可得中只麼得.

【남명 송】 잎 없고 뿌리 없으나 도처에서 나오네. 어제 주렴을 걷었더니 비 따라 지나가고, 오늘 아침 길을 막고 사람 다님을 방해하네.
無葉無根到處生. 昨日開簾隨雨過, 今朝當路礙人行.

【영암 주】 도는 저것과 이것이 없는데, 사람이 스스로 취하고 버리는 것이다. 다만 분별을 여의면 여여불이니라.
道無彼此, 人自取捨. 但離分別, 卽如如佛.

【범천 주】 "얻을 수 없는 가운데 이렇게 얻을 뿐이로다."라는 것은, 이 종지는 마땅히 듣고 생각하고 닦고 체득하고 연구하는 데에서 스스로 얻는 것이다. 경전에 이르기를 "부처님께서 한 승려에게 묻기를 '그대는 집에 있을 적에 무슨 일을 하였는가?'라고 하니, '항상 거문고를 탔습니다.'라고 하였다. 부처님께서 '거문고 줄이 느슨하면 어떠하던 가?'라고 하니, '울리지 않았습니다.'라고 하였다. '거문고 줄이 팽팽하면 어떠하던가?'라고 하니, '그 줄이 끊어져 소리가 나지 않았습니다.'라고 하였다. '팽팽한 것과 느슨한 것의 중도를 얻으면 어떠하던가?'라고 하니, '맑은 소리가 널리 퍼졌습니다.'라고 하였다. 부처님께서 그 사문에게 고하기를 '도를 배우는 것도 그러하니, 마음이 조절이 되어 통해지면 도를 얻을 수 있다'라고 하셨다."고 하였다. 그러므로 "얻을 수 없는 가운데 다만 이렇게 얻는다."라고 하였으니, 눈 밝은 납승이라면 잘못 거론하지 말아야 할 것이다.

不可得中只麼得者, 此宗旨當於聞思修體究而得之. 經云: 佛告沙門: 汝處于家昔爲何事? 對曰: 亦常彈琴. 佛言: 絃緩如何? 對曰: 不鳴矣. 絃急如何? 對曰: 其聲絶矣. 急緩得中如何? 對曰: 淸音普矣. 佛告沙門: 學道亦然. 心若調適, 道可得矣. 故曰: 不可得中只麼得也. 若是明眼衲僧, 應不錯擧也.

【축원 평】 사람이 공평하면 말이 없고, 물이 평평하면 흐르지 않으니, 또한 이르기를, 끊는다고 하였다.

人平不語, 水平不流, 又云切.

【축원 주】 도를 통달한 사람의 마음은 허공처럼 비었으며, 크게 밖이 없이 품고 세세하게 안이 없이 들인다. 세간의 비방과 칭찬하는 말에 흔들리지 않으며, 당처를 떠나지 않고 조용하며 매우 고요하여, 찾고 싶어 했던 생각이 어긋난 지 오래되었다. 옛날에 이르기를 "마음 쓸 곳이 있으면 도리어 잘못되고, 뜻 없이 찾았을 때 문득 완연해진다."라고 하였다. 기댐도 없고 욕심도 없으며, 이름도 없고 글자도 없어 가질 수도 없고 버릴 수도 없다. 조금도 구애됨이 없이 자유자재로 마음을 운용하고 있으니, 얻을 수 없는 가운데 그저 얻을 뿐이다. 이미 양쪽 대문을 활짝 열어서 양손으로 분부해 주셨다. 단지 지극히 분명한 일이기에 도리를 깨닫는 것이 더디구나.

達道之人心如虛空, 大包無外細入無內. 非世間毀讚語言之能搖動也, 不離當處湛然凝寂, 擬欲尋覓蹉過久矣. 古云: 有心用處還應錯, 無意求時却宛然. 無依無欲無名無字, 取不得, 捨不得. 騰騰任運任運騰騰, 不可得中只麼得. 已是八字打開兩手分付了也. 只爲分明極, 飜令所得遲.

【축원 송】 비방해서도 안 되고, 칭찬해서도 안 된다. 오색 기린이 하늘가를 걷는데, 만약 말 아래 잘못 받아들이면, 함이 없어도 오히려 쇠사슬에 속박당할 것이다.

不可毀, 不可讚. 五色麒麟步天岸, 若於言下錯承當, 無爲猶被金鎖難.

〈30〉
침묵할 때에도 말하고,
默時說,

【남명 송】 어둠 속을 밝히니, 밝음과 어둠을 잊고 오면 숫돌처럼 평평하리라. 둘 아닌 법문을 끝내 펼치신 곳이요, 비야성 안이 우렛소리 같았다네.
暗中明, 明暗忘來若砥平. 不二法門終演處, 毗耶城內似雷聲.

【범천 주】 "침묵할 때에도 말한다."라는 것은 침묵해야 할 때에도 항상 말한다는 것이다. 한 승려가 투자 선사에게 묻기를 "어떤 것이 부처님(十身調御)입니까?"라고 하니, 투자 선사가 선상에서 내려와 서서 "또 말해봐라. 뭐라고 말했느냐."라고 하였으니, 이것이 침묵할 때에도 항상 말하고, 말할 때에도 항상 침묵한 것임을 알겠다. 세존이 설법할 적에 모든 경전의 첫머리에 모두 오묘한 뜻이 있는데, 이것을 아는 사람이 드물다. 『금강경』에 다음과 같이 설한다. "그때 세존께서 공양하실 때가 되어 가사를 입으시고 발우를 가지시고 사위대성에 들어가시어 걸식하실 적에, 그 성중에서 차례로 걸식하시고서 다시 본처로 돌아오시어 공양을 마치신 뒤, 가사와 발우를 거두시고, 발을 씻은 후 자리를 펴고 앉으셨다. 그대에 장로 수보리가 대중 가운데 있다가 곧 자리에서 일어나 왼쪽 어깨에 옷을 걸치고 오른쪽 어깨를 드러내고 (偏袒右肩), 오른쪽 무릎을 땅에 꿇고 합장하고 공경하여 부처님께 말씀드리기를 '희유하십니다. 세존이시여! 여래께서는 모든 보살들을

잘 보살피시고 모든 보살들을 잘 부촉하십니다.'라고 하였다." 또 『원각경』에는 다음과 같이 설한다. "어느 때에 부처님(婆伽婆)께서 신통대광명장에 들어가 삼매(正受)에 드시어, 일체 여래와 함께 광명으로 장엄하여 머물러 계시니, 이것이 곧 모든 중생들의 청정한 각성의 경지라, 몸과 마음이 적멸하여 평등한 근본자리(本際)이며, 시방에 두렷이 차서 불이不二를 수순하고, 불이의 경지에서 모든 정토를 나타내신다." 『능엄경』에는 다음과 같이 설한다. "그때에 여래께서 자리를 펴고 편안히 앉으시어 모든 모인 대중을 위하여 깊고 오묘한 이치를 말씀하여 드러내시니, 법회에 참석했던 청정한 대중들은 일찍이 있지 않았던 것을 얻었고, 가릉빈가와 같은 훌륭한 법음이 시방세계에 두루하였다."라고 하였다. 그러므로 묵묵할 때에도 항상 말하는 것임을 알겠다.

默時說者, 卽是默時常說也. 僧問投子: 如何是十身調御? 投子下禪床立, 且道說箇什麼? 是知默時常說, 說時常默也. 如世尊說法, 一切經首皆有妙旨, 人罕知之. 如金剛經云: 爾時世尊, 食時著衣持鉢入舍衛大城乞食, 於其城中次第乞已, 還至本處, 飯食訖, 收衣鉢, 洗足已, 敷座而坐. 時長老須菩提在大衆中卽從座起, 偏袒右肩右膝著地, 合掌恭敬而白佛言: 希有世尊! 如來善護念諸菩薩, 善付囑諸菩薩. 又圓覺經云: 一時婆伽婆入於神通大光明藏三昧, 正受一切如來光嚴住持, 是諸衆生清淨覺知, 身心寂滅, 平等本際, 圓滿十方不二隨順, 乃至於不二境現諸淨土. 如楞嚴經云: 卽時如來敷座宴安, 爲諸會中宣揚深奧, 法筵淸衆得未曾有, 迦陵仙音徧十方界. 故知默時常說也.

【축원 평】 위는 하늘이다.
上是天.

말할 때에도 침묵함이여.
說時默,

【남명 송】 엉킨 인연을 끊으니, 혓바닥을 움츠려야 비로소 베풀 수 있으리오. 49년 동안 한 글자도 없다 하니, 용궁해장은 어찌 전하였는가?
絶葛緣, 縮却舌頭始解宣. 四十九年無一字, 龍宮海藏若爲傳?

【영암 주】 잠자코 있을 때는 그 소리가 우레와 같고, 설법할 때는 입도 없고 혀도 없다.
默時其聲如雷, 說時無口無舌.

【범천 주】 "말할 때에도 침묵함이여."라는 것은 일대장교가 부처님이 말씀하신 것이나 일찍이 한 글자도 말씀하신 적이 없다는 것이다. 경전에 이르기를 "처음 성도하신 밤으로부터 마침내 발제하에 이르기까지 그 두 중간에 일찍이 한 글자도 말한 적이 없다."라고 하였다. 또한 말해보라. 필경 말씀하신 적이 있는가, 말씀하신 적이 없는가? 그러므로 천의(天衣義懷, 989~1060)가 말하기를 "만약 말씀하신 것이 있다고 말하면 여래를 비방함이요, 말씀하신 것이 없다고 말하면 사견邪見이다."라고 하였으니, 만약 여기에서 엿보아 깨부수면 바야흐

로 종풍을 드날리고, 조령祖令을 제강提綱할 수 있을 것이다.
說時默者, 一大藏敎金口所宣, 未曾道著一字. 經云: 始從成道夜, 終至跋提河, 於是二中間, 未曾說一字. 且道畢竟是有說? 無說耶? 所以天衣云: 若言有說, 謗如來, 若謂不談, 邪見在. 若向這裡覰得破, 方可稱唱宗風, 提綱祖令也.

【축원 평】 아래는 땅이다.
下是地.

큰 보시의 문이 열려 막힘이 없도다.
大施門開無擁塞.

【남명 송】 흐르는 물을 싫어하지 않으며 산을 사랑하지 않네. 얼굴에 티끌과 재를 두르고 머리가 눈 같이 희니, 걸어가다가 말을 타고 동관[81]을 지난다.
不厭流泉不愛山. 面對塵灰頭似雪, 步行騎馬過潼關.

【영암 주】 팔자로 대문을 활짝 열고, 문으로 들어가 서로 본다.
八字打開, 入門相見.

【범천 주】 모든 부처님께서 세상에 출현하여 설법하시어 널리 일체중생으로 하여금 성불하게 하시고 큰 시주가 되어 중생들을 제도하여

---
81 동관潼關: 각주 28 참조.

해탈케 하셨다. 그러므로 "큰 보시의 문을 열었다."라고 말한 것이다. 서천의 조사들이 각각 설법하여 중생들을 이롭고 즐겁게 하였고, 중국의 여러 조사와 천하의 선지식들이 교묘한 방편으로 갖가지 법문을 시설하였다. 그러므로 설봉곤구雪峰輥毬, 석공가전石鞏架箭, 천황호병天皇餬餅, 국사수완國師水椀, 운문삼구雲門三句, 동산오위洞山五位, 영운견도화靈雲見桃花, 법안투성색法眼透聲色, 수산신부首山新婦, 도오악신道吾樂神, 위산수고潙山水牯, 분양사자汾陽師子, 백장권석百丈捲席, 구지일지俱胝一指 등은 모두 선지식이 큰 보시의 문을 연 것이다. 옛 스님이 다음과 같이 말하였다. "온 시방세계가 하나의 해탈문이다. 손을 잡아끌어도 들어오지 않을지언정, 어찌 막힘이 있겠는가?" 그러므로 "큰 보시의 문이 열려 막힘이 없도다."라고 하였다.

諸佛出世說法, 普令一切衆生成佛, 爲大施主度脫有情. 故云: 大施門開也. 乃至西竺諸佛祖, 各各說法利樂有情已, 至唐土諸祖天下老宿, 巧便施設種種法門. 所以雪峯輥毬, 石鞏架箭, 天皇餬餅, 國師水椀, 雲門三句, 洞山五位, 靈雲見桃花, 法眼透聲色, 首山新婦, 道吾樂神, 潙山水牯, 汾陽師子, 百丈捲席, 俱胝一指, 皆諸善知識大施門開也. 古德云: 盡十方世界是箇解脫門. 把手拽不入, 有何壅塞耶. 故云: 大施門開無壅塞也.

【축원 평】 하늘이 서북쪽으로 기울면 땅은 동남쪽으로 가라앉는다.
天傾西北地陷東南.

어떤 사람이 나에게 무슨 종지를 아느냐 물으면,
有人問我解何宗,

【남명 송】 눈썹 털을 아끼지 않고 간략히 통하게 하리라. 동쪽 고개에 구름이 이니 서쪽 고개가 하얘지고, 앞산에 꽃이 피니 뒷산이 붉어지는구나.

不惜眉毛略爲通. 東嶺雲生西嶺白, 前山花發後山紅.

【축원 평】 해가 높으니 나무 그림자가 짙다.

日高樹影重.

마하반야 힘이라 말하리라.

報道摩訶般若力.

【남명 송】 옛날의 부처와 지금의 부처는 참으로 비밀스러웠네. 사씨의 셋째 아들[82]은 본래 고기 낚는 사람이니, 개울을 건너도 발이 젖지 않는구나.

古佛今佛眞秘密. 謝三本是釣魚人, 過得溪求脚不濕.

---

82 현사사비(玄沙師備, 835~908)를 가리킴. 선사의 속성은 사謝씨이며, 복건성福建省 민현閩縣 출신이다. 864년에 개원사開元寺의 도현道玄 율사에게서 구족계를 받았고, 나중에 설봉의존(雪峰義存, 822~908) 선사에게 참학하여 그의 법을 이었다. 설봉 문하에 있으면서 오직 베 누더기를 입고, 도에 전념하였으므로 비두타備頭陀라고 불리었고, 사가謝家의 3남男이란 뜻에서 사삼랑謝三郎이라고도 불렸다고 한다. 후에 독립하여 현사원玄沙院을 개창하였고, 898년에는 민왕閩王 왕심지王審知의 명에 따라 안국원安國院에 주석하였다. 입적 후 종일대사宗一大師의 시호를 받았으며, 제자로는 나한계침羅漢桂琛·국청사정國淸師靜 등이 유명하다.

【영암 주】 '마하'는 범어로서 이것은 '크다', '많다', '수승하다'라는 것을 이른다. 반야 이것은 지혜를 이른다. 우리 종은 무상반야로 종지를 삼는다. '힘'이라고 말한 것은 모든 번뇌에 힘듦을 능히 깨뜨리는 것이다.

摩訶, 梵語, 此云大多勝. 般若, 此云智慧. 我宗以無上般若爲宗. 言力者, 以其能破一切塵勞也.

【범천 주】 만약 어떤 사람이 나에게 "무슨 종지를 아느냐?"라고 묻는다면 마하반야의 힘이라 말하리라. 범어 '마하'는 번역하면 '크다', '많다', '수승하다'라는 것이다. 여러 가지의 뜻을 함축하고 있기에 번역하지 않았다. 범어의 '반야'는 번역하면 '지혜'라고 한다. 좋은 의미를 내므로 번역하지 않았다. '마하반야'라고 말한 것은, 믿고 이해하면 지위가 모든 조사와 같고, 받아 지니면 복이 인간과 천상을 덮는다는 것이다. 그러므로 전傳에 이르기를 "이런 까닭에 반야는 나쁜 길을 다스리는 도사요, 어두운 방을 밝히는 횃불이요, 생사 바다의 지혜 돛대요, 번뇌 병의 훌륭한 의사요, 사악한 산을 격파하는 큰 바람이요, 마군을 대적하는 용맹스런 장수요, 어두운 길을 비춰주는 빛나는 태양이요, 혼미한 식심識心을 경각시키는 빠른 번개요, 어리석고 어두운 눈을 치료하는 수술 칼(金箆)이요, 애욕의 갈증을 없애주는 감로수요, 의심의 그물을 끊어주는 지혜의 칼이요, 외롭고 궁핍함을 넉넉히 해주는 보주寶珠라는 것을 알아라."라고 하였다. 만약 반야를 밝히지 못하면 온갖 행(萬行)이 헛되이 베풀어질 것이다. 그러므로 "마하반야 힘"이라고 하였다.

若或有人問, 我解何宗旨? 報道摩訶般若力也. 梵語摩訶, 此云大多勝, 即多含不翻也. 梵語般若, 此云智慧, 即生善不翻也. 言摩訶般若者, 信解則位齊諸祖, 受持則福盖人天. 故傳云: 故知般若是善惡徑之導師, 迷暗室之明炬, 生死海之智楫, 煩惱病之良醫, 破邪山之大風, 敵魔軍之猛將, 照幽途之赫日, 警昏識之迅雷, 抉愚盲之金篦, 沃渴愛之甘露, 截疑網之慧劍, 給孤乏之寶珠. 若般若不明, 萬行虛設. 故云: 摩訶般若力也.

【축원 평】비 내리니 땅 밑이 젖는다.
雨落地下溼.

혹 옳고 혹 그름을 사람들이 알지 못하고,
或是或非人不識,

【남명 송】그대가 더욱 누구인지 모르겠네. 얼굴 바꾸고 머리를 고침이 환화 같으니, 아이들이 어찌 등한히 알리오?
不識伊家更是誰? 換面改頭如幻化, 兒童爭解等閒知?

【축원 평】원한이 되지 못함을 알겠노라.
識得不爲冤.

역행과 순행을 하늘도 헤아릴 수 없도다.
逆行順行天莫測.

【남명 송】 다시 의범이 규잠으로 됨이 없네. 황여(대지)가 어찌 변제를 다할 수 있겠는가? 쓸데없이 꺾인 송곳을 잡고 얕고 깊음을 물어 보노라.
更無儀範作規箴. 黃輿豈可窮邊際? 徒把折錐候淺深.

【영암 주】 도를 통달한 사람은 자유자재로 오묘하게 써서 불사 아닌 것이 없다. 하늘은 오히려 헤아리지 못하니, 하물며 사람에게서이겠는가? 비록 이와 같이 그러하나, 모름지기 실로 이 경지에 이르러야 비로소 얻는다.
達道之士, 縱橫妙用, 無非佛事. 天尙不可測, 何況於人乎? 雖然如此, 也須實到此田地, 始得.

【범천 주】 반야의 힘이 이미 앞에 나타났으니, 큰 자비심으로써 저자에 들어가 손을 드리워 중생들을 접인하여 이롭게 하고, 종횡으로 응용하여 여러 가지로 베푸는 것이 모두 불사다. 비유하자면 기바가 풀을 뽑을 적에 손 가는 대로 집어도 모두가 묘약인 것과 같다. 그러므로 경전에 이르기를 "생각을 얻거나 생각을 잃거나 해탈 아닌 것이 없고, 법을 성취하거나 법을 파괴하는 것이 모두 열반이고, 지혜롭고 어리석음이 통틀어 반야이고, 보살이나 외도가 성취한 법이 같이 깨달음이고, 무명과 진여가 다른 경계가 아니요, 모든 계·정·혜 및 음욕과 성냄과 어리석음이 모두가 청정한 행(梵行)이다."라고 하였다. 그러므로 "혹 옳고 그름을 사람들이 알지 못하고, 역행과 순행을 하늘도 헤아릴 수 없다."라고 하였다.

般若之力旣得現前, 以大悲心入廛垂手接物利生, 縱橫應用種種施爲皆
爲佛事. 譬如耆婆攬草, 信手拈來皆爲妙藥. 故經云: 得念失念無非解脫,
成法破法皆名涅槃, 智慧愚癡通爲般若, 菩薩外道所成就法同是菩提,
無明眞如無異境界, 諸戒定慧及婬怒癡俱是梵行. 故云: 或是或非人不
識, 逆行順行天莫測也.

【축원 평】도둑은 소인이지만 지혜는 군자를 능가한다.
賊是小人智過君子.

내 일찍이 많은 겁을 지나며 수행했으니,
吾(我)[83]早曾經多劫修,

【남명 송】수행으로 인하여 곧 무생력을 증득하네. 어리석은 사람은
도를 구함에 수행하지 않으니, 도리어 모래를 쪄서 밥 채우기 바라는
것과 같도다.
因修乃證無生力. 癡人求道不修行, 還似蒸沙望充食.

【축원 평】바람이 불지 않는 곳에 바람이 분다.
不風流處也風流.

부질없이(等閑) 서로 속이거나 미혹케 함이 아니네.

---

83 1본에는 "我早曾經多劫修"라고 되어 있음.

不是等閒相誑惑.

【남명 송】 예로부터 참과 거짓이 어찌 서로 간섭했는가? 호랑이 가죽과 양의 몸뚱이는 얼마인지 알겠는가? 진금을 알고자 한다면 불 속을 보아라.
從來眞僞豈相干? 虎皮羊質知多少? 要識眞金火裏看.

【영암 주】 그러나 이런 이들은 진실로 작은 인연이 아니다. 나는 지금 깨달았으나 한 생, 한 겁에 수행해 증득할 수 있었던 것이 아니고, 대개 많은 겁 동안에 부지런히 애썼으니, 어찌 소홀히 여겨 서로 속여 미혹되겠는가? 대사께서는 후대 자손들의 믿음의 근기가 얕고 졸렬할까 걱정하였다. 그러므로 이 말을 설하셨다.
然此等事, 誠非小緣. 吾今得之, 非一生一劫能修證, 蓋於多劫勤苦, 豈可等閒, 而相誑惑耶? 師恐後昆信根淺劣. 故說此辭.

【법천 주】 영가 대사께서 스스로 말하기를 "내가 지금 법을 수용하는 데에 자재함을 얻은 것은 숙세에 반야 종성이 있었기 때문이니, 어찌 지금 부질없는(等閒) 일이겠는가?"라고 하였으니, 시험 삼아 이를 논해 보겠다. "불도는 장구하고 원대하니, 오랫동안 부지런히 닦고 고행을 겪어야 성취할 수 있는 것인데, 지금 영가 대사는 조계에 가서 바로 반야를 깨닫고, 능히 법을 말씀하여 사람들을 이롭게 하였는가?"라고 가령 어떤 사람이 힐난하며 나(永嘉)에게 묻는다면, 나는 그에게 대답하기를 "나는 금생의 한 세상에 닦은 것이 아니며, 또한

세 겁, 네 겁, 다섯 겁 동안 반야를 닦은 것이 아니다."라고 했을 것이다. 그러므로 "많은 겁에 수행하였다."라고 말한 것이다. 이미 많은 겁에 닦고 익혔으니, 이것은 부질없이 말로써 그대들을 속이거나 헷갈리게 한 것(惑亂)이 아니라는 것이다. 그러므로 "부질없이 서로 속이거나 미혹케 함이 아니다."라고 말하였다.

永嘉自云: 我今於法受用得其自在, 莫非宿有般若種性, 豈是今等閑之事? 嘗試論之曰. 佛道長遠, 久受勤苦乃可得成, 今永嘉纔往曹溪, 便悟般若能說法利人耶? 假使有人致難問我, 我卽報言: 吾非今生一世所修, 乃至非三四五劫修習般若. 故云: 多劫修也. 旣是多劫修習, 非是等閑以言欺誑惑亂汝等. 故云: 不是等閑相誑惑也.

【축원 평】 하나를 꿰뚫어 두 개가 오백인지 알고자 한다.
要識一貫兩个五佰.

【축원 주】 말 잘하는 사람은 의리義理가 없는 길을 남들과 찾으며, 침묵을 잘하는 사람은 고요함이 없음을 남들과 지킨다. 남당 화상이 이르기를 "종사가 되는 사람은 모름지기 무정설법과 유정설법이 다름이 없음을 깨달아야 한다."라고 하였다. 유정이란 하늘과 인간 세상의 뭇 생명들이고, 무정이란 흙, 나무, 기와, 돌이다. 어떻게 해서 다름이 없는 도리를 깨달을 수 있었을까? 이에 대하여 외눈을 얻어 바야흐로 진설塵說, 찰설刹說임을 알고, 치열하게 간헐間歇이 없이 설법하였으니, 곧 지금의 삼라만상에 유정과 무정의 넓고 넓은 땅에 널리 드날리게 된 것이다. 너는 또한 들었는가? 경전에 이르기를 "시방세계의 모든

부처님들이 광장설상을 보여 삼천대천세계에 두루 덮었다."라고 하니, 진실한 말씀으로 말하자면 커다란 보시의 문을 열어 옹색함이 없는 것이다. 또 어떤 사람이 어떤 종지가 이렇게 기이하고 특별할 수 있는가를 물어서, 다만 그에게 마하반야의 힘을 말하였다. 쯧! 절대로 잘못 듣지 말라. 혹 옳든 혹 그르든, 혹 거스르든 혹 따르든, 하늘이 사람보다 상황을 헤아리지 못하겠는가? 영가 대사가 스스로 이르기를 "내가 많은 겁 동안 수행하여 익힌 반야는 부질없이 사람들을 속이고 미혹시키는 것이 아니다."라고 하였다. 위산이 이르기를 "세세생생에 물러서지 않으면 반드시 부처의 자리에 오를 수 있다."라고 하였으니, 참으로 거짓이 아니다.

善說者, 無義路與人尋, 善默者, 無寂滅與人守. 南堂和尙云: 爲宗師者, 須會無情說法與有情說法無異. 有情者, 天人群生也, 無情者, 土木瓦石也. 作麼生見得無異底道理? 於此著得一隻眼, 方知塵說刹說, 熾然說無間歇, 卽今森羅萬象, 情與無情浩浩地宣揚. 汝還聞麼? 經云: 十方諸佛出廣長舌相, 徧覆三千大千世界. 說誠實言, 可謂大施門開無壅塞, 或有人問是何宗旨得恁麼奇特. 但向他道: 摩訶般若力. 咄! 切忌錯擧. 或是或非或逆或順. 天莫測況於人乎? 永嘉自云: 吾從多劫修習般若, 不是等閒欺誑惑亂於人. 潙山云: 生生若能不退, 佛階決定可期. 信不誣矣.

【축원 송】 침묵해야 할 때 설하는 것이요, 설해야 할 때 침묵하는 것이다. 삼라만상이 하나의 혀로 같다. 출세간과 세간이 다르고 같음이 끊기니, 진설과 찰설을 치열하게 설하도다.

默時說, 說時默. 萬象森羅同一舌. 世出世間絶異同, 塵說刹說熾然說.

⟨31⟩
법의 깃발을 세우고,
建法幢,

【남명 송】 영산의 모습이 다시 짝이 없도다. 상투 머리 묶은 여자아이가 돗자리 모자를 이고, 손에 대나무 지팡이 짚고 차가운 강 건너가네.
靈山榜樣更無雙. 鬠角女兒戴席帽, 手攜筇杖過寒江.

【축원 평】 멀쩡한 살을 긁어 부스럼 만드는구나.
好肉剜瘡.

종지를 세우니,
立宗旨,

【남명 송】 왼쪽은 오목하고 오른쪽은 볼록하니 누가 이 도리를 아는가? 해문에 배가 양주를 지나니, 팔비나타[84]는 귀신처럼 간사하다네.
左凹右凸誰相委. 海門船子過楊州, 八臂那吒姦似鬼.

【축원 평】 뼈를 두들겨 골수를 뽑아낸다.
敲骨取髓.

---

84 나타哪吒는 원래 힌두교 신화의 인물이다. 나중에 불교의 호법신 중 비사문천毘沙門天의 셋째아들을 나타태자라 하였으며, 후에는 도교의 신으로도 등장한다. 여덟 개의 팔을 지니고 있어 팔비나타八臂那吒라고 한다.

밝고 밝은 부처님 법, 조계가 이것이라.
明明佛敕曹溪是.

【남명 송】지금 어느 곳이 조계인가? 날마다 해는 동쪽에서 뜨고, 아침마다 닭은 오경을 향해 운다네.
如今何處是曹溪? 日日日從東畔出, 朝朝雞向五更啼.

【영암 주】달마가 서쪽에서 온 것으로부터 서로 전하여 조계 육조에게 이르렀다. 달마가 이르기를 "내가 본래 이 땅에 온 것은 법을 전해 미혹한 중생을 건지려 한 것이니, 한 송이 꽃에 다섯 잎이 열리어 열매가 저절로 맺으리라."라고 하였다. 나의 이 종宗은 마음에서 마음으로 전하고, 문자를 세우지 않으며, 경전 밖에 따로 전하여 이 종지를 세우니, 진실로 작은 인연이 아니다. 만약 부처님의 기별을 받지 않았다면 어찌 이와 같이 할 수 있었겠는가!
自達磨西來, 相傳至曹溪六祖. 達磨云: 吾本來此土, 傳法救迷情. 一花開五葉, 結果自然成. 我此宗, 以心傳心, 不立文字, 教外別傳, 立此宗旨, 實非小緣. 若非承佛記莂, 安能如是!

【법천 주】모든 부처님께서 세상에 출현하심으로부터 천하 노화상이 출세함에 이르기까지 모두 큰 법의 깃발을 세우고 종지를 세웠다. "밝고 밝은 부처님 법, 조계가 이것이다."라는 것은 조사가 인도에서 중국에 와 도를 전하여 육조에 이르기까지 그 건립한 것이 이미 법석을 이루었다는 것이다. 모든 부처님께서 가만히 가피하므로 일찍이 수기

를 받아 큰일을 넓혔을 뿐만 아니라, 이에 우리 부처님 석가여래께서 친히 심인을 전하여 조계에 이르렀다. 그러므로 "밝고 밝은 부처님 법, 조계가 이것이다."라고 말한 것이다. '법의 깃발(法幢)'이라 말한 것은, 깃발이란 세우는 것으로 의의를 삼는다. 그러므로 법의 깃발을 세우는 것은 실로 작은 인연이 아닌 줄 알겠다. 모든 부처님이 세상에 출현하시어 일대사 인연을 위한 것은 모두 이것을 위한 것이며, 한량없는 보살들이 과위를 가지고 인위因位를 행하는 것 또한 이것을 위한 것이며, 모든 이승(성문·연각)인들이 안으로 보살행을 감추고 밖으로 성문을 나타내는 것 또한 이것을 위한 것이며, 범왕이 앞에서 이끌고 제석이 뒤따르는 것에 이르기까지도 또한 이것을 위한 것이다. 모든 경전은 다 한 법(一法)으로 주를 삼고, 온갖 법으로 객을 삼아 서로 갈마들어 건립한 것이다. 그러므로 아래 글에서 서천축과 중국에 법의 깃발을 세운 의의를 밝혔다.

諸佛出世以至天下老和尙出世, 皆是建大法幢竪立宗旨也. 明明佛勅曹溪是者, 祖師從西土至此, 道傳至六祖, 其所建立已成法席矣. 非獨諸佛冥加宿受記莂而引弘大事, 乃從我佛釋迦如來親傳心印至曹溪. 故云: 明明佛勅曹溪是也. 所言法幢者, 幢以建立爲義也. 故知建立法幢實非小緣. 諸佛出世爲一大事因緣, 皆爲此也, 無量菩薩帶果行因, 亦爲此也, 諸二乘人內藏菩薩行, 外現是聲聞, 亦爲此也. 以至梵王前引, 帝釋後隨, 亦爲此也. 諸經皆以一法爲主, 衆法爲伴, 遞相建立也. 故下文明西竺此土建立法幢之義.

【축원 평】 이것이 무엇인지 또한 말해 보거라?

且道是个什麽?

첫 번째 가섭이 첫 번째 법등을 전하니,
第一迦葉首傳燈,

【남명 송】 분소(마치 똥을 닦을 정도로 더러워 남들이 버린 옷감을 의미)로 만든 옷을 입어 스스로 만족하시네. 다만 일어나 춤추며 천기를 누설한 것으로 인하여 곧바로 지금에 이르도록 입으로 설함을 만나리라.
糞埽爲衣自知足. 只因起舞泄天機, 直至而今遭齒錄.

【축원 평】 사 씨의 셋째가 네 글자도 알지 못한 죄지은 머리는 원래 너였구나!
謝三郎不識四字罪頭元來是你!

28대는 서천의 기록이로다.
二十八代西天記.

【남명 송】 그윽한 암자를 연연하지 않고 함께 티끌에 들어가네. 주장자 한 자루 마디는 없지만, 은근히 밤길 가는 사람에게 전해 주노라.
不戀幽嵓共入塵. 杖子一枝無節目, 殷勤分付夜行人.

【영암 주】 부처님께서 영산회상에서 정법안장으로 가섭에게 분부하시고, 가섭은 아난에게 분부하니, 조사와 조사가 전해 주어 28조 보리달

마에 이르렀다. 이것이 서천의 기록이다.

佛於靈山會上, 以正法眼藏, 分付迦葉, 迦葉付阿難, 祖祖傳授, 以至二十八祖菩提達磨. 此西天記也.

【법천 주】처음 세존께서 영산회상에서 푸른 연꽃 같은 눈을 깜박여 보이시자, 가섭이 미소를 지으니, "나에게 정법안장이 있는데, 이를 마하 대가섭에게 분부하노라."라고 하셨다. 이것이 최초로 법등을 전한 것이다. 그러므로 "첫 번째 법등을 전하였다."라고 말하였다.

始自世尊靈山會上, 以青蓮目瞬視迦葉微咲, 吾有正法眼藏分付摩訶大迦葉. 是最初傳法, 故云: 首傳燈也.

"28대는 서천의 기록이로다."라는 것은 초조 가섭이 2조 아난에게 전하고, 아난이 3조 상나화수에게 전하고, 상나화수는 4조 우바국다에게 전하고, 우바국다는 5조 제다가에게 전하고, 제다가는 6조 미차가에게 전하고, 미차가는 7조 바수밀에게 전하고, 바수밀은 8조 불타난제에게 전하고, 불타난제는 9조 복타밀다에게 전하고, 복타밀다는 10조 협존자에게 전하고, 협존자는 11조 부나야사에게 전하고, 부나야사는 12조 마명에게 전하고, 마명은 13조 가비마라에게 전하고, 가비마라는 14조 용수에게 전하고, 용수는 15조 가나제바에게 전하고, 가나제바는 16조 나후라다에게 전하고, 나후라다는 17조 승가난제에게 전하고, 승가난제는 18조 가야사다에게 전하고, 가야사다는 19조 구마라다에게 전하고, 구마라다는 20조 사야다에게 전하고, 사야다는 21조 바수반두에게 전하고, 바수반두는 22조 마나라에게 전하고, 마나라는

23조 학륵나에게 전하고, 학륵나는 24조 사자에게 전하고, 사자는 25조 바사사다에게 전하고, 바사사다는 26조 불여밀다에게 전하고, 불여밀다는 27조 반야다라에게 전하고, 반야다라는 28조 보리달마에게 전하였다. 그러므로 "28대는 서천의 기록이로다."라고 하였다.

二十八代西天記者, 初祖迦葉傳二祖阿難, 阿難傳三祖商那和修, 修傳四祖優婆鞠多, 多傳五祖提多迦, 迦傳六祖彌遮迦, 迦傳七祖婆須密, 密傳八祖佛馱難提, 提傳九祖伏馱密多, 多傳十祖脇尊者, 者傳十一祖富那夜奢, 奢傳十二祖馬鳴, 鳴傳十三祖迦毗摩羅, 羅傳十四祖龍樹, 樹傳十五祖迦那提婆, 婆傳十六祖羅睺羅多, 多傳十七祖僧伽難提, 提傳十八祖伽耶舍多, 多傳十九祖鳩摩羅多, 多傳二十祖闍夜多, 多傳二十一祖婆修盤頭, 頭傳二十二祖摩拏羅, 羅傳二十三祖鶴勒那, 那傳二十四祖師子, 子傳二十五祖婆舍斯多, 多傳二十六祖不如蜜多, 多傳二十七祖般若多羅, 羅傳二十八祖菩提達磨. 故云: 二十八代西天記也.

【축원 평】 서로 따라오니, 이르기를 서로 번갈아 둔한 사람이 되었다고 한다.
相隨來也, 又云遞相鈍置.

【축원 주】 원래 무릇 영원靈源은 맑고도 고요해서 본래 명상名相의 다름이 없으니, 어찌 성인과 범부의 차이가 있으리오. 참으로 번뇌로 말미암아 스스로 믿음이 이르지 못하는 것이니, 업을 따라 표류하며 광겁 동안 떠오르고 가라앉고 하다가 방탕해져 돌아올 것을 잊었다. 그러므로 우리 대각 세존께서 동체대비를 운영하시어 청하지 않은

벗이 되어 주었다. 이 대사인연으로 세상에 출현하시어 갖가지 언설과 갖가지 권문權門을 임시로 베푸시고, 모든 중생으로 하여금 부처의 지견을 열어 보이고 깨달아 들어가게 하였다. 마치 꿀 과자를 저 쓴 호로박과 바꾸는 것과 같았다. 그러므로 이르기를 "법의 깃발을 세우고, 종지를 세웠다."라고 한 것이다. 법이란 본래 있는 법이며, 깃발이란 높이 나타내는 것으로 뜻을 삼으니, 표치와 같다. 종지라는 것은 종宗으로 삼을 것이 수많으나, 마음자리를 밝게 깨우치는 것은 마치 별이 북쪽을 받들고 물이 동쪽으로 가는 것과 같다. "밝고 밝은 부처님 법, 조계가 이것이라." 가사를 멈추어 더 이상 전해지지 않았으나, 법이 온 세상에 두루 퍼졌다. 첫 번째로 가섭이 처음 등불을 전한 사람이니, 세존이 열반회상에서 대범천황이 부처님께 금색 우담바라 꽃을 바치고, 몸을 낮추어 법상을 만들고 자리에 앉아 부처님의 설법을 청하였기 때문에, 부처님이 이 꽃을 들어 널리 대중들에게 보이자 백만의 대중들은 모두 알아차리지 못했으나 오직 가섭 한 사람만 뜻을 받들었다. 세존이 이르기를 "나에게 정법안장, 열반묘심, 실상무상의 미묘법문이 있으니, 너에게 부촉하노라."라고 하셨으니, 경전 밖에 따로 전하는 종지가 되었다. 그러므로 이르기를 "첫 번째 법등을 전하였다."라고 한 것이다. 이로부터 조사마다 서로 이어받고 마음과 마음으로 서로 인가하니, 28대 서천의 기록이다. 초조는 가섭이고, 2조는 아난이고, 3조는 상나화수이고, 4조는 우바국다이고, 5조는 제다가이고, 6조는 마차가이고, 7조는 바수밀이고, 8조는 불태난제이고, 9조는 복태밀다이고, 10조는 협존자이고, 11조는 부나야사이고, 12조는 마명대사이고, 13조는 가비마라이고, 14조는 용수이고, 15조는 가나제바이고, 16조는 라후라다이고, 17조는 승가난제이고, 18조는 가야사다이고, 19조는 구마라다이고, 20조는 사야다이고, 21조는 바수반두이고, 22조는 마나라이고, 23조는 학륵라이고, 24조는 사자이고, 25조는 바사사다이고, 26조는 불여밀다이고, 27조는 반야다라이고, 28조는 보리달마이다. 그러므로 이르기를 "28대는 서천의 기록이로다."라고 한 것이 이것이다.

原夫靈源湛寂法海淵深, 本無名相之殊, 安有聖凡之異. 良由勞生自信不及, 隨業漂流曠劫升沈蕩而忘返. 故我大覺世尊運同體悲作不請友. 爲此大事因緣出現于世, 假設種種言說種種權門, 令諸衆生開示悟入佛之知見. 如將蜜果子換彼苦胡蘆也. 故云: 建法幢立宗旨. 法者, 本有之法, 幢者, 高顯爲義, 如標幟也. 宗旨者, 衆多所宗, 而悟明心地, 如星之拱北水之朝東也. 明明佛敕曹谿是者. 衣止不傳, 法周沙界. 第一迦葉首傳燈者, 世尊於涅槃會上, 因大梵天王獻金色波羅華於佛, 捨身爲牀座請佛說法, 佛拈此華普示大衆, 百萬人皆罔措, 唯迦葉一人領旨. 世尊云: 吾有正法眼藏涅槃妙心實相無相微妙法門, 付囑於汝. 以爲敎外別傳之旨. 故云: 首傳燈也. 從此祖祖相承心心相印, 二十八代西天記. 初祖迦葉, 二祖阿難, 三祖商那和修, 四祖優波鞠多, 五祖提多迦, 六祖彌遮迦, 七祖婆須密, 八祖佛馱難提, 九祖伏馱密多, 十祖脇尊者, 十一祖富那夜奢, 十二祖馬鳴大士, 十三祖迦毗摩羅, 十四祖龍樹, 十五祖迦耶提婆, 十六祖羅睺羅多, 十七祖僧伽難提, 十八祖伽耶, 十九祖鳩摩羅多, 二十祖奢耶多, 二十一祖婆修盤頭, 二十二祖摩拏羅, 二十三祖鶴勒那, 二十四祖師子, 二十五祖婆舍斯多, 二十六祖不如密多, 二十七祖般若多羅, 二十八祖菩提達磨. 故云: 二十八代西天記者是也.

【축원 송】법의 깃발 세우고 종지를 세웠다. 동토에 재앙의 뿌리가 이로부터 시작되어 독이 사해로 흘러 물결이 온 하늘에 퍼지니, 어찌 큰 바람을 만나 그칠 뿐이겠는가!

建法幢, 立宗旨. 東土禍根從此始, 毒流四海浪滔天, 何啻遇大風而止.

〈32〉
법이 동쪽으로 흘러,
法東流,⁸⁵

【축원 평】재앙의 근원이 태어났다.
禍胎生也.

이 땅에 들어옴이여.
入此土.

【남명 송】기연을 믿어 다섯 잎의 꽃이 핀 것이 어찌 우연이겠는가? 성인이 없음이 분명함을 사람이 알지 못하고, 9년 동안 외로이 앉아 코가 하늘을 찌른다.
信機緣五葉花開豈偶然? 無聖廓然人不會, 九年孤坐鼻撩天.

【축원 평】사나운 호랑이가 길을 막는다.
猛虎當路.

보리달마가 초조가 되었도다.
菩提達磨爲初祖.

---

85 3본에는 "歷江海", 1본에는 생략되어 있음.

【남명 송】 서쪽에서 와서 의발을 부촉하고자 하여 부질없이 말하는구나. 도리어 양왕이 부러워 참으로 분함이 가득하니, 차가운 강 따라 건너 돌아올 것을 용납지 않는다네.
謾道西來欲付衣. 却羨梁王眞慷慨, 寒江趁過不容歸.

【영암 주】 서천에서는 가섭을 초조로 삼으며, 이 땅에서는 달마를 초조로 삼는다.
在西天, 則迦葉爲初祖, 在此土, 則達磨爲初祖也.

【법천 주】 범어의 '보리달마'는 번역하면 '각법覺法'이라 한다. 서천축에서는 28조가 되고, 중국에서는 초조가 된다. 본래 남천축국 향지왕의 셋째 왕자였다. 27조 반야다라를 만났는데, 조사께서는 그가 은밀한 자취로 심요를 밝힐 것을 알았다. 이에 보리달마에게 수기하여 말하였다. "아직 멀리 가지 말고 우선 남천축국에 머물다가, 내가 멸도한 후 67년을 기다려서 진단(중국)으로 건너가 반드시 불사를 크게 일으켜라. 그대가 남방에 이르거든 거기에는 머물지 말라. 그들은 오직 유위의 공업만 좋아하고 부처님의 진리는 보지 못하였으니, 그대가 설령 그곳에 이르더라도 오래 머물러서는 안 된다. 나의 게송을 들어라. 길을 가다 물을 건너 다시 양을 만나니, 홀로 쓸쓸히 몰래 강을 건너리라. 한낮에 가련한 두 마리 코끼리와 말, 두 그루 여린 계수나무 오래도록 창성하리라." 대사가 본국에 계시면서 지견의 힘으로 여섯 종의 견해가 다른 법사를 타파하여 그들로 하여금 작은 것을 버리고 큰 것으로 돌아오도록 하였으니, 첫째 유상종有相宗, 둘째 무상종無相

宗, 셋째 정혜종定慧宗, 넷째 계행종戒行宗, 다섯째 무득종無得宗, 여섯째 적정종寂靜宗이다. 각기 자기의 견해에 사로잡혀 별도로 교화의 근원을 펴니, 취락이 드높고 무리들이 매우 성하였다. 대사가 이에 한숨을 쉬면서 탄식하여 말하기를 "저 한 스승도 이미 소(牛)의 발자취에 빠졌는데, 하물며 다시 지리하게 번성하여 여섯 종으로 나뉘어졌구나. 내가 만약 그들을 제거하지 않으면 영원히 삿된 견해에 속박될 것이다."라고 하고, 이에 하나하나 그 종지를 말씀하여 각각 스스로 귀의할 바가 없음을 알게 하니, 그런 뒤에 근본으로 돌아가 깨달아 들게 하였다. 대사는 삼장의 학문을 두루 갖추었고, 특히 정업定業을 전일하게 닦아 모르는 것이 없었다. 대사가 남천축으로부터 바다에 배를 띄워 3년이 걸려 보통 8년 9월 21일에 광주에 도착하였다. 자사 소앙이 무제에게 표문을 올려 알렸다. 무제는 표문을 보고 사신에게 조서를 보내 청하여 맞이하니, 10월 1일에 금릉에 이르렀다. 조서로 맞이하므로 금릉에 이르니, 무제가 대사에게 묻기를 "짐이 즉위한 이후로 사원을 짓고, 사경을 하고, 도첩을 내려 승려를 배출한 것을 이루 다 기록할 수 없으니, 어떠한 공덕이 있습니까?"라고 하니, 대사가 "이것은 다만 인천의 소과小果요 유루의 인因이니, 마치 그림자가 형체를 따르는 것과 같습니다. 비록 있으나 진실한 것이 아닙니다."라고 하였다. 무제가 "어떤 것이 참된 공덕입니까?"라고 하니, 대사가 "청정한 지혜는 묘하고 원만하며 그 체성이 스스로 공적하니, 이와 같은 공덕은 세상에서 구할 수 없습니다."라고 하였다. 무제가 "어떤 것이 성제聖諦의 제1의義입니까?"라고 하니, 대사가 "텅 비어 성스러운 것도 없습니다."라고 하였다. 무제가 "짐을 마주하고 있는 분은 누구입니까?"라고 하니, 대사가 "알 수 없습니다."라고 하였다. 무제가 그 뜻을 깨닫지 못하니, 대사는 기연이 계합되지 않음을 알고, 그달 10월 19일에 가만히 양자강 북쪽으로 돌아가 11월 23일에 낙양에 이르니, 북위 효명제 태화 10년에 해당한다. 숭산 소림사에 우거하면서 면벽하고 앉아 종일토록 말이 없었으니, 사람들이 그를 헤아릴 수 없었다. 그가 바로 선종의 초조이다.

梵語菩提達磨, 此云: 覺法. 西竺爲二十八祖, 此土爲初祖. 本南天竺國香至王第三太子也. 遇二十七祖, 祖知其密迹發明心要. 乃記之曰: 未可遠遊, 且止南天, 待吾滅後六十七載, 當往震旦大興佛事. 汝至南方勿住. 彼唯好有爲功業, 不見佛理, 汝縱到彼. 不可久留. 聽吾偈云: 路行跨水復逢羊, 獨自悽悽暗渡江. 日下可憐雙象馬, 二株嫩桂久昌昌. 師在本國以知見力破彼六宗異見, 法師令其捨小版大, 一有相宗, 二無相宗, 三定慧宗, 四戒行宗, 五無得宗, 六寂靜宗. 各封已解別展化源, 聚落峥嶸徒衆甚盛. 大師乃喟然歎曰: 彼之一師已陷牛跡, 況復支離繁盛而分六宗. 我若不除永纏邪見. 一一說其宗旨, 各自知無所版, 然後返本悟入. 大師學該三藏, 尤專定業, 排不知也. 師自南天竺泛海, 經涉三年, 時普通八年九月二十一日至廣州. 刺史蕭昂表聞武帝, 帝覽奏遣使齎詔迎請, 十月一日至金陵. 詔迎至金陵, 帝問: 朕卽位已來, 造寺寫經度僧不可勝紀, 有何功德? 師曰: 此但人天小果有漏之因, 如影隨形, 雖有非實. 帝曰: 如何是眞功德? 師曰: 淨智妙圓, 體自空寂, 如是功德不以世求. 帝問: 如何是聖諦第一義? 師曰: 廓然無聖. 帝曰: 對朕者誰? 師曰: 不識. 帝不領悟, 師知機不契, 是月十九日潛回江北, 十一月二十三日屆于洛陽, 後當魏孝明帝大和[86]十年也. 寓止于嵩山少林, 面壁而坐, 終日默然, 人莫測之.

卽禪宗初祖也.

【축원 평】 산호 가지 위에서 옥토끼가 달린다.
珊瑚枝上走玉兎.

육대에 의발 전한 것이 천하에 들리니,
六代傳衣天下聞,

【남명 송】 법을 드러내고 기대어 종지를 기록하노라. 그때를 내려놓음이 어긋나지 않거늘, 무슨 일로 사람이 와서 잡아 일으키지 못하는가?
表法聊將記宗旨. 當時放下勿譆訛, 何事人來提不起?

【축원 평】 이름을 듣는 것이 얼굴을 보는 것만 못하다.
聞名不如見面.

뒷사람이 도 얻은 것, 그 수를 다 셀 수 있겠는가?
後人得道何窮數?

【남명 송】 오직 고개 밖에서부터 온 것은 아니라네. 모름지기 봄볕이 만물에 미침을 믿으니, 높고 낮은 곳에 꽃과 나무가 한꺼번에 피었다네.
不是唯從嶺外來. 須信春陽及萬物, 高低花木一時開.

---

86 효명제의 연호는 '大和'가 아니라 '太和'이다.

【영암 주】 달마가 처음으로 이 땅에 이르니, 이 땅의 중생들이 믿음의 근기가 아직도 얕았다. 그러므로 가사로써 믿음을 나타내었다. 6조에 이르러서는 중생들을 살펴보니, 근기의 그릇이 이미 무르익자 가사를 전하는 것을 멈추고, 다만 마음으로써 서로 인수할 따름이었다. 이후로부터 도를 깨달은 사람이 지금까지 가득하니, 어찌 수를 헤아릴 수 있겠는가?

達磨初至此土, 而此土衆生, 信根尙淺. 故以衣表信. 至六祖, 則觀衆生, 根器已熟, 則止衣而不傳. 但以心相印授耳. 自此後, 得道者, 迨今洋洋, 焉可勝數?

【범천 주】 대사가 이미 소실에서 9년을 지냈으나 아직껏 지음知音이 없었다. 그때 신광이라는 승려가 있었는데, 훤하게 통달한 이였다. 오랫동안 이락(伊水와 洛河를 의미하며, 낙양을 가리킴)에 살면서 많은 책을 널리 열람하였고 현묘한 이치를 잘 말하였지만, 항상 탄식하며 말하기를 "공자와 노자의 가르침은 예법, 술수, 풍속, 법도이며, 『장자』와 『주역』은 오묘한 이치를 다하지 못하였구나. 근래에 듣자니 달마 대사께서 소림에 주석하고 계신다 하니, 지인至人이 멀리 계시지 않다. 마땅히 현묘한 경계에 나아가리라."라고 하고, 바로 그곳에 가서 아침저녁으로 예배하고 받들었으나 대사는 항상 단정히 앉아 면벽하니, 가르침과 책려함을 들을 수 없었었다. 신광이 스스로 생각하여 말하기를 "옛사람은 도를 구할 적에 뼈를 두드려 골수를 취하고, 피를 내어 배고픈 이를 구제하고, 머리털을 펴서 진흙을 가리고, 낭떠러지에 몸을 던져 범에게 먹였다. 옛사람도 오히려 이와 같이

하였는데, 나는 또 어떠한 사람인가?"라고 하였다. 그해 11월 9일 저녁에 하늘에서 큰 눈이 내렸는데, 신광은 굳게 서서 꼼짝하지 않았다. 새벽녘에 이르자 눈이 쌓여 무릎 위까지 올라왔다. 대사가 가엾게 생각하여 묻기를 "네가 오랫동안 눈 속에 서있는 것은 마땅히 무슨 일을 구해서인가?"라고 하니, 신광이 슬피 눈물을 흘리며 "오직 원하옵 건대, 대사께서는 자비로 감로문을 열어 중생을 널리 제도하소서."라고 하였다. 대사가 말하기를 "모든 부처님의 위없는 최상의 오묘한 도는 오랜 겁 동안 부지런히 힘써서 행하기 어려운 것을 능히 행하고 참지 않아도 될 것을 참아야 하는 것인데, 어찌 작은 덕, 작은 지혜, 경솔한 마음, 거만한 마음으로 진실한 법(眞乘)을 바라고자 하는가. 한갓 수고롭고 괴로울 뿐이다."라고 하였다. 신광은 대사의 가르침과 책려함을 듣고 가만히 예리한 칼을 꺼내어 스스로 왼쪽 팔을 잘라 대사 앞에 놓으니, 대사는 그가 법의 그릇임을 알고서 "모든 부처가 최초에 도를 구할 적에는 법을 위해 몸을 잊었다. 그대가 지금 내 앞에서 팔을 잘랐으니, 구하는 것이 또한 있을 것이다."라고 하고, 드디어 이름을 바꾸어 '혜가'라고 불렀다. 신광이 "여러 부처님의 법인을 들려주실 수 있겠습니까?"하니, 대사가 "여러 부처님의 법인은 남에게서 얻는 것이 아니다."라고 하였다. 신광이 "제 마음이 편치 못하니, 스님께 원하오니 편안함을 주소서."라고 하니, 대사가 "마음을 가져 오너라. 그대에게 편안함을 주리라."라고 하였다. 신광이 "마음을 찾아도 마침내 찾을 수가 없습니다."라고 하니, 대사가 "내가 그대의 마음을 편안하게 하여 주었노라."라고 하였다. 이 말을 듣고서 깨달아 바로 이조二祖가 되었다.

"육대에 걸쳐 의발을 전한 것"이라고 한 것은, 이조가 이미 초조에게서 전해 받아 이렇게 모두 의발로 서로 전하였다. 초조가 서천축에서 와 중국에 의발을 전하여 그것으로 믿음을 표했지만, 조계 육조에 이르러 그 도가 이미 행해졌으므로, 다시 의발을 전하지 않고 오직 법만을 전하였다. 달마는 혜가에게 전하고, 혜가는 승찬에게 전하고, 승찬은 도신에게 전하고, 도신은 홍인에게 전하고, 홍인은 혜능에게 전하니, 혜능은 바로 조계 육조 대사이다. 그 도가 세상에 성행하니 "육대에 의발 전한 것이 천하에 들렸다."라고 하였다. 그 후로부터 도를 얻은 자는 이루 다 셀 수가 없었다. 그러므로 "부처를 이루고 조사가 된 자가 하늘과 땅에 두루 찼고, 선을 참구하고 도를 배우는 자가 삼대와 좁쌀같이 많다."라고 하였다. 그래서 "뒷사람이 도 얻은 것, 그 수를 다 셀 수 있겠는가."라고 하였다.

大師旣少室九年未卜知音. 時有僧神光者, 曠達之士也. 久居伊洛, 博覽群書, 善談玄理, 每歎曰: 孔老之敎禮術風規, 莊易之書未盡妙理. 近聞達磨大士住止少林, 至人不遙當造玄境. 乃往彼晨夕參承, 師常端坐面壁莫聞誨勵. 光自惟曰: 昔人求道, 敲骨取髓, 刺血濟飢, 布髮掩泥, 投崖飼虎. 古尙若此, 我又何人? 其年十二月九日夜, 天大雨雪, 光堅立不動. 達明積雪過膝. 師憫而問曰: 汝久立雪中當求何事? 光悲淚曰: 惟願和尙慈悲開甘露門廣度群品. 師曰: 諸佛無上妙道, 曠劫精勤難行能行, 非忍而忍, 豈以小德小智輕心慢心欲冀眞乘, 徒勞勤苦. 光聞師誨勵, 潛取利刀自斷左臂置于師前, 師知是法器乃曰: 諸佛最初求道, 爲法忘形. 汝今斷臂吾前, 求亦可在. 遂易名曰慧可. 光曰: 諸佛法印可得聞乎? 師曰: 諸佛法印匪從人得. 光曰: 我心未寧, 乞師與安. 師曰: 將心來, 與汝安.

光曰: 覓心了不可得. 師曰: 我與汝安心竟. 旣從此悟入, 卽爲二祖也. 所云: 六代傳衣者, 二祖旣得之初祖, 皆以衣盂相傳. 初祖自西竺傳衣東土以表其信, 至曹溪六祖其道已行, 便不傳衣唯傳法也. 達磨傳可, 可傳璨, 璨傳信, 信傳忍, 忍傳能, 能卽曹溪六祖大師也. 其道盛行於世, 謂之六代傳衣天下聞也. 自後得道者不可勝數. 故云: 成佛作祖者匝地普天, 參禪學道者如麻似粟. 故云: 後人得道何窮數也.

【축원 평】 단 오이는 꼭지까지 달고, 쓴 오이는 뿌리까지 쓰다.
甜瓜徹蔕甜, 苦瓠連根苦.

【축원 주】 범어의 '보리달마'는 번역하면 '각법覺法'이라 한다. 서천축에서는 28조가 되고, 중국에서는 초조가 된다. 남천축국 향지왕의 셋째 왕자였다. 27조 반야다라를 만났는데, 조사께서는 그가 은밀한 자취로 심요를 밝힐 것을 알았다. 이에 보리달마에게 수기하여 말하였다. "아직 멀리 가지 말고 우선 남천축국에 머물다가, 내가 멸도한 후 67년을 기다려서 진단으로 건너가서 반드시 불사를 크게 일으켜라. 그대가 남방에 이르거든 거기에는 머물지 말라. 그들은 오직 유위의 공업만 좋아하고 불성은 보지 못하였으니, 그대가 설령 그곳에 이르더라도 오래 머물러서는 안 된다. 나의 게송을 들어라. 길을 가다 물을 건너 다시 양을 만나니, 홀로 쓸쓸히 몰래 강을 건너리라. 한낮에 가련한 두 마리 코끼리와 말, 두 그루 여린 계수나무 오래도록 창성하리라." 대사가 본국에 계시면서 여섯 종宗의 삿된 견해를 타파하였다. 남천축으로부터 바다에 배를 띄워 3년이 걸려 보통 8년 9월 21일에

광주에 도착하였다. 자사 소앙이 무제에게 표문을 올려 알렸다. 무제는 조서로 금릉에 이르게 하였다. 무제가 묻기를 "짐이 즉위한 이후로 사원을 짓고, 사경을 하고, 무수한 승려를 출가시켰는데, 어떠한 공덕이 있습니까?"라고 하니, 대사가 "이것은 다만 인천의 소과소과요, 유루의 인因이니, 마치 그림자가 형체를 따르는 것과 같습니다. 비록 있으나 진실한 것이 아닙니다."라고 하였다. 무제가 "어떤 것이 참된 공덕입니까?"라고 하니, 대사가 "청정한 지혜는 묘하고 원만하며 그 체성이 스스로 공적하니, 이와 같은 공덕은 세상에서 구할 수 없습니다."라고 하였다. 무제가 "어떤 것이 성제의 제1의입니까?"라고 하니, 대사가 "텅 비어 성스러운 것도 없습니다."라고 하였다. 무제가 "짐을 마주하고 있는 분은 누구입니까?"라고 하니, 대사가 "알 수 없습니다."라고 하였다. 무제가 그 뜻을 깨닫지 못하였다. 10월 19일에 강북으로 돌아와, 11월 23일에 낙양에 이르렀다. 이때가 후위 효명제 태화 10년이었다. 그리고 달마는 숭산의 소림사에 머물며 벽을 향해 앉아서 하루 종일 침묵하고 있었는데, 사람들이 그를 알지 못했으니 바로 선종의 초조이시다. 그때 신광이라는 승려가 있었는데, 훤하게 통달한 이였다. 오랫동안 이락伊洛에 살면서 많은 책을 널리 열람하였고 현묘한 이치를 잘 말하였지만, 항상 탄식하며 말하기를 "공자와 노자의 가르침은 예법, 술수, 풍속, 법도이며, 『장자』와 『주역』은 오묘한 이치를 다하지 못하였구나. 근래에 듣자니 달마 대사께서 소림에 주석하고 계신다 하니, 지인至人이 멀리 계시지 않다. 마땅히 현묘한 경계에 나아가리라."라고 하고 바로 그곳에 가서 아침저녁으로 예배하고 받들었으나 대사는 항상 단정히 앉아 면벽하니, 가르침과 책려함을 들을 수 없었다. 신광이 스스로 생각하여 말하기를 "옛사람은 도를 구할 적에 뼈를 두드려 골수를 취하고, 피를 내어 배고픈 이를 구제하고, 머리털을 펴서 진흙을 가리고, 낭떠러지에 몸을 던져 범에게 먹였다. 옛사람도 오히려 이와 같이 하였는데, 나는 또 어떠한 사람인가?"라고 하였다. 그 해 11월 9일 저녁에 하늘에서 큰 눈이 내렸는데, 신광은 굳게 서서 꼼짝하지 않았다. 새벽녘에 이르자 눈이 쌓여 무릎 위까지 올라왔다. 대사가 가엾게 생각하여 묻기를 "네가 오랫동안 눈 속에 서있는 것은 마땅히 무슨 일을 구해서인가?"라고 하니, 신광이 슬피 눈물을 흘리며 "오직 원하옵건대, 대사께서는 자비로 감로문을 열어 중생을 널리 제도하소서."라고 하였다. 대사가 말하기를 "모든 부처님의 위없는 최상의 오묘한 도는 오랜 겁 동안 부지런히 힘써서 행하기 어려운 것을 능히 행하고 참지 않아도 될 것을 참아야 하는 것인데, 어찌 작은 덕, 작은 지혜, 경솔한 마음, 거만한 마음으로 진실한 법(眞乘)을 바라고자 하는가. 한갓 수고롭고 괴로울 뿐이다."라고 하였다. 신광은 대사의 가르침과 책려함을 듣고 가만히 예리한 칼을 꺼내어 스스로 왼쪽 팔을 잘라 대사 앞에 놓으니, 대사는 그가 법의 그릇임을 알고서 "모든 부처가 최초에 도를 구할 적에는 법을 위해 몸을 잊었다. 그대가 지금 내 앞에서 팔을 잘랐으니, 구하는 것이 또한 있을 것이다."라고 하고, 드디어 이름을 바꾸어 '혜가'라고 불렀다. 신광이 "여러 부처님의 법인을 들려주실 수 있겠습니까?" 하니, 대사가 "여러 부처님의 법인은 남에게서 얻는 것이 아니다."라고 하였다. 신광이 "제 마음이 편치 못하니, 스님께 원하오니 편안함을 주소서."라고 하니, 대사가 "마음을 가져 오너라. 그대에게 편안함을 주리라."라고 하였다. 신광이 "마음을 찾아도 마침내 찾을 수가 없습니다."라고 하니, 대사가 "내가 그대의 마음을 편안하게 해 주었노라."라고 하였다. 이로부터 깨달아 들어가 이조가 되었다. 이조가 초조에게 얻은 것은 모두 의발로 서로 전하였다. 달마가 혜가에게 전하고, 혜가가 승찬에게 전하고, 승찬이 도신에게 전하고, 도신이 홍인에게 전하고, 홍인이 혜능에 전하니, 곧 조계의 6조 대사이다. 여기에 이르러 그 옷을 전하지 않았으나 그 도는 전하였다. 이로부터 성불해서 조사가 된 사람이 물이 용솟음치듯 많이 나왔다. 사찰과 사찰에 모여드는 사람들이 바둑판처럼 나뉘고 별처럼 많았다. 그러므로 이르기를 "뒷사람이 도 얻은 것, 그 수를 다 셀 수 있겠는가?"라고 한 것이다.

梵語菩提達磨, 此云: 覺法. 西竺爲二十八祖, 此土爲初祖. 南天竺國香至王第三太子也. 遇二十七祖, 知其密迹發明心要. 乃記之曰: 未可遠遊, 且止南天, 待吾滅後六十七載, 當往震旦大興佛事. 汝至南方勿住. 彼唯好有爲功業, 不見佛性, 汝縱到彼. 不可久留. 聽吾偈云: 路行跨水復逢羊, 獨自悽悽暗渡江. 日下可憐雙象馬, 二株嫩桂久昌昌. 師在本國以知見力破彼六宗邪解. 自南天竺泛海, 經涉三年, 時普通八年九月二十一日至廣州. 刺史蕭昂表聞武帝. 帝詔至金陵. 帝問: 朕自卽位以來, 造寺寫經度僧無數, 有何功德? 師曰: 此但人天小果有漏之因, 如影隨形, 雖有非實. 帝曰: 如何是眞功德? 師曰: 淨智玅圓, 體自空寂, 如是功德不以世求. 帝問: 如何是聖諦第一義? 師曰: 廓然無聖. 帝曰: 對朕者誰? 師曰: 不識. 帝不領悟. 十月十九日潛回江北, 十一月二十三日屆于洛陽. 當後魏孝明帝太和十年也. 寓止于嵩山少林, 面壁而坐終日默然, 人莫測之, 卽禪宗初祖也. 後九年, 時有僧神光者, 曠達之士也. 久居伊洛,博覽羣書, 善談玄理, 每歎曰: 孔老之敎禮術風規, 莊易之書未盡妙理. 近聞達磨大士住止少林, 至人不遙當造玄境. 乃往彼晨夕參承, 師常端坐面壁莫聞誨勵. 光自惟曰: 昔人求道, 敲骨取髓, 刺血濟飢, 布髮掩泥, 投崖飼虎. 古尙若此, 我又何人? 其年十二月九日夜, 天大雨雪, 光堅立不動. 達明積雪過膝. 師憫而問曰: 汝久立雪中當求何事? 光悲淚曰: 惟願和尙慈悲開甘露門廣度羣品. 師曰: 諸佛無上妙道, 曠劫精勤, 難行能行, 非忍而忍, 豈以小德小智輕心慢心欲冀眞乘, 徒勞勤苦. 光聞師誨勵, 潛取利刀自斷左臂置于師前, 師知是法器乃曰: 諸佛最初求道, 爲法忘身. 汝今斷臂吾前, 求亦可在. 遂易名曰慧可. 光曰: 諸佛法印可得聞乎? 師曰: 諸佛法印匪從人得. 光曰: 我心未寧, 乞師與安. 師曰: 將心來, 與汝安. 光曰: 覓心了不可得. 師曰: 我與汝安心竟. 從此悟入, 爲二祖也. 二祖得之於初祖, 皆以衣盂相傳, 磨傳可, 可傳璨, 璨傳信, 信傳忍, 忍傳能, 乃曹谿六祖大師也. 至此不傳其衣但傳其道. 自是以後成佛作祖者水涌山出, 梵刹招提碁分星布. 故云: 後人得道何窮數也.

【추원 송】법이 동쪽으로 흘러 이 땅에 들어왔다. 하늘 문이 열리고 땅의 문이 열리어 인천을 이롭게 하는 부처와 조사가 되었노라. 헤아려 생각한다면 어느 세월에 깨닫겠는가?

法東流, 入此土. 開天門, 闢地戶, 利人天, 成佛祖. 擬思量, 何劫悟?

〈33〉
참됨도 설 수 없고,
眞不立,

【남명 송】 흰 망아지도 흐르는 물결의 빠름과 같지 못하네. 그 당시 문왕만이 도리어 보배임을 알았으나, 변화(춘추시대 楚나라 사람으로 荊山에서 옥돌을 발견하고 초나라 왕에게 바친 사람)는 비웃음을 견디며 부질없이 서서 울었네.
白駒未似流波急. 當日文王却識珍, 卞和堪笑空垂泣.

【축원 평】 하늘이 개니 해가 머리를 내민다.
天晴日頭出.

허망함도 본래 공함이여,
妄本空,

【남명 송】 나그네 고향 생각에 세월은 이미 다했네. 발을 들자 곧 집에 돌아감을 바로 얻으리니, 어찌 수고로이 한을 흘려 서풍을 향하리오!
遊子思鄕歲已窮. 擧足是家歸便得, 何勞流恨向西風!

【범천 주】 참됨도 이미 설 수 없고, 허망함도 본래 공한 것이다. 진실로 참됨과 허망함이 본래 자성이 없음으로 말미암은 것이니, 참됨으로

인하여 허망함이 성립되고 허망함으로 인하여 참됨이 성립된다. 옛 스님이 말하기를 "참됨만 성립되지 않고, 허망함만 이루어지기 어렵다."라고 하였다.
眞旣不立, 妄亦本空. 良由眞妄本無自性, 因眞立妄, 因妄立眞. 古德云: 單眞不立, 獨妄難成也.

【축원 평】해가 높이 뜨니 꽃 그림자 짙더라.
日高花影重.

유와 무를 모두 버리니 불공도 공한 것이니,
有無俱遣不空空,

【남명 송】만약 공을 두고자 한다면 오히려 장애가 되네. 산 사람이 떠난 후에 늙은 원숭이가 울고, 초가집이 비니 흰 구름이 남도다.
若欲存空還是礙. 山人去後老猿啼, 茅屋空來白雲在.

【영암 주】참됨과 허망함, 있음과 없음이 모두 대대법이다. 참됨이 만약 서지 못하면 허망함이 어찌 말미암아 생기겠는가? 있음과 없음을 이미 버리니, 버린 공 또한 버려야 한다. 그러므로 "불공도 공한 것이다."라고 하였다.
眞妄有無, 皆對待法. 眞若不立, 則妄何由生? 有無旣遣, 則能遣之空亦遣, 故曰: 不空空.

【범천 주】 "유와 무를 모두 버린다."라는 것은 유와 무도 상대해서 세워진 것이나, 지금 이미 모두 다 쌍으로 버렸으니 불공도 또한 공한 것이다. 그러므로 "유와 무를 쌍으로 버리니 불공도 공한 것이다."라고 하였다. 이 몇 구절은 영가 대사께서 그 법을 나타내고자 하였고, 그런 까닭에 참됨과 허망함과 있음과 없음의 정을 쌍으로 들어 말한 것이다.

有無雙遣者, 有無亦相待而立, 今旣雙遣, 不空亦空也. 故云: 有無雙遣, 不空空也. 此之數句, 大師欲顯其法, 故雙拈眞妄有無之情爾.

【축원 평】 정수리의 한쪽 눈에 드리운 두 개의 눈동자라.

頂門隻眼亞雙瞳.

20공문에 원래 집착하지 않으니,

二十空門元不著,

【남명 송】 참됨과 허망함이란 오랫동안의 병을 이미 없앴네. 한번 쌓인 구름 지나자 사람이 이르지 않으니, 천 개의 바윗돌 만 줄기 계곡 내 집을 둘러싸고 있네.

眞妄悠悠病已除. 一經宇雲人不到, 千嵒萬壑繞吾廬.

【범천 주】 "20공문空門"이라는 것은 여래께서 20종의 유에 집착한 견해를 타파한 것이니, 이로 인하여 20공의 이름을 이룬 것이다. 이런 까닭에 『대반야경』에 이르기를 "이른바 내공內空과 외공外空과 내외공

內外空과 공공空空과 대공大空과 승의공勝義空과 유위공有爲空과 무위공無爲空과 필경공畢竟空과 무제공無際空과 산공散空과 무변이공無變異空과 본성공本性空과 자상공自相空과 공상공共相空과 일체법공一切法空과 불가득공不可得空과 무성공無性空과 자성공自性空과 무성자성공無性自性空."이라 하였다. 비록 20개 공의 이름이 있으나 그 본체는 곧 하나의 법이다. 지금 법성의 이치를 밝혔지만 20개의 공과 같지 않은 까닭에 "원래 집착하지 않는다."라고 말하였다.

二十空門者, 如來破二十種執有之見, 因成二十空名, 故大般若經云: 所謂內空, 外空, 內外空, 空空, 大空, 勝義空, 有爲空, 無爲空, 畢竟空, 無際空, 散空, 無變異空, 本性空, 自相空, 共相空, 一切法空, 不可得空, 無性空, 自性空, 無性自性空. 雖有二十空名, 其體卽一法也. 今明法性之理不同二十之空, 故云: 元不著也.

【축원 평】텅 빈 허공에 풀어 놓아주니, 먼 하늘에 학이로다.
虛空放出遼天鶴.

한 성품은 여래의 본체와 스스로 같도다.
一性如來體自同.

【남명 송】같은 가운데 길이 없어 서쪽과 동쪽에 맡기네. 우물 밑에 두꺼비 호각을 부니, 문 앞의 노주 등불을 비웃네.
同中無路任西東, 井底蝦蟆吹鼓角, 門前露柱笑燈籠.

【영암 주】 20공은 본래 『대반야경』에 나온다. 공은 단지 하나일 뿐이었으나, 20종의 유를 타파하게 된 까닭에 20공이 세워졌다. 이 공 또한 공한 것이다. 본성(性)과 모습(相)이 서로 융화되면, 바로 여래의 본체(體)와 성품(性)과 같아진다.
二十空, 本出大般若經. 空只是一也, 爲破二十種有故, 立二十空. 此空亦空, 性相雙融, 卽與如來體性同也.

【범천 주】 "한 성품은 여래의 본체와 스스로 같다."라는 것은 외도 62종의 이견에서 멀리 벗어남이니, 곧 반야열반묘심과 명합했기 때문에 "본체와 스스로 같다."라고 하였다.
一性如來體自同者, 逈出外道六十二種異見, 卽與般若涅槃妙心冥合, 故云: 體自同也.

【축원 평】 민 지방이나 촉 지방이나 같은 바람이 분다.
閩蜀同風.

【축원 주】 오묘한 성품이 원만히 밝아 이름(名)과 모습(相)을 여의니, 본래 무유無有의 세계이다. 중생들은 허망함으로 인하여 태어남이 있으며, 태어남으로 인하여 소멸이 있게 되니, 태어남과 소멸을 허망함이라 하며, 허망함이 사라지면 참되다 한다. 참됨도 서지 못하고 그 허망함도 본래 공하며, 있음과 없음을 다 버리니 불공도 또한 공하다. 옛날에 여래가 20종의 집착이 있는 견해를 타파함으로 인하여 20공이란 이름이 되었다. 이제 한 성품의 이치가 20개의 공과 같지

않음을 밝혔다. 그러므로 이르기를 "원래 집착하지 않는다."라고 하였다. "한 성품은 여래의 본체와 스스로 같도다."라는 것은 외도의 다른 견해에서 멀리 벗어나 바로 반야의 오묘한 마음과 명합된다. 그러므로 이르기를 "본체가 스스로 같도다."라고 한 것이다.

妙性圓明離諸名相, 本來無有世界. 衆生因妄有生, 因生有滅, 生滅名妄, 滅妄名眞. 眞旣不立, 其妄本空, 有無俱遣不空亦空. 昔如來破二十種執有之見, 因成二十空名. 今明一性之理不同二十之空. 故云: 元不著也. 一性如來體自同者, 逈出外道異見, 卽與般若妙心冥合. 故云: 體自同.

【축원 송】 참됨도 설 수 없고, 허망함은 본래 공空한 것이니, 한마디로 말하면 칼끝을 드러내지 않도다. 서쪽 시냇물이 동쪽 시냇물에 흐르고, 남쪽 산이 불에 타니 북쪽 산이 붉어지더라.

眞不立妄本空, 一句全提不露鋒. 西磵水流東磵水, 南山燒火北山紅.

〈34〉
마음은 뿌리요,
心是根,

【남명 송】몰래 솟아나고 비껴 서리어도 이미 자취가 드러났도다. 바로 가히 어여삐 볼 것이거늘 사람들은 보지 못하니, 부질없이 지엽을 후손에게 전해 준다네.
暗聳斜蟠已露痕. 直下可憐人不見, 空將枝葉付兒孫.

【축원 평】눈에 가림이 있다.
一翳在眼.

법은 티끌이니,
法是塵,

【남명 송】한 점이라도 생기기만 하면 곧 참됨을 잃네. 이름 속에 참된 뜻(實義) 없다고 하지 말지니, 어지러이 본래의 몸을 온전히 드러낸다네.
一點才生卽喪眞. 勿謂名中無實義, 紛紛全露本來身.

【범천 주】"마음은 뿌리"라는 것은, 뿌리는 능히 내는(生) 것으로 의의를 삼는다. 진실로 이 마음이 일체의 선과 불선의 법을 내기 때문에 "뿌리"라고 이름을 붙인 것이다. "법은 티끌"이라는 것은, 법이란 만물

을 궤지(任持自性, 軌生物解)하나 마치 신묘한 약과 같아서 병이 치유되면 약은 쓸모가 없는 것과 같다. 그러므로 "법은 티끌"이라 한 것이다.
心是根者, 根以能生爲義. 良由此心能生一切善不善法, 故名根也. 法是塵者. 法雖能軌持萬物. 猶如妙藥. 病若愈則藥必無用. 故法是塵也.

【축원 평】 허공에 핀 꽃이 어지러이 떨어진다.
空華亂墜.

두 가지는 거울 위의 자국과 같도다.
兩種猶如鏡上痕.

【남명 송】 신령스럽고 밝음을 덮는 것이 마음의 때와 같네. 산하대지는 털끝만큼도 하지 않으니, 누가 높은 대에 걸고 예쁨과 추함을 분별하는가?
障覆靈明類心垢. 山河大地勿絲毫, 誰掛高臺辨姸醜?

【영암 주】 마음과 법, 근기와 티끌은 모두 상대해서(對待) 생겨나니, 일찍이 실성이 아니다. 진실한 성 가운데 두 종류가 있으니, 거울 위에 티끌 먼지가 끼는 것 같은 것이다.
心與法, 根與塵, 皆對待而生, 曾非實. 於實性中, 有此二種, 如鏡上塵垢也.

【법천 주】 이 두 가지 법이 다 막힘과 걸림이 있어 사람들 마음 빛이

통하여 나올 수 없게 하니, 그것은 마치 거울 위의 자국과 같다. 그러므로 "육근과 육진이 상대하여 마음의 빛을 가리고 막으니, 근본으로 돌이켜 마음을 밝히는 것이 진실로 이 때문이다."라고 하였다.
此之二法皆有窒碍, 使人心光不能透漏, 如鏡上之痕也. 所以云: 根塵相對, 翳障心光, 返本明心, 良由此也.

【축원 평】 거울을 부수고 오니 도리어 모습이 보이네.
打破鏡來却許相見.

흔적인 때가 모두 다하면 빛이 비로소 나타나고,
痕垢盡除光始現,

【남명 송】 외로이 밝고 홀로 드러나니 대천세계가 춥구나. 티끌 없건만 의발 전함을 허락지 않으니, 그림자를 희롱하면 쉽게 살피지(觀) 못함을 알아야 하네.
孤明獨露大千寒. 無塵未許傳衣鉢, 弄影須知不易觀.

【축원 평】 한 마음도 나지 않으면 모든 법이 다 쉬게 된다.
一心不生萬法俱息.

마음과 법이 둘 다 없어지면 성품이 곧 참되도다.
心法雙忘性卽(則)[87]眞.

【남명 송】 참된 성품은 없는 것도 아니고 또한 있는 것도 아니네. 소림사에서 몇 번이나 묵묵히 생각했던가? 유마 거사도 감히 경솔하게 입을 열지 못하였네.
眞性非無亦非有. 少林幾度暗思量, 維摩未敢輕開口.

【영암 주】 흔적인 때가 깨끗이 다하면 거울이 장애 없이 빛나고, 마음의 법이 사라져 없어지면 참된 성품이 툭 트여 환해져서, 이 자연의 이치가 밝아진다.
痕垢淨盡, 則鏡光無礙, 心法消亡, 則眞性廓然, 此自然之理明矣.

【범천 주】 흔적인 때가 다하여 마음과 법이 둘 다 없어지면, 자연히 마음의 빛이 뚫고 나와 불성을 분명하게 볼 것이다. 고덕이 말하기를 "하나의 티가 눈에 있으면 허공에 핀 꽃이 온 세계에 두루하듯, 하나의 망념이 마음에 있으면 마음에 항하의 모래알 같은 생멸이 발생한다."라고 하였다. 티끌이 사라지면 허공에 핀 꽃이 사라지고, 허망함이 사라지면 참됨을 증득한다. 병이 나으면 약을 버리고, 얼음이 녹으면 물이 된다. 영단 한 알을 무쇠에 찍으면 무쇠가 금이 되고, 지극한 이치의 한마디 말은 범부를 바꾸어 성인을 만든다. 그러므로 "성품이 곧 참되다."라고 하였다.
痕垢若盡, 心法雙亡, 自然心光透脫, 明見佛性也. 古德云: 一翳在眼空花遍界, 一妄在心河沙生滅. 翳消花盡, 妄滅證眞. 病差藥除, 氷消水在. 靈丹一顆点鐵成金, 至理一言轉凡爲聖. 故云: 性卽眞也.

---

87 【영암 주】본에는 "心法雙亡性則眞"으로 되어 있음.

【축원 평】 이곳은 한양으로부터 멀지 않다.
此去漢陽不遠.

【축원 주】 사람이 진여를 품부 받아 성품에 가명이 아닌 것을 마음이라 하고, 마음을 따라 법을 받는 것을 티끌이라고 한다. 진여에 인연하여 자성을 지키지 못하면 염정연染淨緣을 따르게 된다. 그러므로 이르기를 "마음은 뿌리요 법은 티끌이니, 두 가지는 거울 위의 자국과 같도다." 라고 한 것이다. 이 두 가지는 마치 오래된 거울 위에 흔적이 된 때가 밝게 빛남을 뒤집어씌워 드러나고 빛나지 못하게 하는 것과 같다. 그러므로 이르기를 "흔적인 때가 모두 다하면 빛이 비로소 나타난다."라고 한 것이다. 마음과 법이 둘 다 잊으면 성품은 참됨이 된다. 고덕이 이르기를 "하나의 티가 눈에 있으면 허공에 핀 꽃이 온 세계에 두루하듯, 하나의 망념이 마음에 있으면 마음에 항하의 모래알 같은 생멸이 발생한다."라고 하였다. 생각(意)에 허공에 핀 꽃이 다하면 망령됨이 없어지고 참됨을 증득하게 된다. 그러므로 이르기를 "성품이 곧 참되도다."라고 한 것이다.

人稟眞如不性假名曰心, 從心受法曰塵. 緣眞如不守自性能, 隨染淨緣. 故云: 心是根法是塵. 此兩種猶如古鏡上之痕垢, 籠罩光明不得發露. 故云: 痕垢盡時光始現. 心法雙忘性卽眞. 古德云: 一翳在眼空華徧界, 一妄在心河沙生滅. 意銷華盡妄滅證眞. 故云: 性卽眞也.

【축원 송】 마음은 뿌리요, 법은 티끌이다. 8량은 원래 반근이다. 두 머리를 잡고 비웃으니, 다 끌고 가 벗어났네. 사마귀 눈 속을 기린이

차지했구나.

心是根, 法是塵. 八兩元來是半斤. 笑把兩頭俱拽脫, 蠮螉眼裏跨麒麟.

〈35〉
말법을 슬퍼하고,
嗟末法,

【남명 송】 참된 바람을 등지니, 사물에 닿아도 어둡고 미혹되니 마치 어리석은 아이 같네. 허공에 수레 3개 세워두고 집 밖을 불태우니, 언제나 사거리 가운데 함께 이를까?
背眞風, 觸物昏迷若駿童. 空立三車火宅外, 何時同到四衢中?

악한 시세는
惡時世,

【남명 송】 삼재에 가까우니, 번뇌에 찬 중생들 불러도 돌아오지 않네. 전쟁과 굶주림의 천 가지 고통이 모두 사람 마음이 만들어 나온 것이라네.
近三灾, 煩惱衆生喚不迴. 刀兵飢饉千般苦, 盡是人心造出來.

【축원 평】 넓이가 8척이요, 길이가 2길이라.
闊八尺長丈二.

중생들의 복이 엷어 조복받기 어려워라.
衆生薄福難調制.

【남명 송】 음험하고 교활함이 뛰어오르니 마치 날뛰는 원숭이 같구나. 언덕에 나무는 쓰러지려 하고 물고기는 물이 적도다. 슬프다! 옛사람의 말을 깨닫지 못함이여.
險詖奔騰若踔猨. 岸樹欲崩魚少水. 悲哉! 不悟昔人言.

【영암 주】 말법에 들어가니, 사람들이 많이 제멋대로 나태해진다.
入末法, 人多放逸也.

【범천 주】 '차嗟'는 감탄사이다. 세존께서 세상에 나와 큰 법륜을 굴려 유정을 이익 되게 하셨으니, 정법 천 년, 상법 천 년, 말법 만 년이다. 영가 대사께서 세상에 나오신 때가 바로 상법에 해당하여, 슬퍼하고 탄식함이 이와 같으니, 지금은 바로 알 만하다. 그러므로 "말법을 슬퍼하고 시세를 미워함이여, 중생들의 복 엷어 조복받기 어려워라."라고 말하였다. 말법시대에 도를 펼침에 대지大旨를 밝히지 않고 각기 문정(門庭: 주의, 주장)을 지켜 서로 견고하게 고집하니, 모두 법의 병이 된다. 그리하여 아래 글에서 볼 수 있다.
嗟卽歎辭也. 世尊出世轉大法輪, 利益有情, 正法一千年, 像法一千年, 末法一萬年. 大師出世正當像法, 早嗟歎如此, 卽今則可知矣. 故云: 嗟末法, 惡時世, 衆生福薄難調制也. 末世弘道不明大旨, 各守門庭互相堅執, 盡爲法病. 故下文可見也.

【축원 평】 참됨이 거짓을 가리지 못한다.
眞不掩僞.

성인과 거리가 멀어 삿된 견해가 깊고,
去聖遠兮邪見深,

【남명 송】아만에 얽매 매여 진짜 부처님에 어두웠노라. 도사께서 자비로 구제하심은 얼마나 고생스러우셨을까만, 애욕의 강에서 잠시 나왔다가 다시 잠기는구나.
我慢纏綿昧眞佛. 導師悲濟幾辛勤, 愛河暫出還沈沒.

【축원 평】바다가 마르면 결국 바닥이 드러나지만, 사람은 죽어도 마음을 알지 못한다.
海枯終見底, 人死不知心.

마는 강하고 법은 약하여 원한과 해침이 많도다.
魔强法弱多怨害.

【남명 송】착함과 악함은 비록 다르지만 불성은 같도다. 이때를 잘 향하여 자기를 밝혀라. 백년의 광영이 머리를 돌리니 공하도다.
善惡雖殊佛性同. 好向此時明自己, 百年光影轉頭空.

【영암 주】성인과 떨어진 거리가 멀고도 멀어, 삿된 견해는 깊어져 버렸다. 이 원만한 종지를 들었건만, 증오하는 병이 많이 생겨났구나. 달마가 오히려 이를 부딪침(독약을 마심)을 만나게 되었으니, 하물며 지금의 세상이겠는가!

去聖遙遠, 邪見轉深. 聞此圓宗, 多生憎疾. 達磨尙遭擊齒, 況今之世耶!

【법천 주】성인과의 거리가 멀고멀어 삿된 견해가 더욱 깊으니, 정법 가운데 도리어 원한과 해침을 내게 되었다. 이런 까닭으로 달마가 인도에서 와 이를 부딪치며 독약을 마셨다. 성사聖師도 오히려 그러했는데, 하물며 인사人師들이겠는가? 모든 부처님께서 세상에 나오시어 자비심을 일으켜 중생을 이끌어 이롭게 하지 아니함이 없는데도, 마는 강하고 법은 약하여 성인의 마음에 대한 은덕을 알지 못하였다. 오늘날 천하는 태평한 지 오래고, 국왕과 대신들이 부처님의 부촉을 받고 삼보를 크게 보호하여 여러 지방에 법석이 흥성하니, 출가한 이들은 이를 만나기 어렵다는 마음을 일으켜 선지식을 찾아 생사를 결택하여 벗어남을 구하고, 네 가지 은혜에 보답함이 마땅하다. 그러나 그 가운데 비록 불법을 배웠으나 교외별전을 알지 못하는 자도 있으며, 고귀한 지위에 있어서 숙세에 닦은 바를 망각하여 불법에 장애가 되는 자도 있으며, 비록 불법을 전해 받아 지니면서도 각기 종파가 다르므로 서로 공격하는 자도 있다. 이것은 모두 법문의 마사요, 통달한 사람이 아니다. 만약 본분 당사자라면 반드시 이렇지 않다. 그러므로 규봉이 말하기를 "여러 종파의 문하에는 모두 통달한 사람(達人)이 있다. 그러나 제각기 익힌 바에 안주해서 통달한 이는 적고 국집하는 이는 많게 되었다. 이어받은 것으로 문호를 삼아 제각기 벌여 놓은 채, 경과 논을 무기로 삼아서 서로 서로가 공격을 일삼는다. 감정이 갑옷(函)을 만드는 사람과 화살을 만드는 사람에 따라 변천하고, 법은 나와 너를 따라서 높고 낮아지니, 시비가 분분히 일어나서

판가름을 할 수가 없게 되었다."⁸⁸라고 하였다. 그러므로 "마는 강하고 법은 약하여 원한과 해침이 많다."라고 한 것이다.

去聖遙遠, 邪見轉深, 於正法中返生怨害. 是以達磨西來擊齒服毒, 聖師尙爾, 豈況人師耶? 諸佛出世莫不興慈運悲接物利生, 魔强法弱而於聖心不知恩德. 況今天下昇平日久. 國王大臣受佛付囑弘護三寶, 諸方法席興盛, 出家之士當起難遇之心, 參尋知識決擇生死, 以求出離. 報答四恩, 卽其宜矣. 然而其中有雖學佛法, 不知有敎外別傳者, 亦有之也, 有身居貴位忘宿世所修, 而於佛法爲其障碍者, 亦有之也, 有雖傳持佛法, 各以宗派不同互相攻擊者, 亦有之也. 此皆爲法門魔事, 盡非通人. 若是本分當人, 必不如是. 故圭峯云: 諸宗門下皆有達人, 然各安所習, 通少局多. 以承稟爲戶牖, 各自開張, 以經論爲干戈, 互相攻擊. 情存函矢而遷變, 法逐人我以高低, 致使是非紛拏, 莫之辨枑. 故云: 魔强法弱多怨害也.

【축원 평】뇌후견시⁸⁹를 가진 사람과는 왕래하지 말라.

---

88 (宋)道原纂, 『景德傳燈錄』 卷13, "圭峯宗密傳"(大正藏 51, p.306c) "여러 종파의 문하에는 모두 통달한 사람(達人)이 있다. 그러나 제각기 익힌 바에 안주해서 통달한 이는 적고 국집하는 이는 많게 되었다. 수십 년 이래로 조사의 법이 더욱 파괴되어서 이어받은 것으로 문호를 삼아 제각기 벌여놓은 채, 경과 논을 무기로 삼아서 서로 서로가 공격을 일삼는다. 감정이 갑옷(函)을 만드는 사람과 화살을 만드는 사람에 따라 변천하고, 법은 나와 너를 따라서 높고 낮아지니, 시비가 분분히 일어나서 판가름을 할 수가 없게 되었다.(諸宗門下皆有達人, 然各安所習, 通少局多. 數十年中師法益壞, 以承稟爲戶牖, 各自開張, 以經論爲干戈, 互相攻擊. 情存函矢而遷變, 法逐人我以高低, 致使是非紛拏, 莫能辨析.)"에서 인용한 것이다.
89 관상법觀相法에서 '뇌후견시腦後見顋'의 관상을 가진 이는 반골反骨로서 무정無情하

腦后見腮莫與往來.

여래의 돈교법문 말씀함을 듣고서,
聞說如來頓敎門,

【남명 송】반은 웃고 반은 성내면 뜻에 기쁘지 않네. 하루아침에 돌아가 자비로운 어머니 만나 뵈니, 바야흐로 옛날 가업과 같음을 스스로 알겠노라.
半笑半瞋情不悅. 一朝歸去見慈親, 方知自昔同家業.

【축원 평】이룬 사람은 스스로 이룬 것이다.
成者自成.

없애기를 기왓장 부수듯 하지 못함을 한탄하도다.
恨不滅除令瓦碎.

【남명 송】진공은 상이 없으니 부질없는 삼신[90]이로다. 왕개미(蚍蜉)가 힘을 헤아리지 못함을 비웃으며, 작은 바람을 불어 커다란 말뚝을 흔들고자 한다네.
眞空無相謾參辰. 蚍蜉可笑不量力, 欲鼓微風撼大椿.

고, 이익 앞에서는 의리를 배신한다고 하여 사귀지 말 것을 말한다.

90 삼신參辰: 삼성參星과 신성辰星을 말한다. 이 별자리는 서방과 동방에 위치하고 있어 결코 서로 함께 나타날 수 없다. 따라서 서로 간에 격절隔絶함을 비유한다.

【영암 주】 근본을 버리고 말단을 좇아 사상에 집착하다가, 돈법을 설하는 것을 들으니 욕망이 사라져 없어진다.
棄本逐末, 執于事相, 聞說頓法, 卽欲滅除.

【법천 주】 여래께서 오직 일대사의 인연으로 세상에 출현하시니, 그 당시에 마왕이 있었다. 비록 부처님과 같은 시대였으나 원교와 돈교의 법문 있음을 믿지 않아서, 부처님께서 말씀하시는 것을 듣고 모두 헐뜯고 비방하며 기왓장 부수듯 없애버리지 못하는 것을 한탄하였다. 세상사람 가운데 대승의 근성이 없는 이도 있어서 또한 깨달아 들어가는 법문이 있는 것을 믿지 않는다. 비록 몸은 불문에 출가하였으나 오히려 스스로 믿지 않는다. 그러므로 그런 자가 있다는 것이다. 고덕이 말하기를 "눈병 있는 사람을 향하여 허공에 꽃이 없다고 말하지 말고, 미친병을 앓는 사람 앞에서 면전에 귀신이 없다고 말하지 말라."라고 하였다. 쓸데없는 말로 믿고 받아들여지지 않을 것이다. 모름지기 눈이 맑아지고 마음이 편안해져야 마땅히 스스로 알게 될 것이다.
如來唯一大事因緣出現於世, 世有魔王. 雖與佛同時而不信有圓頓法門, 聞佛所說悉皆毀謗, 恨不滅除令如瓦碎也. 世人有無大乘根性者, 亦不信有悟入法門. 而於釋門身雖出家, 尙自不信. 故有之也. 古德云: 不可向翳目人前說空中無花, 不可向狂病人前說面前無鬼. 空廢語言應不信受. 直須目淨心安, 當自知矣.

【축원 평】 무너지는 사람은 스스로 무너지는 것이다.
壞者自壞.

짓는 것은 마음에 있으나,
作在心,

【남명 송】자못 크게 착종되니, 금을 튕겨 참새를 쫓아 날려 보내는
것 같구나. 어리석은 주인(無明郞主)은 탐욕과 분노로 방자해지니,
집안 재산 다 쓰고도 어리석어 깨닫지 못하네.
何大錯, 如將金彈逐飛雀. 無明郞主恣貪瞋, 用盡家財渾不覺.

【축원 평】많이 기뻐하고 조금 성내라.
多喜少瞋.

재앙은 몸으로 받음이여,
殃在身,

【남명 송】해탈해 여의기 어려우니, 여기에 이르러 헛되이 어리석음과
지혜로움을 나누네. 고통스런 매질과 시리고 서늘함은 백만 가지요,
아버지와 아들이 비록 친하더라도 바꿀 수가 없다네.
難脫離, 到此徒分愚與智. 痛楚酸寒百萬般, 父子雖親不容替.

【축원 평】조금 기뻐하고 많이 성내라.
少喜多瞋.

원망하고 하소연하거나 남을 허물하지 말라.
不須怨訴更尤人.

【남명 송】 자신의 지혜가 밝지 못하면 곧 어둠에 막히게 되리라. 보리와 번뇌는 예부터 뿌리가 없으니, 다만 마음 돌리는 한순간에 있다네.
自智不明乃昏塞. 菩提煩惱舊無根, 只在回心一頃刻.

【영암 주】 마음에 바른 법이 무너지면 몸은 아비지옥에 빠진다. 자신이 짓고 자신이 받으니, 어찌 남에게서 얻겠는가?
心毀正法, 身陷阿鼻. 自作自受, 豈從人得也?

【범천 주】 세상 사람들이 짓는 한량없고 끝없는 업은 다 망심으로 짓는 것이다. 그래서 "짓는 것은 마음에 있다."라고 하였다. 받는 바의 한량없는 괴로운 과보는 지옥, 축생, 아귀의 갖가지 형상으로 갖가지 괴로움이다. 고덕은 "안장 짓고 재갈 문 것은 누구 탓일까? 옛적에 다만 마음을 잘못 썼기 때문이네."라고 하였다. 그러므로 "재앙은 몸으로 받는다."라고 하였다. 이 모두가 다 스스로 지은 것을 스스로 받음이요, 다른 사람이 그렇게 한 것이 아니다. 그러므로 "원망하고 하소연하거나 남을 허물하지 말라."라고 하였다. 세간의 괴로움은 한 세상에 그치지만 지옥의 괴로움은 다함이 없다. 검수지옥과 도산지옥은 그 괴로움을 이루 다 말할 수 없으며, 이곳의 받음이 다하여도 세계가 무너질 때 다시 다른 곳의 지옥으로 옮겨가고, 죄를 받는

과보가 다하면 다시 축생과 나귀와 말로 태어난다. 이는 모두 다른 사람 때문이 아니고 스스로 지어서 받는 것일 뿐이다.

世人所造無量無邊之業, 皆妄心所作. 故云: 作在心也. 所感無量苦果, 地獄畜生餓鬼種種等形, 受種種苦. 古德云: 負鞍唧鐵爲誰來? 昔時祇爲行心錯. 故云: 殃在身也, 皆是自作自受, 非他人所致. 故云: 不須冤訴更尤人也. 世間之苦乃止一世, 地獄之苦無有窮盡. 劍樹刀山種種不可說苦, 此方受盡世界壞時, 更移他方地獄, 受罪報盡, 更生畜生驢馬. 皆非別人, 唯自作自受也.

【축원 평】 눈 밑에 근력이 없으면 한 세대가 가난하다.

眼底無筋一世貧.

무간지옥 업보를 부르지 않으려거든,

欲得不招無間業,

【남명 송】 만약 무간을 논한다면 혹독함을 감당하기 어렵도다. 법을 비방하여 홀로 이것에 빠질 뿐 아니라 육적이 사람을 위태롭게 하니, 다시 막을지어다.

若論無間酷難當. 不唯謗法獨沈此, 六賊危人更可防.

【축원 평】 법을 아는 사람은 두렵다.

識法者懼.

여래의 정법륜을 비방하지 말라.
莫謗如來正法輪.

【남명 송】법을 헐뜯는 인연은 고통스러움 다하기 어렵도다. 비록 공겁을 지나 다른 쪽에 의탁하더라도, 이 세계가 되었을 때 다시 와서 받는다네.
毀法因緣苦難究. 縱經空劫寄他方, 此界成時復來受.

【영암 주】아버지를 죽이고 어머니를 죽여도 부처를 구하고 참회할 수 있지만, 부처를 비방하고 조사를 비방하면 어디에서 참회하리오.
殺父殺母, 求佛懺悔, 謗佛謗祖, 何處懺悔?

【법천 주】법을 비방한 죄는 작은 허물이 아니다. 반야를 헐뜯는 죄업은 모두 지옥에 떨어진다. 가벼이 여길 지옥이 아니고 모두 무간지옥이니 극히 중한 지옥이다. 시간(時數)이 장구하고 영원하여 모두 겁수로 논한 것이다. 법을 비방한 과보는 한 가지가 아니다. 구체적인 것은 장경에 기재한 바와 같이 혹은 머리가 아홉 개가 달린 거북이가 되고, 또는 나병(白癩疾)을 앓는 것 등이다. 참으로 시방의 모든 부처님께서 세상에 나오시어 모두 일승묘법을 찬탄하셨고, 시방의 모든 부처님께서 법을 증득했기 때문에 무상정등보리를 성취하게 되었다. 지금 도리어 비방하니 그 죄는 반드시 받을 것이다. 그러므로 "여래의 정법륜을 비방하지 말라."라고 하였다.
謗法之罪非小過也. 毀般若罪業皆落地獄. 亦非輕計, 地獄皆無間地獄,卽極重獄也. 時數久遠皆論劫數. 謗法之報非一. 具如藏經所載, 或爲九頭龜, 或患白癩疾等. 良由十方諸佛出世悉皆讚歎一乘妙法, 十方諸佛由證法故得成無上正等菩提. 今却返謗其罪疊矣. 故云: 莫謗如來正法輪也.

【축원 평】 산봉우리에 구름 걷히니, 달빛이 물결 속까지 떨어지네.
無雲生嶺上, 有月落波心.

【축원 주】 이는 한 부분의 뜻이다. 영가는 말법 가운데 있음을 슬피 탄식하고, 시절이 엷음을 미워하며, 순박함이 이미 흩어져 시끄러운 인간 세상이 날로 성해지고, 복 엷은 중생들은 도덕에 힘쓰지 않으니, 마치 미친 코끼리가 빨리 내달려 굴복시키기 어려운 것 같다. 하물며 여러 큰 성인들의 과거는 이미 멀어지고 삿된 견해는 깊어지니, 바른 법 가운데서 도리어 원한과 해침이 생겨난다. 마치 달마가 이를 부딪치며 독을 마시고, 2조가 피해를 당한 것처럼, 성사聖師도 오히려 그러한데 하물며 후대 사람들이겠는가! 혹시 배움이 있는 사람이 자기가 이해하고 각기 품부 받은 사승師承에 국집하여 방패와 창을 만들어 서로 공격한다. 조금 얻은 것으로 만족하여 스스로 그릇됨을 알지 못한다. 여래의 원돈대교 법문을 설하시는 것을 듣고 도리어 그릇된 것으로 여기니, 원한이 사라져 없어지고 눈 녹듯 무너져 내리지 않는다. 따라서 이 망령된 마음으로 인하여 헤아릴 수 없고 끝도 없는 흑업黑業을 지은 것이 그림자처럼 형체를 따라다니게 된다. 그러므로 이르기를 "재앙은 몸에 있다."라고 한 것이다. 헤아릴 수 없고 끝도 없는 고통스런

과보를 느끼는 것은 모두 스스로 짓고 스스로 받는 것이지 다른 사람 때문에 빚어진 것이 아니다. 그러므로 이르기를 "원망하고 하소연하거나 남을 허물하지 말라."라고 한 것이다. 법을 비방한 죄는 경전처럼 다 밝혀져서 부르지 않고 싶어도 끊임없이 업이 거듭되니, 여래의 정법륜을 비방하지 말라. 바른 법이란 시방세계의 여래가 이것을 깨달아서 위없는 바른 깨달음(無上正等正覺)을 이룬 것이다. 육도의 이류들은 이것에 미혹되어 삼도를 구르는 것이다. 천룡이 보호해 지키나, 비방하고 믿지 않으면 그 죄를 알 수 있다.

者一段意. 永嘉嗟歎末法中, 時節惡薄, 純朴旣散囂浮日盛, 薄福衆生不務道德, 如狂象奔馳難制伏也. 何況諸大聖人過去已遠, 邪見轉深, 於正法中返生冤害. 如達磨落齒服毒, 二祖被害. 聖師尙爾況後人乎! 或有學者, 各局已解各稟師承, 彼此干戈互相攻擊. 得少爲足自不知非. 聞說如來圓頓大敎法門, 返以爲非, 恨不滅除瓦解冰銷. 所以因此妄心, 所造無量無邊黑業如影隨形. 故云: 殃在身. 所感無量無邊苦果, 皆是自作自受, 非他人之所致. 故云: 不須冤訴更尤人. 謗法之罪如經具明, 欲得不招無間重業, 休謗如來正法輪. 正法者, 十方如來悟此, 而成無上正等正覺. 六道異類迷此而輪轉三塗. 天龍護持, 謗而不信則其罪可知矣.

【축원 송】 말법을 슬퍼하니, 악한 시세에서는 여래의 제일의를 믿지 않도다. 몸과 마음이 번잡하여 그릇됨을 알지 못하며, 고통의 바다가 아득하여 스스로 빠져든다.

嗟末法惡時世, 不信如來第一義. 身心碌碌不知非, 苦海茫茫自沈墜.

〈36〉
전단향나무 숲에는,
栴檀林,

【남명 송】 눈길 가는 끝까지 쓸쓸하여 외길이 깊도다. 나그네 코를 찌르는 향기를 몇 번이나 맡았지만 부질없이 본래의 마음을 잃어버리네.
極目蕭蕭一徑深. 遊子幾聞香撲鼻, 等閒閑失却本來心.

【축원 평】 하나를 들어서 두 개를 들지 못한다.
擧一不得擧二.

잡수雜樹가 없나니,
無雜樹,

【남명 송】 잎마다 가지마다 비와 이슬을 같이 맞네. 더위를 쥐고 가는 사람이 불러도 돌아오지 않으니, 네 계절에 헛되이 푸른 그늘을 잡아 펼치는구나.
葉葉枝枝同雨露. 執熱行人喚不歸, 四時空把靑陰布.

【축원 평】 한 번 놓아버리면 두 번째에 떨어진다.
放過一著落在第二.

울창하고 깊숙하여 사자가 머무네.
鬱密森沈師子住.

【남명 송】 눈을 들어 한참을 올려보니 백길 위엄이라. 남긴 자취를 숲 밖으로 서로 보이지 않거늘, 다시 무슨 물건이 이 속으로 돌아옴을 용납하리오.
擧目長騰百丈威. 遺迹不交林外見, 更容何物此中歸.

【범천 주】 '전단향나무 숲'은 하나의 참되고 묘한 경지(一眞妙境)에 비유한 것이요, '잡수가 없다'는 것은 소승의 방편지위(小機權位) 등(雜)이 없다는 것이다. 울밀삼침鬱密森沈에서 '울밀'은 번창하고 무성한 모양이요, '삼침'은 그윽하고 깊은 모양이다. '사자가 머문다'는 것은 법성의 경지를 비유한 것이니, 대승보살만이 머무는 곳이므로 인간과 천상의 작은 근기(人天小機)는 알 수 없다는 것이다. 그러므로 최상의 반야는 오직 상근기의 보살만 접인할 뿐, 중근기와 하근기의 '중생'은 마침내 깨달아 들어가기 어렵다. 그러므로 "전단향나무 숲에는 잡수雜樹가 없나니, 울창하고 깊숙하여 사자가 머무네."라고 하였다.

栴檀林喩一眞妙境. 無雜樹者. 無小機權位之雜也. 鬱密森沉者. 鬱密卽繁茂之皃也. 森沉卽幽窔之皃也. 師子住者. 以喩法性之境. 唯大乘菩薩所住. 人天小機卽不能知. 故知無上般若唯接上根上士. 中下之機卒難悟入. 故云. 栴檀林. 無雜樹. 鬱密森沉獅子住也.

【축원 평】 손에 야명부를 잡았으니, 몇 사람이나 날이 밝은 줄 알리요?
手把夜明符, 幾个知天曉?

경계 고요하고 숲 한적한데 홀로 노니니,
境靜林閒獨自遊,

【남명 송】 머무르지도 않고 가지도 않으며 또한 기대지도 않도다. 양탄자의 금털을 겨우 털었을 때, 한없이 맑은 바람이 발걸음을 따른다네.
不住不行亦不倚.【金毛才拂時, 無限淸風隨步.

【축원 평】 지나는 사람은 또한 청산 밖에 있더라.
行人更在靑山外.

길짐승 날짐승 다 멀리 달아나네.
走獸飛禽皆遠去.

【남명 송】 사방을 둘러봐도 적막하여 한 경계가 비어 있도다. 어찌 이제껏 반려가 없었겠는가? 저 털의 색깔이 서로 같지 않다네.
四顧寥寥一境空. 豈是從來無侶伴? 爲他毛色不相同.

【영암 주】 "전단향나무"는 서천의 나무이다. 이것은 함께 즐기는 것을 이르며, 이것은 사는 곳을 표시한다. 가시가 전혀 없으므로 대승의

일진경계가 순일하여 잡됨이 없음을 비유한다. "사자"는 곧 법 가운데 왕을 비유한다. 그러나 이 경계는 오직 대법왕이 사는 곳이고, 소승은 머물러 살지 못한다. 그러므로 이르기를 "길짐승과 날짐승이 다 멀리 달아난다."라고 한 것이다.

梅檀, 乃西天之樹. 此云與樂, 此標生處. 荊棘並無, 故喩大乘一眞境界, 純一無雜. 獅子, 乃喩法中王也. 然此境界唯大法王之所居, 而於小乘不能栖泊. 故云: 走獸飛禽皆遠去也.

【법천 주】 무위대도는 오직 대승보살만이 실천하고, 모든 소승인과 모든 방편 지위에 있는 수행인은 발붙일 수도 없다. "사자"는 대승보살에 비유한 것이고, "길짐승과 날짐승"은 인간, 천상, 성문, 연각의 작은 근기에 비유한 것이다. 그러므로 『법화경』의 오천 비구가 법석에서 물러간 것도 이 일을 감당하지 못했기 때문이다. 일진묘경一眞妙境은 상근기의 보살이 노니는 곳이므로, 중근기와 하근기의 무리들은 마침내 모색하기 어렵다. 그러므로 "경계 고요하고 숲 한적한 데 홀로 노니니, 길짐승 날짐승 다 멀리 달아나네."라고 하였다.

無爲大道唯大乘菩薩履踐, 諸小乘人與諸權位行人不能措足. 師子喩大乘菩薩也, 走獸飛禽喩人天二乘小機也. 是以法華五千退席不任此事. 一眞妙境唯上士所遊, 中下之流卒難摸索. 故云: 境靜林閒獨自遊, 走獸飛禽皆遠去也.

【축원 평】 만 리에서 고향의 관문을 바라본다.

萬里望鄕關.

【축원 주】 전단향나무 숲은 일진법계를 비유한 것이다. 오직 이 한 사실이 있을 뿐이다. 잡된 나무가 없다는 것은 남은 것이 둘이면 참이 아니니, 대개 일승보살의 경계는 이승의 작은 근기가 잡되게 할 수 있는 것이 아니다. 울창하고 빽빽한 숲에 사자가 빠져 머무르니, 『법화경』에 이르기를 "심히 깊고 아득하게 멀어서 능히 이를 수 있는 사람이 없지만, 이르게 되면 산은 푸르고 물은 맑아 인간 세상이 아니다."라고 하였다. 오직 상근기라야 만날 뿐, 중하의 근기는 끝내 깨달아 들어가기 어렵다. 경계가 고요하고 숲 한적하여 홀로 노니나니, 대개 사자가 돌아다니다 반려를 구하지 못하고 부질없이 한 번 울부짖으니, 곧바로 모든 짐승들의 뇌가 찢어졌다. 그러므로 이르기를 "길짐승과 날짐승이 모두 멀리 달아났다."라고 한 것이다. 바로 『법화경』에 오천 비구가 자리에서 물러남을 설함이 이것이다.

栴檀林喩一眞法界. 唯此一事實. 無雜樹者, 餘二卽非眞, 蓋一乘菩薩境界, 非二乘小機所能雜也. 鬱密森沈師子住, 卽法華云: 深固幽遠無人能到, 到則山靑水綠不是人間. 唯接上根, 中下之機卒難悟入. 境靜林閒獨自遊, 蓋師子遊行不求伴侶, 等閒哮吼一聲, 直得百獸腦裂. 故云: 走獸飛禽皆遠去, 卽法華退席者是也.

【축원 송】 전단향나무 숲은 잡된 나무가 없도다. 대용大用이 앞에 나타났을 뿐이란 것이 이것이다. 조과 선사가 실오라기 하나 집어들어 불어 보였더니, 회통이 그 자리에서 바로 깨달음에 들어갔다네.[91]

---

[91] (宋)道原纂, 『景德傳燈錄』卷4, "鳥窠道林禪師傳"(大正藏 51, p.230b)에는 조과 선사의 시자 회통會通이 갑자기 하직을 고하니, 도림 선사가 어디로 가냐고 물었다.

栴檀林, 無雜樹. 大用現前只者是. 鳥窠拈起布毛吹, 會通當下便悟去.

그가 대답하길 불법을 배우려 출가했는데, 스님이 가르쳐주지 않아서 제방을 돌아다니며 불법을 배우려 한다고 하였다. 그러자 조과가 실오라기 하나를 뽑아 훅 불어 보였고, 시자가 깊은 뜻을 깨달았다는 고사가 실려 있다.

〈37〉
사자 새끼
師子兒,

【남명 송】온전한 위엄 떨침이 또한 크게 기이하도다. 굴에 들어가 몸을 숨겨도 홀로 오묘하니, 이제껏 코끼리 왕의 앎을 허락지 않았네.
奮振全威也太奇. 入窟藏身獨得妙, 從來不許象王知.

【축원 평】굴을 나와버렸다.
出窟了也.

무리가 뒤따르니,
衆隨後,

【남명 송】발톱과 이빨을 숨기기 어려워 위엄은 이미 이루었도다. 빈산에 돌아다니며 놀아도 끝이 많음이 있으나, 몸을 뒤집어 한 번 던지니 새것과 옛것이 없다네.
牙爪難藏威已就. 空山遊戲有多端, 飜身一擲無新舊.

【축원 평】그림자를 잡고 발자취를 쫓는다.
捕影追踪.

세 살에 곧 크게 포효하도다.
三歲便能大哮吼.

【남명 송】 종성이 다름없어 세력도 온전하도다. 앉아서 동서를 끊으니 지날 길이 없으니, 우뚝한 봉우리 길이 푸른 바위 앞에 있도다.
種性無差勢力全. 坐斷東西無過路, 巍巍長在碧嵓前.

【범천 주】 "사자 새끼"라고 말한 것은 보살이 처음 발심할 때 바로 등정각을 이룬 것에 비유한 것이니, 성문·연각과 모든 소승의 무리보다 뛰어난 것이다. 그러므로 "무리가 뒤따른다."고 하였다. "세 살"이란 견성한 사람이 '세 가지 법'을 원만히 닦는 것을 나타낸 것이다. 천태지자 대사가 말하기를 "공空이란 일체 법이 없는 것이요, 가假란 일체 법이 성립된 것이요, 중中이란 일체 법이 오묘한 것이다. 공은 정해진 공이 아니므로 공한 곳의 당체가 바로 '공'이고, 바로 가이다. '가'는 정해진 '가'가 아니므로 '가'한 곳의 당체가 바로 '가'요, 바로 중이다. '중'이란 정해진 '중'이 아니므로 '중'한 곳의 당체가 바로 '공'이요, 바로 '가'이다. 이 세 가지 법은 세로도 아니요 가로도 아니요, 함께함도 아니요 갈라짐도 아니니, 한 곳이 항상 셋이요 세 곳이 항상 하나다."라고 하였다. 그런 까닭에 다음과 같이 말하였다. "삼제, 삼관은 셋이지만 셋이 아니요, 셋은 하나요 하나는 셋이어서 붙일 곳이 없다. 삼제, 삼관이 이름은 다르지만 체성은 같다. 그러므로 능能과 소所 둘이지만 둘이 아니다." 깨달은 사람은 세 가지 법을 원만하게 증득하여 말씀한 법문이 모두 중도실상이다. 그러므로 "세 살에 곧 크게 포효한다."라고

하였다.

所言師子兒者, 喩菩薩初發心時, 卽便成等正覺也, 超過聲聞緣覺諸小乘衆. 故云: 衆隨後也. 三歲卽表見性之人圓修三法也. 智者云: 空也者, 泯一切法也, 假也者, 立一切法也, 中也者, 妙一切法也. 空不定空, 空處當體卽中, 卽假. 假不定假, 假處當體卽空, 卽中. 中不定中, 中處當體卽空, 卽假. 此之三法, 不縱不橫不並不別, 一處常三三處常一. 所以云: 三諦三觀三非三, 三一一三無所寄. 諦觀名別體復同. 是故能所二非二也. 悟入之士圓證三法, 所說法門皆中道實相. 故云: 三歲便能大哮吼也.

【축원 평】밤에 다님을 허락지 않으니 밝음을 던져 이르러야 한다.
不許夜行投明須到.

만약 들여우가 법왕을 좇으려 하면,
若是野干逐法王,

【남명 송】숲 아래 산자락을 부질없이 오고 가네. 여우가 호랑이의 위세를 빌림은 한갓 자신을 속일 뿐, 금방 본색을 만나서는 도리어 놀라 두려워하도다.
林下山邊謾來去. 狐假虎威徒自欺, 才逢本色還驚懼.

【축원 평】글자를 세 번 베껴 쓰다.
字經三寫.

백년을 기이하게 헛되이 입을 열도다.
百年妖怪虛開口.

【남명 송】 지혜를 없애버리고 몸을 태워 재로 만드니 잠시 한가한 듯하다. 어찌 비람원 나무 아래에서 방금 태어나 사방을 둘러보니 쫓아가 붙잡는 것을 끊음이 어찌 같겠는가?
滅智灰身若暫閑. 爭似毗藍園樹下, 才生四顧絶追攀?

【영암 주】 사자의 새끼는 겨우 3년을 살고 바로 포효할 수 있으나, 들여우와 다른 짐승들은 그것을 좇아 흉내 내려고 한다. 비록 천백 년이 되더라도 요괴의 소리일 뿐이다. 소승인이 행실을 쌓아 공이 쌓여 비록 천만 겁이 지나더라도 결국 함이 없는 경지에 이를 수 없다. 여래가 출세하여 바로 이르기를 "하늘 위와 하늘 아래에 오직 나 홀로 존귀하다."라고 하였다. 영가 대사는 조계산에서 하루 묵었는데, 또 어찌 오랜 겁을 빌려 행실을 쌓았겠는가? 대승인이 한 생각으로 참됨을 내어 근원에 돌아가면 곧바로 여래지如來地에 들어가지만, 소승인은 행실을 쌓아야 함을 비유한 것이다.
獅子之兒, 纔生三歲, 便能哮吼, 而野干異獸, 欲逐效之. 雖千百年, 但妖怪之聲. 小乘人, 積行累功, 縱經千萬劫, 終不能至無爲地. 如來出世, 便云: 天上天下, 唯我獨尊. 而永嘉大師, 一宿曹溪, 又豈假長劫積行矣? 比喩大乘之人, 一念發眞歸源, 則直入如來地, 而小乘人積行也.

【법천 주】 '들여우'는 범부 이승에 비유한 것이고, '사자'는 대승보살에

비유한 것이다. 보살은 법성을 깊이 깨달아 처음 발심하면서 바로 정각을 이루며, 말씀한 법문이 모두 법성에 칭합한다. 이승 범부와 모든 권위權位에 있는 사람들은 불성을 밝게 볼 수 없기 때문에 설하는 구경실상의 이치를 밝히지 못한다. 마치 백년 묵은 요괴들이 부질없이 입만 여는 것처럼 끝내는 도움 되는 바가 없다. 그러므로 "백년 묵은 요괴가 부질없이 입만 연다."라고 하였다.

野干喩凡夫二乘也, 師子喩大乘菩薩也. 菩薩之人深悟法性, 從初發心便成正覺, 所說法門悉皆稱性也. 二乘凡夫諸權位人不能明見佛性之者, 所說不明究竟實相之理. 猶如百千妖怪虛開口, 終無所益也. 故云: 百千妖怪虛開口.

【축원 평】 '오烏'와 '언焉'이 '마馬'가 되었도다.(글자의 모양이 비슷해 혼동하여 잘못 씀을 이르는 말)

烏焉成馬.

【축원 주】 "사자 새끼"라고 말한 것은 보살이 처음 마음을 냈을 때 문득 바른 깨달음을 이루고 성문 연각들과 여러 소승의 중생들을 뛰어넘는 것을 비유한 것이다. 그러므로 이르기를 "무리가 뒤를 따른다."고 한 것이다. "3세"는 견성한 사람이 3법을 원만히 닦았음을 나타내는 것이니, 바로 공가중空假中이다. 공이란 일체 법이 없는 것이요, 가란 일체 법이 성립된 것이요, 중이란 일체 법을 통괄하는 것이다. 공은 정해진 공이 아니므로 공한 곳의 당체가 바로 '공'이고, 바로 가이다. '가'는 정해진 '가'가 아니므로 '가'한 곳의 당체가 바로 '가'요,

바로 중이다. '중'이란 정해진 '중'이 아니므로 '중'한 곳 당체가 바로 '공'이요, 바로 '가'이다. 이 세 가지 법은 세로도 아니요, 가로도 아니요, 함께함도 아니요, 갈라짐도 아니니, 한 곳이 항상 셋이요, 세 곳이 항상 하나다. 그런 까닭에 다음과 같이 말하였다. "삼제, 삼관은 셋이지만 셋이 아니요, 셋은 하나요 하나는 셋이어서 붙일 곳이 없다. 삼제, 삼관이 이름은 다르지만 체성은 같다. 그러므로 능과 소 둘이지만 둘이 아니다." 깨달은 사람은 세 가지 법을 원만하게 증득하여 말씀한 법문이 모두 중도실상이다. 그러므로 "세 살에 곧 크게 포효한다."라고 하였다. 이승의 범부와 여러 권위權位에 있는 사람들은 불성을 밝게 보지 못하여 설하는 바가 진실하지 않고, 입을 열어도 결국 이익이 없다. 그러므로 이르기를 "만약 들여우가 법왕을 좇으려 하면, 백년을 기이하게 헛되이 입을 열도다."라고 한 것이다.

所言師子兒者, 喻菩薩初發心時便成正覺, 超過聲聞緣覺諸小乘衆. 故云: 衆隨後也. 三歲表見性之人圓修三法, 卽空假中也. 空者, 泯一切法也, 假也者, 立一切法也, 中也者, 統一切法也. 空不定空, 空處當體卽中, 卽假. 假不定假, 假處當體卽空, 卽中. 中不定中, 中處當體卽空, 卽假. 此之三法, 不縱不橫不竝不別, 一處常三三處常一. 所以云: 三諦三觀三非三, 三一一三無所寄. 諦觀名別體復同. 是故能所二非二也. 悟入之士圓證三法, 所說法門皆中道實相. 故云: 三歲便能大哮吼也. 二乘凡夫諸權位人, 不能明見佛性, 所說未實, 開口終無所益也. 故云: 若是野干逐法王, 百年妖怪虛開口.

【축원 송】 사자 새끼는 무리가 뒤를 따른다. 한마디가 근기를 감당하니

조짐이 끊기고, 때때로 집어내어 당시 사람들에게 보이니, 눈 깜짝할 사이에 먼저 그르치고 말 것이다.

師子兒, 衆隨後. 一句當機絶朕兆, 有時拈出示時人, 眨得眼來先蹉了.

⟨38⟩
원돈교는
圓頓教,

【남명 송】 온전한 용이 바다에서 나오니 덮어씌우지 말라. 천둥소리 금방 울리고 비가 쏟아 붓는 듯하니, 한없는 인천이 꿈속에서 깨도다.
全龍出海休籠罩. 霹靂才轟雨似傾, 無限人天夢中覺.

【축원 평】 서로 만나서 집어내지 못하니, 뜻을 들어 바로 있음을 안다.
相逢不拈出, 擧意便知有.

인정이 없나니,
勿人情,

【남명 송】 만약 인정에 집착하면 도를 이루지 못하리라. 남양국 노인은 몹시 구차하여, 다만 비로봉 정상을 밟고 다닌다고 하도다.
若著人情道不成. 南陽國老區區甚, 只蹋毗盧頂上行.

【축원 평】 눈에 세 개의 뿔이 생기니 머리에 오악이 가파르구나.
眼生三角頭峭五岳.

의심나는 것 해결하지 못했거든 바로 다틀지어다.

有疑不決直須爭.

【남명 송】참됨과 참으로 그른 것은 번뇌를 여의는 것이네. 아침이 다하도록 옛길에서 사람을 불러 가는데, 어찌 미혹된 무리들이 거친 풀을 사모함이 없으리오.
眞是眞非離煩惱. 終朝古路喚人行, 無奈迷徒戀荒草.

【영암 주】인仁에 있어서는 양보하지 않으며, 의심이 있으면 모름지기 밝혀야 한다.
當仁不讓, 有疑須辯.

【법천 주】 "원圓"은 원만함이고, "돈頓"은 점차로 하는 것이 아니고, "교敎"는 본받음이다. 성인께서 갖추어 하신 말씀은 다음과 같다. 이치를 밝혀서 만물을 교화하는 것으로 의의를 삼는다. 원돈의 가르침은 점차를 빌리지 않고, 불경佛境에 초입超入함이다. 전傳에 이르기를 "비유하자면 태자는 왕의 위의의 덕을 갖추고, 가릉빈가는 여러 새들의 소리보다 뛰어난 것과 같다."라고 하였다. "인정이 없다."라는 것은 대중과 같이 하지 말라는 것이다. 일체중생이 만약 의심이 있는데 해결하지 못하였다면 반드시 밝혀 알아야 한다. 이것은 세간의 학문이 아니니, 나고 죽는 일이 커서 실로 쉬운 것이 아니기 때문이다. 그러므로 아래 글에서 그 원인과 결과를 밝혔다.
圓謂圓滿. 頓非漸次也, 敎者效也. 聖人備下文言: 詮理化物爲義也. 圓頓之敎, 不假漸次, 超入佛境. 傳曰: 譬如太子具王義之德, 迦陵超衆鳥之音也. 勿人情者, 勿猶衆也. 一切衆生若有疑情不決, 直須明了. 此非世間之學, 爲生死事大, 實非容易. 故下文明其因果也.

【축원 평】 개미는 돌아갈 구멍을 찾기 어렵고, 새는 돌아갈 둥지를 찾기 쉽다.
返蟻難尋穴, 歸禽易見窠.

이 산승이 인아를 드러냄이 아니라
不是山僧逞人我,

【남명 송】 법을 위해 몸을 잊음이 바로 이때이니라. 삿된 병사를 향해 지혜의 칼날 휘두르지 아니하면 계주가 흠이 없음을 누가 알고 있으리오.
爲法忘軀正此時. 不向邪兵揮智刃, 髻珠無纇有誰知.

【축원 평】 내가 불이라고 불렀으니, 너는 불이라고 부를 수 없다.
我喚作火, 汝不得喚作火.

수행함에 단견과 상견의 함정에 떨어질까 두려워함이다.
修行恐落斷常坑.

【남명 송】 만약 이 구덩이에 떨어지면 벗어남이 어렵도다. 오늘 아침에 삼군을 위해 북을 쳤으나, 방패와 창을 움직이면 도리어 옳지 아니하

리라.
若落此坑難出離. 今朝打鼓爲三軍, 動著干戈還不是.

【영암 주】 대사께서는 분별함을 잘하지 못하나, 귀함은 증득한 사람에게 있고 삿된 견해를 버렸으니, 유무에 떨어지지 말라.
師不好辯, 貴在證人去於邪見, 勿落有無.

【법천 주】 이것은 영가 대사께서 스스로 말씀하신 것이다. 어찌 산승이 인아의 마음을 드러내겠는가? 미래에 일체중생이 법문에 발심하여 수행을 하다가 마음을 잘못 씀으로써 단견과 상견의 두 견해에 떨어질까 염려해서이다. 이 두 견해는 사람을 함정에 빠뜨릴 수 있기 때문에 "함정(坑)"이라고 하였다. 마치 세상의 구덩이와 같은 것이다. 서천의 96종 외도가 이 견해에서 벗어나지 않는다. 그러므로 『법화경』에 이르기를 "유와 무 등의 견해에 의지하여 62견을 구족하였다."라고 하였으니, 바로 그 뜻이다.
此是永嘉自謂也. 豈是山僧馳逞人我之心? 切恐未來之際一切衆生於法門中發心修行, 錯悞用心, 墮落斷常二見. 此之二見能陷人故, 名之爲坑. 如世坑塹也. 西天有九十六種外道, 不出此見. 故法華經云: 若有若無等, 依止此諸見, 具足六十二. 卽其義也.

【축원 평】 바다 위에 구름이 빗기어 진을 치네.
海上陣雲橫.

그름은 그름이 아니며

非不非,

【남명 송】 신령스런 싹이 아직 피지 않았을 때를 보고 취하라. 커다란 붕새는 날개를 들어 하늘 높이 나는 놈이니, 어찌 추운 매미가 죽은 가지를 그리워함을 배우겠는가?

看取靈苗未發時. 大鵬擧翼摩霄漢, 肯學寒蟬戀死枝?

【축원 평】 옛것과 지금의 것.

古之今之.

옳음은 옳음이 아님이니,

是不是,

【남명 송】 서쪽 집을 동쪽 집의 땅에 두도다. 가운데 있는 나무가 만약 그대에게 속하면 바삐 찾아다니며 사방에 이를 필요가 없도다.

西家置得東家地. 中心樹子若屬君, 不用波波尋四至.

【범천 주】 "그름과 그르지 않음, 옳음과 옳지 않음"이라는 것은 옳음과 그름의 모양을 밝혀 분명히 하여 착란해서는 안 된다는 것이다. 그름이 어찌 그름이 아니며 바로 참으로 그른 것이고, 옳음이 어찌 옳음이 아니며 참으로 옳은 것이겠는가? 비록 옳고 그름이 주재가 없으나 불성을 흐릿하게 하거나 진여를 드러나지 않게 해서는 안 된다.

非不非是不是者, 乃明是非之相分明, 不可錯亂也. 非豈不是非, 乃眞非也, 是豈不是是, 乃眞是也. 雖則是非無主, 不可瞞肝佛性籠統眞如也.

【축원 평】 지금의 것과 옛것.
今之古之.

털끝만큼 어긋나면 천리만큼이나 어긋나리라.
差之毫釐失千里.

【남명 송】 그름과 옳음이 서로 섞여 자기의 신령스러움을 보지 못하게 어둡게 하는구나. 석화(별똥)가 하늘 밖으로 한번 번득이며 날아가는데, 어리석은 사람은 오히려 달 옆에 있는 별만을 보도다.
非是相交昧己靈. 石火一揮天外去, 癡人猶望月邊星.

【법천 주】 "털끝만큼 어긋나면 천리만큼이나 어긋난다."라는 것은, 털 가운데 긴 것을 호毫라 하고, 리釐는 10리를 1호라 한다. 만약 털끝만큼 어긋나면 천리만큼이나 어긋난다. 그러므로 아래 글에서 옳고 그름의 모양을 깊이 밝혔다.
差之毫釐失千里者, 毛中長者曰毫, 釐者十釐爲一毫. 若差之毫釐之間, 則失之千里萬里. 故下文深明是非之相也.

【축원 평】 사나운 호랑이가 시끄러운 저자로 들어간다.
猛虎入鬧市.

옳으면 용녀가 갑자기 성불하고,
是卽龍女頓成佛,

【남명 송】 수행은 삼기(三阿僧祇劫의 약칭)가 지나길 기다리지 않도다. 지금 사람들은 한탄스럽게 많이 어리석고 망령되어, 날마다 남방에 이르렀는데 스스로 알지 못한다.
修行不待歷三祇. 今人可嘆多迷妄, 日到南方自不知.

【영암 주】 세상 사람들은 다만 옳고 그름이 주인이 없음을 알 뿐, 특히 참으로 옳고 참으로 그름이 있음을 알지 못한다. 그러므로 『법화경』에 이르기를 "지적보살이 문수보살에게 물었다. '어진 사람이 용궁에 가서 설법하여 교화한 사람이 몇 사람입니까?' 문수가 대답하였다. '사갈라 용왕이 딸 하나가 있는데, 나이는 8살이고, 지혜롭고 예리하고 영리한 자질이라서 보살에 이를 수 있다.' 잠깐 사이에 회상의 무리들이 모두 보니, 이 여자가 남자로 변해서 보살행을 갖추고, 곧 남방세계로 가서 보배 연꽃에 앉아 등정각을 이루었다."[92]라고 하였다.
世人, 只知是非無主, 殊不知有眞是眞非也. 故法華經云: 智積問文殊: 仁者往龍宮說法, 化人幾何? 文殊曰: 有娑竭羅龍王一女, 年八歲, 智慧利根, 能至菩薩, 忽然之間, 衆會皆見, 此女化成男子, 具菩薩行, 卽往南方世界, 坐寶蓮華, 成等正覺.

---

92 (姚秦)鳩摩羅什譯, 『妙法蓮華經』 卷4, "提婆達多品"(大正藏 9, p.35c)에서 편집하여 인용한 것이다.

【축원 평】 산봉우리에 구름 걷혔다.
無雲生嶺上.

그르면 선성이 산 채로 지옥에 떨어지도다.
非卽善星生陷墜.

【남명 송】 인과를 모두 다 잊어 정지正知를 어둡게 하도다. 전륜성왕의 종족은 높고 낮음이 없는데, 삶과 죽음에 어떤 일이 갈래가 다르겠는가?
因果都忘昧正知. 輪王種族無高下, 死生何事不同岐?

【영암 주】『능엄경』에 이르기를 "유리대왕과 선성비구가 있었는데, 유리는 구담족성(석가족)을 죽이고, 선성은 망령되이 '모든 법은 비었다(一切法空).'라고 말하다가 산 채로 모두 아비지옥에 떨어졌다."라고 하였다. 죄와 복이 곧바로 나타나고 옳고 그름이 환히 빛나니, 어찌 불성을 속이고 진여를 가두는 짓이 아니겠는가?
楞嚴經云: 瑠璃大王, 善星比丘, 瑠璃爲誅瞿曇種姓, 善星妄說一切法空, 生身陷入阿鼻地獄. 罪福立見, 是非昭然, 豈可顢頇佛性, 儱侗眞如?

【범천 주】 "용녀"와 "선성"은 옳고 그름의 모양을 분명하게 나타낸 것이다. 옛날 영산회상에 한 용녀가 부처님께 보주를 바치자, 세존께서 받으시고 설법하시니, 무생법인을 깨닫고 바로 남방무구세계로 가서 보련화에 앉아 등정각을 이루니, 화선여래라 하였다. "그러면 선성이

산 채로 지옥에 떨어진다."라는 것은, 옛날에 한 비구가 있었는데, 그 이름을 '선성'이라고 하였다. 열여덟 마리의 코끼리에 실을 수 있는 많은 경전을 암송하였으나 산 채로 지옥에 떨어졌다. 불성을 보지 못하고 설법하는 것은 도리어 비방하고 더럽히는 것이 됨을 이른다. 그러므로 바로 경책을 한 것이다.

龍女善星者, 明顯是非之相也. 昔日靈山會上有一龍女獻佛寶珠, 世尊受之而爲說法, 悟無生忍卽往南方無垢世界, 坐寶蓮華成等正覺, 號華鮮如來也. 非則善星生陷墜者, 昔有比丘名曰善星. 念得十八香象駝經, 生身活陷地獄. 謂不見佛性說法返成謗瀆. 故則有所警策也.

【축원 평】달은 떠서 강물 속에 부서진다.
有月落波心.

【축원 주】"원돈圓頓"이란 차례에 따라 조금씩 한다는 것이 아니다. "가르침(敎)"이라는 것은 도를 싣는 그릇이다. "인정이 없다."라는 것은, 살고 죽는 일이 큰 인연이 되니 세간의 보통 인정에 비교할 것이 아니고, 모든 부처의 마음의 종지(心宗)를 환히 깨달아야 하며, 납승의 핵심(巴鼻)을 철저히 꿰뚫어서 두 눈이 서로 마주하며 침과 겨자처럼 서로 투합하면 바야흐로 도에 상응할 분수가 조금 있는 것이다. 만약 의심이 다하지 않는 것이 조금이라도 있으면 곧바로 물어서 해결해야만 한다. 옛날에 무진 거사가 처음 동림의 조각상총 선사를 참배하고 소박하고 수수한 가르침(平實禪)을 얻고 스스로 이르기를 "백을 이해하고 천을 감당하였다."라고 말하였다. 도솔종열 선사

를 알현하자, 종열 선사가 물었다. "시랑이 마음에 속이지 않으니, 우리 종문에 1,700칙의 기연이 있는데, 아직도 의심이 있습니까?" 무진이 대답하였다. "그 나머지는 의심이 없습니다만, 덕산(宣鑑)의 탁발 인연이 있을 뿐입니다." 종열 선사가 말하였다. "이것에 의심이 있는데, 다른 것에는 어찌 의심이 없겠습니까? 다만 덕산의 마지막 뒤 구절과 같이 있는 것이요, 없는 것이요?" 무진이 말하였다. "있습니다." 종열 선사가 크게 웃으며 방장으로 돌아가니, 무진은 하룻밤을 의심에 집착하다가 오경(새벽 3시부터 5시 사이)이 되어 일어나서 작은 걸상을 돌려서 밟다가 갑자기 크게 깨달았다. 날이 밝자 다음과 같은 게송을 올렸다. "북도 종도 치지 않았는데 발우를 들고 오니, 암두의 한마디 꾸중은 벽력과 같네. 과연 삼 년 밖에 못 살았으니, 이는 그에게서 수기 받은 것 아니겠는가?" 종열 선사가 마침내 인가하였다. 이로부터 하늘을 기댄 긴 칼과 같았으니, 누가 감히 칼끝을 감당하겠는가? 영가 대사는 스스로 이르기를 "산승이 인아의 마음을 드러냄이 아니고, 후대 사람들이 몸과 마음을 잘못 써서 단견과 상견의 두 견해에 떨어질 것을 간절히 걱정한 것이다."라고 하였다. 사람을 함정에 잘 빠뜨리게 하는 까닭에 '구덩이(함정)'라고 하였다. 그름과 그름 아님, 옳음과 옳음 아님은 옳고 그름이 서로 분명하여 착각해서는 안 됨을 밝힌 것이다. 그름이 어찌 그름이 아니며 바로 참으로 그른 것이고, 옳음이 어찌 옳음이 아니며 참으로 옳은 것이겠는가? 불성을 속이고 진여를 가두어서는 안 된다. 그러므로 이르기를 "털끝만큼의 차이가 천리를 잃는다. 옳으면 용녀가 갑자기 성불하고, 그르면 선성이 산 채로 지옥에 떨어진다."라고 하였다. 옳고 그름의 모습(相)을 거듭 밝혔다. 옛날에 영산회상에서 용왕의 딸 하나가 부처님께 보배 구슬을 바쳤는데, 세존께서 그것을 받으시고 설법을 하셨다. 무생법인을 깨닫고 바로 남방의 무구세계로 가서 보배 연꽃 위에 앉아 등정각을 이루시니, 화선여래라고 불렀다. 또 선성이라고 하는 비구가 있었는데, 열여덟 마리의 코끼리에 실을 수 있는 많은 경전을 암송하였으나 부처님의 뜻을 깨닫지 못해 산 채로 지옥에 떨어졌다. 불성을 보지 못하고 설법하는 것은 도리어 비방하고 더럽히는 것이 됨을 이른다. 그러므로 인용하여 후대 사람들을 경계한 것이다.

圓頓者, 非漸次也, 教者, 載道之器也. 勿人情者, 爲生死事大因緣, 非世間常情之比, 須是洞悟諸佛心宗, 透徹衲僧巴鼻, 兩眼相對針芥相投, 方有少分相應. 若有纖疑未盡, 直須決問. 昔無盡居士, 始參東林照覺總禪師, 得平實之旨, 自謂百了千當. 及見兜率悅問: 侍郎於心不欺, 吾宗門有一千七百則機緣, 還有疑不? 無盡云: 其餘無疑. 德山托鉢因緣而已. 悅云: 於此有疑, 其他安得無疑? 只如德山末後句, 是有是無? 無盡云: 有. 悅大笑歸方丈, 無盡一夜疑著, 至五更起來踏飜脚凳忽然大悟. 天曉呈偈云: 鼓寂鐘沈托鉢回, 岩頭一拶語如雷. 果然只得三年活, 莫是遭他授記來? 悅方許可. 自此如倚天長劒, 誰敢當鋒? 永嘉自謂: 不是山僧逞馳人我之心, 切恐後人錯用身心, 墮落斷常二見. 能陷人故名曰坑. 非不非是不是, 乃明是非之相分明, 不可錯亂也. 非豈不是非, 乃眞非也, 是豈不是是, 乃眞是也. 不可瞞肝佛性儱侗眞如. 故云: 差之毫釐失千里. 是則龍女頓成佛, 非則善星生陷墜. 重明是非之相也. 昔日靈山會上有一龍女獻佛寶珠, 世尊受之而爲說法. 悟無生忍, 卽往南方無垢世界, 坐寶蓮華成等正覺, 號華鮮如來. 又有比丘名曰善星, 念得十八香象駝經, 不解佛意. 生身溺陷地獄. 謂不明佛性返成謗墮. 故引以警後人也.

【축원 송】 원돈교는 인정이 없어, 몸을 돌려 열반의 성을 밟아 엎었다. 위음나반이 오늘에 이르니, 한 폭의 경치를 그림으로 그려내지 못하도다.

圓頓敎勿人情, 飜身踏倒涅槃城. 威音那畔至今日, 一段風光畫不成.

〈39〉
나는 어린 나이에 학문을 쌓고,
吾早年來積學問.

【남명 송】 촌음이 빨라 머무르게 함이 어려움을 길게 한탄하였노라. 줄줄 끊임없어 마치 차가운 시냇물 같으니, 창명에 이르지 않거든 어찌 기꺼이 멈추겠는가?
寸陰長恨急難留. 源源恰似寒溪水, 不到滄溟肯便休?

【축원 평】 가난한 사람이 묵은 빚을 생각한다.
貧人思舊債.

또한 일찍이 주소를 찾고 경론을 탐구했도다.
亦曾討疏尋經論.

【남명 송】 세상을 염려하여 어둠을 깨뜨릴 등불이 될 것을 기약하였네. 분하고 원통하여 수많은 뜻을 다하고자 하나, 어찌 말 없음이 진승眞乘임을 알겠는가?
念世期爲破暗燈. 憤悱欲窮沙數義, 豈知無說是眞乘?

【영암 주】 대사께서 처음에 천태 경전을 배우셨다.
師初學天台經.

【법천 주】 이제 형상 없는 공부를 밝히고자 한다면 먼저 형상이 있는 이치를 밝혀야 한다. 영가 대사께서 젊었을 적에 여러 강원을 거치면서 천태지자의 교관을 듣고 익히고, 경론에 심취하여 학문을 쌓고 널리 물었다. 선덕이 말하기를 "법랍 5년(五夏) 이전에는 율부를 정밀하게 연구하고, 그 다음에는 경론을 밝힌 뒤에, 선지식을 참방하여 생사를 결택한다."라고 하였으니, 이것이 곧 도에 들어가는 차례이다. 전생에 법에 대한 종자와 원력이 있지 않으면 이것을 온전히 할 수 있기가 드물다. 예로부터 모든 성인이 다 그렇게 하지 않음이 없다. 달마 조사께서도 삼장을 배워 갖추었고 선정 닦는 것을 더욱 전일하게 하여 알지 못하는 것이 없었다. 후세의 학인들은 여기에 미칠 수 없으면서 도리어 훼방하는 말을 하니, 매우 옳지 못한 일이다. 비유하자면 통발과 올무는 물고기와 토끼를 잡는 데 있으니, 이미 물고기와 토끼를 잡았으면 통발과 올무는 잊어야 하는 것과 같다. 이것은 아래 글에서 볼 수 있다.

今欲明無相之功, 先明有相之理. 大師少時歷諸講肆, 聽集天台智者敎觀, 深於經論, 積學博問也. 先德云: 五夏已前精研律部, 大明經論, 然後參尋知識, 決擇生死. 乃入道敍也. 非宿有乘種願力, 罕能全此. 從上諸聖莫不皆然. 達磨祖師學該三藏, 尤專定業, 非不知也. 後之學者不能及此, 返爲謗說, 深不可也. 譬如筌蹄有獲魚兔, 旣獲魚兔筌蹄可忘. 下文可見也.

【축원 평】 애태우는 마음 사람이 모르는 것은 아니다.
不是苦心人不知.

명상을 분별하여 쉴 줄 모름이여,
分別名相不知休.

【남명 송】 마치 구름 너머로 하늘의 해를 바라보는 것 같네. 상이 다하고 이름이 없음을 진실로 그대에게 보이리라. 신라에는 부자이고, 금주에는 칠이네.
猶如隔雲望天日. 相盡名亡眞示君. 新羅附子金州漆.

【축원 평】 근심어린 사람은 근심어린 사람에게 말하지 말라.
愁人莫向愁人說.

바다에 들어가 모래알 헤아리듯 부질없이 스스로 피곤할 뿐이다.
入海算沙徒自困.

【남명 송】 다만 깨어 있음을 도리어 견딜 수 없게 되었을 뿐이네. 오직 문수는 이 수를 알고 있었으니, 앞에 셋 셋과 뒤에 셋 셋이라.
只爲惺惺轉不堪. 唯有文殊知此數, 前三三與後三三.

【범천 주】 경론의 학이 어찌 허물이 있겠는가? 우리 부처님 여래께서 금구로 말씀하신 경전을 무량한 국토에서는 그 이름조차도 들을 수 없는데, 어찌 하물며 볼 수 있겠는가. 그러므로 교학이 사람을 미혹하게 하는 것이 아니고, 사람이 스스로 교학을 미혹하는 것임을 알겠다. 고덕이 말하기를 "경전을 보는 데는 반드시 경을 보는 안목을 갖춰야

한다. 만약 경을 보는 안목이 밝지 못하면 도리어 이름과 모양에 현혹되어 마음자리를 궁구하지 못하고, 오로지 들은 것만 많을 뿐이다."라고 하였다. 그러므로 다음과 같이 말하였다. "아무리 많이 배워도 탐욕을 이룰 뿐이다. 어찌 머리 돌려 자신의 부끄러움을 알겠는가. 비틀거리며 부질없이 타향의 나그네 되어, 본분 가문의 종풍을 책임져 감당하지 못한다." 비유하자면 "바다에 들어가 모래알 헤아리듯 부질없이 스스로 피곤할 뿐이다."라는 것과 같다.

經論之學豈有過失? 乃我佛如來金口所說, 於無量國中乃至名字不可得聞, 何況得見? 故知敎不迷人, 人自迷敎也. 古德云: 看經須具看經眼. 眼若不明, 返爲名相所眩, 不窮心地一向多聞. 所以云: 縱多學, 也成貪. 那箇回頭解自慚. 踉蹡扛作他鄕客, 本分門風不荷擔. 譬若入海筭沙徒自困爾.

【축원 평】 근심 있는 사람에게 말하면 도리어 근심을 보게 된다.
說向愁人轉見愁.

도리어 여래의 호된 꾸지람 들음이여,
却被如來苦訶責,

【남명 송】 밖의 사물을 향해 질주하며 찾음을 어느 때 멈추려나. 의주가 값을 따질 수 없어, 비록 있지만 거나하게 취해 깨지 못하고 있구나.
馳求外物幾時停. 衣珠無價雖然在, 爭奈昏昏醉未醒.

【축원 평】 똑같은 죄목으로 판결하라.
一狀領過.

남의 보배 센들 무슨 이익 있으랴.
數他珍寶有何益.

【남명 송】 자기 집의 재산을 도리어 버리는구나. 두 손으로 잡아와 쓸 수 있다면 고생스럽게 산천을 돌아다니지 아니하리라.
自己家財却棄捐. 兩手擎來如得用, 不須辛苦走山川.

【영암 주】 본심을 깨닫지 못하고 부질없이 애써 분별하니, 문자 속에 막혀 있다.
不明本心, 徒勞分別, 滯於文字之中.

【범천 주】 여래께서 많이 들은 사람을 호되게 꾸짖은 것은 비록 많이 들었으나 닦아 증득하지 못했기 때문이다. 경전에 이르기를 "마치 어떤 사람이 남의 보배를 세나 자신에게는 반 푼도 없다."라고 하셨으니, 이미 자기의 보배가 아닌 것을 하루 종일 세어 비록 수량을 알지라도 쓸 수 없으니, 자기에게 무슨 이익이 있겠는가? 그러므로 "비유하자면 온종일 약을 말하지만 자신은 병에 시달리고, 여러 해 동안 길을 물었으나 반걸음도 움직이지 않은 것과 같다. 물고기를 잡고 통발을 잊는 사람은 만나기 드물고, 손가락을 집착하여 달로 여기는 자들이 실로 많이 있다."라고 하였으니, 바로 그 뜻이다.

如來訶責多聞之士, 雖則多聞, 不獲修證. 經云: 如人數他寶, 自無半錢分也. 旣非己寶, 數至終日雖知數量, 不得受用, 於己有何益也? 所以云: 譬如終朝說藥而自困於沈痾, 有若長年問程而不動跬步. 得魚忘筌者, 罕遇其士, 執指爲月者, 實繁有徒. 卽其義也.

【축원 평】 사관(사망 날인서, 죽은 법령)을 뒤집기 어렵다.
死款難翻.

종래로 비틀거리며 헛되이 수행하였음을 깨달으니,
從前蹭蹬覺虛行,

【남명 송】 곧바로 하늘의 남쪽에 이르렀다 하늘의 북쪽에 도달하네. 푸른 물과 푸른 산기슭에서 몇 번이나 조사를 때려도 여전히 모르는구나.
直到天南及天北. 幾迴淥水靑山邊, 撞著祖師還不識.

【범천 주】 "종래從來"란 비롯함이 없는 때로부터 온 것이다. '비틀거리며(蹭蹬)'란 걸음이 비틀거려 나아가지 못하는 모양이다. '헛되이 수행하였음(虛行)'이란 어떤 경지가 없이 헛되이 행하는 것이다. 비롯함이 없는 예로부터 오늘날에 이르기까지 나고 죽음의 험난한 길을 거치면서 헛되이 피곤할 뿐, 열반의 길 위에서 실지實地를 아직 밟지 못하였으므로 "헛되이 수행하였음을 깨달았다."라고 하였다.
從來者, 從無始來也. 蹭蹬者, 行不進之皃也. 虛行者, 未有地頭而虛行也. 從無始已來以至今日, 經生死嶮道, 徒自困疲, 於涅槃路上未曾踏實, 故云: 覺虛行也.

【축원 평】 다리 아래가 땅에 닿았다.
脚下點地.

여러 해 잘못 풍진객이 되었네.
多年枉作風塵客.

【남명 송】 떠난 날 옷가지가 반도 남지 않았네. 지척이 고향 뜰이나 돌아가지 못하니, 자애로운 어머니는 공연히 해질녘 문에 기대어 계시겠지.
去日衣衫半不存. 咫尺故園歸未得, 慈親空倚日斜門.

【영암 주】 깨달음을 등지고 번뇌에 합하고, 스스로 슬피 탄식하네.
背覺合塵, 自可悲嘆.

【범천 주】 "여러 해 잘못 풍진객이 되었다."라는 것은, 비유하자면 세상 사람들이 바람에 흩날리는 쑥처럼 남북으로 천릿길을 떠돌아다녀 고향과는 더욱 멀어져 잘못 풍진객이 되는 것과 같다는 것이다. 고덕이 "문 앞의 한없는 길에, 누가 고향집에 이른 사람인가?"라고 하였다.
多年枉作風塵客, 譬如世人飄蓬, 南北千里家鄉轉遠, 枉作風塵之客也.

古德云: 門前無限路, 誰是到家人?

【축원 평】 산을 내려가는 길을 알려거든, 오가는 사람에게 물어보라.
要知山下路, 但問去來人.

【축원 주】 이는 영가 대사가 소년시절 강의하는 자리를 두루 찾아 천태의 교관을 듣고 익혀 경론을 깊이 깨닫고, 율부를 정밀하고 엄격히 한 다음에, 선지식들을 찾아가 참배하고 생사를 결택한 것을 스스로 서술한 것이다. 숙세에 대승의 종자가 있지 않았다면 어찌 이와 같을 수 있겠는가! 다시 이르기를, 오교五教 명상名相을 분별하는 것을 쉴 줄 몰랐음을 "바다에 들어가 모래알 헤아리듯 부질없이 스스로 피곤할 뿐이다."라고 비유하여 설하였다. 부처를 생각함으로 인하여 아난에게 꾸지람을 들으니, 네가 비록 겁을 지내며 제불여래의 비밀묘엄을 훈습하여 지녔다고 할지라도, 하루 동안 무루업을 닦는 것만 같지 못하다. 마치 사람이 남의 보배를 세더라도 자신은 반 푼어치의 이익이 없는 것과 같다. "종래로 비틀거리며 헛되이 수행하였음을 깨달았다."라는 것은 헤아릴 수 없는 겁 동안 삶과 죽음의 험한 길을 달려왔으나, 한갓 자신은 열반 길 위에서 부질없이 수행하기만 하고 착실히 밟아가는 것이 없었으니, 바람에 흩날리는 쑥처럼 나그네가 되어 고향이 도리어 멀어지게 된 것에 비유하였다. 그러므로 이르기를 "잘못 풍진객이 되었다."라고 한 것이다.

此永嘉自敘少年歷諸講肆聽習天台教觀, 深明經論精嚴律部, 然後參尋知識決擇生死. 非宿有乘種安能如是! 復云, 分別五教名相不知休歇, 譬如入海算沙徒自疲困. 因思佛, 呵阿難, 汝雖歷劫熏持諸佛如來祕密妙嚴, 不如一日修無漏業. 如人數他寶, 自無半錢分. 從來蹭蹬覺虛行者, 從無量劫來奔馳生死險道, 徒自虛行於涅槃路上未曾踏實, 譬如飄蓬爲客, 家鄉轉遠. 故云: 枉作風塵客.

【축원 송】 나무의 위아래로 남은 꽃을 찾아보니, 한 조각은 서쪽으로 한 조각은 동쪽으로 날리네. 이때부터 복사꽃은 열매를 탐하였으니, 착각해서 사람들이 새벽바람을 원망하게 했구나.
樹頭樹底覓殘紅, 一片西飛一片東. 自是桃花貪結子, 錯教人恨五更風.

〈40〉
종성이 삿되어,
種性邪,

【남명 송】더욱 삿된 스승을 만나니 병이 더욱 심해졌도다. 만약 열어 밝혀줄 참다운 지식을 만나면, 설령 고목일지라도 꽃을 피운다네.
更偶邪師病轉加. 開明若遇眞知識, 縱令枯木亦生花.

【축원 평】병든 눈에는 허공에 꽃이 보인다.
病眼見空華.

지와 해가 착종됨이여,
錯知解,

【남명 송】앎(知)이 막음이 되고 해해가 가림이 된다네. 허공의 꽃은 본래 피지 않음을 깨달으니, 번잡스럽게 움직여도 미움도 사랑도 없도다.
知爲障兮解爲礙. 了悟空花本不生, 繁然動作無憎愛.

【축원 평】허공의 꽃이 부질없는 과일을 맺는다.
空華結空菓.

여래의 원돈법을 요달하지 못하네.
不達如來圓頓制.

【남명 송】 다만 공유空有를 가지고 앞 다투어 경쟁할 뿐이네. 엽공[93]이 그림을 좋아함이 이와 같으니, 겨우 진짜 용을 보았건만 도리어 스스로 놀란다.
只將空有競頭爭. 葉公好畫還如此, 才見眞龍却自驚.

【영암 주】 진공을 꺼리지 말 것이니, 정해情解가 생긴다.
不忌眞空, 生情解.

【법천 주】 삼보에 귀의하지 않은 사람을 말하는 것이니, 서천축의 96종 외도로서 삿된 스승에 의지하여 모든 사견邪見을 내기 때문에 "지해知解를 그르침"이라고 하였다. 여래의 심지법문을 깨닫지 못한 까닭에 무량겁에 한량없는 생사를 받는 것이 다 삿된 스승의 설법으로 인한 것임을 알겠다. 원돈대승보살이 말씀하신 것을 만나지 못한 까닭에 논에 이르기를 "차라리 지옥의 고통을 받고 제불의 명호를 들을지언정, 무량한 즐거움을 받으며 제불의 명호를 듣지 못하는 것은 받지 않겠다."라고 하였다. 지난날 무량한 겁을 거치면서 고통을 받으며 생사 가운데 유전한 것은 부처님의 이름을 듣지 못했기 때문이

---

93 엽공호룡葉公好龍: 춘추전국시대에 엽공葉公이라는 사람이 있었는데, 용을 너무 좋아하여 모든 집기에 용 문양을 그려 넣고 용을 만나기를 기원했지만, 실제로 용을 만나자 놀라 도망쳤다는 고사.

요, 부처님의 이름을 듣지 못한 것은 모두 삿된 스승을 만났기 때문이다.

謂不皈依三寶之人, 西竺九十六種外道, 依附邪師, 生諸邪見, 故云: 錯知解也. 不達如來心地法門, 故知於無量劫受無量生死, 皆因邪師說法也. 不遇圓頓大乘菩薩所說, 故論云: 寧受地獄苦, 得聞諸佛名, 不受無量樂, 而不聞佛名. 以經於往昔無量劫, 受苦流轉生死中, 不聞佛名故, 不聞佛名者, 皆遇邪師故也.

【축원 평】 항상 강남의 3월을 기억하니, 자고새 우는 곳 온갖 꽃향기 가득하였도다.
常憶江南三月裏, 鷓鴣啼處百花香.

이승은 정진하나 도의 마음이 없고,
二乘精進勿道心,

【남명 송】 편공을 자증하여 출리를 구하네. 삼도에 있는 모든 사람이 날마다 들볶거늘, 마음을 돌이켜 자비와 지혜를 쓰려 하지 않네.
自證偏空求出離. 三途諸子日焚燒, 不肯迴心用悲智.

【범천 주】 이승의 사람은 정진, 수행하여 삼계의 견혹과 사혹을 끊고 일곱 번 인간과 천상을 반복하니, 겪은 바 수행법문은 정진이 아닌 것이 없다. 그러나 적멸의 술을 마시고 열반의 침상에 누워 있으면서 대비심을 일으켜서 이타행을 닦지 않고, 만물을 접인하여 중생을

이롭게 하지 않는다. 이것이 "도의 마음이 없는 것"이다.
二乘之人精進修行, 斷三界見思, 七返人天, 所歷修行法門非不精進也. 飮寂滅酒, 臥涅槃床, 不起大悲心, 修利他行, 接物利生. 是無道心也.

【축원 평】 사람이 가난하면 지혜가 짧아진다.
人貧智短.

외도는 총명하나 지혜가 없도다.
外道聰明無智慧.

【남명 송】 취하고 버림에 마음을 두었으니 어찌 잠시라도 잊겠는가? 양주는 다만 갈림길이 많음을 한탄할 뿐, 발 아래가 고향인 줄을 알지 못하도다.
取捨居懷肯暫忘? 楊朱只恨多岐路, 不知脚下是家鄕.

【영암 주】 이승의 사람이 정밀하게 수행해 나가며, 다른 수행을 생각하지 않는다. 외도들은 가장 총명하여 도리어 나의 견해에 집착하게 된다.
二乘之人, 精進修行, 無度他行. 外道最聰明, 而反執我見也.

【법천 주】 "외도는 총명하나 지혜가 없다."라는 것은 서천축의 외도 가운데 지극히 총명한 사람들이 네 종류의 위타(베다) 전적을 암송하지만 불성을 밝히지 못하였다. 그러므로 한산이 다음과 같이 말하였다.

"세상에 아는 것이 많은 사람은 어리석게 글 사용하는 것만 배우네. 미래의 과보 걱정하지 않고 나쁜 원인 지을 줄만 아네. 부처를 보아도 예경할 줄 모르고, 승려를 보면 배나 더 화를 내네. 오역 십악으로 짝을 하고, 삼독을 이웃으로 삼네. 죽어서 지옥에 들어가면 벗어날 기약 없으리." 고금에 총명한 사람들이 세상의 지혜에 부림당하여 반야를 믿지 않는 사람도 있다. 고덕이 다음과 같이 말하였다. "이백과 이사는 학문이 뛰어나지만, 두 사람은 부처님의 설법 만나지 못했네. 얼마나 공연히 총명심만 지녔던고. 철저하게 생사를 타파하지 못하였네." 앞선 성인의 자비를 드리움이 이러하거늘, 어찌 알지 못하는가?

外道聰明無智慧者, 西竺外道極有聰明之士, 念得四圍陀典籍, 不明佛性. 故寒山云: 世有多解人, 愚癡學用文. 不憂當來果, 唯知造惡因. 見佛不解禮, 見僧倍生瞋. 五逆十惡輩, 三毒以爲隣. 死去入地獄, 未有出頭辰. 今古聰明之士, 爲世智所使, 不信般若亦有之. 古德云: 李白李斯文學絶, 二人不遇空王記. 幾多空負聰明心, 到底生死打不徹. 先聖垂慈如此, 豈不知有耶?

【축원 평】 말이 야위면 털이 길어진다.
馬瘦毛長.

어리석고 미혹하니,
亦愚癡,

【남명 송】 일어나고 앉음이 모두 나무로 만든 아이와 같도다. 자신에게

는 할아버지와 아버지가 전해준 생이 있건만, 짚신이 다 해지도록 다녀도 일찍이 알지 못하네.
起坐都如木偶兒. 自有生涯傳祖父, 草鞋踏盡不曾知.

또한 작고 어리석으니,
亦小騃,

【남명 송】 눈길 닿는 곳이 무상하여 미움과 사랑에 맡기네. 그때 모래를 가져다 성을 에워쌓음을 배우니, 슬프다. 네가 환우寰宇가 큼을 어찌 알겠는가?
觸目無常任憎愛. 時將沙土學圍城, 嗟爾那知寰宇大.

【축원 평】 같은 구덩이에 다른 흙은 없다.
同坑無異土.

빈주먹과 손가락 위에 실다운 견해를 내도다.
空拳指上生實解.

【남명 송】 어리석고 작으며 미치고 미혹되니 어두운 사람과 같도다. 만약 이 마음이 무소득임을 안다면, 봄바람 가을달이 스스로 맑게 트일 것이다.
癡小狂迷類暗夫. 若了此心無所得, 春風秋月自蕭疎.

【영암 주】 범부는 아는 것이 없어서 방편을 잘못 안다네.
凡夫無知, 錯認方便.

【법천 주】 어른이 지혜가 없는 것을 '어리석음(愚)'이라 하고, 어린아이가 지혜가 없는 것을 '유치함(騃)'이라고 한다. "빈주먹과 손가락 위에 실다운 견해를 낸다."라는 것은 어리석은 사람과 어린아이가 빈주먹과 손가락 위에 망령되이 실다운 것이 있다고 하는 것이니, 마치 노란 단풍 잎사귀를 가지고 돈이라 진실로 여기는 것과 같다. 여래 큰 스승의 말씀과 일대장교의 경문은 모두 대비심으로 조작이 없는 묘한 지혜에서 인연에 따라 광명을 놓아 혹은 유의 법을 설하기도 하고 혹은 공의 법을 설하기도 하며, 혹은 돈교와 점교를 설하기도 하고 혹은 편교와 원교를 설하기도 하며, 혹은 부정교不定敎를 설하여 갖가지 명상名相으로 인연에 따라 각각 깨달음을 얻게 하는 것이다. 그런데 모든 소근기의 사람들은 말에 따라 스스로 집착을 내고 불성을 보지 못하는 것이 마치 "빈주먹과 손가락 위에 실다운 견해를 냄"과 같다. 아래 글에서 거듭 비유로써 드러낸다.
大人無智曰愚, 小兒無智曰騃. 空拳指上生實解者, 愚人小兒於空拳指上妄爲實有, 如以黃葉爲錢以爲眞實. 如來大師說一大藏敎文, 盡以大悲心於無作妙智隨緣放光, 或說有法, 或說空法, 或說頓漸, 或說偏圓, 或說不定, 以種種名相隨緣而各得解也. 諸小根器隨語自生執著, 不見佛性, 猶如空拳指上生實解也. 下文重與喩出.

【축원 평】 텅 빈 허공을 잘 파서 하나의 굴을 메운다.

好掘虛空一窖埋.

손가락을 집착하여 달로 여겨 헛되이 공력을 베풂이며,
執指爲月枉施功,

【남명 송】달을 잃을 뿐만 아니라 손가락도 모르게 되도다. 갑자기 달을 보고 손가락을 도리어 잊으면, 삼라만상이 차가운 빛 속에 있더라.
不唯失月還迷指. 忽然見月指還忘, 森羅萬象寒光裏.

【축원 평】그림자를 잡으며 바람을 쫓는다.
捕影追風.

근·경·법 가운데 헛되이 괴이한 짓 하도다.
根境法中虛捏怪.

【남명 송】그림자 같은 일이 섞여 널려 있으니 바른 수행을 어둡게 하는구나. 우습다. 환사幻師가 환물幻物을 만나 스스로 보고 의심하여 두려워함을 그칠 줄 모르네.
影事交羅昧正修. 可笑幻師逢幻物, 自看疑怖不知休.

【영암 주】수다라의 가르침은 달을 가리키는 손가락과 같아서, 이미 달을 보고나면 가리키는 손가락이 반드시 끝내 달이 아님을 분명히 알게 된다. 만약 다시 손가락에 집착하여 달의 실체라고 여긴다면,

이는 지혜 없는 놈이 아니겠는가?

修多羅敎, 如標月指, 旣見月已, 了知所指, 必竟非月. 若更執指, 以爲月體, 此得非無智者耶?

【범천 주】 만약 손가락을 잘못 알아 달로 여기면 달만 모를 뿐 아니라 손가락도 모르는 것이니, 손가락을 잘못 알아 달로 여기기 때문이다. 경전에 이르기를 "수다라(경전)는 달을 가리키는 손가락과 같다. 만약 달을 보고나면 가리키는 손가락은 마침내 달이 아닌 줄 알 것이다."라고 하였다. 그러므로 도를 배우는 사람도 역시 그러하여, 만약 교로써 불성으로 여기면 그 불성만 모를 뿐 아니라 역시 교도 몰라서 교로써 불성을 삼는 것이다. 그러므로 "헛되이 공력을 베푼다."라고 하였다. 중근기와 하근기의 성품은 만약 대승 반야의 종성이 없다면 불지견에 들어갈 수 없는 줄 알 것이다. 그 걱정되는 것은 육근·육진·육식의 18계법에 있다. 그러므로 "근·경·법 가운데 헛되이 괴이한 짓을 한다."라고 하였다.

若迷指爲月, 非獨迷月亦乃迷指, 以認指爲月故也. 經云: 修多羅敎如標月指. 若復見月, 了知所標畢竟非月. 是故學道之人亦復如是, 若以敎爲佛性, 非獨迷其佛性亦乃迷敎, 以敎爲佛性. 故則是扞施其功行也. 是知中下根性, 若無大乘般若之種性, 不能入佛知見. 其所爲患者在於根境識三, 十八界法. 故云: 根境法中虛揑怪也.

【축원 평】 자신이 사고 자신이 판다.

自買自賣.

한 법도 볼 수 없음이 곧 여래이니,
不見一法卽如來,

【남명 송】 봄에 뭇 꽃들은 비를 맞아 피었구나. 이 색과 이 마음을 사람들은 알지 못하니, 종을 치고 북을 두드려 높은 대에 오른다네.
春至羣花冒雨開. 是色是心人不會, 撞鐘擊鼓上高臺.

【축원 평】 조개는 밝은 달을 머금고, 옥토끼는 새끼를 밴다네.
蚌含明月玉兔懷胎.

바야흐로 '관자재'라 이름을 얻으니,
方得名爲觀自在,

【남명 송】 능관能觀이 달처럼 밝음을 잊지 않도다. 모든 법을 알고자 하나 원래 속박이니, 대지와 산과 강이 이것의 눈동자로다.
能觀如月未忘明. 欲知法法元羈絆, 大地山河是眼睛.

【영암 주】 범부가 상相에 집착하면 있음(有)을 만들고, 성문은 필경공을 말하고, 보살은 당체가 바로 공함을 설한다. 만약 본 것이 있음을 본다면 범부가 되고, 본 것이 없음을 보면 오히려 길의 반쯤에 있는 것이다. 만약 사물을 보았을 때, 본 것이 없음을 깨달았다면 본 것이 없음이 보인 것이니, 또한 본 것이 없다. 모든 법을 버리면 모든 법이 아니요, 이 법이 법의 자리에 머물면 세간의 상은 항상 머물게

되어 바야흐로 자재를 얻는다.

凡夫執相爲有, 聲聞說畢竟空, 菩薩當體卽空. 若見有所見, 則爲凡夫, 見無所見, 猶在半途. 若見物之時, 了無所見, 無所見見, 亦無見. 不捨一切法, 不卽一切法, 是法住法位, 世間相常住, 方得自在.

【범천 주】이 한 구절은 바로 영가 대사께서 힘을 다해 이끌어 문 앞까지 도달하게 하였으나, 다만 발을 들어 들어가는 것만 남았을 뿐이다. 옛날에 어떤 존숙이 『법화경』을 보다가 "모든 법은 본래부터 항상 스스로 적멸한 상이다."라고 한 데 이르러 스스로 기뻐하고 항상 마음을 두어 체달하고 연구하되, 걷고 머무르고 앉고 눕고 말하고 침묵하고 짓고 거동하고 행동하고 숟가락을 들고 젓가락을 놓는 데에 이르기까지 체달하고 연구하지 않음이 없었으나 도무지 얻은 것이 없었다. 2월(仲春)에 이르러 홀연히 어느 날 난간에 기대어 한가히 앉아 있다가, 나뭇가지 위에서 꾀꼬리 우는 소리를 듣고 별안간 깨달았다. 앞의 인연을 살펴보고 앞 게송을 이어 다음과 같이 읊었다. "모든 법은 본래부터 항상 스스로 적멸한 상이여, 봄 따뜻하니 온갖 꽃 붉게 피고, 노란 꾀꼬리 버들가지 위에 우네." 그러므로 고금 존숙의 말씀을 관하여 그 취지를 훤히 깨닫고 스승에게 인가를 구하여 무릇 응용하는 것이 걸림이 없게 하는 것이 이른바 "바야흐로 관자재라는 이름을 얻는다."라는 것이다.

此一句乃永嘉盡力拽到門前, 祇欠擡足入來也. 昔有宿德因看法華經, 至諸法從本來, 常自寂滅相, 自喜之, 常留意體究, 以至行住坐臥語默, 作做擧動施爲拈匙放筯無不體究, 都無所得. 至仲春之月, 忽一日凭欄閑坐, 聞樹上鶯聲, 瞥然悟入. 省前因緣, 續前頌云: 諸法從本來, 常自寂滅相. 春暖百花紅, 黃鶯啼柳上. 以是觀今古尊宿說話, 洞曉其旨, 求師印可, 凡所應用無有罣碍, 所謂方得名爲觀自在也.

【축원 평】두 몫을 한 꾸러미에 싸는구나.
兩彩一賽.

깨달으면 업장이 본래 공하고,
了卽業障本來空,

【남명 송】법마다 근기가 없으면 망령되이 분별하는구나. 마음에서 생기면 곧 이 법이 생기는 때이며, 마음에 만약 생김이 없으면 법은 스스로 소멸하리라.
法法無根妄分別. 心生卽是法生時, 心若無生法自滅.

【축원 평】깨달았다.
了.

깨닫지 못하면 도리어 묵은 빚 갚아야 한다.
未了還須償宿債.

【남명 송】쇠 장, 말먹이용 보리를 더 어찌 의심하겠는가? 누가 조사와 부처가 도망갈 곳 없다고 말했던가? 날마다 온몸을 버렸으나 오히려

알지 못하도다.
金鏘馬麥更何疑? 誰言祖佛無迍處? 日捨全身尙未知.

【영암 주】 본 것이 없음을 깨달았으니, 죄와 복은 본래 빈 것이다. 본성이 비었음을 깨닫지 못하니, 원인과 결과가 분명하다.
了無所見, 則罪福本空. 未達性空, 因果歷然.

【법천 주】 죄와 복의 성품이 공함을 깨달아 걸림이 없다. 만약 어떤 사람이 발심하여 근원에 돌아가면 시방세계가 모두 다 없어지는데, 하물며 죄와 복의 모양(相)이겠는가? 그러므로 승조 대사는 "오음신이 있는 것이 아니요, 사대는 본래 공한 것이다. 머리를 서슬이 번쩍이는 칼날에 대니, 마치 봄바람을 베는 것 같도다."[94]라고 하였다. 바로 업장은 본래 공한 것임을 설하고 있다. 만약 깨닫지 못하면 법에 집착하여 잊지 못한다. 인과법은 마치 몸과 그림자와 같으니, 가령 백천 겁이라도 지은 업은 없어지지 않아 그 인연을 만날 때 과보를 도리어 스스로 받는다. 그러므로 "깨닫지 못하면 도리어 묵은 빚 갚아야 한다."라고 하였다.
了達罪福性空, 無有罣碍. 若人發心皈源, 十方世界悉皆消殞, 況罪福之相耶? 所以肇師云: 五陰身非有, 四大本來空. 將頭臨白刃, 一似斬春風. 卽業障本來空也. 若不了悟, 執法不忘. 因果法如形與影, 假使百千劫所作業不忘, 因緣會遇時, 果報還自受. 故云: 未了還須償宿債也.

---

94 (宋)道原纂,『景德傳燈錄』卷27, "諸方雜擧徵拈代別語"(大正藏 51, p.435b)에 게재된 僧肇의 臨終偈이다.

【축원 평】졌다.
敗.

굶다가 임금의 수라를 만났으나 먹을 수 없으니,
飢逢王饍不能湌(餐),[95]

【남명 송】높고 낮음에 마음이 생기면 스스로 사이가 멀어지도다. 불러와서 함께 먹음이 오히려 이와 같으니, 슬프다! 굶어죽는 사람이 어디 한둘인가?
高下心生自離間. 呼來與食尚如斯, 嗟哉! 餓死人何限?

병들어 의왕을 만난들 어찌 나을 수 있으리오.
病遇醫王爭得瘥.

【남명 송】단박에 약과 병을 없애도 아직 통발을 잊지 못하도다. 어찌 독 칠한 북이 한 번 울린 소리와 같이, 누워서 듣고 다니며 들은 것이 다 사라졌구나.
除藥病未忘筌. 何如塗毒一聲鼓, 臥聽行聞盡悄然.

【영암 주】대사가 배움을 권한 것은 이번 생에 다행히 정종(正宗: 바른 종지)을 만났으니, 곧바로 깨쳐나가야 한다는 것이다. 나가거나

---

95 3본에는 "飢逢王饍不能餐"으로 되어 있음.

물러나거나, 믿고 믿지 않음은 비유컨대 굶주림에 임해 먹을 것을 기다리다 왕이 반찬을 하사해도 먹지 못하며, 병을 안고 의사를 찾다가 의왕이 약을 주어도 받지 못하는 것과 같으니, 굶주림이 어찌 배부름으로 말미암으며, 병이 어찌 나아짐으로 말미암았겠는가?

師勸學者, 今生幸値正宗, 直須徹去. 或進或退, 信不信, 譬臨飢待食, 王者賜饌, 而不湌, 抱病尋醫, 醫王與藥, 而不受, 則飢何由飽, 病何由蘇耶?

【법천 주】 49년 동안 방편문을 열어 진실상을 보이시고, 갖가지 법문을 설하시어 큰 자비원력으로 중생을 접인하지만, 중생 스스로가 깨달아 들어가지 못한다. 비유하자면 세간의 굶주린 사람이 왕의 수라를 만났는데, 음식이 사방 한 길에 산해진미가 모두 다 갖춰져 있는 갖가지 아름답고 맛있는 음식을 보고도 두려운 마음을 내어 감히 먹지 못하는 것과 같다. 또한 오랫동안 병든 사람이 홀연히 노나라의 훌륭한 의사 편작을 만났으나 반드시 의심을 내어 머뭇거려 묘약을 먹을 수 없음과 같으니, 병이 쾌차할 수 없음을 알리라.

四十九年開方便門, 示眞實相, 所說種種法門, 大悲願力接引衆生, 衆生自是不能悟入. 譬如世間飢餓之人, 遇王者之膳, 食前方丈水陸畢備, 種種美味, 見之卽生怖畏之心而不敢食. 又如久病之人, 忽見盧醫鵲醫王, 必生疑惑猶豫而於妙藥不能服食. 則知病不可瘥.

【축원 평】 사자는 사람을 물지만, 한로(전국시대 한나라에서 난 명견의 이름으로, 검은 사냥개를 말함)는 흙덩이를 쫓는다.

師子咬人韓盧逐塊.

【축원 주】 종자의 성품이 삿되고 정인正因이 아닌데 도를 하는 사람은 곧 외도의 종자이다. 삿된 스승을 따름에 의해서 여러 삿된 견해가 생긴다. 그러므로 이르기를 "지해知解를 그르침이여."라고 한 것이다. 여래의 원돈법문을 깨달을 수 없어서 헤아릴 수 없는 겁 동안 헤아릴 수 없는 삶과 죽음을 받는 것은 모두 삿된 스승으로 인해서 그런 것이다. 이승의 사람들이 삼계의 25중생들의 번뇌에 괴롭힘을 끊고 분단생사를 초월하면, 노루가 뒤에 있는 무리들을 돌아보지 않고 홀로 뛰는 것과 같다. 그러므로 이르기를 "도의 마음이 없다."라고 한 것이다. 서천의 외도는 지극히 총명함이 있으나 불성을 깨닫지 못하고 마음 밖에서 법을 구하니 외도라고 한 것이다. 그러므로 이르기를 "어리석기도 하고 유치하니, 또한 작고 어리석다."라고 한 것이다. 성인이 지혜가 없는 것을 '어리석다(愚)'라고 하고, 어린아이가 지혜가 없는 것을 '유치하다(騃)'라고 한다. 말을 따라 깨달음이 생기면 스스로 집착이 생기니 "빈주먹과 손가락 위에 실다운 견해를 내는 것"과 같다. 경전(修多羅)의 가르침은 달을 가리키는 손가락과 같다. 만약 달을 보고나면 가리키는 손가락은 마침내 달이 아닌 줄 알 것이라고 하였는데, 도를 배운 사람이 불성을 깨닫지 못하고 근·경·식 위에서 망령되이 지혜가 생긴다. 그러므로 이르기를 "손가락을 집착하여 달로 여겨 헛되이 공력을 베풂이며, 근·경·법 가운데 헛되이 괴이한 짓 하도다."라고 한 것이다. "한 법도 볼 수 없음이 곧 여래이다."라는 것은 모든 법은 본래부터 항상 스스로 적멸한 모습(寂滅相)으로, 유무를 모두

버리고 6근을 호용한다. 그러므로 "바야흐로 관자재라 이름을 얻는다." 라고 하였다. 도달한 사람의 경지이니, 죄의 성품이 본래 비어 장애됨이 없음을 깨달은 것이다. 『능엄경』에 이르기를 "만약 어떤 사람이 발심하여 진실로 근원에 돌아가면 시방세계가 모두 다 없어지는데, 하물며 죄와 복의 모양(相)이겠는가?"라고 하였다. 승려가 고덕에게 물었다. "깨달으면 곧 업장은 본래 공한 것입니다. 다만 사자 존자와 이조(慧可) 대사 같은 분은 깨달았습니까?" 고덕이 말하였다. "도가 본래 비었음을 보지 못하였다." 승조 법사가 말하였다. "오음신이 있는 것이 아니요, 사대는 본래 공한 것이다. 머리를 서슬이 번쩍이는 칼날에 대니, 마치 봄바람을 베는 것 같도다." 그러므로 이르기를 "본래 비었다."라고 한 것이다. 만약 깨닫지 못하고 법에 집착해 잊지 못한다면 원인과 결과가 분명하여 마치 그림자가 모습을 따르는 것과 같다. 그러므로 이르기를 "깨닫지 못하면 도리어 묵은 빚 갚아야 한다." 라고 한 것이다. 위로부터 여러 성인들이 서로 번갈아 나와 일어나 방편문을 열어 진실한 모습을 보이시니, 참으로 중생들이 스스로 믿지 못함으로 말미암아 깨달아 들어가지 못하였다. 비유하자면 세간의 굶주린 사람이 왕의 수라를 만나 갖가지 아름답고 맛있는 음식을 얻었는데도, 두려운 마음을 내어 감히 먹지 못하는 것과 같다. 또 오랫동안 병들어 낫지 않는데, 의왕을 만났으나 도리어 의심을 내어 묘약을 먹지 못하고 병의 고통을 달게 받음과 같다. 그러므로 이르기를 "어찌 나을 수 있으리오."라고 한 것이다.

種性邪, 非正因, 爲道之士乃是外道種子. 依附邪師生諸邪見. 故云: 錯知解也. 不能了達如來圓頓法門, 於無量劫中受無量生死, 皆因邪師而然也. 二乘之人斷三界二十五有塵勞, 超出分段生死, 如獐獨跳不顧後群. 故云: 勿道心. 西天外道極有聰明, 不明佛性心外求法, 名曰: 外道. 故云: 亦愚癡亦小駿. 大人無智曰愚, 小兒無智曰駿. 隨語生解自生執著, 如空拳指上生實解也. 修多羅教如標月指. 若還見月, 了知所標畢竟非月, 學道人不明佛性, 於根境識上妄生知解. 故云: 執指爲月枉施功, 根境法中虛捏怪. 不見一法卽如來者, 諸法從本來, 常自寂滅相, 則有無俱遣六根互用. 故曰: 方得名爲觀自在. 到者田地, 了達罪性本空無有罣礙. 楞嚴經云: 一人發眞歸源, 十方虛空悉皆消殞, 況罪福之相耶? 僧問古德云: 了卽業障本來空. 只如獅子尊者與二祖大師是了不了? 德云: 不見道本來空. 肇法師云: 五陰元非有, 四大本來空. 將頭臨白刃, 一似斬春風. 故云: 本來空也. 若不了悟, 執法不忘, 因果歷然如影隨形. 故云: 未了應須還宿債. 從上諸聖遞相出興, 開方便門示眞實相, 良由衆生自信不及不能悟入. 譬如世間飢餓之人, 得遇王者之饍種種美味, 卽生怖畏而不敢食. 又如久病不瘥, 得遇醫王反生疑惑, 不服玅藥甘受病苦. 故云: 爭得瘥也.

【축원 송】 종자의 성품이 삿되고, 지해를 그르쳐, 밖을 향해 달려 구하나 도리어 스스로 어리석어진다. 빛을 돌려 돌이켜 비추니 바로 돌아와서, 신령스런 근기가 확연히 꿰뚫어져 등을 향함이 없도다.
種性邪, 錯知解, 向外馳求還自昧. 回光返照便歸來, 廓徹靈根無向背.

⟨41⟩

욕계에 있으면서 선을 행하는 지견의 힘이여.
在欲行禪知見力.

【남명 송】 티끌에 있지만 종일토록 스스로 티끌이 없도다. 마음이 편안함에 굳이 꽃과 들을 논할 필요 없다네. 눈썹 털을 밟으니 이곳이 진처眞處로다.
居塵終日自無塵. 安心不必論華野. 踏著眉毛是處眞.

【축원 평】 삼구는 27이다.
三九二十七.

불 속에 연꽃 피어 끝내 시들지 않네.
火裏生蓮終不壞.

【남명 송】 꽃은 수미산 같고 잎은 허공 같도다. 맑은 향기 삼계 속에 두루 퍼지니, 서풍에 쉽게 떨어질까 걱정하지 말지어다.
花似須彌葉似空. 普散淸香三界內, 不憂容易落西風.

【영암 주】 욕심낼 만한 것 보이지 않으면 마음이 어지러워지지 않는다. 이것은 바로 소승의 근기이다. 욕심낼 만한 것 보여도 마음이 어지러워지지 않으면 이것은 헤아릴 수 없는 대인大人이다. 마치 불 속에서

연꽃이 피는 것과 같다.

不見可欲, 便心不亂. 此正小乘根器. 見其可欲, 而心不亂, 此則沒量大人. 如火內生蓮也.

【범천 주】욕계에 있으면서 선을 행하여 청정해지는 것은 반야지견의 힘이 있기 때문이다. 승려가 고덕에게 묻기를 "욕계에는 선이 없는데, 대덕께서는 어찌 선정이 있다고 말씀하십니까?"라고 하니, 고덕은 "그대(闍梨)는 다만 욕계에 선이 없는 줄만 알고, 선계禪界에 욕심이 없는 줄은 알지 못하는구나."라고 하였다. 삼계를 알고자 하는가? 모두 일심으로 인하여 있는 것이다. 경전에 이르기를 "삼독을 없애고, 삼계에서 벗어나 마구니의 그물을 깨뜨린다."라고 하였다. 지금 글에서 "지견의 힘"이라고 한 것은 마음이 이미 밝아지면 불성을 보는 것이니, 곧 일체처가 모두 불사인데, 어찌 욕계까지 말할 것이 있겠는가? 그러므로 "지견의 힘"이라고 하였다.

欲界而行禪那淸淨者, 以其有般若知見之力也. 僧問古德: 欲界無禪, 大德云何言有禪定? 古德云: 闍梨, 祇知欲界無禪, 自不知禪界無欲. 欲知三界? 皆因一心所有. 經云: 滅三毒, 出三界, 破魔網也. 今文言知見力者, 心旣明見佛性, 卽一切處皆爲佛事也, 何言至欲界? 故云: 知見力也.

【축원 평】그 사람들에게도 스스로 사람들과 통하는 애정이 있을 것이다.

他家自有通人愛.

용시는 중죄를 짓고도 무생을 깨달아
勇施犯重悟無生,

【남명 송】 선과 악은 예로부터 서로 어긋나지 않았도다. 오음의 구름이 걷혀 달이 하늘에 가득하니, 집으로 돌아가는 길을 다시 묻지 말지어다.
善惡從來勿差互. 五陰雲開月滿天, 不須更問還家路.

벌써 성불하여 지금까지 전해오고 있도다.
早時成佛于今在.

【남명 송】 상호가 단정하고 엄숙하심이 백만 가지니라. 금구로 선양하심을 깨닫지 못한 듯하여, 7근의 가사 밑을 시험 삼아 찾아보라.
相好端嚴百萬般. 金口宣揚如不會, 七斤衫下試尋看.

【영암 주】 그 용시 비구는 본래 아름다운 사내대장부였다. 그러므로 승려의 모습이 뛰어나게 특출하였다. 걸식 때문에 장자의 집에 이르자 그 딸이 보고 그를 사모하였는데, 생각을 그치지 못해 병이 되어 죽을 지경이었다. 그 어머니가 딸을 사랑함에 드디어 계책을 세워 비구를 유인하고 말하였다. "우리 딸이 경법을 듣고자 하니, 우리 스님이 자주 와서 해주시지요." 두세 번 사양을 하다가 비구가 그만둘 수 없어서 명을 따랐다. 자주 찾아와 친해짐으로 그 딸은 비록 병은 평안해졌으나, 딸의 남편이 알게 되어 그 아내를 죽이려고 하였다.

비구가 듣고서 감히 가지 못하였다. 여자는 남편이 죽일까봐 두려우면서도 또 비구를 그리며 생각하다가 드디어 남편에게 독을 타서 주어 남편을 죽였다. 비구가 그것을 듣고 크게 뉘우치며 또한 말하였다. "음욕과 살생에 이르게 된 것은 참으로 나로 말미암은 것이다. 만약 죽는다면 화살처럼 아비지옥에 떨어질 것이다." 비록 세 가지 가사가 있더라도 감히 입지 못하고, 지팡이 위에 걸어 놓고 언성을 높여 큰소리로 말하였다. "나는 근본의 중죄를 범했습니다. 누가 나를 참회하게 해주겠습니까?" 한 정사에 이르러 비국다라 존자를 만났는데, 그를 경책하며 말하였다. "죄의 성품은 찾았지만, 찾을 수 없도다."라고 하고, 드디어 다음과 같은 게송을 설하였다. "모든 법은 거울 속의 그림자 같고, 강물 속에 떠 있는 달과 같거늘, 범부들은 어리석게 마음에 의혹되어 욕심을 내고 성을 내며 분별을 한다네." 비구는 활연히 크게 깨달아, 그때에 맞추어 10호號를 구족하고, 서방세계로 가서 등정각을 이루니, 호를 보월여래라고 하였다. 이미 태어남이 없음을 깨달았으니 소멸함이 아님을 알았다. 그러므로 '지금에 있다'고 하였다.

其勇施比丘, 本美丈夫. 故僧相殊特. 因乞食, 至長者家, 其女見而慕之, 思不已, 成病將死. 母鍾愛苦, 遂以計, 誘比丘曰: 吾女欲聽經法, 我師可頻至授之. 辭至再三, 比丘不得已從命. 因成荏冉, 女雖病平, 女之夫知, 欲殺其妻. 比丘聞而不敢往. 女旣懼夫殺, 又懷想比丘, 遂致毒於夫, 夫死. 比丘聞之, 大悔, 且曰: 致是淫殺, 良由我也. 若死墮阿鼻如箭. 雖三事衣, 不敢著, 掛於錫上, 勵聲唱言: 我犯根本重罪. 誰爲我懺? 至一精舍, 遇鼻鞠多羅尊者, 警之曰: 推罪性, 了不可得. 遂說偈云: 諸法同鏡像, 亦如水中月, 凡夫愚惑心, 分別癡恚愛. 比丘豁然大悟, 應時十號具足, 往西方世界, 成等正覺, 號寶月如來. 旣得無生, 則知非滅. 故曰: 于今在.

【범천 주】 과거 오래 전에 한 비구가 있었는데, 그의 이름은 '용시'였으니, 문득 여래의 계율을 범한 바 있었다. 이미 네 가지 무거운 근본의 죄를 범하였지만, 스스로 청정하고자 하여 곧 세 가지 가사(三衣)를 주장자 위에 걸고 큰소리로 외치기를 "나는 무거운 죄를 범하였다. 누가 나를 위하여 참회해 주겠는가."라고 하였다. 이와 같이 큰 소리로 외치면서 어느 한 정사에 이르러 한 존자를 만났으니, 그 이름은 비국다라였다. 존자가 말하기를 "죄의 성품을 찾아보았지만, 마침내 얻을 수 없도다."라고 하니, 용시 비구가 활연히 크게 깨달아 10호를 구족하고, 바로 동방세계에 가서 등정각을 이루니, 호를 보월여래라 하였다. 오늘날까지 전해오는 까닭에 "벌써 성불하여 지금까지 전해오고 있도다."라고 하였다.

過去久遠有一比丘名勇施, 忽於如來禁戒有所闕犯. 旣犯四重根本之罪, 欲自淸淨, 卽將三衣掛在錫上高聲唱言: 我犯重罪, 誰爲我懺. 如是唱言至一精舍, 遇一尊者, 名曰鼻鞠多羅云: 推罪性了不可得. 勇施比丘豁然大悟, 十號具足, 卽往東方世界成等正覺, 號曰寶月如來. 至于今, 故曰: 早時成佛于今在也.

【축원 평】 시냇가의 버드나무 그림자는 고기잡이 배 지남을 방해하지 않는다네.
溪邊楊柳影, 不礙釣舟行.

【축원 주】 만약 숙세에 익힌 대승의 종자가 큰 서원의 수레바퀴에 지녔다면, 5욕과 8풍 속에 처하더라도 5욕과 8풍에 의해 움직이게 되지 않고 우뚝 홀로 서게 되니, 마치 불 속에서 연꽃이 끝내 무너지지 않는 것과 같다. 배상공(裴休)이 양무위(楊傑), 동파(蘇軾), 산곡(黃庭堅), 무진(張商英), 자소(張九成) 등 여러 상공들에게 물은 것이 이것이다. 어떤 승려가 고덕에게 "욕계에는 선이 없는데, 대덕께서는 어찌 선정이 있다고 말씀하십니까?"라고 물으니, 고덕은 "그대는 다만 욕계에 선이 없는 줄만 알고, 선계에 욕심이 없는 줄은 알지 못하는구나."라고 하였다. 도달한 사람의 경지이니, 생계를 꾸려 가는 일도 모두 실상과 위배되지 않는다. 그러므로 이르기를 "지견의 힘"이라고 한 것이다. 오래된 먼 과거에 이름이 용시라고 하는 비구 하나가 있었는데, 홀연히 여래가 금지한 계율에 범하게 되었다. 사중四重의 근본적인 죄를 범하고, 자신을 깨끗하게 하고자 하여 세 가지 가사를 지팡이 위에 걸어 놓고, 언성을 높여 큰소리로 말하였다. "나는 중한 죄를 범했습니다. 누가 나를 참회하게 해주겠습니까?" 이와 같이 큰소리로 말하고 한 정사에 이르러 존자 한 분을 만났으니, 이름이 비국다라였다. 존자가 말하였다. "죄의 성품을 찾아보았지만, 마침내 얻을 수 없도다." 용시 비구가 활연히 크게 깨닫고 바로 남방세계로 가서 등정각을 이루시니, 보월여래라고 불렀고, 벌써 지금에 이르게 되었다. 그러므로 "용시는 중죄를 짓고도 무생을 깨달아, 벌써 성불하여 지금까지 전해오고 있도다."라고 한 것이다.

若是宿熏乘種, 佩大願輪, 須處五欲八風之中, 不被五欲八風所轉, 挺然特立如火中蓮華終不壞也. 　如裴相問楊無爲東坡山谷無盡子韶諸公是也. 僧問古德: 欲界無禪, 大德云何言有禪定? 德云: 闍梨只知欲界無禪, 不知禪界無欲. 到者田地, 治生産業皆與實相不相違背. 故云: 知見力也. 過去久遠有一比丘名勇施, 忽於如來禁戒有所缺犯. 旣犯四重根本之罪, 欲自清淨, 卽將三衣挂在錫上, 高聲唱言: 我犯重罪, 誰爲我懺? 如是唱言至一精舍, 遇一尊者, 名曰鼻鞠多羅, 云: 推罪性, 了不可得. 勇施比丘豁然大悟, 卽往南方世界成等正覺, 號曰寶月如來, 已至于今. 故曰: 勇施犯重悟無生, 早時成佛于今在.

【축원 송】 욕계에 있으면서 선을 행하는 것은 지견의 힘이니, 대낮 푸른 하늘에 천둥번개가 치도다. 마하반야바라밀, 깊고 깊은 반야바라밀.

在欲行禪知見力, 白日靑天轟霹靂. 摩訶般若波羅密, 甚深般若波羅密.

〈42〉

사자후

師子吼

【남명 송】 33인이 다 놀라서 도망가는구나. 그린 병을 깨뜨리고 도리어 돌아오니, 푸른 산 흐르는 물은 아직도 예전과 같도다.
三十三人盡驚走. 畵甁打破却歸來, 靑山流水還依舊.

【축원 평】 눈 덮인 산 고개를 진흙 소가 도망간다.
雪嶺泥牛走.

두려움 없는 설법이여,
無畏說,

【남명 송】 참으로 어리석은 무리들로 못과 쐐기를 뽑는구나. 시냇가 촌 늙은이 눈살을 찌푸리지 말지니, 여름에는 뜨거운 햇살이 있고 겨울에는 눈이 있도다.
直與迷徒去釘楔. 溪邊野老勿攢眉, 夏有炎暉冬有雪.

【법천 주】 여러 부처님의 설법은 원교와 돈교의 대승으로 자재하고 무외함이 마치 사자가 포효할 때 두려움이 없이 자재한 것과 같다. 그러므로 "두려움이 없는 설법이여."라고 하였다.

諸佛說法圓頓大乘, 自在無畏, 猶如獅子吼時無畏自在也. 故云: 無畏說也.

【축원 평】 허공에서 혀를 씹었구나.
虛空咬著舌.

어리석어 완피단[96]과 같음을 몹시 슬퍼하도다.
深嗟懵憧頑皮靼.

【남명 송】 고국은 멀지 않으나 기꺼이 지나지 못하는구나. 뿌리도 꼭지도 끊긴 부평초 같으니, 아득한 삶과 죽음의 풍파를 따르네.
故國非遙不肯過. 還似浮萍根蔕斷, 悠悠生死信風波.

【영암 주】 나는 법왕이 되어 법에 자재하여 마치 사자가 포효하며 모든 것에 두려움이 없는 것과 같다. 소승은 슬프게도 오로지 지킴과 범함에 집착하여 스스로 구속된다. 어리석음은 곧 어둡고 우둔한 것이다. '단靼'은 소 목덜미 위의 매우 거친 가죽이다.
我爲法王, 於法自在, 如獅子吼, 一切無畏. 小乘可嗟, 專執持犯, 而自拘繫. 懵憧乃昏鈍也. 靼乃牛領上極麤皮也.

【법천 주】 '심차深嗟'란 깊이 탄식하는 말이다. '몽동懵憧'이란 지혜롭지

---

96 완피단頑皮靼: 소의 가장 두꺼운 가죽으로, 송곳 하나 들어가지 않을 만큼 딱딱한 것을 말하여 좋은 말이 절대로 귀에 들어가지 않음을 비유함.

못함이다. '완피단'이란 소 목덜미의 매우 거칠고 두터운 가죽이다. 이는 소승의 둔한 근기가 큰 법을 듣고도 깨치지 못함을 비유한 것이다. 그러므로 탄식하고 슬퍼하는 말을 한 것이다.
深嗟者, 深歎之辭也. 懞憧者, 非聰慧也. 頑皮靼者, 卽牛領極麤厚皮也. 此喩小乘鈍根聞於大法不能悟. 故發其歎傷之辭.

【축원 평】 귀먹은 사람이 어떻게 들을 수 있겠는가?
聾人爭得聞?

단지 중죄를 지으면 보리에 장애되는 줄만 알고,
只知犯重障菩提.

【남명 송】 죄의 성품은 물결이 얼음 맺히듯 일어남과 같네. 어리석은 사람은 목말라 죽어도 고개를 숙이지 않으니, 어찌 맺힌 얼음이 전부 물임을 알겠는가?
罪性如波結氷起. 癡人渴死不低頭, 豈識凝氷全是水?

【축원 평】 하늘 위 달을 탐하여 바라본다.
貪觀天上月.

여래께서 비결을 열어 보이심은 보지 못하도다.
不見如來開秘訣.

【남명 송】 비결을 어떤 사람이 감히 들어서 펼치겠는가? 귀 뚫은 오랑캐 스님이 크게 웃어 응하기를 "밝고 밝은 눈 위에 또 서리가 더해지네."라고 하겠구나.
秘訣何人敢擧揚? 穿耳胡僧應大笑, 明明雪上更加霜.

【영암 주】 머리 아래 글에 있다.
頭在下文.

【범천 주】 다만 앞에서 말한 사종의 중죄를 범하면 위없는 열반묘심에 장애되는 줄만 알고, 죄성이 공함을 깨닫지 못한다. 그러나 생사의 경계에서 벗어날 수 없는 것은 모두 음욕과 살생으로 근본을 삼아 빠져듦이 끝이 없기 때문이다. 만약 어떤 대승 종성이 비록 앞에서 말한 경계를 만났을지라도 보리심을 일으켜 허망한 것을 돌이켜 진실한 데로 돌아간다면 바로 도에 들어갈 수 있다. 선재가 바수밀녀를 친견하니, 선재에게 고하여 말하기를 "내가 보살의 해탈을 얻었으니, '이탐욕제離貪欲際'라고 칭한다. 세간의 즐거움을 따라 그 몸을 나타내나니, 만약 어떤 중생이 잠시 나를 보거나, 잠시 나와 이야기하거나, 잠시 나의 손을 잡는다면 탐욕을 떠나 일체 부처님 세계에 두루 들어가는 삼매를 얻는다."라고 하였다. 또 선재가 무염족왕을 친견하니, 헤아릴 수 없이 많은 사나운 병졸이 무기를 들고서 한량없는 중생이 각기 왕법을 범하면 혹은 그의 머리를 자르고, 혹은 그의 손을 잘랐다. 선재가 그것을 보고서 이와 같이 말하기를 "어떻게 여기에서 법을 구하고자 하겠는가?"라고 하니, 무염족왕이 선재에게 말하기를 "나는

보살의 여환삼매를 얻었으니, 내 마음과 같은 자는 차라리 미래에 무간고뇌를 받을지언정 마침내 한 생각이라도 모기 한 마리와 개미 한 마리에게도 괴로운 일을 지어 주지 않으려 하는데, 하물며 사람에게 있어서랴."라고 하였다. 그러므로 만약 어떤 종성이 만나는 바의 경계에 능히 근본으로 돌이켜야 할 것인데, 지금 이 이승과 여러 작은 근기들은 가지고 범하는 모든 율의의 일들에 막혀서 사법事法에만 전념하여 바로 죄와 복의 성품이 공하여 분명히 드러난 불성을 보지 못하는 줄 알겠으니, 이것은 여래께서 비결을 열어 놓은 것을 보지 못한 것이다. 그러므로 아래 글에서 특별히 음계婬戒와 살계殺戒의 계상戒相을 들어 앞의 일을 밝혔다.

祇知犯前四種重罪, 障於無上涅槃妙心, 不能了罪性空也. 然則生死界中不能出離者, 以皆因婬殺以爲根本, 沈淪無極. 若有大乘種性, 雖遇前境, 發菩提心返妄歸眞, 卽能入道. 如善財參見婆須蜜女, 告善財言: 我得菩薩解脫, 名離貪欲際. 隨其世樂而現其身, 若有衆生暫見於我, 暫與我語, 暫執我手, 則離貪欲, 得遍往一切佛刹三昧. 又如善財參見無厭足王, 無量猛卒執持器仗, 無量衆生各犯法者, 或斬其頭或斷其手. 善財見已而作是言: 云何於此而欲求法耶? 王告善財: 我得菩薩如幻三昧, 如我心者, 寧於未來受無間苦惱, 終不一念與一蚊一螻而作苦事, 況復人耶. 故知若有種性, 所遇前境卽能返本, 今此二乘與諸小機, 滯於持犯諸律儀事, 專於事法, 乃不見罪福性空, 明見佛性, 是不見如來開秘訣也. 故下文特擧婬殺之相, 以明前事.

【축원 평】 손 안에 배 젓는 노를 잃어버렸다.

失卻手中橈.

어떤 두 비구가 음행과 살생 범함이여,
有二比丘犯婬殺,

【남명 송】 금전金田 위에 상사의 이름을 늘어놓음을 부끄러워하였노라. 마음이 스스로 함을 모른 것이 두려워, 깨끗한 계율 의지해 남은 생을 구제하고자 하노라.
恥列金田上士名. 惶怖不知心所自, 欲依淨戒救餘生.

【축원 평】 검은 소가 썩은 물 속에 누워 있다.
黑牛臥死水.

우바리의 반딧불 죄의 매듭 더하였고,
波離螢光增罪結,

【남명 송】 가볍고 무거움을 비교해 헤아려 털끝도 가르니라. 가련한 감감鶂鶂이라는 새는 마음은 비록 급하나, 다리 밑에 물고기 다님을 알지 못하는구나.
較量輕重柝毫釐. 可憐鶂鶂心雖急, 脚下魚行奈不知.

【범천 주】 "음행과 살생을 범한 것"은 모두 근본 중죄이다. "반딧불"이란 소승에 비유한 것이니, 반딧불이 어두움을 깨뜨릴 수 없는 것과 같다.

옛날 어떤 두 비구가 산중에 암자를 짓고 수행하면서 청정한 계율을 견고히 지켜 범한 적이 없었다. 어느 날 한 비구는 밖에 나가고, 한 비구는 암자에서 선정을 닦았다. 문득 앉아서 졸다가 잠이 들었는데, 나무하러 온 어떤 여자가 몰래 청정한 계율을 범하게 하였으니, 이에 마음이 언짢아졌다. 암자에서 같이 지내던 비구가 돌아오자 있었던 일을 모두 말하니, 그 비구가 분노하여 곧바로 나무하러 온 여자를 붙들려고 쫓아갔다. 나무꾼 여자는 놀라고 두려워 도망치다가 깊은 구덩이에 떨어져 죽으니, 비구들은 번뇌가 더욱 더해졌다. 한 사람은 무심결에 음행을 범하였고 한 사람은 무심결에 살인을 범하였으니, 이 두 비구가 모두 무심결에 범한 것이다. 함께 대덕 우바리 존자의 처소에 가서 참회하기를 청하니, 존자가 소승 계법으로써 죄를 매듭지었다. 그때 두 비구가 마음의 의심을 해결하지 못하고, 더욱 의혹을 내어 곧바로 유마 거사의 처소에 가서 뉘우치며 앞에 있었던 일을 말하였다. 유마 거사가 꾸짖으며 "근기를 잘 관찰하지 않고 설법한 것이다. 이 두 비구는 오랫동안 대승을 수행하였으니, 어찌 큰 바다를 가지고 소 발자국에 견줄 수 있겠는가? 우바리는 소승이므로 마치 반딧불과 같아 어둠을 물리칠 수 없다."라고 하였다.[97] 그러므로 "우바리의 반딧불 죄의 매듭 더하였다."라고 하였다.

犯婬殺者, 皆根本重罪也. 螢光者, 小乘猶如螢光, 不能破暗也. 昔有二比丘山中結菴修行, 堅持淨戒無有闕犯. 一日一比丘出, 一比丘在菴中禪定. 忽坐睡, 因而睡著, 爲一樵女偸犯淨戒, 乃內心不悅. 至同菴僧皈, 具說上事, 其僧怒卽捉趁. 樵女驚怕墮入深坑而死, 比丘轉加煩惱. 一人

---

[97] 이와 관련된 내용은 (姚秦)鳩摩羅什譯,『維摩詰所說經』卷1 "弟子品"에 보인다.

無心犯婬, 一人無心犯殺, 此二比丘皆無心犯也. 共往大德優波離尊者
處求乞懺悔. 尊者以小乘結罪. 時二比丘心疑不決, 轉生疑惑, 卽往維摩
居士處懺悔, 因陳上事. 維摩呵云: 不善觀機說法. 此二比丘久修大乘,
何得將大海比於牛跡? 波離小乘猶如螢火光, 不能破暗. 故云: 波離螢光
增罪結.

【축원 평】 병든 말이 말라비틀어진 나무에 묶여 있다.
癩馬繫枯椿.

유마 대사 단박에 의심을 없애주니,
維摩大士頓除疑,

【남명 송】 마음 없는 세 곳에 대략 가볍게 의지하였다. 번인(미개한 사람)이 기린 새끼를 잡았건만, 기원(기원정사)에 놓아주었더니 찾을 곳이 없더라.
三處無心略輕據. 番人捉得騏麟兒, 放入祇園無覓處.

마치 빛나는 태양이 서리와 눈을 녹이는 것과 같도다.
猶如赫日消霜雪.

【남명 송】 눈과 서리가 다 녹으니 푸른 봄이 나타나네. 누가 영운靈雲의 눈 연 곳을 향하여 복사꽃의 옛 주인을 알겠는가?
雪霜消盡見靑春. 誰向靈雲開眼處, 認得桃花舊主人?

【영암 주】 어떤 비구 두 명이 있었는데, 암자를 짓고 산속에서 수행하다가 우연히 한 비구가 밖에 나가니, 한 비구는 암자에서 잠이 들었다. 나무꾼 여자가 잠든 틈을 타서 몰래 그를 간음하였다. 비구가 잠에서 깨어나 마음이 언짢아 목이 메도록 크게 소리를 지르자, 같은 암자에 있던 비구가 알고서 빨리 나무꾼 여자를 쫓아갔더니, 여자가 벼랑에 떨어져서 죽었다. 두 비구가 서로 말하였다. "하나는 간음을 범하고 하나는 살인을 범했으니, 비록 각기 마음은 없었으나 불제자로서 부처님께 묻지 않은 것이 부끄럽다."라고 하고 드디어 우바리를 찾아 참회를 구하였다. 우바리는 계율을 지키는 사람이니, 두 사람의 죄를 결해주었다. 유마힐에게 가서 만나니 말하기를 "이 두 비구들의 죄를 더 보태지 마시오. 죄책감을 없애주지는 못할망정 그 마음을 어지럽게 하지는 마시오. 그렇게 된 까닭은 무엇인가? 저들의 죄의 성품은 안에 있는 것도 아니고, 밖에 있는 것도 아니며, 중간에 있는 것도 아닙니다. 부처님의 말씀과 같기 때문에 아는 것입니다." 소승은 반딧불과 같고 대승은 빛나는 해와 같다. 죄의 본성은 본래 비어 있으니, 마치 빛나는 태양이 서리와 눈을 녹이는 것과 같다.

有二比丘, 結菴山中修行, 偶一比丘出. 一比丘菴中睡熟. 樵女乘睡, 竊婬之. 比丘寤, 心不悅. 失聲大呼, 會同菴師, 疾趁樵女, 女因墮崖而死. 二比丘相謂曰: 一犯婬, 一犯殺, 雖各無心, 佛弟子恥不問佛. 遂詣優波離, 求懺. 波離持戒者, 結二人罪. 會維摩詰至, 謂言: 無重增二比丘罪. 當直除滅, 勿擾其心. 所以者何? 彼罪性, 不在內, 不在外, 不在中間. 如佛所說, 故知. 小乘如螢光, 大乘如赫日, 罪性本空. 猶如曉氷春雪也.

【범천 주】 우바리 존자는 오로지 소승의 사법事法으로 죄를 참회케 했으나, 참회가 될 수 없었다. 지금 유마 거사는 이치로써 성품이 공함을 말씀하였으니, 무상법문이었다. 죄성을 추궁하여도 끝내 얻을 수 없으니, 안에 있지도 않고 밖에 있지도 않고 중간에도 있지 않으며, 전제(과거)는 간 것이 아니고, 후제(미래)는 아직 오지 않았으며, 중제(현재)는 머물지 않는다. 삼제에 추구하여도 끝내 얻을 수 없다는 것이다. 당시 두 비구가 홀연히 죄의 성품이 공적함을 돈오하여 마치고, 마음이 상쾌해져서 무생법인에 머무른 것이다. 경전에 "만약 참회하고자 하면 단정히 앉아 실상을 생각하라. 온갖 죄는 서리와 이슬 같아서 지혜의 태양이 녹여 없앨 수 있도다."라고 설하였다. 그러므로 "마치 빛나는 태양이 서리와 눈을 녹이는 것과 같도다."라고 하였다.

優波離尊者專以小乘事法懺, 罪不可懺也. 今維摩大士而以理說性空無相法門. 窮罪性了不可得, 不在內, 不在外, 不在中間內外, 前際不去後際不來中際不住. 三際推求了不可得. 時二比丘忽然頓悟了罪性空寂, 心得決然住無生忍. 經云: 若欲懺悔者, 端坐思實相. 衆罪如霜露, 慧日能消除. 故云: 猶如赫日銷霜雪也.

【축원 평】 팔십 세 꼬부라진 늙은이가 과거시험장에 들어간 것은 진실한 마음이었으니, 참으로 어린애 장난이 아니었다.
八十翁翁入場屋, 眞誠不是小兒戲.

【축원 주】 여러 불보살들이 대승을 연설하며 자재하여 두려움이 없으니, 마치 사자가 포효할 때 두려움이 없는 것과 같다. "몹시 슬프다(深

嗟)"는 매우 탄식한 말이고, "어리석다(懷懂)"는 총명하고 지혜롭지 못한 것이다. "완피단"이라는 것은 곧 소 목덜미의 거칠고 두꺼운 가죽이다. 이것은 소승의 아둔한 근기는 듣고도 크게 깨우치지 못한 것을 비유하여 그것을 탄식하신 것이다. 다만 앞의 사중죄를 범한 업장만 알 뿐, 여래의 정법안장에 있어서는 죄의 성품이 비었음을 깨닫지 못한 것이다. "어떤 두 비구가 음행과 살생 범함이여, 우바리의 반딧불 죄의 매듭 더하였다."라는 것은, 옛날 어떤 두 비구가 산중에 암자를 짓고 수행하면서 청정한 계율을 견고히 지켜 범한 적이 없었다. 어느 날 한 비구는 밖에 나가고, 한 비구는 암자에서 선정에 들다가 갑자기 졸게 되었다. 나무하러 온 어떤 여자가 몰래 청정한 계율을 범하게 하였으니, 이에 마음이 언짢아졌다. 암자에서 같이 지내던 비구가 돌아오자 있었던 일을 모두 말하니, 그 비구가 분노하여 곧바로 나무하러 온 여자를 붙들려고 쫓아갔다. 나무꾼 여자는 놀라고 두려워 도망치다가 깊은 구덩이에 떨어져 죽으니, 비구들은 번뇌가 더욱 더해졌다. 함께 대덕 우바리 존자의 처소에 가서 참회하기를 청하니, 존자가 소승 계법으로써 죄를 매듭지었다. 그때 두 비구가 마음의 의심을 해결하지 못하고, 더욱 의혹을 내어 곧바로 유마 거사의 처소에 가서 뉘우치며 앞에 있었던 일을 말하였다. 유마 거사가 꾸짖으며 "근기를 잘 관찰하지 않고 설법한 것이다. 이 두 비구는 오랫동안 대승을 수행하였으니, 어찌 큰 바다를 가지고 소 발자국에 견줄 수 있겠는가?"라고 하였다. 그러므로 "우바리의 반딧불 죄의 매듭 더하였다."라고 하였다. 유마힐 대사는 "죄성을 추궁하여도 끝내 얻을 수 없으니, 안에 있지도 않고 밖에 있지도 않고 중간에도 있지 않으며,

전제(과거)는 간 것이 아니고, 후제(미래)는 아직 오지 않았으며, 중제(현재)는 머물지 않는다. 삼제에 추구하여도 끝내 얻을 수 없다는 것이다."라고 하였다. 두 비구는 홀연히 돈오하여 무생법인을 얻음이 "마치 빛나는 태양이 서리와 눈을 녹이는 것과 같았다."

諸佛菩薩演說大乘自在無畏, 猶如師子吼時無所畏也. 深嗟極嘆之詞, 懞懂非聰慧也. 頑皮靼者, 卽牛領粗厚皮也. 此喩小乘鈍根聞大不悟, 發其嘆也. 祇知犯前四重罪業障, 於如來正法眼藏不能了罪性空也. 有二比丘犯婬殺, 波離螢光增罪結者, 昔有二比丘山中結庵修行, 堅持淨戒無有缺犯. 一日一比丘出, 一比丘在庵禪定, 忽睡著. 有一樵女偸犯淨戒, 乃內心不悅. 至同庵僧歸, 具說上事, 其僧怒, 趕逐其女. 女驚怖墮坑而死, 比丘轉加煩惱. 共往大德優波離尊者處求乞懺悔. 尊者以小乘結罪. 時二比丘心疑不決, 轉生煩惑, 維摩大士, 呵優彼離不善觀機. 此二比丘久修大乘, 何得將大海納于牛跡? 故云: 螢光增罪結也. 大士云: 窮罪性了不可得, 不在內, 不在外, 不在中間, 前際不去, 後際不來, 中際不住. 三際推求了不可得. 二比丘忽然頓悟獲無生忍, 猶如赫日消霜雪.

【축원 송】 사자가 포효하니 두려움 없는 설법이라. 만 개의 구멍에 노여운 바람을 혀 하나로 뒤집으니, 살쾡이와 암소 다 자취를 감추고, 법당 앞에 서 있는 기둥(露柱)과 등불에는 기쁨이 일어나도다.

師子吼, 無畏說. 萬竅怒風飜一舌, 狸奴白牯盡潛踪, 露柱燈籠生欣悅.

〈43〉
헤아릴 수 없는
不思議,

【남명 송】마음대로 헤아려 보나, 착함과 악함은 온 곳이 없고 성품은 본래 항상하도다. 향엄 동자가 부질없이 입을 열고 발을 들었건만 어찌 일찍이 도량을 알겠는가?
謾度量, 善惡無從性本常. 香嚴童子虛開口, 舉足何曾識道場?

해탈의 힘이여,
解脫力,

【남명 송】높이 부는 바람처럼 그림자도 없고 형체도 없으나 닿는 곳마다 통하니라. 만 리에 뜬구름 흩어져 다 사라지니, 둥글고 밝은 달 하나가 차가운 허공에 있더라.
若高風, 無影無形觸處通. 萬里浮雲消散盡, 一輪明月在寒空.

【축원 평】한 방울의 먹물이 두 곳에서 용이 된다.
一點水墨兩處成龍.

묘한 작용 항하의 모래 같아 다함이 없도다.
妙用恒沙也無極.

【남명 송】 옛날에 깊은 인연이 있어 잠깐 만날 수 있었도다. 생각을 번복해도 참으로 변한 날을 가려내지 못했으니, 몇 번이나 바람에 흩날리는 쑥꽃과 같이 정처 없이 떠돌았던가?
昔有深緣得暫逢. 飜想未淘眞化日, 幾迴流浪若飄蓬?

【영암 주】 이것은 해탈의 힘이고, 지혜로써 헤아릴 수 없으며, 생각(情)으로써 알 수도 없다. 대용이 눈앞에 나타나니, 겁이 다하여도 다할 수가 없다.
此解脫之力, 不可以智測, 不可以情識. 大用現前, 窮劫莫盡.

【법천 주】 "헤아릴 수 없는(不思議)"이란 마음으로 생각할 수 없고 입으로 의논할 수 없다는 것이니, 입으로 말하려 하면 말을 잃고, 마음으로 생각하려 하면 생각을 잊는다. 그러므로 경전에 이르기를 "가령 세간에 가득한 사리불이 다 생각하고 함께 헤아려도 부처님의 지혜를 헤아릴 수 없다."라고 하였다. 여기에 이르러서는 반드시 마음을 깨쳐야 바야흐로 해탈일승원돈법문을 밝힐 수 있다. 이미 이 법을 깨달았다면 곧 묘용이 항하의 모래처럼 다함이 없을 것이다. 그러므로 "묘한 작용이 항하의 모래 같아 다함이 없다."라고 하였다.
不思議者, 不可以心思, 不可以口議, 口欲談而辭喪, 心欲思而慮忘. 經云: 假使滿世間如舍利弗, 盡思共度量, 不能測佛智. 到此須有悟心, 方明解脫一乘圓頓法門也. 旣證此法, 卽妙用恒沙之數亦無盡也. 故云: 妙用恒沙也無極也.

【축원 평】촌은 척만 같지 못하다.
寸不如尺.

이네 가지 공양인들 굳이 수고롭다 사양하리오!
四事供養敢辭勞.

【남명 송】비유하자면 당나귀나 말을 먹이는 것과 같도다. 구유에서 주워 바리에 담으니, 사해에 어떤 사람이 감히 빚을 갚겠는가?
譬如餧驢及餧馬. 槽頭拾得鉢中盛, 四海何人敢酬價?

【축원 평】무슨 필라와 퇴자냐?[98] 빨리 내려놓아라.
有甚畢羅䭔子? 快下將來.

만 냥 황금도 스러질 수 있으니,
萬兩黃金亦銷(消)[99]得,

【남명 송】이 마음 이고 지는 곳은 끝내 논하기 어렵도다. 비록 보배를 넉넉히 보시함이 모래 수 같이 많을지라도, 조계가 베푼 한 점의 은혜에 미치지 못하네.
此心荷戴卒難論. 直饒施寶如沙數, 未及曹溪一點恩.

---

98 필라畢羅와 퇴자䭔子는 모두 음식 이름으로, 이미 공부를 마쳤으니 음식을 먹으며 쉬자는 의미이다.

99 3본과 4본 "萬兩黃金亦消得."

【영암 주】 마음의 구슬은 값이 없다. 자기 자신도 이롭게 하면서 남도 이롭게 하나니, 세상의 보배가 비록 많으나 귀중한 법보시는 갚기 어렵구나.
心珠無價. 自利利他, 世寶縱多, 難酬重施.

【범천 주】 법을 통달한 사람은 인천의 광대한 공양을 받을 만하다. 출가한 사람이 몸은 비록 출가했으나 마음이 도에 젖어들지 않으면, 여러 경론을 다 말씀한다 하더라도 공양을 받을 만한 자격이 전혀 없다. 고덕이 말하기를 "도덕을 닦지 않으면 옷과 음식을 축내는 것이다."라고 했으니, 바로 이를 두고 말한 것이다. 네 가지 공양(四事)이란 첫째는 의복, 둘째는 침구, 셋째는 음식, 넷째는 의약이다. 이 네 가지 일은 여러 교학에서 "모두 반드시 부끄러워하는 마음을 내어 수용해야 된다."라고 했지만, 지금 이 도인은 어찌 네 가지의 공양에만 그칠 뿐이겠는가. 설령 만 냥 황금이라도 녹일 수 있다는 것이다.
達法之人堪受人天廣大供養也. 出家之士, 身雖出家心不染道, 於諸經論盡說全闕應供. 古德云: 道德不修, 衣食斯費. 卽其謂也. 所言四事者, 一衣服, 二臥具, 三飮食, 四醫藥也. 此之四事, 於諸敎中皆須起慚愧之心也, 堪受用之. 今此道人豈止四事而已, 假使萬兩黃金亦可銷得也.

【축원 평】 한 손바닥으로는 울리지 못하고, 두 손으로 짝짝 울리다.
獨掌不浪鳴, 兩手鳴摑摑.

뼈를 가루 내고 몸을 부수어도 갚을 수 없음이여.

粉骨碎身未足酬.

【남명 송】하늘과 땅 및 비와 이슬을 부질없이 말하네. 예나 지금이나 누가 은혜를 갚은 사람인가? 만약 실오라기라도 있으면 곧 저버리리라.
謾說乾坤及雨露. 古今誰是報恩人? 若有絲頭卽辜負.

【축원 평】말미암아 옴이 없는 곳에 말미암아 옴이 있다.
沒來由處有來由.

한 구절에 분명히 깨달으면 백억 겁을 뛰어넘도다.
一句了然超百億.

【남명 송】만약 한 구절을 논하라면 나는 할 수 없도다. 이처럼 들어 제창해 종지를 밝혔지만, 서쪽에서 온 눈 푸른 중은 비웃으리라.
若論一句我無能. 如斯擧唱明宗旨, 笑殺西來碧眼僧.

【영암 주】은혜가 크면 갚기 어렵다.
恩大難酬.

【범천 주】"뼈를 가루 낸다(粉骨)"라는 것은, 상제보살이 향성에서 반야를 배울 때와 같은 것이다. (상제보살이) 이미 법을 얻고서 세존에게 공양할 물건이 없음을 스스로 한탄하다가, 홀연히 성안의 부유한

장자가 병이 나서 사람의 골수로 약을 만들려고 한다는 것을 만났다. 바로 그때 곧바로 뼈를 부수어 골수를 꺼내 장자에게 팔았다. 그 돈으로 갖가지 향과 꽃을 사서 부처님께 공양했으니, 그의 뜻과 정성을 알만하다. "쇄신碎身"이란, 석가가 인중(因中: 석존이 전생에 보살행 닦을 때)에 전신을 보시하여 반 구절의 게송을 구한 것과 같다. 내가 생각해 보니, 과거에 바라문이 되어 설산에서 보살행을 행하니, 부처가 세상에 나오지 않았고 또한 경법도 없었다. 당시 제석이 무서운 형상으로 나타나 친히 시험하였다. 나찰의 모습을 하고서 앞에 나타나 다음과 같이 반 구절의 게송을 설하였다. "제행은 무상하고, 이는 생멸하는 법이다." 보살이 게송을 듣고 마음에 환희심을 내어 바로 자리에서 일어나 사방을 돌아보니 고요하여 보이는 것이 없고 오직 나찰만 보였다. 바로 묻기를 "성자여! 어디에서 이 반 구절의 게송을 얻었습니까? 이 반 구절의 게송은 곧 삼세 모든 부처님께서 도를 깨달으신 법입니다."라고 하였다. 나찰이 대답하기를 "내가 굶은 지 이미 칠 일이 지나서 헛소리를 한 것이다."라고 하였다. 그때 보살이 다시 "성자여! 그대가 나를 위해 이 게송을 끝까지 말해 준다면 나는 죽을 때까지 당신의 제자가 되겠습니다."라고 하니, 나찰이 "배가 고파 말해 줄 수 없다."라고 답하였다. 보살이 다시 성자에게 "어떤 음식을 드십니까?"라고 하니, "내가 먹는 것은 오직 따뜻한 고기만 먹고, 내가 마시는 것은 오직 신선한 피만 마신다."라고 하였다. 보살이 또 "성자여! 나를 위해 능히 수승한 게송을 말씀해 주시면, 나는 몸을 버려 성자에게 공양 올리겠습니다."라고 하였다. 그때 나찰이 바로 다음과 같이 게송을 말하였다. "생멸이 없어지면, 적멸이 즐거움 되리라." 보살이 게송을 듣고 나서 곧바로 길 가에 있는 나무와 돌에 이 게송을 써놓고 바로 높은 나무로 올라가 몸을 던져 떨어지니, 땅에 떨어지기 전에 나찰이 다시 제석의 몸으로 되돌아와 공중에서 받아 평지에 놓고서 부끄러워하며 찬탄하였다고 한다. 이러한 인연으로 12겁을 뛰어넘어 미륵보살보다 앞서 최상의 도를 이루었다. 그러므로 "한 구절에 분명히 깨달으면 백억 겁을 뛰어넘도다."라고 하였다.

粉骨者, 如常啼菩薩於香城學般若時也. 旣得法已, 自恨無物供養世尊, 忽遇城中豪富長者不安, 欲人骨髓合藥. 卽時敲骨出髓賣與長者. 所得資金其所有買種種花香供養於佛, 其志誠則可知矣. 碎身者, 如釋迦因中捨全身求半偈也. 我念過去作婆羅門, 在雪山中修菩薩行, 無佛出世, 亦無經法. 時天帝釋現可怖相而親試驗之, 爲羅刹形而現於前, 卽說半偈: "諸行無常, 是生滅法." 菩薩聞偈心生歡喜, 從座起, 視四方寂無所見, 唯見羅刹. 卽問: 聖者從何得是半偈? 此半偈者, 乃是三世諸佛證道之法. 羅刹答云: 我不食來已經七日, 心謬言爾. 時菩薩復語: 聖者若爲我足此偈者, 我當終身爲汝弟子. 羅刹答言: 飢逼實不能說. 菩薩復語: 聖者所食何物? 我所食者, 唯食暖肉, 我所飮者, 唯飮新血. 菩薩又語: 聖者. 若能爲我說是勝偈, 我當捨身供養聖者. 是時羅刹卽說偈言: 生滅滅已, 寂滅爲樂. 菩薩聞已, 卽於道樹石壁書此偈竟, 便上高樹投身而下, 下未至地, 羅刹復帝釋形, 於空接住, 致於平地, 慚愧讚歎. 以是因緣超十二劫, 在彌勒前成無上道. 故云: 一句了然超百億也.

【축원 평】 온 대지에 가득한 맑은 바람이 어찌 다함이 있겠는가?
市地淸風有何極?

【축원 주】 "헤아릴 수 없는(不思議)" 것이란 생각할 수 없고 입으로 의논할 수 없다는 것이다. 그러므로 경전에 이르기를 "가령 세간에 가득한 사리불이 다 생각하고 함께 헤아려도 부처님의 지혜를 헤아릴 수 없다."라고 하였으니, 대개 부처님의 지혜는 헤아릴 수 없는 것이요, 자신의 마음에서 환히 깨달아 위로부터 여러 성현들과 함께 같이 보고 듣고 함께 같이 받아 써야 한다. 세간과 출세간이 한 덩어리가 되어 꾸짖고 웃고 성내어 욕하는 것이 모두 불사이다. 그러므로 이르기를 "한 작용 항하 모래 같아 다함이 없다."라고 한 것이다. 도달한 사람의 경지니, 인간과 하늘의 공양을 능히 받는다. 그러므로 이르기를 "만 냥 황금도 녹일 수 있다."라고 한 것이다. "네 가지 일(四事)"이란 첫째는 의복이고, 둘째는 침구이고, 셋째는 음식이고, 넷째는 의약이다. 고덕이 이르기를 "상좌가 만약 진실로 깨달아 가면 대지를 변화시켜 황금으로 만들며, 긴 강을 저어서 소락(타락죽)으로 만들 것이다."라고 하였다. 상좌를 공양한 것은 특별할 것은 없으나, 혹 그렇지 못하다면 쌀알과 실오라기 하나라도 다만 쟁기 끌고 써레 끌어 밭을 갈아야 그가 비로소 얻게 될 것이다. "뼈를 가루 내고 몸을 부수어도 갚을 수 없음이여."라고 한 것은 상제보살이 뼈를 부수어 골수를 꺼내 팔아 꽃을 사서 부처님께 공양하고 법을 구한 것과 같고, 석가가 인중因中에 전신을 보시하여 반 구절의 게송을 구한 것과 같다. 미륵 12겁을 돈초頓超하였고, 내지 선배 여러 존숙들이 한마디 말에 마음자리가 열려 통하고, 한 두루마리 가운데 뜻이 하늘에 밝게 빛났다. 그러므로 이르기를 "한 구절에 분명히 깨달으면 백억 겁을 뛰어넘는다."라고 한 것이다. 경전에 다 밝혀져 있으니 글이 번잡하여 서술하지 않는다.

不思議者, 不可以心思口議. 故經云: 假使滿世間皆如舍利弗, 盡思共度量, 不能測佛智. 蓋佛智不可測度也, 須是洞悟自心, 與從上諸聖同一見聞同一受用. 世出世間打成一片, 呵笑怒罵皆是佛事. 故云: 妙用恒沙也無極. 到者田地, 堪受人天供養. 故云: 萬兩黃金也消得. 四事者, 一衣服, 二臥具, 三飲食, 四醫藥. 古德云: 上座若也實悟去, 變大地作黃金, 攪長河爲酥酪. 供養上座未爲分外, 其或未然, 粒米一絲直須拖犁拽耙還他始得. 粉骨碎身未足酬者, 如常啼菩薩敲骨出髓買花供佛求法, 釋迦世尊於因地中捨身求半偈. 頓超彌勒十二劫, 乃至先輩諸老一言之下心地開通, 一軸之中義天朗耀. 故云: 一句了然超百億. 如經具明, 文繁不述.

【축원 송】 헤아릴 수 없는 해탈의 힘이여. 예나 지금이나 밝기가 태양과 같다. 달마가 10만 리 서쪽에서 왔는데, 도리어 양왕을 마주하고 모른다고 말하니, 쯧! 거북 등에 구멍을 뚫고 기왓장 두드리는 일은 절대로 하지 말라.

不思議, 解脫力. 亘古亘今明如日. 達磨十萬里西來, 却對梁王道不識, 咄! 切忌鑽龜打瓦.

〈44〉
법 가운데 왕,
法中王,

【남명 송】 이것이 이것이니, 10체 3신은 서로 같지 않도다. 스스로 신령스런 빛이 있어 예와 지금을 비추니, 어찌 구태여 가슴 앞에 만卍자를 붙이겠느냐?
只者是, 十體三身不相似. 自有靈光照古今, 何必胸前題卍字?

【축원 평】 머리 꼭대기가 하늘이다.
頭頂天.

가장 높고 수승함이여.
最高勝.

【남명 송】 어찌 펼치겠는가? 영산과 소실이 모두 헛되이 전하였도다. 말 없는 동자라도 능히 펼쳐 설하니, 올 때마다 네 짚신 값을 버리리라.
若爲宣? 靈山少室盡虛傳. 無言童子能宣說, 來來棄你草鞋錢.

【축원 평】 다리로 땅을 밟는다.
脚踏地.

항하 모래처럼 많은 여래도 똑같이 깨달았도다.
恒沙如來同共證.

【남명 송】 다시 전지傳持할 다른 법이 없도다. 바다 하늘에 밝은 달이 처음 뜨는 곳이요, 바위 위의 나무에 원숭이가 울음을 그칠 때로다.
更無別法可傳持. 海天明月初生處, 嵒樹啼猨正歇時.

【영암 주】『능엄경』에 이르기를 "과거의 모든 부처님이 이 문을 이미 성취하시었으니, 현재의 여러 보살들도 이제 각기 원만히 통함에 들 것이요, 미래에 배움을 닦는 사람들은 마땅히 이와 같은 법을 따르라."라고 하였다.
楞嚴經云: 過去諸如來, 斯門已成就, 現在諸菩薩, 今各入圓通, 未來修學人, 當依如是法.

【법천 주】 왕 중의 법왕은 그 지위가 여러 왕의 위에 초과하기 때문에 "법 가운데 왕"이라 하였다. 삼계에 높이 뛰어나서 홀로 대방(우주)을 거닐기 때문에 "가장 높고 수승하다."라고 하였다. 또한 과거·미래·현재의 한량없는 모든 부처님이 모두 이것을 깨달았으며, 천하의 선지식들도 모두 이것을 깨달았다. 무량한 법장의 일체 교의의 문도 이것에서 벗어나지 않는다. 경전에 이르기를 "오직 부처님과 부처님만이 곧 알 수 있다."라고 말씀하셨으니, "오직 부처님"이라는 것은 교화의 주인이신 석가모니 부처님이요, "부처님만이"라는 것은 시방제불을 말하는 것이다. 그러므로 "오직 한 부처, 두 부처, 세 부처, 네 부처,

다섯 부처뿐만 아니라, 시방의 모든 부처님께서도 이 법을 똑같이 깨달았다."라고 하였다. 그러므로 "시방여래도 똑같이 깨달았다."라고 하였다.

王中法王, 位過百王之上, 故云: 法中王也. 高超三界, 獨步大方, 故云: 最高勝也. 乃至過去未來現在無量諸佛, 盡證此也, 天下老宿, 盡證此也. 無量法聚一切義門不出於此. 經云: 唯佛與佛乃能知之. 唯佛者, 唯釋迦化主也, 與佛者, 與十方諸佛也. 故云: 唯不一佛二佛三四五佛, 乃至十方諸佛同證此法. 故云: 十方如來同共證也.

【축원 평】천 번 듣는 것이 한 번 보는 것만 같지 않다. 또 이르기를, 또한 바람이 없어도 풍랑이 인다고 하였다.

千聞不如一見. 又云: 也是無風起浪.

내 이제 이 여의주를 알았으니,
我今解此如意珠,

【남명 송】빛이 밝게 사무치니 등과 앞이 없도다. 지금처럼 뭇 사람들 앞에 버려져 있으니, 머뭇거리며 생각해 헤아린다면 도리어 보지 못하리라.

瑩徹光明無背面. 如今抛在衆人前, 擬議思量還不見.

믿고 받아 지니는 자는 모두 상응하리라.
信受之者皆相應.

【남명 송】 천봉에 웃으며 들어가 머리를 돌리지 않도다. 밥 먹은 뒤 산에서 차 두세 잔 마시니, 티끌 모래 같은 부처와 조사가 다 아득하더라.
笑入千峯不轉頭. 飯後山茶三兩醆, 塵沙佛祖盡悠悠.

【영암 주】 사람마다 구족하여 각각 원만히 이룬다. 다만 집 떠난 날 오래되었으나, 감히 믿어 받아들이지 못하네. 오히려 궁핍한 자식이 아버지를 배반하고도 집안의 보배를 알지 못하는 것과 같다.
人人具足, 各各圓成. 祇爲離家日久, 不敢信受. 猶如窮子背父, 不認家珍.

【범천 주】 오직 이 마음의 법은 마치 세간의 여의보주와 같아 모든 공용을 갖추어 다함이 없다. 사조(도신 선사)가 우두법융에게 말하기를 "백 천 가지 묘한 문이 함께 방촌(마음)으로 돌아가고, 항하의 모래와 같이 많은 공덕이 모두 마음의 근원에 있다. 일체의 정문定門, 일체의 혜문慧門, 일체의 행문行門이 모두 다 구족하고 신통한 묘용이 아울러 그대의 마음에 있다. 번뇌와 업장이 본래 공적하고 일체의 과보가 다 꿈과 허깨비와 같다. 삼계를 벗어날 것도 없으며 깨달음을 구할 것도 없다. 사람과 사람 아닌 것이 성품과 형상이 평등하다. 대도는 비고 넓어서 사려가 끊어졌으니, 이와 같은 법을 그대가 지금 이미 얻어 모자람 없음이 부처님과 다름이 없다. 다시 다른 법이 없으니, 다만 마음에 맡겨 자재하고, 관행을 하지도 말고, 마음을 머무르지도 말고, 탐욕과 성냄을 일으키지도 말고, 근심 걱정도 하지 말라. 넓고 넓어 걸림이 없어서 종으로 횡으로 마음대로 하며, 선을

짓지도 않고 악을 짓지도 않는다. 다니거나 머무르거나 앉거나 누울 때, 눈에 보는 것과 인연을 만나는 것 모두 부처의 묘한 작용이다."라고 하였다. 그러므로 "믿고 받아 지니는 자는 모두 상응한다."라고 하였다.

唯此心法如世間如意寶珠, 具諸功用, 無有窮盡也. 四祖謂牛頭融禪師云: 百千妙門同皈方寸, 河沙功德總在心源. 一切定門, 一切慧門, 一切行門, 悉皆具足, 神通妙用, 並在你心. 煩惱業障本來空寂, 一切果報皆如夢幻. 無三界可出, 無菩提可求. 人與非人性相平等. 大道虛曠絶思絶慮, 如是之法你今已得, 更無欠少, 與佛無殊. 更無別法, 但任心自在, 莫作觀行亦莫停心, 莫起貪嗔莫懷愁慮. 蕩蕩無碍, 任意縱橫, 不作諸善, 不作諸惡. 行住坐臥, 觸目遇緣, 皆是佛之妙用. 故云: 信受之者皆相應也.

【축원 평】 텅 빈 허공은 감싸 안고 있지 못하고, 대지는 이고 일어나지 못한다.
虛空包不住, 大地載不起.

【축원 주】 왕 중의 법왕은 그 지위가 여러 왕의 지위를 초과하여 삼계에 높이 뛰어나 홀로 우주(大方)를 거닌다. 그러므로 이르기를 "가장 높고 수승함이여."라고 한 것이다. 항하의 모래 수만큼의 과거·현재·미래의 모든 부처님이 모두 이 법을 증득하여 비로소 깨달음이 본래 깨달음에 합해지니, 자신도 깨닫고 남도 깨우치게 되었다. 그러므로 이르기를 "똑같이 깨달았도다."라고 한 것이다. 나는 지금 이 법을 이해해 깨달았으니, 여의주가 나오니 끝없이 생기는 것과 같다. 사조(도신 선사)가 우두법융에게 말하였다. "백천 가지 묘한 문이 함께

방촌으로 돌아가고, 항하의 모래와 같이 많은 공덕이 모두 마음의 근원에 있다. 일체의 정문, 일체의 혜문, 일체의 행문이 모두 다 구족하고 신통한 묘용이 아울러 그대의 마음에 있다. 번뇌와 업장이 본래 공적하고 일체의 과보가 다 꿈과 허깨비와 같다. 삼계를 벗어날 것도 없으며 깨달음을 구할 것도 없다. 사람과 사람 아닌 것이 성품과 형상이 평등하다. 대도는 비고 넓어서 사려가 끊어졌으니, 이와 같은 법을 그대가 지금 이미 얻어 모자람 없음이 부처님과 다름이 없다. 다시 다른 법이 없으니, 다만 마음에 맡겨 자재하고, 관행을 하지도 말고, 마음을 머무르지도 말고, 탐욕과 성냄을 일으키지도 말고, 근심 걱정도 하지 말라. 넓고 넓어 걸림이 없어서 종으로 횡으로 마음대로 하며, 선을 짓지도 않고 악을 짓지도 않는다. 다니거나 머무르거나 앉거나 누울 때, 눈에 보는 것과 인연을 만나는 것 모두 부처의 묘한 작용이다."라고 하였다. 그러므로 "믿고 받아 지니는 자는 모두 상응한다."라고 말하였다.

王中法王位過百王之上, 高超三界, 獨步大方. 故云: 最高勝也. 恒河沙數過現未來一切諸, 佛皆證此法, 始覺合本覺, 自覺覺他. 故云: 同共證也. 我今解悟此法, 如如意珠出生無窮. 四祖謂牛頭融禪師云: 百千妙門同皈方寸, 河沙功德總在心源. 一切定門, 一切慧門, 一切行門, 悉皆具足, 神通妙用, 並在你心. 煩惱業障本來空寂, 一切果報皆如夢幻. 無三界可出, 無菩提可求. 人與非人性相平等. 大道虛曠絶思絶慮, 如是之法你今已得, 更無欠少, 與佛無殊. 更無別法, 但任心自在, 莫作觀行亦莫停心, 莫起貪瞋莫懷愁慮. 蕩蕩無碍, 任意縱橫, 不作諸善, 不作諸惡. 行住坐臥, 觸目遇緣, 皆是佛之妙用. 故云: 信受之者皆相應.

【축원 송】법 가운데 왕이시니, 가장 높고 수승함이여. 막야검(예리하고 날카로운 칼로 고대의 명검) 옆에 차고 바른 법령 행하여, 태평한 천하에 어리석고 완고한 자 목을 벤다네. 비록 부처를 만나고 왔어도 목숨을 구걸하노라.

法中王, 最高勝. 橫按鏌鎁行正令, 太平寰宇斬癡頑. 縱遇佛來也乞命.

⟨45⟩
분명하게 보면
了了見,

【남명 송】다시 어찌 말하겠는가? 만물이 다시 새로우니 또 한해가 되었네. 가는 이마다 돌아오지 않으니 어느 곳에 있는 객인가? 죽방이 끊어진 구름 가에 깊게 걸려 있도다.
更何言? 萬物惟新又一年. 去去未歸何處客? 竹房深鎖斷雲邊.

한 물건도 없음이여.
無一物.

【남명 송】비어 쓸쓸하니, 어찌 이것이 겁화의 불사름을 일찍 지나리오? 월왕은 오나라를 기울일 책략을 맡길 것이고, 범려의 외로운 배를 쉽게 부르지 못하도다.
空寥寥, 豈是曾經劫火燒? 越王任有傾吳策, 范蠡孤舟不易招.

【축원 평】일면불과 월면불이다.
日面佛月面佛.

또 사람도 없고,
亦無人,

【남명 송】 오직 텅 빈 허공이 옛 이웃으로 있을 뿐이로다. 환상이 사라지고 환생이 생김이 모두 있음이 아니며, 다시 어디에서 친한 사람 먼 사람을 찾을까?
唯有虛空是舊隣. 幻滅幻生皆不有, 更從何處覓疎親.

부처도 없도다.
亦無佛.

【남명 송】 옛사람이 여룡굴에서 헛되이 내려와 서로 부질없이 백겁 동안 수행하였다 말하네. 붉은 화로 불꽃 속에는 물건이 머무르기 어렵도다.
昔人空下驪龍窟, 相好徒言百劫修. 紅鑪焰裏難停物.

【영암 주】 범부와 성인의 정이 다하니, 사물과 나 둘 다 없도다.
凡聖情盡, 物我兩亡.

【범천 주】 진여계에는 중생과 부처의 가명이 없고, 평등성에는 나와 남의 형상이 없으니, 바로 물건도 없고 사람도 없고 부처도 없다. 그러므로 『반야경』에 이르기를 "선현이여! 공하고 공하여 청정하기 때문에 물질(色)이 청정하고, 물질이 청정하기 때문에 일체지지도 청정하다. 무엇 때문인가? 공하고 공하여 청정함과 물질이 청정함과 일체지지가 청정한 것은 둘일 수 없고, 둘로 나눌 수 없으며, 다름도 없고 단멸함이 없기 때문이다."라고 하였다. 그러므로 "분명하게 보면

한 물건도 없음이여. 사람도 없고 부처도 없다."라고 하였다.
眞如界內無生佛之假名, 平等性中無自他之形相, 卽無物無人無佛也.
故般若經云: 善現. 空空淸淨故色淸淨, 色淸淨故一切智淸淨. 何以故?
若空空淸淨, 若色淸淨, 若一切智淸淨, 無二無二分, 無別無斷故. 故云:
了了見無一物, 亦無人亦無佛也.

【축원 평】 동쪽으로 솟아 서쪽으로 지고, 남쪽으로 솟아 북쪽으로 진다.
東涌西沒南涌北沒.

모래알같이 많은 대천세계는 바다 가운데 물거품이요,
大千沙界海中漚,

【남명 송】 일어나고 소멸함이 자취가 없으니 누가 주인인가. 설봉은 일찍이 뭇 사람들과 보게 하였으니, 만 리에 구름이 없고 해는 한낮이로다.
起滅無蹤誰是主? 雪峯曾與衆人看, 萬里無雲日卓午.

【범천 주】 삼천대천세계가 각성(本覺眞性)의 가운데 있는 것이 마치 물 위의 한 거품과 같으니, 어찌 모래알같이 많은 대천세계가 물 위의 한 거품인 것에 그치겠는가. 온 시방의 허공이 각성의 가운데 있는 것이 마치 물 위의 한 거품과 같은 것이다. 저 관세음보살이 원통하게 증득한 바를 다음과 같이 말하였다. "미망으로 허공이 있고,

허공에 의지해 세계가 성립되었다. 생각이 맑은 것은 국토를 이루었고, 지각은 바로 중생이네. 허공이 대각에서 생긴 것이, 바다에 한 물거품 생긴 것과 같도다."[100] 그러므로 "모래알같이 많은 대천세계는 바다 가운데 물거품이다."라고 하였다.

三千大千世界在覺性之中, 猶如水上一漚爾, 豈止大千沙界爲水上一漚? 盡十方世界在覺性之中猶如水上一漚爾, 如觀音菩薩所證圓通云: 迷妄有虛空, 依空立世界. 想澄成國土, 知見乃衆生. 空生大覺中, 如海一漚發. 故云: 大千沙界海中漚也.

【축원 평】 화살 하나로 수리 두 마리를 떨어뜨린다.
一箭落雙鵰.

모든 성현은 번갯불 번쩍하는 것과 같도다.
一切賢聖如電拂.

【남명 송】 또한 형상이 없으며 또한 이름이 없도다. 하늘은 비고 하얀 달에 몇 번이나 취모검을 잡아 평평하지 않음을 끊었는가?
亦無形狀亦無名. 天空白月人歸後, 幾握吹毛斷不平.

【영암 주】『능엄경』에 이르기를 "만약 어떤 한 사람이 진성을 발하여 근원에 돌아가면 시방의 허공이 모두 다 녹아 없어진다."[101]라고 하였으

---

100 (唐)宗密撰,『圓覺經大疏釋義鈔』卷7(卍續藏 9, p.602c)에서 인용한 구절이다.
101 (唐)般剌蜜帝譯,『首楞嚴經』卷9(大正藏 19, p.147b).

니, 하물며 모든 법계가 텅 빈 허공에 있겠는가? 또 이르기를 "허공이 큰 깨달음 가운데에서 생겨나니, 마치 바다에서 하나의 거품이 일어나는 것과 같다."라고 하였으니, 세계가 실상이 아닌데 현인과 성인이 어찌 참이겠는가? 번개 끌어오고 거품 떠 있는 것이 모두 환상일 뿐이다.

楞嚴經云: 一人發眞歸源, 此十方空, 悉皆消殞. 況諸法界, 在虛空耶? 又云: 空生大覺中, 如海一漚發. 世界不實, 賢聖豈眞? 掣電浮漚, 皆幻相耳.

【범천 주】 "모든 성현은 번갯불 번쩍하는 것과 같다."라는 것은 마치 전광석화처럼 별안간 자취가 없어져서 마침내 더듬어 찾기가 어렵다는 것이다. 그러므로 『반야경』에 이르기를 "안이 공하여 청정하기 때문에 색계色界와 안식계眼識界와 안촉眼觸이 인연이 되어 생긴 모든 느낌(諸受)이 청정하고, 색계 내지 안촉이 인연이 되어 생긴 모든 느낌이 청정하기 때문에 일체의 지지智智가 청정하다."[102]라고 하였다. 그러므로 "일체 모든 성현은 번갯불 번쩍하는 것과 같도다."라고 하였다.

一切聖賢如電拂者, 猶如電光石火, 瞥爾無蹤卒難摸索. 故般若經云: 內空淸淨故, 色界眼識界眼觸爲緣所生諸受淸淨, 色界乃至眼觸爲緣所生諸受淸淨, 故一切智智淸淨. 故云: 一切聖賢如電拂也.

【축원 평】 빗나가버렸다.

---

102 (唐)玄奘譯, 『大般若波羅蜜多經』 卷208(大正藏 6, p.37b).

蹉過了也.

가령 무쇠바퀴를 머리 위에 돌리더라도,
假使鐵輪頂上旋,

【남명 송】 움직임에 맡기고 인연을 따라 짓는 것이 없도다. 불에 타고 바람에 흔들려 만물이 비었으나, 푸른 하늘이 떨어져 꺾임을 보지 못할 것이로다.
任運隨緣無所作. 火蕩風搖萬物空, 未見靑天解摧落.

【축원 평】 원숭이가 나무에 오르니 꼬리가 하늘에 닿도다.
胡孫上樹尾連天.

정혜가 원만하게 밝아 끝내 잃지 않았도다.
定慧圓明終不失.

【남명 송】 진로를 능히 맞서면 본체는 스스로 항상하도다. 예와 지금에 다시 더하고 덜어낼 곳 없으니, 옛사람은 이를 금강에 비유하였구나.
能敵塵勞體自常. 今古更無增減處, 昔人聊把喩金剛.

【영암 주】 다만 믿음이 미칠 수 있어야 주인이 될 수 있다.
祇爲信得及, 作得主.

【범천 주】 "가령 무쇠바퀴를 머리 위에서 돌리더라도"라는 것은 전傳에 "28주 보살이 수행하는 바의 힘"이라고 했으니, 한 마왕이 보살에게 말하기를 "그대는 그 자리에서 물러가라. 그대가 만약 그 자리에서 물러가지 않는다면 내가 반드시 뜨거운 쇠바퀴를 날려 그대의 정수리에 돌려서 그대의 형체를 가는 먼지처럼 부수어버리겠다."라고 하였다. 그때 보살은 정혜가 원만하게 밝은 불가사의한 힘 때문에 그 자리를 잃지 않았다. 그때 모든 마구니들은 도리어 스스로 물러가고, 보살은 정혜가 더욱 밝아지게 되었다. 그러므로 "정혜가 원만하게 밝아 마침내 잃지 않았다."라고 하였다.

假使鐵輪頂上旋者, 傳曰: 二十八住菩薩所修行力. 有一魔王謂菩薩言: 汝當退位. 汝若不退, 我當飛熱鐵輪旋汝頂上, 碎汝形體, 猶如微塵. 爾時菩薩以定慧圓明不思議力, 故不失其位. 時諸魔衆返自退失, 菩薩定慧而愈增明. 故曰: 定慧圓明終不失也.

【축원 평】 손을 드리우니 무릎을 넘는다.
垂手過膝.

【축원 주】 진여계에는 중생과 부처의 가명이 끊어지고, 평등성에는 나와 남의 형상이 없으니, 바로 물건도 없고 사람도 없고 부처도 없다. 그러므로 사람도 없고 사물도 없으며 부처도 없는 것이다. 삼천대천세계가 각성覺性 가운데 물에 떠 있는 물거품처럼 어지러이 일어났다 어지러이 사라진다. 그러므로 이르기를 "허공이 대각에서 생겨나니, 바다에 한 물거품 생긴 것과 같네."라고 한 것이다. 물거품이

사라지고 허공은 본래 없으니, 하물며 다시 3유이겠는가? 모든 성인과 현인이 서로 번갈아 나와 일어나 눈 깜짝할 사이에 지나가버리니, 천둥 번개 칠 때 번쩍이는 빛과 같이(전광석화처럼 아주 짧아) 끝내 더듬어 찾기 어렵다. 그러므로 이르기를 "일체 모든 성현은 번갯불 번쩍하는 것과 같도다."라고 한 것이다. "가령 무쇠바퀴를 머리 위에 돌린다."라는 것은, 옛날에 한 마왕이 있었는데 보살에게 말하기를 "그대는 그 자리에서 물러가라. 그대가 만약 그 자리에서 물러가지 않는다면 내가 반드시 뜨거운 쇠바퀴를 날려 그대의 정수리에 돌려서 그대의 형체를 가는 먼지처럼 부수어버리겠다."라고 하였다. 그때 보살은 정혜가 원만하게 밝은 불가사의한 힘 때문에 그 자리를 잃지 않았다. 그때 모든 마구니들은 도리어 스스로 물러갔다. 이것을 영가대사가 인용하여 도를 배우는 사람들에게 설명하였다. 비록 역경과 순경을 만나는 경계가 오기 전이라도 마치 듣지 못하고 보지 못한 것처럼 하면, 비로소 생사의 음마陰魔에게 유혹당하지 않는다.

眞如界內絶生佛之假名, 平等性中無自他之形相. 故無人無物無佛也. 三千大千沙界在覺性之中, 如水之浮漚亂起亂滅. 故云: 空生大覺中, 如海一漚發. 漚滅空本無, 況復諸三有? 一切聖賢遞相出興, 轉眼過了, 如石火電光卒難摸搽. 故云: 一切聖賢如電拂. 假使鐵輪頂上旋者, 昔有一魔王謂諸菩薩言: 汝當退位. 汝若不退, 我飛熱鐵輪旋汝頂上, 碎汝形體猶微塵. 爾時菩薩以定慧圓明不思議力故, 不失其位. 時諸魔衆反自退失. 此永嘉引喩學道人. 縱遇逆順境界來前, 如不聞不見相似, 始不被生死陰魔所惑也.

【축원 송】 분명하게 보면 한 물건도 없다. 당양(湖北省 當陽) 땅 먼 하늘에 송골매 풀어놓으니, 삼천의 찰해에 가로막는 장애가 끊기어, 만 리 텅 빈 허공을 단 한 번에 뚫고 나가네.

了了見, 無一物. 當陽放出遼天鶻, 三千刹海絶遮闌, 萬里虛空只一突.

〈46〉
해를 차갑게 할 수 있고,
日可冷,

【남명 송】 진짜 황금을 어찌 녹인들 거듭 쇳돌이 되겠는가? 마공魔工이 풀무질을 베풀 수 없으니, 만고 동안 부질없이 근심에 싸여 끙끙거렸다네.
眞金豈解重爲鑛? 魔工煽鞴不能施, 萬古徒勞心耿耿.

달을 뜨겁게 할 수 있을지언정,
月可熱,

【남명 송】 이 체體는 허공(空)과 같아 끊기거나 사라짐이 없도다. 인간의 망령된 견해는 이지러지거나 차기도 하지만, 하늘 밖에 있는 외로운 빛은 쉬지 않으리라.
此體如空非斷滅. 人間妄見有虧盈, 天外孤光無閒歇.

【축원 평】 눈 밑에는 근육이 없으나, 피부 아래에는 피가 있다네.
眼底無筋, 皮下有血.

온갖 마구니들이 참된 말씀을 부술 수 없도다.
衆魔不能壞眞說.

【남명 송】 참된 말씀 오래도록 정원에 있는 잣나무 같으리라. 몇 번이나 눈과 서리가 온 나무 시들게 함을 보았던가? 둥근 허공에 우뚝 솟아 더욱 푸르고 푸르도다.
眞說長如栢在庭. 幾見雪霜凋萬木? 盤空聳檻更靑靑.

【영암 주】 참됨은 사라지기 어렵고, 가짜는 없어지기 쉽다.
是眞難滅, 是假易除.

【법천 주】 태양의 본성은 본래 뜨거운 것인데 어찌 차갑다고 말할 수 있으며, 달의 본성은 본래 차가운 것인데 어떻게 뜨겁다고 말할 수 있겠는가? 온갖 마구니들이 그 진실한 말씀을 무너뜨릴 수 없는 것을 참으로 알겠다. 여래께서 설법하실 적에 마왕의 궁전이 진동하였고 삿된 무리들이 귀의하였으니, 어찌 성인의 말씀을 훼방하고 파괴할 수 있겠는가? 여기에서 "해를 차갑게 할 수 있고, 달을 뜨겁게 할 수 있다."라고 한 것은 『대열반경』에서 "당시에 아누루태가 세존에게 '달을 뜨겁게 할 수 있고 해를 차갑게 할 수는 있어도, 부처님께서 말씀하신 사제四諦는 다르게 할 수 없습니다.'라고 하였다." 했으니, 지금 영가 대사께서 이 말씀을 사용하여 온갖 마구니들이 반야의 참 말씀을 헐뜯고 무너뜨릴 수 없음을 밝힌 것이다.
日性本熱寧可說冷, 月性本冷寧可說熱? 固知衆魔不可壞其眞說也. 如來說法, 魔宮振動, 邪黨皈依, 豈能毀壞聖言耶? 所言日可令冷月可令熱者, 大涅槃經云: 時阿㝹婁駄白世尊言, 月可令熱, 日可令冷, 佛說四諦, 不可令異. 今永嘉用此以明衆魔不能毀壞般若眞說.

【축원 평】 한 입에는 두 개의 혀가 없다.
一口無兩舌.

코끼리 수레 끌고 당당히 길 가니,
象駕崢嶸漫進途,

【남명 송】 진체는 허공과 같아 걸리는 것이 없도다. 구름 다하니 부상(동쪽 바다의 해가 뜨는 곳에 있다는 신성한 나무) 아래 해가 벌써 떠오르니, 횃불의 불꽃은 머무르지 않고 무엇을 기다리고자 하는가?
眞體如空無所礙. 雲盡扶桑日已生, 爝火不停欲何待?

【축원 평】 병사는 인(印: 지휘봉)을 따라 움직이고, 장수는 부(符: 명령서, 부절)를 따라 행한다.
兵隨印轉, 將逐符行.

누가 당랑이 수레바퀴 막는 것을 보았는가?
誰見螳螂能拒轍?

【남명 송】 잠깐 사이에 가루로 부셔져도 뜻은 오히려 모질어지도다. 슬프다! 그대는 매미가 나무에 의지하여 이슬 마시고 바람에 울면서 일생을 지내는 것에도 미치지 못하는구나.
須臾粉碎意猶獰. 嗟! 爾不及蟬依木, 飮露嘶風過一生.

【영암 주】 이것은 위 구절의 뜻을 맺은 것이니, 대승보살이 세간에 처하니, 마치 코끼리의 수레가 큰 길(通途: 일반적으로 통용되는 교리)에 나아가자 저 뭇 마구니들이 욕심이 일어 막고 무너뜨리려 하니, 마치 사마귀가 힘껏 팔을 들어 수레바퀴를 막으려 하는 것과 같으니, 한갓 스스로 소멸됨을 가져올 뿐이라는 말이다.

此結上句義, 言大乘菩薩, 處於世間, 如大象之車, 進於通途, 彼衆魔, 欲生阻壞, 如螳螂怒臂, 以當車轍, 徒自取滅耳.

【범천 주】 보살께서 크게 통달한 대승법문은 온갖 마구니들이 장애할 수 없으니, 비유하자면 코끼리가 수레를 끌고 당당하게 나아가는데, 어찌 작은 벌레인 당랑이 수레바퀴를 막을 수 있겠는가라는 것과 같다. 옛날에 제나라 장공莊公이 사냥하러 갔는데, 당랑이 발을 들어 수레바퀴를 치려고 하니, 장공이 수레를 끄는 이에게 "이것은 무슨 벌레인가?"라고 물었다. 그가 "당랑입니다."라고 하니, 장공이 "지극히 미약한 힘으로써 큰 수레를 막으니 자기의 힘을 헤아리지 못하는 것이다."라고 하였다. 지금 영가 대사께서 세속의 인연을 들어 출세간의 성스러운 법을 증명하여 쉽게 깨닫게 하고, 그리하여 지금 법을 사계沙界에 유포하고 그 가르침을 용궁에 가득하도록 하였다. 이때 모든 소성(小聖: 小乘)과 마구니들이 어찌 (대승법문을) 장애할 수 있겠는가! 그러므로 "당랑이 수레바퀴 막는 것을 누가 보았으랴."라고 하였다.

菩薩所弘通大乘法門, 衆魔不能爲其障礙, 譬若象駕崢嶸而進, 豈螳蜋小虫而可拒其車轍耶. 昔齊莊公出獵, 有螳蜋擧足將搏其輪, 問其御者曰: 此何蟲也? 對曰: 此是螳螂蟲也. 莊公曰: 而以至微之力而拒大車, 不量其力也. 今永嘉略涉世緣以證出世聖法, 使之易曉, 而今法流沙界 教滿龍宮, 時諸小聖魔衆豈能爲障爲礙! 故曰: 誰見螳螂能拒轍也.

【축원 평】 막대기를 휘둘러 달을 치려 한다.
掉棒打月.

큰 코끼리는 토끼 길에 노닐지 않고,
大象不遊於兔徑,

【남명 송】 편(偏: 漸敎를 의미)을 헐뜯고 소(小: 小乘을 의미)를 꺾는 것이 어찌 부질없겠는가? 없는 가운데 길이 있어 들어갈 수 있을 듯하니, 쇠사슬로 잠긴 현관을 다 갖다버려라.
彈偏拆小豈徒然? 無中有路如能入, 金鎖玄關盡棄捐.

【법천 주】 대승보살이 경력한 경계는 공덕이 수승하여 사람과 하늘들이 알 바 아니고, 이승들이 섭렵한 법문과는 우열이 같지 않다. 이를 쉽게 밝히고자 하여 세간의 코끼리와 토끼로써 비유하였다. 큰 코끼리가 노니는 곳은 오직 큰 길이라야 수용할 수 있고, 토끼가 다니는 작은 길로는 갈 수가 없다. 그러므로 "큰 코끼리는 토끼 길에 노닐지 않는다."라고 하였다.
大乘菩薩所歷境界功德殊勝, 非人天所知, 二乘所涉, 法門優劣不同. 欲其易明, 卽以世間象兔爲喩. 大象所遊唯大路可容, 非小兔微逕可往. 故云: 大象不遊於兎逕也.

【축원 평】 명령하는 것을 자세히 듣는다.
聽取號令.

큰 깨달음은 작은 절목에 얽매이지 않는다.
大悟不拘於小節.

【남명 송】 상相을 취하여 마음을 닦으니 깨달은 사람이 웃으리라. 거동에 만약 서시와 같은 자태가 없으면, (어찌) 눈썹 찡그려 못생기게 되어 더한 슬픔을 만나게 되리오.
相取心修達者嗤. 擧止若無西子態, 効顰取醜更堪悲.

【영암 주】 대승의 상사는 법에 자재하니, 어찌 때와 장소에 근심하며 답답해하리오! 저 소승이 증득한 결과는 애초에 토끼가 지름길로 가는 것과 같으니, 코끼리가 돌아다닌 땅은 아니다.
大乘上士, 於法自在, 豈忉忉於時地哉! 而彼小乘所證之果, 端如兎徑, 非大象所遊地.

【범천 주】 "큰 깨달음은 작은 절목에 얽매이지 않는다."는 것은 견성한 사람은 사상事相으로 점검하여 드러낼 수 없고, 계율을 지키고 범하는 데 얽매이지 않는다는 것이니, 그 작용을 헤아리기 어려운 것이 마치 고사미가 계를 받지 않음과 약산이 경전을 보지 않는다는 것 등과

같다. 그러므로 "큰 깨달음은 작은 절목에 얽매이지 않는다."고 하였다.
大悟不拘於小節者, 見性之人不可以事相檢擧, 不可以持犯戒律所拘, 其作用難以測度, 如高沙彌不受戒, 藥山不看經等. 故云: 大悟不拘於小節也.

【축원 평】 임제와 덕산은 겨우 하나의 말뚝만을 얻었다.
臨濟德山只得一橛.

좁은 소견(管見)으로 푸른 하늘을 비방하지 말라.
莫將管見謗蒼蒼.

【남명 송】 좁은 대쪽 구멍으로 비록 다하더라도 하늘이 어찌 작겠는가? 마음의 지혜가 열려 밝아지니 망령된 견해가 비어지면 비로소 법계가 끝없이 드러남을 알리라.
漏管雖窮天豈小? 心智開明妄見空, 始知法界無邊表.

【범천 주】 위없는 최상의 반야는 오직 상근기만 받아들이고, 중근기와 하근기는 끝내 머물기 어렵다. 이러한 까닭으로 삼계가 드넓고 육도가 아득하여 모두 부질없이 태어나고 헛되이 죽는 것이다. 경전에 이르기를 '비유하자면 백 천의 많은 모기와 등에가 하나의 그릇 속에 있으면서 앵앵거리며 시끄럽게 울고 배를 두드리며 미쳐서 시끄럽게 날뛰니, 허공의 넓고 툭 트임을 알지 못하는 것과 같다.'라고 하였다. 이로써 작은 근기는 깨달음의 마음을 내어 대승의 경계에 들어갈 수 없음을

밝힌 것이다. 지금 영가 대사는 혹 세상 사람들의 믿음이 미치지 못하여 부질없이 비방을 낼까 염려한 것이니, 마치 어리석은 사람이 대통 구멍으로 하늘을 보고 자기의 좁은 소견으로 부질없이 끝없는 하늘 비방하는 것과 같은 것이다. 이것이 누구의 허물이겠는가?
無上般若唯接上根上器, 中下之機卒難銘模. 是以三界浩浩六道茫茫, 盡是虛生浪死. 經云: 譬如百千蚊蝱在一器中, 啾啾亂鳴鼓腹狂鬧, 不知太虛之曠達. 以明諸小根器不能發菩提之心入大乘境界. 今永嘉竊恐世人信之不及謾生誹謗, 猶如愚人握管窺天, 以己見之細微, 謗蒼蒼之無際. 是誰之過歟?

【축원 평】 고기잡이 배 위에 있는 사 씨의 셋째이다.
釣魚船上謝三郎.

아직 깨닫지 못하기에 내 이제 그대 위해 결단해 주노라.
未了吾今爲君決.

【남명 송】 이 뜻은 분명하지만 쉽게 전하지 못하리오. 누가 기꺼이 옛 바위 아래로 돌아오겠는가? 저 푸른 바다가 뽕밭으로 변함에 맡기리라.
此意明明不易傳. 誰肯歸來古嵒下? 任他滄海變桑田.

【영암 주】 "푸르고 푸르다(蒼蒼)"라는 것은 하늘의 바른 색이니, 대쪽을 쥐고 그 하늘을 엿보겠는가? 이는 사유로 알 수 있는 것이 아니며,

헤아려서 깨달을 수 있는 것이 아님을 말한다. 어찌 작은 근기와 작은 그릇으로 여래의 크고 원만한 깨달음의 경계를 헤아리고 잴 수 있겠는가? 결코 옳지 않다. 대쪽으로 하늘을 보는 것과 같으니, 저 그릇 자체가 작은 것이지, 하늘이 어찌 사사로운 것인가! 어찌 하늘이 작다고 말하겠는가! "내 이제 그대 위해 결단해준다."라는 것은 대개 중생들이 아직 깨닫지 못한 것을 위한 것이다. 그러나 비록 이와 같아도 영가 대사가 노파심이 심함을 면치 못하니, 만약 영암을 만났다면, 몽둥이가 나온 까닭이다.

蒼蒼, 其天正色, 握管窺其天耶? 此道不可以思惟知, 不可以思度會. 豈可以小根小器, 測度如來大圓覺境界, 終無有是處. 如以管窺天, 彼器自小, 天何私哉! 安可言天之小耶! 吾今所決者, 蓋爲衆生未了故. 然雖如是, 永嘉不免老婆心切, 若遇靈嚴, 棒故出.

【법천 주】 "아직 깨닫지 못하기에 내 이제 그대 위해 결단해 주노라."라는 이 한 구절은 일대장교도 말로 이끌어 일으킬 수 없으며, 육대조사가 찬탄하는 데에도 분수가 있다는 것이다. 이에 알아야 할 것은 윗대의 모든 성인들이 방편문을 열어서 후학을 이끌려고 하나의 길을 터놓아 풍규를 조금 드러내었으니, 맨 끝의 한마디를 잘못 드러내서는 안 된다는 것이다.

未了吾今爲君決者, 此之一句一大藏敎詮提不起, 六代祖師讚歎有分. 是知從上諸聖開方便門, 提携後進, 放一線道, 略露風規, 末後一言, 莫敎錯擧.

【축원 평】 천리만리가 한 줄기 철사 줄이다.
千里萬里一條鐵.

【축원 주】 해의 성품은 본래 뜨거우니 어찌 차갑다고 말할 수 있으며, 달의 성품은 본래 차가우니 어찌 뜨겁다고 말할 수 있는가? 시방세계가 오직 이 한 가지 사실뿐, 나머지 둘은 참이 아니다. 나의 이 한 가지 참된 말은 비록 뭇 마구니들일지라도 무너뜨릴 수 없다. 『대열반경』에 이르기를 "부처님께서 설하신 사제四諦는 다르게 할 수 없습니다."라고 하였다. 그러므로 영가 대사가 이것을 인용하여 증거로 삼아서 보살이 널리 펼친 대승법문은 뭇 마구니들이 그것을 방해하고 막을 수 없다는 것을 말한 것이다. 비유컨대 코끼리가 수레 끌고 위풍당당하게 길을 가거니, 어찌 당랑이라는 작은 곤충이 그 수레바퀴를 막을 수 있겠는가? 옛날에 제나라 장공이 사냥을 나갔는데, 당랑이 다리를 들어 그 수레바퀴를 치려고 하고 있었다. 장공이 수레꾼에게 "이것은 무슨 벌레인가?"라고 물었다. 그가 "사마귀입니다."라고 하니, 장공이 "지극히 미약한 힘으로써 큰 수레를 막으니, 자기의 힘을 헤아리지 못하는 것이다."라고 하였다. 이제 영가 대사가 간략히 인용하여 증거를 삼아 사람들을 쉽게 깨닫게 한 것이다. 그러므로 이르기를 "당랑이 수레바퀴 막는 것을 누가 보았는가?"라고 한 것이다. "큰 코끼리는 토끼 길에 노닐지 않는다."라는 것은 대승의 원돈경계를 나타낸 것이니, 어찌 인간과 하늘이 소승의 지름길을 돌아다니겠는가? "큰 깨달음은 작은 절목에 얽매이지 않는다."라는 것은, 성품을 본 사람은 근본제根本諦를 귀중히 여겨 지혜의 눈을 원만하고 밝게 갖춘다. 세속에 소홀하여

말을 내고 글은 없으니, 이것은 작은 절목일 뿐이다. 견문이 많은 지금 시대의 형제가 이르기를 "계율을 지키고 범하는 데 얽매이지 않는다."라고 하였으나, 이것은 잘못 말한 것이다. 삼세의 여러 부처님들과 역대 조사들에서 천하의 선지식에 이르기까지 누가 오염을 행하여 사람을 제도했겠는가? 그러므로 이것을 써서 그 오류를 고친 것이다. 원돈의 대교는 오직 상근기만이 접하게 되며, 만약 작은 근기와 작은 그릇은 천박한 앎과 용렬한 지혜로 대승의 경계를 엿보고자 하나, 오히려 대쪽을 쥐고 하늘을 쳐다보고는 하늘이 작다고 할 것이니, 하늘의 허물이 아니다. 그러므로 이르기를 "아직 깨닫지 못하기에 내 이제 그대 위해 결단해 주노라."라고 한 것이다. 마지막 한 구절이 비로소 굳센 관문(牢關)에 이르렀으니, 대용大用이 앞에 나타날 때는 일정한 법칙에 매이지 않는다. 공겁 이전의 것을 들어 보이니, 어찌 떨어져서 지금 시절이 있겠는가? "무위진인이 무슨 마른 똥막대기인가?"라고 말하는 것은 보지 못했으나, 그 한마디에는 비춤도 있고 작용도 있으며, 권(방편)도 있고 실(실상)도 있으며, 손님도 있으며 주인도 있으니, 만약 사람이 점검해낼 수 있다면 그대가 아자법문阿字法門을 친히 증득했음을 허락할 것이고, 혹시 그렇지 않다면 몽둥이 30방을 때려 스스로 떠나게 하겠다.

日性本熱寧可說冷, 月性本冷寧可說熱? 十方世界唯此一事實, 餘二卽非眞. 吾此一眞之說, 雖衆魔不能壞也. 大涅槃經云: 佛說四諦不可令異. 故永嘉引此爲證, 謂菩薩所弘大乘法門, 衆魔不能爲其障礙. 譬如象駕崢嶸而進, 豈螳蜋小蟲而可拒其車轍耶. 昔齊莊公出獵, 有螳蜋擧足將搏其輪, 問其御者曰: 此何蟲也. 對曰: 此是螳蜋也. 莊公曰: 而以至微之力, 而拒大車, 不量其力.今永嘉略引爲證使人易曉. 故云: 誰見螳蜋能拒轍也? 大象不游於兎徑者, 表大乘圓頓境界, 豈涉人天小乘之蹊徑哉? 大悟不拘於小節者. 見性之人, 貴要根本諦當智眼圓明足矣. 於世疎略, 出語無文, 此爲小節耳. 多見今時兄弟云: 不可以持犯戒律所拘. 此錯說也. 三世諸佛歷代祖師乃至天下善知識, 阿誰以行染度人? 故筆此以改其謬也. 圓頓大敎唯接上根, 若小根小器淺識劣智欲窺大乘境界, 猶握管窺天曰天小者, 非天之咎也. 故云: 未了吾今爲君決. 末後一句始到牢關, 大用現前不存軌則. 揭示空劫已前, 豈離而今時節? 不見道無位眞人是什麼乾屎橛, 者一句也有照也有用, 也有權也有實, 也有賓也有主, 若人撿點得出, 許伊親證阿字法門, 其或未然, 三十痛棒自領出去.

【축원 송】해를 차게 할 수 있고 달을 뜨겁게 할 수 있노라. 여러 부처님들이 함께 장광설을 내놓았으나, 세간에는 오직 이 하나의 참됨만 있을 뿐이며, 하늘 위에 다시 두 번째 달은 없도다.
日可冷, 月可熱. 諸佛同出廣長舌, 世間唯有此一眞, 天上更無第二月.

남명법천증도가송 후서(南明法泉證道歌頌 後序)

무릇 법은 보고 듣고 깨달아 알 수 없으나, 보고 듣고 깨달아 아는 것 또한 법에서 벗어나지 않는다. 미혹되면 범부이고, 깨달으면 성인이다. 그러므로 옛날에 도를 깨달은 사람은 나아가지도 않고 떠나지도 않으며, 속박되지도 않고 벗어나지도 않고, 근기에 응하여 쓰임을 나타냈다. 만약 피할 수 없어서 거기에 자재한다고 한다면, 비록 종일토록 말했더라도 일찍이 아직 말하지 않은 것이다. 옛날에 영가 대사가 6조를 뵙고 석장을 짚고 서서 눈으로 보기만 해도 도를 지니게 되었다. 잠시 하룻밤 머무르고, 그로 인하여 『증도가』를 지으시니, 도는 본래 증명함이 없거늘 노래로써 증명하셨다고 하시니, 비록 말을 남기는 것을 면치 못했으나 마침내 허물이 없었도다. 그러면 후세에 그 노래로 말미암아 깨달아 들어가게 되었고, 깨달아 들어가게 된 사람이 얼마인지 알지 못하겠으며, 또 그것으로 주석을 한 사람 또한 얼마인지 모른다. 그러나 진실로 영가의 취지를 깨달은 사람은 대개 마땅한 사람이 없었다. 법천 선사가 그 무리에서 빼어나 천경산에서 무리를 이끄는 틈에 그 노래의 구절마다 나누어 노래를 지으셨다. 대개 색을 따라 공을 말했으며, 정에 나아가서 지혜를 말했으니, 하나의 상相도 드러내지 않고 법계가 충만하였으며, 하나의 티끌도 여의지 않고 원만히 불성을 갖추니, 그 가사가 상쾌하고 깨끗하고,

그 종지가 넓고 심원하였다. 밝고 밝게 영가의 마음을 드러내니, 수백 년의 오랜 시간이 지난 뒤에 내가 남몰래 대사의 나머지를 다행히 두드려 이것으로 인하여 깨닫게 되었다. 그러므로 대사의 노래를 보고 그 맑은 풍모를 사모하여 스스로 그만둘 수가 없어 명하여 판각에 새기고 널리 전하여 사용해서, 막힌 자는 통하게 하고 어두운 자는 밝게 해서 한 번에 넘어 순식간에 깨닫기를 바라니, 이는 대사께서 하사하신 것이다.

　희녕(熙寧: 宋 神宗) 9년(1076) 7월 10일 괄창括蒼에서 축황祝況이 후서後序하노라.

夫法不可見聞覺知, 而見聞覺知亦不外於法. 迷之則凡, 了之則聖. 故古之得道者, 非卽非離, 不縛不脫, 應機顯用. 言或不能免, 而其自在, 則雖終日言, 而未嘗言. 昔永嘉之見六祖, 振錫而立, 目擊而道存矣. 小駐一宿, 因爲之證道歌, 道本無證, 證之以歌. 雖不免於有言, 而卒無所累者也. 則後世由其歌而悟入, 悟入者不知其幾何也, 又從而爲之註釋者, 亦不知其幾何也. 然眞得永嘉之趣者, 蓋難其人矣. 泉公禪師, 穎出其類, 千頃領徒之暇, 於其歌句句之間, 分爲之頌. 大抵隨色而言空, 卽定而言慧, 不見一相, 而充滿法界, 不離一塵, 而圓具佛性, 其詞洒落, 其旨宏遠. 昭昭然, 發永嘉之心, 於數百年曠絶之後, 予竊幸叩師之緖餘, 而因以開明. 故覽師之頌, 慕其淸風, 而不能自已, 命之鏤板, 用廣其傳, 庶使礙者通, 冥者明, 而一超頓以悟, 乃師之賜也.
熙寧九年七月十日 括蒼 祝況 後序

영암묘공화상주증도가 후서(靈巖妙空和尚註證道歌 後序)

나는 머리 묶고 스승을 따라 『논어』, 『맹자』로 어리석음을 깨우치며 경전의 뜻풀이를 구하였다. 『논어』는 반드시 진용지陳用之를 종宗으로 하고, 『맹자』는 반드시 허윤성許允成을 종으로 하니, 이 두 사람은 비록 글은 화려하고 아름다우나 도리는 간혹 명확하지가 않았다. 왕개보(王安石, 介甫는 그의 字)가 훈석한 것을 펼쳐 보니 말은 간략하나 이치는 만족스러웠다. 이는 진용지와 허윤성을 안 것은 사람을 알고자 한 것이고, 왕개보가 펼친 것은 사람을 사유하고자 한 것이다. 옛날에 가르치는 사람은 오직 사람이 생각하지 않는 것을 걱정하였고, 지금의 가르치는 사람은 오직 사람이 알지 못하는 것을 걱정하였다. 옛날에 여러 사람들이 『증도가』를 풀이한 것은 모두 진 씨와 허 씨와 같은 것이다. 영암 노사 지눌 공이 주석한 것을 보니 바로 왕개보와 같고, 진 씨와 허 씨와는 달랐다. 이 『증도가』는 영가진각 선사가 처음으로 서술한 것이니, 진각은 본래 지관을 익혔으나, 하루는 『대반야경』을 열고, 활연히 크게 깨달아 드디어 6조에게 나아가 알현하고, 침상을 세 번 돌고는 석장을 짚고 섰다. 조사가 그를 꾸짖으며 말하였다. "무릇 비구는 삼천 가지의 위엄한 모습과 팔만 가지의 세밀한 수행을 갖추어야 하는데, 대덕은 어디에서 왔기에 큰 아만을 부리는가?" 대사는 "생사의 일이 크고, 무상이 빠릅니다."라고 하였다. 육조가

"어찌하여 생사가 없음을 체득하지 못했으며, 신속함이 없음을 깨닫지 못했는가?"라고 물으니, 대사는 "체득하니 바로 생사가 없고, 깨달으니 본래 빠름이 없습니다."라고 하였다. 육조는 "그렇다, 그렇다."라고 하였다. 잠시 후에 작별의 예를 올리자, 육조는 "너무 빠르지 않은가?"라고 하자, 대사는 "본래 움직임과 고요함이 아닌데, 어찌 빠름이 있겠습니까?"라고 하였다. 육조는 "누가 움직이지 않음을 아는가?"라고 하자, 대사가 "스님께서 스스로 분별을 내십니다."라고 하니, 육조는 "그대는 무생의 뜻을 크게 얻었도다."라고 하였다. 대사가 "무생에 어찌 뜻이 있겠습니까?"라고 하니, 육조께서 "만약 뜻이 없다면 누가 분별을 내겠는가?"라고 하였다. 대사가 "분별도 역시 뜻이 아닙니다."라고 하니, 육조께서 감탄하여 "훌륭하고 훌륭하다"라고 하였다. 이로 보면 진각을 인가하였음을 알 수 있다. 드디어 하룻밤을 머물면서 이 도를 증득하신 것으로 이 『증도가』를 지으니, 세간에 성행하였다. 나중에 범승이 서천에 전해 들어간 것이 있었는데, 이를 『증도경』이라고 하여 사람마다 받아 지키니, 중국에서 『금강경』을 수지하는 것과 같았다. 내가 만년에 마음이 이 도에 머물렀던 것이 매우 간절하였다. 우연히 그 문도의 덕최德最 혜연慧然을 찾아 알현하니 이 글을 꺼내 보여주는데, 맛이 나서 세 번이나 반복해 보느라 물이 녹아 없어지는 것도 깨닫지 못하였고, 정신이 상쾌해져서 날아오를 듯하였다. 그 취지를 깨달으니, 비록 영가로부터 100여 년이 흘렀으나 마치 함께 자리에 앉아 말하는 것 같았으니, 어찌 영암 노사가 아니었다면 나를 여기에 이르게 했겠는가! 임제가 황벽을 참배함에 세 번 독수(毒手: 두드려 맞음)를 만났는데, 처음에는 아픔과 가려움을 알지 못하다가 대우 선사가 지적해주자 임제는 노파심이 간절했음을 알아차렸다. 대우 선사는 바로 불법에 자식이 많지 않으니, 재삼 황벽이 스승임을 알려 주었다. 황벽이 그 까닭을 알고 드디어 임제에게 말하기를 "어찌 업의 바람이 불어 대우에게 다녀왔으니, 실컷 한바탕 때려 주마."라고 하였지만, 말이 아직 끝나지 않았는데 도리어 임제한테 뺨을 맞게 된 것과 대단히 비슷하다. 내가 만약 영암에게 가서 임제가 한 것을 또 본받음을 면할 수 없었으나, 또한 영암 같은 이의 얼굴 가죽은 넓이가 천 길이요 두께가 백 척이니, 모든 인자한 사람들이 또한 감히 손을 안 쓰겠는가? 만약 깨달음이 분명하다면 문득 한번 때려주었을 것이다.

소흥 병인년(1146) 맹삭에 참학제자 우수직랑 소주 남악에 특차特差인 매여능梅汝能이 삼가 후서를 쓰노라.

余束髮從師, 以語孟發蒙, 求之訓釋. 語必宗陳用之, 孟必宗許允成, 二家雖文采, 道理或隱晦. 及觀舒王介甫訓釋, 則言簡而理足, 是知陳許, 欲人知者也, 舒王, 欲人思者也. 古之教者, 惟恐人之不思, 今之教者, 惟恐人之不知. 昔觀諸家, 解證道歌, 皆類陳許. 及觀靈巖老師訥公所注, 正如介甫, 異於陳許也. 此歌迺永嘉眞覺禪師所述. 眞覺本習止觀, 一日開大般若經, 豁然大悟, 遂往見六祖. 遶牀三市, 振錫立. 祖呵之曰: 夫比丘者, 具三千威儀, 八萬細行, 行行無虧, 大德從何方來, 生大我慢? 師云: 生死事大, 無常迅速. 祖曰: 何不體取無生, 了無速乎? 師云: 體卽無生, 了本無速. 祖曰: 如是如是. 須臾禮辭, 祖云: 返太速乎? 師云: 本非動靜, 豈有速耶? 祖曰: 誰知非動. 師云: 仁者自生分別. 祖曰: 汝甚得無生意也. 師云：無生豈有意？祖曰：若無意，誰生分別？師曰：分別亦非意. 祖歎曰：善哉善哉. 舉此，眞覺所造可知矣. 遂留一宿，作此歌以證道，盛行於世. 後有梵僧，傳歸西天，謂之證道經，人人受持，如中國之持金剛經也. 余晚年，栖心此道，甚切. 偶其徒最公慧然，見訪，出示斯文，開味三反，不覺渙然冰釋，精爽飛越. 得其旨趣，雖去永嘉百餘年，如與同席語，豈非靈巖老師，致我至是耶！大似臨濟參黃檗，三遭毒手，初未知痛痒，及指見大愚，知老婆心切，便道佛法無多子，再參黃檗. 檗知其故，遂語之曰：安得業風吹，大愚至，與爛打一頓. 言猶未已，反遭臨濟一掌. 余若到靈巖，不免亦效臨濟之作，且如靈巖面皮，濶千丈，厚百尺，諸仁還敢下手麼？若諦當分明，便與一掌.

紹興丙寅，孟朔，參學弟子，右修職郎，特差蘇州南嶽梅汝能謹序.

범천언기증도가송 후서(梵天彦琪證道歌頌 後序)

나는 원풍 연간(1078~1085)에 대학大學의 친구 둘 셋과 상국동림相國東林에 가서 한림원에 등공鄧公, 용도龍圖, 자발子發, 호연浩然, 명보明甫 등 여러 공들과 만났는데, 이 자리에서 비로소 대사를 알게 되었고, 침착하게 도를 논하시니, 대사가 학문을 오랫동안 많이 쌓으셨음을 알게 되었다. 다음에 또 대사의 소문을 듣고 내전에서 의복을 하사하니, 그로 인하여 축하를 드리고자 다시 뵈니, 주옥같은 말을 토하시며, 안목을 보이셨다. 씻은 듯 맑고 깨끗하여 옛 사람의 풍조가 있으니, 서로 알게 된 것이 늦음을 더욱 한탄하였다. 세상의 학자들이 일찍이 서로 다른 취지를 고수하며 편벽되이 한 모퉁이에 집착하고, 큰 도가 둘이 아님을 모르는 것을 걱정하니, 드디어 서로 비난하며 삐걱거리는 사람이 모두 이들이다. 대사의 성품은 겸허하고 온화하여 법을 전하고 선정을 기뻐하신 것 외에도 가르침의 근원을 훤히 아시고, 문장을 기뻐하시며, 다른 길로 그 뜻을 둘로 하지 않으시니, 참으로 숭상할 만하다. 원우 개원 중춘仲春(음력 2월)에 사수泗水를 건너 원명상인을 알현하러 광려(江西의 廬山)에서 왔다. 대사께서 주신 『증도가』를 얻어 부르며 시원하게 갖고 노니, 대사께서 지키고 계신 고상함과 수수함은 이익과 명예에 섞이지 않고, 경쟁의 밖에서 소요하심을 알게 되었다. 소성 병자(1096)에 벼슬자리를 내놓고 말 한 마리로 이부마감(宋代 관리를 평가하는 관직)에 부임하여 수춘(安徽省 壽縣)에 가서 친구 오순보吳純甫를 만났다. 선사가 영가의 『증도가』를 주석한 것을 내놓으시니, 여래의 큰 지혜의 바다를 발휘하시어, 세상의 중생들을 이롭게 하셨으니, 어찌 작은 인연이겠는가. 선사는 절강折江 사람이니, 원조圓照 선사의 법을 이으셨으니, 그 연고를 앎을 기뻐하여, 삼가 책의 뒤에 쓰고, 이 해 맹하(음력 4월) 보름에 천예天倪가 쓰노라.

余元豐間與大學二三友至相國東林, 會翰苑鄧公龍圖子發浩然明甫諸公, 始識師於座中, 從容道論, 知師之所蘊也. 次又聞師內殿賜衣服, 因而致賀, 再見之, 吐珠璣, 示眼目. 蕭洒有古人風操, 尤恨相得之晚. 世之學者嘗患所守異趣, 偏執一隅, 不知大道之不二, 遂相詆軋者皆是也. 師性謙和, 於傳法禪悅之外, 曉教源, 喜文章, 不以殊途二其志, 良可尚矣. 元祐改元仲春過泗上, 見圓明上人自匡廬至. 得師所惠歌頌, 玩之洒然, 則知師之所守高簡, 不混利名, 逍遙趁競之外也. 紹聖丙子解官單馬赴吏部磨勘, 至壽春遇友人吳純甫. 出師所注永嘉證道歌, 發輝如來大智慧海, 利益四衆, 豈小緣哉. 師浙人也, 嗣法圓照禪師, 喜其故識, 謹書於卷後, 是歲孟夏望日天倪敘.

축원선사주증도가 후서(竺原禪師註證道歌 後序)

서천의 조사가 홀로 전하신 바로 가리키는 가르침은 처음에는 사람들이 파악하는 것을 털끝만큼도 허락하지 않았다. 오직 당사자 본인이 스스로 증득하여 스스로 깨달아 증득도 없고 깨달음도 없는 경지에 이르렀다. 그러므로 우리 진각 대사가 교관을 두루 섭렵하시고 인연에 따라 깨달아 들어가셨다. 마침내 조계에 가서 인가를 받으시려고, 영가현각 대사가 도착한 날 육조대사를 선상에 앉아 계신 곳에 만났다. 대사는 선상을 세 번 돌고나서 석장을 한 번 내려치고 그 자리에 우뚝 섰다. 육조가 말하기를, "승려란 삼천 가지 위의와 팔만 가지 세행을 갖추어야 모든 행동에 이지러짐이 없는 법인데, 대덕은 어디에서 왔기에 이처럼 대아만심을 내는가?"라고 하니, 대사는 "생사의 일이 크고, 무상이 빠릅니다."라고 하였다. 육조가 "어찌하여 생사가 없음을 체득하지 못했으며, 신속함이 없음을 깨닫지 못했는가?"라고 물으니, 대사는 "체득하니 바로 생사가 없고, 깨달으니 본래 빠름이 없습니다."라고 하였다. 육조는 "그렇다. 그렇다."라고 하고 하였다. 잠시 후에 작별의 예를 올리자, 육조는 "너무 빠르지 않은가?"라고 하자, 대사는 "본래 움직임과 고요함이 아닌데, 어찌 빠름이 있겠습니까?"라고 하였다. 육조는 "누가 움직이지 않음을 아는가?"라고 하자 대사가 "선사께서 스스로 분별을 내십니다."라고 하니, 육조는 "그대는 무생의 뜻을 크게 얻었도다."라고 하였다. 대사가 "무생에 어찌 뜻이 있겠습니까?"라고 하니, 육조께서 "만약 뜻이 없다면, 누가 분별을 내겠는가?"라고 하였다. 대사가 "분별도 역시 뜻이 아닙니다."라고 하니, 육조께서 감탄하여 "훌륭하고 훌륭하다."라고 하였다. 영가현각 대사의 경우처럼 이와 같이 인가를 받아야만 비로소 깨쳤다 말할 수 있는 것이다. 어찌 작은 근기와 용렬한 그릇으로 얻지 못했으면서도 얻었다 하고, 깨치지 못했으면서도 깨쳤다고 말하는 자들과 같이 살면서 말할 수 있겠는가. 이 마음을 증득해 꿰뚫은 것은 '도'라고 하고, 이 도를 읊어 노래한 것을 '노래(歌)'라고 하니, 스님들 세계에 전해져 후학들을 깨우쳤으니, 참으로 여래께서 여래행을 실천하게 하신 것이다. 영성永盛이 옛날에 배우는 자리에 있었을 때, 도움을 얻은 것이 매우 많았다. 이른바 "설산의 비니초 다시 섞임이 없어, 순수한 제호를 내니, 내 항상 받도다."라고 한 것은 모든 부처님의 법신이 내 성품에 들어와 내 성품과 같아져 여래와 함께 합해지니, 대사와 동일한 계권契券한 것이다. 지원 2년(1336) 가을에 요주 묘과사 妙果寺의 일을 버리고, 남소(지금의 安徽省 紹顯 서남쪽 지방)의 옛 은거지로 다시 돌아갔다가 이듬해 봄을 넘기고 육안(安徽省 서부에 있는 도시)에 있는 제두산의 수정난야로 와서 선조 직옹원直翁圓 선사의 탑에 예참하니, 외로운 봉우리 정상에 여러 인연들은 이르지 못하여, 암자의 주인을 맡아 『증도가』에 착어(글 밑에 붙이는 짧막한 평)로 주해하고 서술하여 다시 송頌을 지어 후학들에게 베푸니, 아마 말보다 먼저 종지를 깨달을 것이다. 격외의 밝은 종지는 진각대사의 육신에 오히려 따뜻하게 있다. 만약 그렇지 않다면 각주를 보라. 때는 지원

3년(1337) 정축 부처님 생신일 전에 요주 서호西湖에 있는 묘과선사妙果
禪寺에 머물며 조사의 뜻을 이어받은 비구 영성永盛이 서술하노라.

西祖單傳直指之道, 初無秋毫許與人領覽. 唯在當人自證自悟到無證無
悟之地. 故我眞覺大師徧歷敎觀從緣悟入. 徑往曹谿印可, 到日値祖坐
次. 師繞狀三帀振錫一下卓然而立. 祖曰: 夫沙門者具三千威儀八萬細
行, 行行無虧, 大德從何方而來, 生大我慢? 師曰: 生死事大無常迅速.
祖曰: 何不體取無生, 了取無速乎? 師曰: 體卽無生, 了本無速. 祖曰:
如是如是. 須臾禮辭. 祖曰: 返太速乎. 師曰: 本非動靜豈有速耶. 祖曰:
誰知非動. 師曰: 仁者自生分別. 祖曰: 汝甚得無生意也. 師曰: 無生豈有
意. 祖曰: 若無意, 誰生分別? 師曰: 分別亦非意. 祖嘆曰: 善哉善哉.
旣蒙印可, 方得名爲證也. 豈可與小根劣器未得謂得, 未證謂證者, 同日
而語哉. 證徹此心曰道, 吟詠此道曰歌, 流傳沙界發明後學, 眞如來使行
如來行也. 永盛昔居學地, 獲益甚多. 所謂雪山肥膩更無雜, 純出醍醐我
常納, 諸佛法身入我性, 我性同共如來合, 與師同一契券也. 至元二年秋
棄饒之妙果寺事, 復歸南巢舊隱, 越明年春來六安齊頭山水晶蘭若, 禮
先祖直翁圓禪師塔, 孤峯頂上諸緣不到, 可堂然菴主將證道歌俾著語註
述復爲之頌以施來學, 倘於言前領旨. 格外明宗, 則眞覺大師肉猶暖在.
其或未然, 請看註脚. 時至元三年歲次丁丑佛生日前住饒州西湖妙果禪
寺嗣祖比丘(永盛)述.

【부록】『증도가』의 선사상 고찰[1]

철우(이창안)

I. 서언

영가현각(永嘉玄覺, 665~713)은 선종에서 '일숙각一宿覺'으로 잘 알려져 있으며, 그의 『증도가』는 역대로 유명하다. '일숙각'의 칭호나 현각의 『증도가』 찬술은 모두 육조 혜능을 참알한 인연으로부터 이루어진 일이다. 그런 까닭에 『증도가』에는 조사선의 색채가 농후하며, 조사선의 종전宗典으로 추앙받는 『육조단경』과 함께 선종의 '이부경전二部經典'으로 평가된다. 이는 후기 조사선에서 출현한 대부분의 선적에 『증도가』가 인용되고 있는 것으로부터 확인할 수 있다. 또한 『증도가』는 운문으로 이루어져 있어 승찬僧璨의 『신심명信心銘』과 함께 선가에서 널리 읽히는 대표적인 선시라고 할 수 있다. 이러한 중요성 때문에 현재 『증도가』는 몇 종의 해설서[2]와 수많은 번역서[3]들이 출판되

---

[1] 본 논문은 『원불교사상과 종교문화』 제70집(원광대학교 원불교사상연구원, 2016. 12.)에 게재된 것을 전재했음을 밝힌다.

[2] 성철 스님, 『신심명信心銘·증도가證道歌 강설』(藏經閣, 1993.); 무비 스님, 『무비 스님의 증도가 강의』(조계종출판사, 2014.); 심성일 지음, 『깨달음의 노래: 현대인을 위한 증도가 선해禪解』(침묵의 향기, 2015.); 손정윤 편, 『허공 저 달빛: 悟道頌·傳法偈의 빛깔』(원불교출판사, 1987.) 등 여러 편이 있다.

[3] 印幻 譯·註·解, 『證道歌: 불도를 깨달은 노래』(韓國佛敎禪理硏究院, 2009.); 일휴

어 있으며, 지금도 여전히 다양하게 출판되고 있다.

또한 『증도가』는 이미 고려시대에 전래되어 유행하였으며,[4] 그 주석서인 남명법천南明法泉의 『증도가송證道歌頌』 역시 고려 희종熙宗 5년 (1209) 보제사普濟寺에서 간행한 초간본을 시작으로 하여 다양한 판본들이 현존하고 있으며, 조선시대에 들어 세종 30년(1448) 세종이 소헌왕후昭憲王后의 명복을 빌기 위하여 『금강경오가해金剛經五家解』 등과 함께 번역을 시작하였으나 완성하지 못하고, 성종 13년(1482) 학조學祖가 나머지를 번역하여 『영가대사증도가남명천선사계송永嘉大師證道歌南明泉禪師繼頌』이라는 서명으로 내수사에서 간행하였으며,[5] 이를 세종대왕기념사업회에서 다시 번역하여 2002년에 『남명집

역주, 『신심명信心銘·증도가證道歌』(정우서적, 2011.) 등 수십 편이 있다.

[4] 이 『證道歌』의 版本에 세계 최고의 금속활자를 사용했는가에 대한 다양한 논의가 현재에도 전개되고 있다. 이와 관련해서는 남권희, 「세계최고 고려 금속활자: 증도가자의 발견에서 논란, 연구에 이르기까지」(『海印』 401호, 해인사, 2015. 7.), 「고려 금속활자 "증도가자證道歌字" 발견의 의의와 경과」(『忠北學』 12집, 충청북도, 2010. 12.), 「高麗 金屬活字 證道歌字의 鑄造法과 印刷技術史的 分析」(『書誌學報』 39호, 韓國書誌學會, 2012. 6.), 「세계 최고 고려금속활자, 『증도가』자: 證道歌字와 東國李相國集」(『國立大學圖書館報』 29집, 國公立大學圖書館協議會, 2011. 8.); 손계영, 「여말선초 금속활자를 통해 본 證道歌字 字形의 특징」(『書誌學研究』 63집, 한국서지학회, 2015. 9.); 조갑준, 「증도가자의 세계 인쇄기술사적 의의: 금속활자 인쇄술 세계적 위상 천명」(『프린팅코리아』 11권 3호, 대한인쇄문화협회, 2012. 3.); 김성수, 「한국 금속활자인쇄술의 始原과 관련한 鑄字本 『남명송증도가』의 간행년도에 관한 연구」(『書誌學報』 39호, 韓國書誌學會, 2012. 6.), 「證道歌字의 진위 규명을 위한 조선시대 금속활자와의 주조 형태에 관한 비교 분석적 연구」(『書誌學報』 36호, 韓國書誌學會, 2011. 12.) 등의 연구 성과들이 있다.

[5] 『한국민족문화대백과사전』, 『남명집언해』 條 및 각주 3)의 논문들 참조.

언해』의 서명으로 출간하였다.[6]

이렇게『증도가』는 고려시대부터 한국선韓國禪과 밀접한 관계를 이루고 다양한 영향을 끼쳐왔다고 하겠다. 그렇지만 현재『증도가』와 관련된 학술논문은 그다지 많지 않은 실정이다.[7] 또한『증도가』는 송대 묘공지눌妙空知訥과 범천언기梵天彦琪의『증도가주證道歌註』, 남명법천南明法泉의『증도가송證道歌頌』, 원대元代 축원영성竺原永盛의『증도가주송證道歌注頌』등 4종의 주석서가 존재한다. 이 가운데 범천언기와 남명법천의 주석서는 이미 번역되어 출간되었지만,[8] 묘공지눌과 축원영성의 주석서는 아직 번역조차 되지 않고 있다.[9] 그에 따라 본고에서는『증도가』와 그 주석서에 나타나는 선사상을 고찰하고자 한다.

II. 영가현각의 생애와 저술

현각의 전기는『송고승전宋高僧傳』권8과『경덕전등록景德傳燈錄』권5에 간략하게 실려 있다. 이에 따르면 현각은 절강折江의 온주溫州 사람으로, 속성은 대戴씨, 자는 명도明道이고, 현각은 그 법호이다. 일찍이 출가하여 삼장三藏을 두루 탐구하였는데, 특히 천태지관의

---

6 세종대왕기념사업회 편집부 역,『남명집언해』(세종대왕기념사업회, 2002.)
7 인환,「증도가」(『禪苑』150호, 선학원, 2008.); 圓空,「영가의 깨달음, 증도가를 통해 중생에게 회향」(『禪文化』79호, 선문화사, 2007.); 최현각,「증도가證道歌 강의」(『佛敎大學院論叢』3, 동국대학교불교대학원, 1996.)
8 제월통광 역주,『증도가 언기주』(불광출판사, 2008.)
9 필자가 이번에 편집한 것이 본서이다.

원묘圓妙한 법문에 정통해서 사위의(四威儀: 行住坐臥) 가운데 항상 선관禪觀에 명합하였다고 한다.[10] 이로부터 현각은 본래 천태종 출신이라고 할 수 있는데, 구족계를 받은 후에 온주溫州 서산西山 용흥사龍興寺에서 주석하였다. 어느 날 용흥사 부근에 경치가 뛰어나고 그윽한 곳을 발견하고 선암禪庵을 짓고서 머물러 용맹정진하였다.[11] 그러던 가운데 동양현책東陽玄策 선사와 함께 제방을 유행하며 도道를 자문하였다고 한다. 『법보단경法寶壇經』의 「기연품機緣品」에서는 이러한 인연에 대하여 비교적 구체적으로 묘사하고 있다.

현각 선사는 어릴 적부터 경론을 배웠으며 천태의 지관법문에 정통하였다. 그는 『유마경』을 보아 심지를 밝혔다. 우연히 혜능 선사의 제자 현책이 영가를 방문하여 함께 논하였는데, 현각이 말하는 바가 모든 조사의 말과 암합暗合되었다. 그에 따라 현책이 "그대가 법을 얻은 스승은 누구인가?"라고 묻자, 현각은 "나는 방등경론을 배웠는데, 각각의 사승師承이 있으며, 후에 『유마경』에서 불심佛心의 종지宗旨를 깨달았지만, 아직 증명해 주는 이가 없었다."라고 하였다. 현책은 "위음왕불 이전에는 깨닫는 것이 가능했지만, 위음

---

10 (宋)贊寧等撰, 『宋高僧傳』 卷8 「玄覺傳」(大正藏 50, p.758a) "釋玄覺, 字明道, 俗姓戴氏. 漢末祖侃公第五燕公九代孫, 諱烈. 渡江乃爲永嘉人也. 總角出家齠年剃髮."; (宋)道原纂, 『景德傳燈錄』 卷5 「玄覺傳」(大正藏 51, p.241a) "溫州永嘉玄覺禪師者永嘉人也. 姓戴氏. 丱歲出家. 遍探三藏, 精天台止觀圓妙法門, 於四威儀中常冥禪觀."

11 (宋)贊寧等撰, 『宋高僧傳』 卷8 「玄覺傳」(大正藏 50, p.758a) "覩其寺旁別有勝境, 遂於巖下自構禪庵. …… 覺居其間也, 絲不以衣耕不以食."

왕불 이후에는 스승 없이 스스로 깨닫는 것은 모두 천연외도이다."라고 하자, 현각은 "원컨대 그대가 나를 위하여 증거해다오."라고 하자, 현책은 "나는 말이 가벼우나, 조계에 육조 대사가 있어 사방에서 배우려는 사람들이 구름같이 모여 들었는데, 모두 법을 받은 자들이다. 만약 가겠다면, 바로 함께 가겠다."라고 하였다.[12]

이로부터 현각은 어려서부터 다양한 대승경론들을 수학하였으며, 특히 혜능 선사를 만나기 이전에 이미 『유마경』을 통하여 어느 정도 깨달음을 얻은 상황이었음을 짐작하게 한다. 그에 따라 현책과 함께 소양韶陽 혜능 선사를 알현하고, 주장자를 들고서 돌며 문답하였으며, 그 후에 신수神秀의 문정門庭에도 찾아가 법을 물었지만 끝내 마음을 얻은 곳은 조계일 뿐이며, 혜능 선사가 하룻밤 묵어가라고 하여 '일숙각 一宿覺'의 호를 얻게 되었다고 한다.[13]

『송고승전』에서는 혜능 선사와의 문답을 "문답은 따로 기록하였음 (語在別錄)"이라고 하여 생략하고 있지만, 『경덕전등록』에서는 현각과 혜능 선사와의 문답을 다음과 같이 상세하게 기록하고 있다.

---

12 (元)宗寶編, 『六祖大師法寶壇經』(大正藏 48, p.357c) "少習經論, 精天台止觀法門, 因看維摩經發明心地. 偶師弟子玄策相訪, 與其劇談, 出言暗合諸祖. 策云: 仁者得法師誰? 曰: 我聽方等經論, 各有師承, 後於維摩經悟佛心宗, 未有證明者. 策云: 威音王已前卽得, 威音王已後, 無師自悟, 盡是天然外道. 曰: 願仁者爲我證據. 策云: 我言輕, 曹溪有六祖大師, 四方雲集, 並是受法者. 若去, 則與偕行."

13 (宋)贊寧等撰, 『宋高僧傳』 卷8 「玄覺傳」(大正藏 50, p.758a) "與東陽策禪師肩隨遊方詢道. 謁韶陽能禪師而得旨焉. 或曰: 覺振錫遶庵答對, 語在別錄. 至若神秀門庭遐征問法. 然終得心于曹溪耳. 旣決所疑能留一宿, 號曰一宿覺."

처음에 조계에 이르러서는 주장자와 병을 들고 육조六祖를 세 번 돌고 나서 우뚝 섰다. 육조가 "무릇 사문이란 모름지기 3천 가지 위의와 8만 가지 세행細行을 갖추어야 하는데, 대덕은 어디서 왔기에 대아만을 내는가?"라고 하자, 대사는 "생사의 일이 중대하고 무상이 신속하기 때문입니다."라고 하였다. 육조가 "어찌하여 무생을 체득하여 신속함이 없는 도리를 깨닫지 못하는가?"라고 하자, "체體가 곧 무생이고, 깨달음에는 본래 신속함이 없습니다."라고 하니, 육조는 "그렇다, 그렇다."라고 하였다. 이때에 대중이 모두 깜짝 놀랐다. 대사는 그때야 비로소 위의를 갖추어 참례하고는 바로 하직을 고하였다. 조사가 "돌아감이 너무 빠르지 않은가?"라고 하자, 대사는 "본래 스스로 움직이지 않거늘, 어찌 빠름이 있겠습니까?"라고 하였다. 육조는 "누가 움직이지 않음을 아는가?"라고 묻자, "당신이 스스로 분별을 내었습니다."라고 하였다. 육조가 "그대는 무생의 뜻을 깊이 얻었구나."라고 하자, "무생에 어찌 뜻이 있겠습니까?"라고 하였다. 육조가 "뜻이 없다면 누가 분별하는가?"라고 묻자, "분별도 또한 뜻이 아닙니다."라고 하였다. 육조가 탄복하여 "훌륭하고 훌륭하다. 하룻밤 쉬어가라."라고 하였다. 그리하여 그때 사람들이 일숙각이라 하였다. 책공策公도 대사를 만류하므로 이튿날 산을 내려와 온강溫江으로 돌아가니, 배우는 자들이 밀물처럼 모여들었다.[14]

---

[14] (宋)道原纂,『景德傳燈錄』卷5「玄覺傳」(大正藏 51, p.241b) "初到振錫携瓶, 繞祖三匝. 祖曰: 夫沙門者具三千威儀八萬細行, 大德自何方而來生大我慢? 師曰: 生死事大無常迅速. 祖曰: 何不體取無生了無速乎? 曰: 體卽無生, 了本無速. 祖曰: 如是如是. 于時大衆無不愕然. 師方具威儀參禮, 須臾告辭. 祖曰: 返太速乎? 師曰: 本自非

이러한 인용문으로부터 현각과 육조의 만남을 비교적 상세하게 알 수 있다. 또한 이로부터 현각은 천태학의 지관수행 등 다양한 과정을 거쳤지만, 스스로 온전한 깨달음을 얻고 인가를 받은 것은 바로 육조와의 인연임을 알 수 있는데, 이는 『증도가』의 "강과 바다로 떠돌아다니고 산과 개울을 건너, 스승 찾아 도를 묻고 참선하였다. 조계의 길 알고부터 생사生死와 상관없음을 분명히 알았노라."[15]라는 구절로부터 확인할 수 있다.

조계에서 다시 온주 용흥사로 돌아오자 "호를 '진각대사眞覺大師'라고 하고, 『증도가』 한 수와 선종의 깨달음과 수행의 원만한 종지(圓旨)를 얕은 곳에서 깊은 곳까지 저술했다. 경주慶州 자사刺史 위정魏靖이 편집하여 서문을 쓰고, 10편으로 묶어서 제목을 『영가집永嘉集』이라 하니, 모두 세상에 널리 알려졌다."[16]라고 한다. 이로부터 『증도가』와 『선종영가집禪宗永嘉集』이란 저술들이 육조를 참알하여 깨달음을 얻고 난 후에 찬술한 것임을 짐작할 수 있게 한다.

『송고승전』에 따르면, "선천先天 2년(713) 10월 17일, 용흥사龍興寺 별원에 단좌 입정하여 편안하게 움직임이 없으니, 승려들이 슬피

動豈有速耶. 祖曰: 誰知非動. 曰: 仁者自生分別. 祖曰: 汝甚得無生之意. 曰: 無生豈有意耶? 祖曰: 無意誰當分別? 曰: 分別亦非意. 祖歎曰: 善哉善哉. 少留一宿. 時謂一宿覺矣. 策公乃留師. 翌日下山迴溫江, 學者輻湊."

15 (唐)玄覺撰, 『永嘉證道歌』(大正藏 48, p.396a) "遊江海涉山川, 尋師訪道爲參禪. 自從認得曹谿路, 了知生死不相關."

16 (宋)道原纂, 『景德傳燈錄』 卷5 「玄覺傳」(大正藏 51, p.241b) "號眞覺大師, 著證道歌一首, 及禪宗悟修圓旨自淺之深. 慶州刺史魏靖, 緝而序之成十篇, 目爲永嘉集並盛行于世."

통곡하였다. 그해 11월 13일 서산西山의 양지에 안장하니, 춘추가 49세였다."[17]라고 한다. 이후 시호를 '무상無相', 탑호를 '정광淨光'으로 받았다.[18] 제자로는 혜조惠操, 혜특惠特, 등자等慈, 현적玄寂 등이 있는데, 모두 스승의 법을 전하여 세상에서 존중받았다고 한다.[19]

이상으로 간략하게 현각의 전기를 살펴보았다. 이에 따르면, 현각은 본래 천태지관을 수행하였으며, 이후 제방에 유행하다가 육조를 참알하여 깨달음을 얻고 인가를 받았으며, 그 후에 온주 용흥사로 돌아가『증도가』와『선종영가집』을 찬술하였다. 그 가운데 특히『증도가』는 범승이 천축으로 번역하여 전했다는 기록이 다음과 같이 보인다.

참으로 서토에서『증도경』이라고 하였으니, 명불허전이로다![20]
제방의 노인(尊宿)들이 주註 혹은 송頌을 짓기도 하여, 범승이 인도에 전해 가서 번역하여 수지하는 데 이르게 되었으니, 만약 부처님 마음에 깊이 계합하지 않았다면 누가 이와 같이 할 수 있었겠는가![21]
선사의『증도가』는 범승이 천축으로 돌아가면서 전하여 번역하였는

---

17 (宋)贊寧等撰,『宋高僧傳』卷8「玄覺傳」(大正藏 50, p.758b) "以先天二年十月十七日, 於龍興別院端坐入定, 怡然不動, 僧侶悲號. 以其年十一月十三日殯于西山之陽, 春秋四十九."
18 앞의 책, "終勅諡號無相, 塔曰淨光焉."
19 앞의 책, "弟子惠操、惠特、等慈、玄寂, 皆傳師之法爲時所推."
20 (宋)知訥述,『靈巖妙空和尙註證道歌』,「蘇州靈巖妙空佛海和尙註證道歌序」(卍續藏 65, p.448c) "信夫, 西土謂之證道經, 名不誣矣."
21 (宋)彥琪註,『舒州梵天琪和尙註證道歌』, 慧光,「序」(卍續藏 63, p.260c) "諸方老人或註或頌, 以至梵僧傳皈印土翻譯受持, 若非深契佛心, 其孰能與於此哉!"

데, 모두 흠앙하여 제목을 『동토대승경』이라고 하였다.[22]

범승 각칭覺稱이 이르기를, 서역 천축에서는 이 노래를 『동토대승경』이라고 하였다.[23]

선사는 『증도가』 1편을 저술하였는데, 범승이 천축으로 전하여 모두 흠앙하여 제목을 『동토대승경』이라고 하였다.[24]

『증도가』 1편을 저술하였는데, 범승이 천축으로 전하여 모두 흠앙하여 제목을 『동토대승경』이라고 하였다.[25]

이로부터 『증도가』는 천축으로까지 전해졌으며, 『동토대승경』, 『증도경』 등으로 추앙받았다는 것을 알 수 있다. 위의 인용문에서는 『불조통기』에서 '범승 각칭'의 말을 인용하였다는 것 이외에 천축으로 전래된 구체적인 상황을 파악할 수 있는 자료는 아쉽게도 보이지 않는다. 그렇지만 만송행수萬松行秀의 『종용록從容錄』에서도 『증도경』으로 칭하고 있음을 볼 수 있으니,[26] 중국에서도 역시 상당히 존중받

---

22 (宋)本覺編集, 『歷代編年釋氏通鑑』 卷8(卍續藏 76, p.85b) "師之證道歌, 梵僧傳歸天竺飜譯, 彼皆欽仰, 目爲東土大乘經."

23 (宋)志磐撰, 『佛祖統紀』 卷10(大正藏 49, p.202c) "梵僧覺稱, 謂西竺目此歌, 爲東土大乘經."

24 (宋)祖琇撰, 『隆興佛敎編年通論』 卷15(卍續藏 75, p.182c) "師著證道歌一篇, 梵僧傳歸天竺, 彼皆欽仰, 目爲東土大乘經."

25 (元)念常集, 『佛祖歷代通載』 卷13(大正藏 51, p.589b) "著證道歌一篇, 梵僧傳歸天竺, 彼皆欽仰目爲東土大乘經."

26 (宋)正覺頌古, (元)行秀評唱, 『萬松老人評唱天童覺和尚頌古從容庵錄』 卷1(大正藏 48, p.237b) "永嘉證道經亦云: 不是標形虛事治, 如來寶杖親蹤跡.", 앞의 책, 卷6(大正藏 48, p.286a) "證道經: 師子吼無畏說, 心安如海."

았음을 충분히 짐작할 수 있다. 또한 위의 인용문으로부터 『증도가』는 다양한 '주註'와 '송頌'이 찬술되었음을 알 수 있는데, 앞에서 언급한 바와 같이 현재 잘 알려진 것은 다음의 4종으로, 그를 찬술 연대순으로 간략하게 소개하면 다음과 같다.

1. 『남명법천증도가송南明法泉證道歌頌』 1권

송대 승려 남명법천이 찬술하였다. 법천은 송대 신종神宗 희녕熙寧 8년(1075) 혹은 그 몇 년 전에 천경산千頃山에서 『증도가송』을 지었으며, 희녕 9년(1076) 7월에서 10년(1077) 10월에 조판하여 유통하였다. 『만속장』 제65책에 수록되었다. 법천의 『증도가송』은 고려에서도 판각하여 출판하였고, 조선시대에 세조에 의하여 또한 언해되었다.

2. 『영암묘공화상주증도가靈巖妙空和尙註證道歌』 1권

송대 승려 묘공지눌妙空知訥이 찬술하였고, 문인 덕최德最가 편집하였으며, 대략 고종高宗 소흥紹興 16년(1146)에 간행되었다. 『만속장』 제65책에 수록되었다. 지눌은 불법이 비록 문자와 언어를 통하여 얻을 수 있는 것은 아니지만, 우둔하고 학식이 천박한 사람이라도 언어와 문자의 설명을 빌어서 불법의 요지를 탐구해 깨닫게 된다고 생각했기 때문에 이 책을 찬술하였다고 한다.

3. 『범천언기증도가송梵天彥琪證道歌頌』 1권

송대 승려 범천언기梵天彥琪가 찬술하였고, 문인 혜광慧光이 편집하였으며, 영종寧宗 가정嘉定 12년(1219)에 간행되었다. 『만속장』 제63책에 수록되었다. 책에서『증도가』의 한 문구씩 자세한 설명을 하여, 초학자들에게 참선하여 도를 깨우치는 문에 들어가는 방법을 가르쳐 주고 있다.

4.『축원선사주증도가竺原禪師註證道歌』1권
원대 승려 축원영성竺原永盛이 찬술하였고, 덕홍德弘이 편집하였으며, 순제順帝 지정至正 원년(1341)에 간행되었다.『만속장』제65책에 수록되었다. 영성은 문구마다 아래에 짧은 평을 하고, 몇 개의 문구를 합해서 주석을 달아 논술하고서, 그 뒤에 송頌을 덧붙였다.

이러한 4종의『증도가』'주', '송'은 본래『증도가』가 지니고 있는 사상을 보다 명확하게 해석하고 있어, 이를 통한다면 현각의 선사상을 더욱 분명하게 고찰할 수 있다고 하겠다. 따라서 본고에서는 이러한 4종 주석서를 통하여『증도가』에 나타난 선사상을 고찰하고자 한다. 그러나『증도가』의 선사상은 상당히 광범위한 까닭으로 본고에서는 '불성과 돈오', '수증론', 그리고 구도의 길에 있어서의 '경계와 질책' 등의 측면에 한정하여 고찰하고자 한다.

III.『증도가』의 선사상

1. 불성과 돈오
선종의 불성론은 이른바 조사선의 종전宗典으로 받들어지는『육조단경』에서 설하는 '자성自性'으로서의 '불성'을 대표로서 삼고 있는데,

흔히 '돈오견성頓悟見性', '명심견성明心見性'으로 표현된다.[27] 앞에서 언급한 바와 같이 현각은 육조를 참알하고서 깨달음을 인가받았기 때문에 기본적으로 불성론에 있어서는 『육조단경』의 사상과 맥락을 같이 한다고 짐작할 수 있다. 무엇보다도 깨달음의 바탕에 작용하는 '불성'에 대한 인식이 동일하지 않다면, 서로의 사상은 이른바 '천지현격'해지기 때문이다.

우선, 『증도가』에서는 다음과 같이 설하고 있다.

> 무명의 실성이 바로 불성이요, 허깨비 같은 공한 몸이 곧 법신이로다. 법신을 깨달으니, 한 물건도 없음이여! 본원 자성이 천진불이라.[28]

이는 『증도가』의 앞부분에 실려 있는 구절로서 전체적인 『증도가』의 사상적 추요樞要라고도 칭할 수 있으며, 다양한 함의를 지니고 있다고 하겠다. 그에 따라 먼저 "무명의 실성이 바로 불성"이라는 구절로부터 해석해보고자 한다. 우선, 현각이 '불심'의 '종지'를 깨달은 계기가 되었던 『유마경』에는 다음과 같은 문구가 보인다.

> 명明과 무명無明은 둘이지만, '무명'의 '실성'은 바로 '명'이고, '명' 또한 취할 수 없는 것으로 일체수(一切數: 모든 도리)를 떠나며,

---

27 이 부분에 있어서는 이창안, 「東山法門・北宗과 『壇經』의 修證觀 비교」(『大覺思想』 21집, 대한불교조계종 대각회, 2014년 6월), pp.143~173 참조.

28 (唐)玄覺撰, 『永嘉證道歌』(大正藏 48, p.395c) "無明實性卽佛性, 幻化空身卽法身. 法身覺了無一物! 本源自性天眞佛."

그 가운데 평등하여 무이無二한 것은 바로 불이법문에 드는 것이 된다.²⁹

『주유마힐경』에서 이 구절에 대하여 구마라집은 "'무명'은 '명'을 능히 생하기 때문에 '명'과 다르지 않고, '명'은 '무명'으로 말미암아 생하기 때문에 '무명'과 다르지 않다. '무명'이기 때문에 취할 수 없고, '명'을 능히 생하기 때문에 버릴 수 없다."³⁰라고 하고, 승조는 "무명의 성품을 본다면 바로 '명'이다. 만약 '명'을 보아 '명'으로 삼는다면 바로 '무명'이기 때문에 취할 수 없는 것이다."³¹라고 주석하고 있다. 물론 이는 반야의 '불이법문不二法門'을 설명하는 구절이지만, 이러한 논증을 통하여 후대에 '불성론'으로 귀결되고 있음은 주지하는 바와 같다. 더욱이 『육조단경』에서도 "범부는 '명'과 '무명'을 둘로 보지만, 지혜로운 자는 그 성품이 둘이 아니며, 둘이 아닌 성품이 바로 실성實性이고, 실성은 둘이 아니라고 요달한다."³²라고 명확하게 설하고 있다. 따라서 현각이 "무명의 실성이 바로 불성"을 제창할 때 『유마경』의 영향도

---

29 (姚秦)鳩摩羅什譯, 『維摩詰所說經』卷中「入不二法門品第九」(大正藏 14, p.551a) "明、無明爲二. 無明實性卽是明, 明亦不可取, 離一切數, 於其中平等無二者, 是爲入不二法門."

30 (後秦)僧肇撰, 『注維摩詰經』卷8(大正藏 38, p.398a) "無明能生明, 故不異於明, 明由無明生, 故不異於無明. 無明故不可取, 能生明故不可捨. 明亦如是, 非無明故不可離, 無明生故不可取."

31 앞의 책, "見無明性, 卽是爲明. 若見明爲明, 卽是無明故不可取也."

32 宗寶本, 『法寶壇經』(大正藏 48, p.360a) "明與無明, 凡夫見二, 智者了達, 其性無二, 無二之性, 卽是實性, 實性無二."

있었을 것이라고 할 수 있으며, 이는 또한 육조혜능의 사상과도 상당히 일치한다고 하겠다.

이 구절에 대한 묘공지눌의 주석은 다음과 같다.

진실과 망상은 근원이 같으며, 이치(理)와 일(事)은 둘이 아니다. '무명'의 본성이 바로 불성이다. 마땅히 망상을 버리지 못하거든 불성을 찾지 말라. 만약 망상을 여읜다면 바로 불성이 없어진다. 그러나 불성은 있는 것도 아니고 없는 것도 아니다. 있는 것도 없는 것도 아닌데, 만약 불성을 정함이 옳다고 말하는 하는 것은 또한 어찌 흙 위에 진흙을 더하는 것과 다르지 않겠는가?[33]

여기에서 지눌은 '사리불이事理不二'를 원용하고 있는데, 이는 바로 현각의 『영가집』 10편 가운데 제8항목이다. 『전등록』의 「현각전」에서는 "제8 '사리불이': 삼승은 이리를 깨닫고 '이'를 궁구(窮)하지 않음이 없으니, '이'를 궁구함은 사事에 있고, '사'를 요달함이 '이'에 즉卽한 것이다. 그러므로 여덟 번째의 순서로 '사리불이'를 밝힌 것이니, '사'에 즉한 진眞을 씀으로써 뒤바뀐 견해를 버리게 한다."[34]라고 요약하고 있다. 이로부터 지눌의 위의 주석은 현각의 '사리불이'를 원용하여 그 의미를 확장한 것으로 추정되는데, 『증도가』를 주석함에 당연히

---

33 (宋)知訥述,『靈巖妙空和尙註證道歌』(卍續藏 65, p.449b) "眞妄同源, 理事不二. 無明之性, 卽是佛性. 不須捨妄, 別求佛性. 若離於妄, 卽無佛性. 然佛性, 非有非無. 不有無, 若言佛性定可卽者, 又何異土上加泥?"

34 (宋)道原纂,『景德傳燈錄』卷5「玄覺傳」(大正藏 51, p.241c) "事理不二第八: 三乘悟理, 理無不窮, 窮理在事, 了事卽理. 故次第八明事理不二, 卽事而眞用祛倒見也."

『영가집』을 숙독하였을 것이기 때문이다.

따라서 현각이 제창하는 '불성'은 아주 분명하게 이른바 '반야'의 논리로써 '불성'을 제창하고, 또한 그를 '자성'으로써 귀결시키고 있음을 엿볼 수 있다. 특히 "법신을 깨달으니, 한 물건도 없음이여! 본원 자성이 천진불이라."라는 구절은 아주 분명하게 『육조단경』의 "보리菩提에는 본래 나무가 없으며, 밝은 거울도 그 받침이 없는 것. 본래 한 물건도 없는데, 어디에 진애가 끼겠는가?"[35]라는 유명한 게송과 그 틀을 같이하는 것이며, "불佛은 자성自性이니, 결코 밖에서 구하지 말라."[36]는 사상과 완벽하게 일치하는 것이다. '증도'의 경계에서는 '자성'을 이미 깨우친 상황이라 그대로 '천진불'이 현현한 것이기 때문이다.

『증도가』에서는 다시 '불성'과 관련되어 다음과 같이 노래하고 있다.

한 성품이 뚜렷이 일체 성품에 원통하고, 한 법이 두루 일체 법을 품는다. 하나의 달이 모든 물에 널리 나타남이여, 모든 물의 달이 하나의 달에 포섭되도다. 모든 부처님의 법신이 나의 성품에 들어오고, 나의 성품이 또한 여래와 함께 합하도다.[37]

---

[35] 敦煌本, 『法寶壇經』(大正藏 48, p.338a) "菩提本無樹, 明鏡亦非臺, 本來無一物, 何處惹塵埃?"

[36] 敦煌本, 『六祖壇經』(大正藏 48, p.341c) "佛是自性, 莫向身外求."

[37] (唐)玄覺撰, 『永嘉證道歌』(大正藏 48, p.396b) "一性圓通一切性, 一法徧含一切法. 一月普現一切水, 一切水月一月攝. 諸佛法身入我性, 我性還共如來合."

여기에서는 아주 분명하게 천태학의 '일념삼천一念三千'의 성구性具 사상이 분명하게 보이고 있다. 천태학에서는 '일심삼관一心三觀', '일념삼천' 등을 통하여 제법의 실상을 궁구해가는데, 지면관계상 이를 모두 설명할 수는 없지만,[38] 현각이 본래 '지관'수행에 철저했기 때문에 위의 내용은 바로 그를 반영한 것이라고 하겠다. 특히 『마하지관摩訶止觀』에서는 "일심一心은 십법계十法界를 구족하고, 일법계는 또 십법계·백법계를 구족하며, 일계一界는 삼십종의 세간을 구족하니, 백법계는 삼천종세간이다. 이 삼천은 일념심一念心에 있는 것으로, 만약 마음(心)이 없다면 그만이고, 한 찰나의 마음만 있으면 바로 삼천세간이 구족된다."[39]라는 설하는데, 위의 인용문은 바로 그러한 '일념삼천'과 밀접한 관련이 있다고 하겠다. 그러한 까닭에 범천언기의 '주'에서는 "형계荊溪가 말하기를 '중생은 이치를 갖추었으나 모든 부처님은 이루었나니, 이룬 것과 갖춘 것은 그 성품이 평등하지 않은 것이 없다.'라고 하였으니, 그러므로 '나의 성품이 여래와 함께 합한다.'라고 하였다."[40] 라고 주석하고 있음을 볼 수 있다. 형계담연荊溪湛然은 바로 천태종의

---

38 天台의 '性具論'과 관련해서는 이창안, 『雪岑 金時習의 禪思想 硏究―性起論과 性具論을 중심으로』(동국대학교 2015년 박사학위논문) 가운데 '第3章 性具와 性起의 思想的 淵源과 展開', '第2節 天台 性具論의 형성과 발전'의 '2. 十界互具와 一念三千의 中道佛性'에서 상세히 논술하고 있다. pp.78~84 참조.

39 (隋)智顗說, 『摩訶止觀』 卷5上(大正藏 46, p.54a), "夫一心具十法界, 一法界又具十法界, 百法界, 一界具三十種世間, 百法界卽三千種世間. 此三千在一念心, 若無心而已, 介爾有心, 卽具三千."

40 (宋)彦琪註, 『舒州梵天寺和尙註證道歌』(卍續藏 63, p.272a) "荊溪云: 衆生理具諸佛成, 成之與具, 莫不性等. 故云: 我性同共如來合也."

중흥조로서 천태학의 부흥을 위하여 활동했던 인물이다. 사실상 천태학의 불성론은 바로 동산법문東山法門을 개창한 도신道信으로부터 선종에 섭수되고, 그것이 육조혜능에게 사상적 변화를 거쳐서 전해졌기 때문에 서로 간에 이질성은 거의 없다고 할 수 있다.

이렇게 현각은 중생의 본체로서 '불성'을 '증도'한 경계를 밝혔다면, 또한 그 깨달음에 이르는 방법론을 또한 분명하게 드러내야 할 것이다. 『증도가』에서는 그를 다음과 같이 설한다.

여래의 돈교문 말씀함을 듣고서, 없애기를 기왓장 부수듯 하지 못함을 한탄하도다.[41]
옳으면 용녀가 돈오성불하고, 그르면 선성 비구가 지옥에 빠져 떨어지도다.[42]
종성이 삿되어 지해知解를 그르침이여. 여래의 원돈법을 깨닫지 못하네.[43]
이승二乘은 정진하나 도의 마음이 없고, 외도는 총명하나 지혜가 없도다.[44]
돈오하여 무생을 요달하면, 모든 영화로움과 욕됨에 어찌 근심과 기쁨이 있겠는가?[45]

---

41 (唐)玄覺撰,『永嘉證道歌』(大正藏 48, p.396b) "聞說如來頓教門, 恨不滅除令瓦碎."
42 앞의 책(大正藏 48, p.396c) "是則龍女頓成佛, 非卽善星生陷墜."
43 앞의 책, "種性邪, 錯知解, 不達如來圓頓制."
44 앞의 책, "二乘精進勿道心, 外道聰明無智慧."
45 앞의 책(大正藏 48, p.396a) "自從頓悟了無生, 於諸榮辱何憂喜?"

이로부터 현각은 철저하게 '돈오'를 강조하고 있음을 짐작할 수 있다. 위의 인용문에서 현각은 외도와 성문·연각의 이승은 결코 도를 이룰 수 없다는 것을 강조함을 엿볼 수 있으며, 돈교법문으로써 모든 수증修證 등을 "기왓장 부수듯" 해야 할 것임을 강조하고 있음을 알 수 있다. 이는 지눌이 "근본을 버리고 말단을 좇아 사상事相에 집착하다가, 돈법을 설하는 것을 들으니 바로 욕망이 사라져 없어진다."[46]라고 주석하고 있는 점으로부터 명확하게 확인할 수 있다. 그에 따라 『증도가』에서는 "여래선을 돈각하니, 육도와 만행이 본체 가운데 원만하다."[47]라고 결론내리고 있다. 여기에서 '여래선'은 바로 현각 당시에 선종에서 추구했던 최고의 선을 의미하는 것으로, 후대에 '조사선'과 대립적으로 설하는 '여래선'을 의미하지는 않으며,[48] 바로 '조사선'을 지칭하는 것이다.

이러한 『증도가』의 불성론과 '돈오'로 귀결되는 선사상은 바로 『육조단경』과 완벽하게 일치하고 있음을 볼 수 있다. 『단경』에서는 "어리석은 사람은 점수하고, 깨달은 사람은 돈오에 계합한다."[49] "자성을 스스로 깨달아 돈오돈수하는 것이지, 점차는 없는 것이다."[50] "어찌

---

46 (宋)知訥述, 『靈巖妙空和尙註證道歌』(卍續藏 65, p.453b) "棄本逐末, 執于事相, 聞說頓法, 卽欲滅除."

47 (唐)玄覺撰, 『永嘉證道歌』(大正藏 48, p.395c) "頓覺了如來禪, 六度萬行體中圓."

48 如來禪과 祖師禪의 개념과 그 禪思想의 차별에 관련해서는 이창안, 앞의 박사학위논문 가운데 '第3章 性具와 性起의 思想의 淵源과 展開', '第4節 禪宗의 불성론'의 '3. 如來禪과 祖師禪의 分化와 佛性論'에서 상세히 논술하고 있다. pp.132~149 참조.

49 宗寶本, 『法寶檀經』(大正藏 48, p.353a) "迷人漸修, 悟人頓契."

자신의 마음으로부터 진여본성을 돈현하지 못하는가?"⁵¹라고 하여 철저하게 '돈오'를 강조하고 있음은 주지의 사실이다.

따라서 『증도가』에서 설하는 '불성'은 천태학의 성구론의 경향도 보이고 있지만, 철저하게 『육조단경』에서 제창하는 자성으로서의 불성과 일치한다고 할 수 있고, 그렇기 때문에 그 깨달음에 이르는 방법론 또한 '돈오'를 강조하고 있다고 하겠다.

2. 무수무증의 수증론

『증도가』에서 '자성'으로서의 '불성'과 '돈오'를 강조했다면, 그 선사상은 필연적으로 '수증'에 있어서 '무수무증'으로 귀결될 수밖에 없는 것이다. '돈오'를 최초로 제창한 도생道生은 "돈頓이라 하는 것은 이치를 나눌 수 없음(理不可分)을 밝힌 것이고, '오悟'는 지극히 비춤(極照)을 말한다. 불이不二의 깨달음으로 나눌 수 없는 이치에 부합하는 것이다. 이치(理)와 지혜(智)가 함께 아우러짐을 돈오라고 한다."⁵²라고 그 개념적 정의를 내렸다. 이에 따르면, '돈오'라는 것은 주관과 대상이 완전히 희석되는 상태에서 깨달음을 여는 것을 말하는 것이며, 또한 그러한 논리로 『단경』에서는 '정혜등학定慧等學'을 제창하고, 나아가 '무념無念·무상無相·무주無住'를 설한 것이다. 더욱이 그러한 '돈오'의 입장에 선다면 바로 수증의 개념도 달라져 이른바 '수'에 집착하는

---

50 앞의 책(大正藏 48, p.358c) "自性自悟, 頓悟頓修, 亦無漸次."

51 敦煌本, 『六祖壇經』(大正藏 48, p.340c) "何不從於自心頓現眞如本性."

52 (晋)慧達, 『肇論疏』(卍續藏 150, p.425a) "夫稱頓者, 明理不可分, 悟語極照. 以不二之悟符不分之理. 理智兼釋, 謂之頓悟."

바가 없는 '수', 즉 '무수지수無修之修'요, '증'에 있어서도 '증득'한 바가 없는 '증', 즉 '무증지증無證之證'으로 귀결되니, 바로 '무수무증無修無證'의 논리가 성립되는 것이다.⁵³ 『단경』의 '무수무증'을 가장 잘 설명하고 있는 부분은 바로 다음의 구절이다.

> 만약 간정看淨을 말하자면, 인성人性은 본래 깨끗한데 망념이 진여를 덮고 있다. 따라서 망념을 떠나면 본성은 깨끗해진다. 자성이 본래 깨끗함을 보지 못하고서, 마음을 일으켜 '간정'하면 오히려 '정망淨妄'이 일어난다. 허망함은 있는 곳이 없다. 이런 까닭에 본다고 하는 것(看)은 오히려 허망함을 알아야 한다. 깨끗함은 형상이 없는데 오히려 깨끗하다는 상(淨相)을 세워서 이를 공부라고 말하고 있는데, 이렇게 지어서 보는 자는 본성에 걸림이 있어 오히려 깨끗함에 묶임(淨縛)이 된다.⁵⁴

이로부터 『단경』에서 설하는 '무수무증'의 입장을 분명하게 살필 수 있는데, 본래 청정한 자성에서 다시 청정함을 보려고 한다면 그것은 바로 청정함에 대한 집착인 '정망淨妄'이 되어버리고, 그 대상은 그대로

---

53 지면관계상 '無修無證'에 대한 자세한 논증은 생략하지만, 이창안, 앞의 박사학위논문의 가운데 '第3章 性具와 性起의 思想的 淵源과 展開', '第4節 禪宗의 불성론', '3. 如來禪과 祖師禪의 分化와 佛性論', '如來禪과 祖師禪의 修證觀'에서 상세히 논술하고 있다. pp.139~145 참조.
54 敦煌本, 『六祖檀經』(大正藏 48, p.338c) "若言看淨, 人性本淨, 爲妄念故, 蓋覆眞如, 離妄念, 本性淨. 不見自性本淨, 起心看淨, 却生淨妄, 妄無處所. 故知看者, 却是妄也. 淨無形相, 却立淨相, 言是功夫, 作此見者, 障自本性, 却被淨縛."

'정상淨相'으로 형성되며 나아가 그에 얽매이는 '정박淨縛'이 된다는 것이다. 사실상 이러한 『단경』으로부터 발현된 선사상으로 인하여 후대에 출현하는 '조사선'에 있어서는 모두 '자성'으로서의 '불성', 그리고 깨달음의 방법으로서의 '돈오'와 함께 '무수무증'의 수증론을 제창하고 있음을 볼 수 있다.

『증도가』에서는 그 첫머리에 이러한 '무수무증'의 선사상을 다음과 같이 노래하고 있다.

그대는 보지 못했는가? 배움을 끊고 함이 없는 한가로운 도인은 망상도 없애지 않고 참됨도 구하지 않는다.[55]

여기에서 말하고자 하는 것은 비록 표현은 다르지만, 바로 앞에서 『단경』에서 설하는 내용과 거의 동일한 사상이다. 이미 '자성'을 보았다면 그대로 '배움이 끊어짐(絶學)'이요, 또한 '무위無爲'에 머무는 것이며, 그 경계에 이르면 진眞·망妄이 어떠한 의미도 있을 수 없게 된다는 것이다. '배움'이라는 것 자체가 이미 배우려고 하는 주체(能)와 배우고자 하는 대상(所)이 현현하게 되는 것이므로 앞에서 설명한 '돈오'의 개념과는 서로 배치되게 되기 때문에 "배움을 끊고 함이 없음" 등으로 표현된다고 하겠다. 이에 대한 묘공지눌의 주는 다음과 같다.

망상도 본래 도로서 제거한다고 말할 수 없으며, 진성은 본래 공한

---

55 (唐)玄覺撰, 『永嘉證道歌』(大正藏 48, p.395c) "君不見? 絶學無爲閒道人, 不除妄想不求眞."

것인데, 어찌 다시 찾음을 허용하겠는가? 비록 이와 같으나 구하지 않고 제거하지 않는 곳에 이르러 다시 한 걸음 더 나아가야 비로소 얻을 것이다.[56]

이 역시 '무수지수'와 '무증지증'의 입장을 밝히고 있다고 하겠다. 이 외에 『증도가』에서는 여러 곳에서 이러한 '무수무증'을 다음과 같이 설하고 있음을 볼 수 있다.

참됨도 구하지 않고, 망상도 끊지 않음이여! 두 법이 공하여 무상無相임을 요지하도다.[57]
당처를 여의지 않고 항상 담연하지만, 찾으려 하면 그대가 볼 수 없는 줄 알리라.[58]
버릴 수도 없음이여! 얻을 수 없는 가운데 이렇게 얻을 뿐이로다.[59]

이러한 문구들은 모두 '무수무증'의 도리를 밝히고 있는 것이다. 주의할 것은 『단경』이나 『증도가』에서 '무수'와 '무증'을 제창한다고 하더라도 '수증'을 버리라는 의미는 결코 아니라는 것이다. 다시 말하여 '수증'을 버리거나 반대로 집착한다면 바로 생사의 번뇌에 떨어지는 것이라는 입장이다. 엄밀하게 말하여 이러한 '무수무증'의 논리는

---

[56] (宋)知訥述, 『靈巖妙空和尙註證道歌』(卍續藏 65, p.449b) "妄本是道, 不可言除, 眞性本空, 豈容更覓? 雖然如是, 到此不求不除處, 更進一步始得."
[57] (唐)玄覺撰, 『永嘉證道歌』(大正藏 48, p.396a) "不求眞, 不斷妄! 了知二法空無相."
[58] 앞의 책(大正藏 48, p.396b) "不離當處, 常湛然, 覓卽知君不可見."
[59] 앞의 책, "捨不得! 不可得中只麽得."

앞에서 고찰한 '자성'으로서의 '불성'과 그를 완벽하게 체득하는 '돈오'와 밀접한 관계를 가지고 있다. 앞에서 인용한 "여래선을 돈각하니, 육도와 만행이 본체 가운데 원만하다."라는 말과 같이 '자성'을 '돈오'했을 때 비로소 본체가 '만행'에 현현한다는 것이니, 이를 바로 '무수무증'의 '수증론'이라고 칭할 수 있는 것이다.

3. 경계와 질책

전통적으로 불교에서는 철저한 '수행'을 통하여 최종적으로 '불과佛果'를 '증득'하는 '수증'에 입각하고 있다. 특히 현각도 참알했다고 하는 북종에서는 '이념離念'을 통한 '정심지淨心地'를 증득하는 수증법을 채택하고 있다.[60] 이러한 까닭에 『증도가』에서는 '무수무증'을 제창함에 있어서 당시 사람들이 받아들이지 못할까 하는 우려와 함께 보다 분명하게 '증도'의 경지를 설하기 위한 다양한 '경계'와 '질책'의 문구들을 노래하고 있다. 먼저 『증도가』에서의 앞부분에서는 다음과 같이 설한다.

만약 거짓말로 중생을 속인다면 진사겁 동안 발설지옥을 스스로 부르리라.[61]

여기서 현각은 자신의 '증도'에 대한 자신감을 드러내고 있으며, 한편으로는 오로지 철저하게 증득한 경지를 제시하라는 일종의 '질책'

---

60 각주 53) 참조.
61 (唐)玄覺撰, 『永嘉證道歌』(大正藏 48, p.395c) "若將妄語誑衆生, 自招拔舌塵沙劫."

도 포함하고 있음을 볼 수 있다. 이에 이어서 현각은 수행에 있어서의 '경계'를 다음과 같이 피력하고 있다.

> 다만 자기 마음속에 때 묻은 옷을 벗을지언정, 누가 밖으로 정진을 자랑할건가? 남들의 비방에 따르고 남들의 비난에 맡겨두라. 불을 가지고 하늘을 태우려 하니 스스로 피곤할 뿐이다. 내 듣기에는 흡사 감로수를 마시는 듯하여, 녹아내려 단박에 부사의의 경지에 들어가도다. 나쁜 말을 관찰하는 것이 공덕이니, 이것이 나의 선지식이 된다. 헐뜯음과 비방으로 인하여 원한과 친함 일으키지 않는다면 무엇으로 무생無生의 자인력慈忍力을 나타낼 것인가?[62]

이로부터 구도를 위한 수행에 필요한 경계를 세세히 일러주고 있음을 충분히 엿볼 수 있다. 한편 『증도가』에서는 자신의 수행 과정에 대한 반성적 사유를 읽을 수 있는 다음과 같은 구절들이 보인다.

> 나는 어린 나이에 학문을 쌓고 또한 일찍이 주소註疏를 찾고 경론을 탐구했도다. 명상名相을 분별하여 쉴 줄 모름이여, 바다에 들어가 모래알 헤아리듯 부질없이 스스로 피곤할 뿐이다. 도리어 여래의 호된 꾸지람 들음이여, 남의 보배를 헤아린들 무슨 이익이 있겠는가? 종래로 비틀거리며 헛되이 수행하였음을 깨달으니, 여러 해

---

62 앞의 책(大正藏 48, p.396a) "但自懷中解垢衣, 誰能向外誇精進? 任他非, 從他謗. 把火燒天徒自疲. 我聞恰似飮甘露, 銷融頓入不思議. 觀惡言是功德, 此卽成吾善知識. 不因訕謗起冤親, 何表無生慈忍力?"

잘못 풍진객이 되었네.⁶³

이로부터 보자면, 앞에서 고찰한 바와 같이 어려서부터 삼장의 경론을 열람하고 천태의 지관수행 등에 몰입했던 것에 대한 후회와 반성이 드러나고 있는데, 묘공지눌은 이에 대하여 "본심을 깨닫지 못하고 부질없이 애써 분별하니, 문자 속에 막혀 있다."⁶⁴라고 하고, 남명법천은 "자기 집의 재산을 문득 버리고, 두 손 높이 들고 오니 쓸 수 있을 듯하다. 고생스럽게 산천을 돌아다니지 말라."⁶⁵라고 주석하고 있다. 또한 『증도가』에서는 다음과 같이 설한다.

텅 빈 공으로 인과가 없다고 부정함이여. 아득하고 끝없이 앙화를 부르도다. 있음(有)은 버렸으나 '공'함에 집착하는 것은 병과 같으니, 마치 물은 피했으나 불에 뛰어듦과 같도다. 망심을 버리고 진리를 취함이여! 취하고 버리는 마음이 교묘한 거짓을 이루도다. 도를 배우는 사람이 깨닫지 못하고 수행하여, 진실로 도적을 오인하여 아들로 삼으려는 꼴이 되었다.⁶⁶

---

63 앞의 책(大正藏 48, p.396c) "吾早年來積學問, 亦曾討疏尋經論. 分別名相不知休, 入海算沙徒自困. 却被如來苦訶責, 數他珍寶有何益? 從前蹭蹬覺虛行, 多年枉作風塵客."

64 (宋)知訥述, 『靈巖妙空和尙註證道歌』(卍續藏 65, p.454a) "不明本心, 徒勞分別, 滯於文字之中."

65 (宋)法泉繼頌, 『南明法泉證道歌頌』(卍續藏 65, p.446b) "自己家財却棄捐, 兩手擎來如得用. 不須辛苦走山川."

66 (唐)玄覺撰, 『永嘉證道歌』(大正藏 48, p.396a) 豁達空撥因果! 莽莽蕩蕩招殃禍. 棄有著空病亦然, 還如避溺而投火. 捨妄心取眞理! 取舍之心成巧僞. 學人不了用修

이로부터 또한 '증도'하기 이전의 수행하였던 과정을 엿볼 수 있다. 이를 분석한다면 다양하게 논의할 수 있겠지만, 앞에서 고찰한 바와 같이 '자성'에 대한 '돈오'를 이루기 전의 다양한 '수증修證'에 천착한 측면을 강조하고 있음을 분명히 표현하고 있다고 하겠다. 그렇지만 다른 측면에서 보자면, 이러한 과정을 거치고서야 비로소 참다운 '증도'를 이룰 수 있는 것이 아닐까 한다. 『증도가』에서는 구도의 과정을 거쳐 최종적으로 깨달음에 이름을 다음과 같이 노래한다.

강과 바다로 떠돌아다니고 산과 개울을 건너 스승 찾아 도를 묻고 참선하였다. 조계의 길 알고부터 생사와 상관없음을 분명히 알았노라.[67]

이는 앞에서도 인용하였던 구절이지만, 이로부터 육조혜능을 만나서 분명한 깨달음을 얻었음을 알 수 있다. 이에 대하여 지눌은 "대사께서 조계의 인가를 받고, 삶과 죽음의 길머리에서 깨달음에 막힘이 없네."[68]라고 하고, 법천언기는 "조계 육조를 찾아가 심지법문을 인증 받음으로부터 일체의 모든 법이 생멸이 없고 거래가 없음을 알았다. 만일 이러한 법문을 깨달으면 본래 생사가 서로 간섭하지 않음을

行, 深成認賊將爲子.
67 앞의 책, p.396a, "遊江海涉山川, 尋師訪道爲參禪. 自從認得曹谿路, 了知生死不相關."
68 (宋)知訥述, 『靈巖妙空和尙註證道歌』(卍續藏 65, p.451a) "師蒙曹溪印可, 生死路頭, 了無滯."

알게 된다. 그러므로 '생사와 상관없음 분명히 알았다.'고 하였다."[69]라고 주석하고 있는 것으로부터 더욱 분명하게 확인할 수 있다. 이렇게 육조를 만남으로써 '증도'를 이루었으며, 앞에서 언급한 바와 같이 『증도가』를 찬술했던 것이다. 『증도가』는 다음의 구절로 끝을 맺는다.

좁은 소견(管見)으로 하늘을 비방하지 말라. 아직 깨닫지 못하기에,
내 이제 그대를 위해 결단해 주노라.[70]

이로부터 『증도가』의 찬술 동기가 바로 학인들을 위하여 '증도'의 경지를 결택하고자 저술된 것임을 엿볼 수 있다. 따라서 『증도가』에 보이는 다양한 '경계'와 '질책' 등은 바로 학인들에게 '증도'를 위한 고구정녕한 선사의 배려라고 평할 수 있겠다.

IV. 결어

이상으로 현각의 생애와 저술 및 『증도가』에 나타나는 선사상에 대하여 고찰하였다. 『증도가』는 영가현각이 자신의 깨달음의 경계를 노래한 것으로, 상당히 포괄적인 의미를 함축한 운문으로 이루어져 있어 다양한 선사상을 도출할 수 있다. 그렇지만 본고에서는 그 가운데

---

69 (宋)彦琪註, 『舒州梵天琪和尙註證道歌』(卍續藏 63, p.267a) "自從往曹溪六祖印證心地法門, 了知一切諸法無生無滅無去無來. 若悟此箇法門, 則了悟本來生死不相干涉. 故云: 了知生死不相關也."

70 (唐)玄覺撰, 『永嘉證道歌』(大正藏 48, p.396c) "莫將管見謗蒼蒼. 未了吾今爲君決."

'불성과 돈오', '무증무수의 수증론', '경계와 질책' 등 세 부분에 한정하여 논술하였다.

현각은 본래 다양한 경론과 천태의 지관수행에 전념하였고, 또한 『유마경』을 통하여 자신의 심지心地를 밝혔지만, 최종적으로는 육조 혜능을 참알하고 깨달음을 증득하였다고 하겠다. 사실상 『증도가』의 찬술이 그러한 인연으로 이루어진 것이다. 그에 따라 『증도가』에 나타나는 '불성'은 천태학 등의 흔적을 엿볼 수 있지만, 『단경』에서 제창하는 '자성'으로서의 불성과 거의 동일하다고 하겠다. 또한 그렇기 때문에 『증도가』에서도 역시 '자성'에 대한 '돈오'를 제창하고 있음을 볼 수 있다. 이렇게 자성으로서의 불성에 대한 '돈오'를 강조함은 필연적으로 '무수무증'의 수증론으로 전개된다고 할 수 있는데, 『증도가』에서도 역시 '무수무증'의 수증론으로 귀결됨을 고찰하였다. 이러한 입장에서 『증도가』에서는 학인들을 위하여 다양한 '경계'를 베풀고 있는데, 이는 『증도가』의 마지막 구절인 "아직 깨닫지 못하기에, 내 이제 그대를 위해 결단해 주노라."라는 문구에서 그 찬술동기를 엿볼 수 있다고 하겠다.

부록의 참고문헌

(姚秦)鳩摩羅什譯, 『維摩詰所說經』(大正藏 14)
(後秦)僧肇撰, 『注維摩詰經』(大正藏 38)
(晋)慧達, 『肇論疏』(卍續藏 150)
(隋)智顗說, 『摩訶止觀』(大正藏 46)
敦煌本, 『法寶壇經』(大正藏 48)
宗寶本, 『法寶壇經』(大正藏 48)
(唐)玄覺撰, 『永嘉證道歌』(大正藏 48)
(宋)贊寧等撰, 『宋高僧傳』(大正藏 50)
(宋)道原纂, 『景德傳燈錄』(大正藏 51)
(宋)知訥述, 『靈巖妙空和尙註證道歌』(卍續藏 65)
(宋)彥琪註, 『舒州梵天琪和尙註證道歌』(卍續藏 63)
(宋)法泉繼頌, 『南明法泉證道歌頌』(卍續藏 65)
(元)永盛述, 德弘編, 『竺原禪師註證道歌』(卍續藏 65)
(宋)本覺編集, 『歷代編年釋氏通鑑』(卍續藏 76)
(宋)志磐撰, 『佛祖統紀』(大正藏 49)
(宋)祖琇撰, 『隆興佛教編年通論』(卍續藏 75)
(元)念常集, 『佛祖歷代通載』(大正藏 51)
(宋)正覺頌古, (元)行秀評唱, 『萬松老人評唱天童覺和尙頌古從容庵錄』(大正藏 48)
이창안, 『雪岑 金時習의 禪思想 硏究―性起論과 性具論을 중심으로』(동국대학교 박사학위논문, 2015.)
이창안, 「東山法門·北宗과 『壇經』의 修證觀 비교」, 『大覺思想』 21집, 대한불교조계종 대각회, 2014.)

● **철우哲祐**

동국대학교를 졸업하고, 동대학 대학원 불교학과에서 「설잠 화엄사상 연구」로 석사학위를, 선학과에서 「설잠 김시습의 선사상 연구 – 성구와 성기의 불성론을 중심으로 – 」로 박사학위를 받았다.

현재 포항 임허사 주지 소임을 맡고 있으며, 동국대학교 경주캠퍼스 파라미타칼리지에서 강의하고 있다.

논문으로 「동산법문・북종과 단경의 수증관 비교」, 「여래선과 조사선의 수증관 비교」, 「백파 긍선의 선종 5가에 대한 인식」, 「청허 휴정의 선사상과 임제종의 관계」, 「증도가의 선사상 고찰」 등이 있다.

禪典叢書❻ 증도가 합주

초판 1쇄 발행 2018년 4월 10일 | **초판 2쇄 발행** 2018년 5월 3일
남명 법천 외 저 | 철우 역주 | 펴낸이 김시열
펴낸곳 도서출판 운주사

　　　(02832) 서울시 성북구 동소문로 67-1 성심빌딩 3층
　　　전화 (02) 926-8361 | 팩스 0505-115-8361

ISBN 978-89-5746-512-7　93220
ISBN 978-89-5746-293-5　(총서)　값 25,000원
http://cafe.daum.net/unjubooks 〈다음카페: 도서출판 운주사〉